U0906720

2012
北京市房地产年鉴

BEIJING REAL ESTATE YEARBOOK

北京市住房和城乡建设委员会　编

中国质检出版社
中国标准出版社
北京

图书在版编目（CIP）数据

2011年北京市房地产年鉴 / 北京市住房和城乡建设委员会编. — 北京：中国质检出版社，2012
ISBN 978-7-5026-3664-7

Ⅰ. ①2… Ⅱ. ①北… Ⅲ. ①房地产业－北京市－2012－年鉴 Ⅳ. ①F299.271-54

中国版本图书馆 CIP 数据核字（2012）第 209481 号

中国质检出版社
中国标准出版社　出版发行
北京市朝阳区和平里西街甲 2 号（100013）
北京市西城区复外三里河北街 16 号（100045）
网址：www.spc.net.cn
总编室：（010）64275323　发行中心：（010）51780235
北京华睿林彩色印刷有限公司印刷
各地新华书店经销
*
开本 880×1230mm　1/16　印张 23.5　字数 580 千字
2012 年 9 月第 1 版　2012 年 9 月第 1 次印刷
*
定价：298.00 元

《2012年北京市房地产年鉴》编委会

主编单位：北京市住房和城乡建设委员会

参编单位：北京市国土资源局

北京市规划委员会

北京市统计局

中国人民银行营业管理部

北京住房公积金管理中心

北京市城建研究中心

主　　任：陈　刚

副 主 任：张玉平　　杨　斌　　魏成林

黄　艳　　苏　辉　　姜再勇

杨学锋　　王荣武　　李　盟

《2012年北京市房地产年鉴》编辑部

目 录

附图表目录

第一章　特稿

陈刚副市长在北京市住房保障工作会议上的讲话

2011年12月23日

同志们：

今天，市委、市政府在这里召开全市住房保障工作会议，主要任务是贯彻中央经济工作会议和昨天李克强副总理召开的全国住房保障工作座谈会精神，落实市委十届十次全会部署，总结2011年住房保障工作，部署2012年工作。刘淇书记、郭金龙市长亲自参加这次会议，并将作重要讲话，请大家认真贯彻落实。下面，我对今年住房保障工作进行总结，并部署明年工作。

一、2011年主要工作

2011年是“十二五”开局之年，也是我市保障房建设和房地产市场调控取得巨大成绩的一年。党中央、国务院十分关心北京市住房保障工作，胡锦涛总书记、温家宝总理、李克强副总理在一年内分别专题视察我市保障房建设，给予了充分肯定，在昨天召开的全国住房保障工作座谈会上，北京市作为先进典型作了经验介绍。住建部等中央各部门给予了大力指导和支持，刘淇书记多次召开市委专题会研究保障房建设和房地产调控工作，郭金龙市长亲自担任组长，直接指挥各项具体工作。各区县、各有关部门和单位以高度的政治责任感和非凡的工作力度，攻坚克难，勤奋工作，实现新开工建设、收购各类保障性住房23万套，超额完成全年20万套任务，创历史新高；竣工10万套，比去年翻一番；实现投资567亿元，完成全年任务的113%。通过公开配售和定向安置居民7.2万户；启动公共租赁房配租1万套以上。今年的工作实现了“六个创新”。

（一）创新建设管理机制，提前超额完成全年保障性住房建设任务

市住建部门加大统筹协调力度，积极做好服务保障。市有关部门继续坚持土地、规划、资金、手续办理“四个优先”。市国土部门优先满足保障住房用地供应，2011年完成供地1338公顷。市规划部门积极创新审批方式，提前介入设计方案审查，规划布局更加有序，设计质量显著提高。市财政部门多方筹措保障住房建设资金，市级财政累计安排资金113.97亿元，区县财政安排19.56亿元；市发展改革部门安排保障住房项目红线外市政设施资金3.11亿元。继续坚持审批手续绿色通道做法，将列入建设计划的168个保障住房项目全部纳入绿色通道，提高审批效率。市政府督查室、市监察局等部门进一步完善住房保障监督检查机制，建立起政府督查、效能监察与住建部专项巡查“三位一体”的监督检查体系，形成监督合力，确保了住房保障工作各项任务廉洁、高效地完成。

各区县在保障住房建设任务增加、难度加大的情况下，以住房保障工作第一责任人的政治姿态，明确分工，落实责任，积极破解房屋征收、地块落实、项目建设和投融资推进过程中的一系列难题，全面完成了与市政府签订责任书中确定的各项任务指标。

（二）创新监管方式，保障性住房质量管理水平再上新台阶

百年大计，质量第一，工程质量直接关系群众生命财产安全，容不得丝毫马虎和放松。在保障住房建设中坚持精心组织，科学施工，工期进度必须服从于质量安全，不搞形象工程、献礼工程。市区两级住房城乡建设部门加大质量监督执法力度，健全质量保障机制，形成监管合力。实行专项监督和社会监督相结合，完善网格式执法检查制度，尤其是加强冬季施工管理，坚决杜绝因冬季抢工带来混凝土受冻、散水下沉开裂、地面起砂等质量通病；并通过实施工程质量第三方检测制度、施工现场开放日制度、业主预验房制度和工程交用后保修制度，确保保障住房建设工程质量，对极个别质量问题第一时间主动整改，并积极消除媒体的不良炒作。着力提高保障住房配套公共服务设施的配置标准，实现配套设施和住宅同步设计、同步施工和同步交用。

（三）创新建设模式，大力推进公共租赁住房建设，优化住房供应结构

市政府下发了《关于加强本市公共租赁住房建设和管理的通知》，明确了公租房建设、分配、管理、投融资相关政策，住房保障政策体系进一步完善。采取“三多一统筹”模式，大力发展公租房，多主体建设、多方式筹集房源、多元化融资，统筹建设管理政策。结合北京新就业大学生和外来务工人员多的特点，通过土地、规划、税收等优惠政策，鼓励产业园区、高校、科研院所、国有企业等利用自有土地建设公租房，解决本单位、本区域符合条件职工的住房困难。目前全市已落实公租房项目98个，房源10.3万套，其中社会单位建设达2.8万套，占27.3%；今年累计开工建设、收购6万套，建设比例达到公开配租配售保障性住房的60%。

（四）创新工作机制，稳步推进旧城人口疏解和棚户区改造

一是稳步推进首都功能核心区人口疏解和保护性改造工作。加快对接安置房源建设，积极探索中心城区公共资源与人口同步输出机制，将教育、医疗、文化等优质资源引入发展新区。目前已开工对接安置房规模260万平方米、3.3万套，朝阳、丰台、房山、通州、大兴、昌平等区为此作出了突出贡献。启动旧城人口疏解试点工作，创新人口疏解模式，在试点中采取“平等协商、自愿申请”方式开展人口疏解工作。

二是全面开展城市和国有工矿棚户区改造。三片试点棚户区已开工建设安置房358.7万平方米、6.1万套，完成房源筹集计划的101.2%。动迁居民2万户，年底累计竣工116.8万平方米、1.3万套，试点棚户区居民将陆续搬入新居。今年我市又新增了丰台长辛店等五片城市和国有工矿棚户区改造项目，其中京煤集团门头沟、房山工矿棚户区已启动安置房建设工作，总建设规模54万平方米。

（五）创新融资模式，多渠道筹集保障性住房建设资金

一是加大财政投入，市区财政累计安排保障住房专项资金133.53亿元。二是充分发挥保障住房建设投资中心投融资平台作用，目前已到位融资资金80亿元并实现投资90亿元，签署了750亿元的综合授信协议。三是积极利用公积金贷款支持保障住房建设，年底前实现贷款150.41

亿元。四是通过私募债募集资金支持保障住房建设，拟安排500亿元私募债，已发行90亿元，预计春节前还可发行129亿元。五是积极争取银行贷款300亿元，并争取社保基金和发行房地产投资信托基金，为公租房建设获得长期、稳定、低成本的运营资金。

（六）创新管理体制，加强保障性住房后期管理

保障住房不仅要建设好，更要管理好。实践中我们坚持物业管理、社会管理和使用监督管理“三位一体”模式，既为百姓提供优质服务，又切实加强使用监督管理。加大执法监督力度，严肃查处保障住房出租、出借、闲置等违法违规行为，完善退出机制，维护社会公平正义。

在大力推进保障性安居工程的同时，结合北京实际，坚定不移地抓中央房地产调控政策落实，市委市政府从讲政治、讲大局的高度出发，按照科学发展的要求，制定了全国最严厉的调控政策“京十五条”，在全国率先提出新建普通住房价格“稳中有降”的调控目标，体现了出手快、出手狠、出手准的特点，获得中央肯定和社会各界的好评。通过全市各方面的共同努力，政策调控的效果逐步显现，新建住房价格指数31个月以来首次环比下降，1–11月，新建普通住房均价比去年下降6.3%，居民首次购房比重达90%，投机投资需求得到有效遏制。房地产调控的成果来之不易，是市委市政府成功实施的一项意义重大的调结构、惠民生、促发展的重要战略部署，是各部门各区县提高认识、共同努力，牺牲一定经济发展速度的成果。这将有效缓解北京的人口资源环境压力，对加快经济结构调整、转变经济发展方式、实现“稳中求进”目标将产生长期的积极的影响。

二、2012年工作安排

2012年我市住房保障工作的目标和任务是：保障性住房建设用地占全市住宅供地的50%以上，新开工建设、收购各类保障性住房16万套，其中公开配租配售9万套，用于旧城区人口疏解、棚户区改造、重点工程建设拆迁等定向安置用房7万套；全年竣工各类保障性住房7万套；基本完成“三区三片”棚户区改造任务，全面启动新增五片棚户区改造；旧城人口疏解和房屋保护性修缮工作要取得明显突破，启动全市882栋简易楼的改造工作，完成1500万平方米的老旧小区抗震加固节能综合改造任务。上述目标已分解至各区县、各部门，市政府近期将与各区县、各部门签订责任状。明年重点抓好三个方面工作：

（一）完善“以区为主、全市统筹”建设管理体制，确保全年开工竣工任务圆满完成

一是确保用地供应。国土部门继续优先安排保障性住房供地，确保住宅供地的50%以上安排用于保障性住房建设；完善用地预审机制，明确供地标准，确保各类保障性住房用地应保尽保。二是增加资金投入。发展改革部门提前安排红线外市政基础设施投资，财政部门要确保财政资金足额投入，发挥保障性住房建设投资中心投融资平台作用，进一步拓宽融资渠道。三是加强质量监管。落实工程建设各方主体质量责任终身制，严格执行住房建筑上设置质量责任永久性标识制度，未设置的不予进行竣工验收。四是在保障性住房特别是公租房和限价商品房项目中大力推进住宅产业化，推广绿色、节能、环保建材，推广使用雨水收集设施。五是全力以赴保竣工。明年要把抓竣工任务作为更加突出的工作来抓。各建设、施工单位要调集精兵强将，在确保质量安全的前提下，加快在建项目建设进度。各市政专业公司要提前安排，确保配套设施同步交付使用。加强竣工入住项目维修管理和物业服务，让老百姓住的更安心和放心。

各区县要务必按照市政府下达的2012年保障性安居工程建设任务指标要求，统筹安排，提前落实供地计划和资金安排，确保任务落实。各区县要讲政治，顾大局，优先将位置好、条件成熟的地块安排用于保障性住房。明年一季度，各区县必须明确保障性住房供地计划，二季度完成土地供应手续，三季度必须确保工程开工。东、西城区人口疏解定向安置房和保障性住房项目供地由市规划委、国土局负责在明年一季度前落实。对以上任务未按期完成的进行问责。

（二）创新保障性住房管理体制，建立健全分配和后期监管机制

明年是我市保障房竣工和分配的高峰年，要大力加强分配和监管，做到阳光分配，体现公平公正。一是规范准入审核。逐步统一廉租房、公租房、经济适用房和限价商品房申请受理，实现“四房”合并申请、审核、分配。公安车管、社保、地税、公积金等部门要进一步加大支持力度，加快实现本部门信息与住房保障部门实时联网，提高审核效率和准确性。二是严格租售管理。尽快建立经济适用房封闭运行机制，完善政府回购制度；改进和完善限价商品房定价机制。三是加强后期管理。创新监管方式，落实监管责任，各区县应增加人员，落实经费，加强保障住房使用监督管理，加大保障住房出租、出借、闲置等违法违规行为的查处力度，建立可持续发展的长效机制。

（三）继续做好调控工作，促进房地产市场健康发展

目前，我市房地产调控取得初步成效，但仍处于关键时期，商品房交易价格仍处高位，投资投机性购房潜在动力仍然强劲，房地产过热导致的人口、资源、环境矛盾没有得到完全缓解。我们将坚持房地产市场调控政策不动摇，坚定不移地促进房价合理回归，巩固和扩大调控成果。一是抓紧研究房地产市场平稳健康发展的长效机制。二是引导房地产投资向城乡结合部改造、危房、旧村改造等城市薄弱地区转移。三是扩大普通商品住房有效供给，规范住房租赁市场，支持和鼓励自住型和改善性住房需求。

同志们，2012年目标任务要求更高，我们一定要按照党中央、国务院的决策和部署，在市委、市政府的坚强领导下，大力践行“北京精神”，瞄准“住有所居”目标的实现，精心组织，毫不松懈，保质保量完成明年工作任务，为加快建设繁荣、文明、和谐、宜居的首善之区做出新的更大贡献！

市住房和城乡建设委领导在北京市住房保障工作会议上的发言

2012年是落实“十二五”规划的关键年。市住房城乡建设委将认真贯彻落实本次会议安排部署，坚持开工建设与综合管理两手抓，以更大的决心、更有效的措施，扎扎实实地推进住房保障各项工作，把住房保障这一重大民生工程、发展工程办好做实。

一、强化统筹协调，全面完成保障性安居工程建设任务

一是加大协调服务力度，确保完成全年建设收购16万套、竣工7万套的建设任务。充分发挥“以区为主、全市统筹”体制优势，进一步加大土地、规划、资金全市统筹力度，会同各区县、各部门早谋划、早安排，按照目标责任要求，指导和协调各区县抓紧制定具体实施计划，一季度将保障性住房建设计划落实到具体项目。二是继续坚持“三多一统筹”建设方式，进一步完善各项优惠政策措施，广泛吸引社会单位参与公共租赁住房建设运营，切实增加房源实物供应。三是进一步做好旧城人口疏解和房屋保护性修缮工作。推进既有对接安置房项目实现全面开工建设，力争年底前首批安置房实现竣工交用；总结杨梅竹斜街等6个旧城人口疏解和房屋保护性修缮试点项目经验，推进人口疏解工作。四是加快“三区三片”棚户区改造对接安置房源建设，争取50%房源竣工交用；同时加快编制安置方案，全面启动新增5片城市和国有工矿棚户区改造工作，力争完成建设筹集安置房源100万平方米。五是加大政策集成和创新力度，将住房保障工作、老旧小区整治和住宅抗震节能改造有机结合起来，挖掘存量房源，增加保障房有效供应。

二、强化建设管理，提升保障房建设整体水平和品质

一是加强工程质量管理。严格执行工程招标投标、工程监理、竣工验收备案等建设程序和标准，切实把加强质量监管贯穿于建设全过程。进一步规范工程建设各方责任主体的质量行为，实行住房保障终身责任制管理，严格落实住宅工程质量分户验收，推广工程质量强制第三方抽样检测、施工现场开放日和工程交用保修管理服务制度。对出现严重质量问题的企业，要坚决清退出保障房建设市场。二是大力推进住宅产业化，推广绿色、节能、环保建材，推广雨水收集设施。三是加强市政基础设施建设管理。严格落实建设规划和投资要求，督促各有关单位根据各自职责分工做好配套设施建设工作，各市政专业公司要提前安排配套设施实施计划，确保配套基础设施与住宅同步建设，同步交付使用。

三、强化分配管理，确保公平公正公开

一是进一步推进保障房管理信息化建设，努力提高科学化管理水平。切实提高效率，加大住房、金融、税收等相关部门信息互通力度，加快推动建立统一的保障性住房建设、审核、分配、管理全程信息管理平台。二是进一步简化资格申请审核程序，逐步统一廉租房、经济适用房、限价商品房、公共租赁房申请、审核机制，实现审核分配“一口进，多口出”。三是进一步完善公租房相关配套政策。各区县要根据各自实际情况抓紧制定并公布外省市来京工作人员申请公共租赁住房管理细则。大力推进公共租赁住房租金分档补贴机制，逐步建立经济适用住房封闭运行机制，完善政府回购制度，对符合廉租实物保障条件的家庭继续实施“应保尽保”政策，动态清零，加快现有经济适用房定价工作，加快配售步伐。四是积极配合有关立法部门，深入开展住房保障法规研究，加快推进我市住房保障法制化进程。

四、强化后期管理，提高保障性住房管理服务水平

开发企业和施工企业必须按国家规定落实保修责任，及时处理建设过程中的各类遗留问题，确保房屋正常使用；物业服务企业要抓好与施工单位的交接试运行，做好物业共用部分的承接查验工作，主动公开物业服务标准和收费标准，公开物业 24 小时维修电话。

同时，严格保障房使用管理，坚决打击违规出租、出借、出售行为。各级住房保障管理部门要适应后期管理工作需要，增加人员编制，充实管理队伍。要动态复核家庭资格，发现违反租赁合同约定或存在骗租行为的，按照规定严格处理，并加大惩戒和媒体曝光力度。

三、完善住房保障政策和管理体系，推动住房保障事业持续健康发展

一是进一步完善“三级审核、两级公示”制度，加强对各区县审核分配管理工作的指导和监督，保证房源分配公平公正；加快建立全市住房保障信息管理平台，提高资格审核的科学性和准确性；定期开展资格复核，严厉打击骗租骗购行为。二是会同有关部门出台定向安置房管理办法，规范其建设、分配和后期管理，确保定向安置住房专项用于安置重点工程建设、棚户区改造、旧城人口疏解、城乡结合部整治等搬迁居民，为首都城乡建设发展提供有力保障。三是创新公共租赁住房组织实施方式，增加建设收购规模。建立健全市、区公共租赁住房管理机构，加强公共租赁住房持有运行管理，完善建设、收购、融资以及准入、配租、退出等各个环节的管理制度。四是充分发挥建设单位、物业管理企业、街道和社区等各方面作用，做好政策性住房配租配售后的各项管理和服务工作，落实入住交用后建设、施工单位保修责任，指导成立业主委员会，选择优秀物业企业做好居民入住后的服务管理工作。

在全面推进保障性安居工程建设的同时，要认真贯彻贯彻国务院关于促进房地产市场平稳健康发展的调控政策，抓好我市 11 条具体实施意见的落实。继续加强协调服务，促开工、促入市，增加中低价位、中小套型普通商品住房有效供应。严格执行差别化的信贷和税收政策，发展二手房市场，培育和规范住房租赁市场，支持自住型、改善型住房消费，抑制投资投机性购房需求。加强商品房销售管理，加大房地产市场执法检查力度，维护群众合法权益。完善房地产市场监测分析和信息发布机制，稳定市场预期，促进房地产市场稳定健康发展。

第二章
北京社会经济发展概况

第一节　自然环境

北京市位于北纬 39° 56′ ,东经 116° 20′ ；西北毗邻山西、内蒙古高原，南与华北大平原相接，东近渤海；市中心海拔 43.71 米。西、北、东三面环山，主要河流有永定河、潮白河、北运河等。北京市属暖温带半湿润季风型大陆性气候，四季分明，春季干燥多风，秋季清爽，是一年中最好的季节，冬季寒冷、少雪。2011 年平均气温 13.4℃。年极端最高气温为 35.9℃，出现在 7 月 31 日,年极端最低气温-11.6℃,出现在 1 月 16 日。

全年降水量 720.6 毫米，比上年增长 37.9%。

第二节　行政区划

截止到 2011 年，北京市共辖 14 个区、2 个县。按功能区划分为首都功能核心区：东城区、西城区；城市功能拓展区：朝阳区、丰台区、石景山区、海淀区；城市发展新区：房山区、通州区、顺义区、昌平区、大兴区；生态涵养发展区：门头沟区、怀柔区、平谷区、密云县、延庆县。

全市共辖街道办事处 140 个、建制镇 144 个、建制乡 38 个、有社区居委会 2772 个、村民委员会 3941 个。

表 2-1　2011 年北京市行政区划表

单位：个

地区	街道办事处	建制镇	建制乡	社区居委会	村民委员会
全市	140	144	38	2772	3941

第三节　经济发展

一、经济增长

2011 年北京地区生产总值为 16251.9 亿元，按可比价格计算，比上年增长 8.1%。

按常住人口计算,全市人均地区生产总值达到 81658 元。

表 2-2　2007 -2011 年北京市地区生产总值

年份	地区生产总值（亿元）	人均地区生产总值（元）
2007 年	9846.8	61274
2008 年	11115.0	66797
2009 年	12153.0	70452
2010 年	14113.6	75957
2011 年	16251.9	81658

二、产业结构

2011 年，第一产业增加值 136.3 亿元，增长 0.9%；第二产业增加值 3752.5 亿元，增长 6.7%；第三产业增加值 12363.1 亿元，增长 8.7%。第三产业中，房地产业实现增加值 1080.6 亿元，下降 3.2%，信息传输、计算机服务和软件业增长 22.9%，租赁和商务服务业增长 18.2%，居民服务和其他服务业增长 12.3%。三次产业结构由上年的 0.9:24.0:75.1 变化为 2011 年的 0.8:23.1:76.1。

表 2-3　2011 年地区生产总值

指　　标	2011 年（亿元）	比上年增长（%）
地区生产总值	16251.9	8.1
第一产业	136.3	0.9
第二产业	3752.5	6.7
工业	3048.8	7.5
建筑业	703.7	2.9
第三产业	12363.1	8.7
交通运输、仓储和邮政业	809.0	6.2
信息传输、计算机服务和软件业	1493.4	22.9
批发和零售业	2139.7	8.9
住宿和餐饮业	348.4	2.3
金融业	2215.4	7.6
房地产业	1074.9	-6.8
租赁和商务服务业	1162.1	18.3
科学研究、技术服务和地质勘查业	1135.5	10.4
水利、环境和公共设施管理业	86.3	5.5
居民服务和其他服务业	112.1	12.3
教育	605.9	3.6
卫生、社会保障和社会福利业	311.5	7.9
文化、体育和娱乐业	339.4	6.1
公共管理和社会组织	529.5	2.1

三、固定资产投资

2011 年是“十二五”开局之年，也是北京市房地产市场的政策调控年。国际国内经济形势复杂多变，又恰逢国家宏观调控与全市主动调控效应叠加，对投资增长形成了较大的压力。在此背景下，全市积极应对外部环境变化与自身优化调整的严峻考验，投资领域呈现出“运行平稳，重点突出”的良好运行态势，房地产市场调控目标顺利实现，基本符合主动调控的政策预期。

（一）投资总体形势

1. 符合预期。2011 年，全市积极贯彻“调整结构优化增长”的调控思路，按照“进度适度前移”的原则，对各季度投资按照“14:28:28:30”的节奏进行调控。

从各月运行情况看，全市投资基本符合主动调控的政策预期，各季度比例保持在“14:26:30:30”左右的水平。2011 年，全市完成全社会固定资产投资 5910.6 亿元，比上年增长 13.3%，超额完成年初增长 10%的目标。

2. 增速平稳。2011 年，全市投资运行的平稳程度明显增加，前 10 个月波动幅度仅为 6 个百分点；后两个月累计增速有所下降，但波幅仍然保持在 7.7 个百分点，远低于上年同期水平（33.7 个百分点）。总体保持平稳。

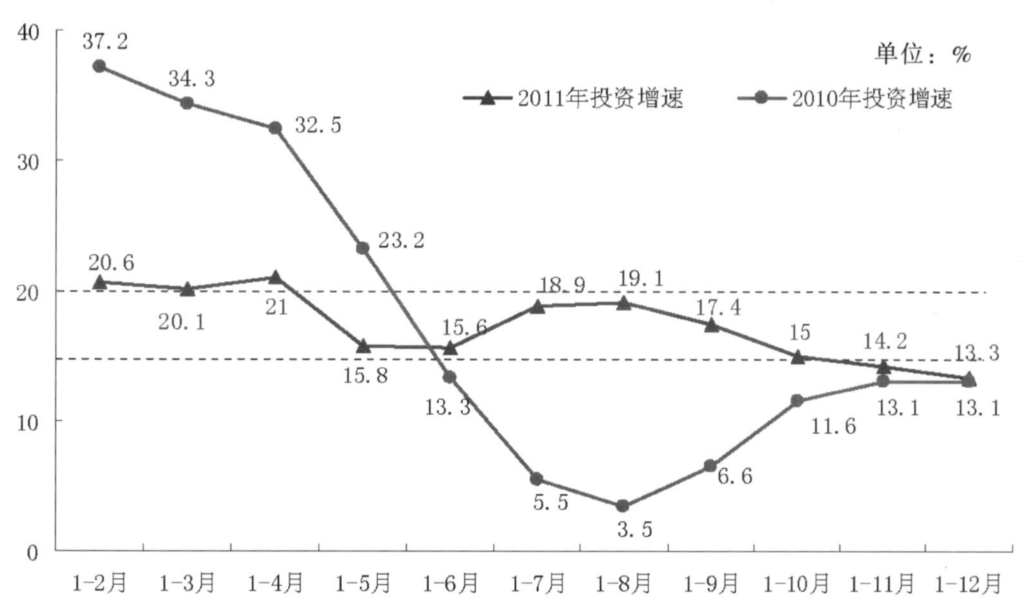

图 2-1　2010 年以来全市全社会固定资产投资增速情况

（二）投资运行特点

2011 年，全市投资结构明显优化，重点十分突出，投资向实体和产业领域集聚程度明显增加，对功能区差异化发展和薄弱地区的带动作用明显增强。与此同时，大项目带动投资增长态势突出，房地产开发投资高比重的局面有所改观。

1. 投资向实体和产业领域集聚程度明显增加。2011 年，全市更加注重发挥投资对经济的拉动作用，实体投资和产业投资明显增强。

一是建安投资量明显提高。全市完成建安投资 2585.3 亿元，比上年增长 22.4%，增速高于全社会投资 9.1 个百分点；占全社会投资比重为 43.7%，比上年提高 3.2 个百分点。

二是工业投资持续高速增长。全市工业投资在上年高增长（28.6%）的基础上继续保持增长，完成751.9亿元，比上年增长46.7%，对全市投资形成了重要支撑。

2. 投资对功能区差异化发展和薄弱地区的带动作用明显增强。全市四类功能区差异化、特色化发展趋势明显，薄弱地区发展基础得到加强，投资的带动作用明显。

城南地区完成投资增速高于全市增速6.1个百分点。列入西部发展计划的石景山、丰台、门头沟和房山四区完成投资增速为16.6%，增速高于全市3.3个百分点。

投资重心向郊区转移。郊区完成投资增长20.6%；城区增长6.3%。

3. 大项目带动投资增长态势突出，房地产开发投资高比重的局面有所改观。2011年，全市计划总投资10亿元以上的大项目（不含房地产开发）204个，完成投资1499.3亿元，分别比上年同期增长23.6%和26%，对投资（不含房地产开发投资）增长的贡献率达到74.9%。

房地产开发投资比重有所降低。全年完成房地产开发投资3036.3亿元，比上年增长10.1%，占全社会投资比重为51.4%，同比下降1.4个百分点。

表2-4　2007-2011年全社会固定资产投资

单位：亿元

	2007年	2008年	2009年	2010年	2011年
全社会固定资产投资合计	3966.6	3848.5	4858.5	5493.5	5910.6
城镇固定资产投资	3656.7	3554.8	4378.2	5002.6	5463.9
#房地产开发投资	1995.8	1908.7	2337.7	2901.1	3036.3
农村投资	309.9	293.7	480.2	490、9	446.7
#农村非农户投资	286.4	271.6	436.7	438、8	387.6
农户投资	23.5	22.1	43.5	52.1	59.1

表2-5　2007-2011年产业投资结构表

单位：亿元

年份	全社会固定资产投资	第一产业	第二产业	第三产业
2007	3966.6	16.7	477.7	3465.8
2008	3848.5	25.3	380.8	3437.6
2009	4858.4	57.4	411.4	4389.5
2010	5493.3	43.2	528.1	4922.3
2011	5910.6	47.2	762.2	5101.3

表2-6　2011年分行业固定资产投资

单位：亿元

行业名称	投资额	比上年增长（%）
总　计	5910.6	13.3
农、林、牧、渔业	47.2	13.8

行业名称	投资额	比上年增长（%）
采矿业	8.7	-4.5
制造业	572.0	64.3
电力、燃气及水的生产和供应业	171.2	10.3
建筑业	10.3	86.6
交通运输、仓储和邮政业	699.7	-4.8
信息传输、计算机服务和软件业	112.9	-21.0
批发和零售业	28.7	-5.1
住宿和餐饮业	38.1	7.2
金融业	86.7	471.8
房地产业	3284.7	9.7
租赁和商务服务业	46.2	67.8
科学研究、技术服务和地质勘查业	92.0	31.4
水利、环境和公共设施管理业	415.8	10.8
居民服务和其他服务业	11.5	78.9
教育	133.0	71.1
卫生、社会保障和社会福利业	48.1	29.2
文化、体育和娱乐业	55.0	-14.4
公共管理和社会组织	48.8	4.8

注：2011 年起，根据国家统计局相关规定，固定资产投资统计起点由 50 万元调整至 500 万元，增速按可比口径计划。

四、财政收支

2011 年，全市完成地方财政收入（公共财政预算）3006.3 亿元，比上年增长 27.7%。其中，实现增值税和营业税 237.8 亿元和 1071.5 亿元，分别增长 13.2%和 25.3%，实现企业所得税和个人所得税 683.7 亿元和 272.9 亿元，分别增长 33.3%和 26.7%。地方财政支出（公共财政预算，含中央追加支出）3245.2 亿元，增长 19.4%。其中，用于社会保障和就业、交通运输的支出分别增长 28.6%和 28.5%，用于医疗卫生的支出增长 20.7%。

五、人民生活

2011 年，城镇居民人均可支配收入达到 32903 元，比上年实际增长 7.2%。城镇居民恩格尔系数为 31.4%，比上年下降 0.7 个百分点。农村居民人均纯收入 14736 元，实际增长 7.6%。农村居民恩格尔系数为 32.4%，比上年增加 1.5 个百分点。城乡居民居住水平继续提高。城镇居民人均住宅使用面积 19.49 平方米；农村居民人均住房面积 48.6 平方米，增加 8 平方米。

表 2-7　2011 年城乡居民家庭收入情况

指　标	城镇居民		农村居民	
	人均可支配收入（元）	比上年增长（%）	人均纯收入（元）	比上年增长（%）
高收入户	63293	17.8	26797	7.9
低收入户	15034	9.8	6143	16.2

六、对外经济

2011 年，北京地区进出口总额 3895.8 亿美元，比上年增长 29.1%。其中出口 590.0 亿美元，增长 6.4%；进口 3305.8 亿美元，增长 34.3%。

表 2-8　2011 年北京市进出口情况统计表

指　标	2011 年（亿美元）	比上年增长（%）
北京地区进出口总值	3895.8	29.1
出口	590.0	6.4
进口	3305.8	34.3

七、旅游

2011 年，全年接待入境旅游者 520.4 万人次，比上年增长 6.2%。其中，外国人 447.4 万人次，增长 6.1%；港、澳、台同胞 73 万人次，增长 6.6%。旅游外汇收入 54.2 亿美元，增长 7.4%。全年接待国内旅游者 2.1 亿人次，增长 16.7%。国内旅游收入 2864.3 亿元，增长 18.1%。国内外旅游收入总计达到 3216.2 亿元，增长 16.2%。全年出境游人数 184.3 万人次，增长 23.2%。

第四节　社会发展

一、人口及社会保障

2011 年末，全市常住人口 2018.6 万人，比上年末增加 56.7 万人。其中，常住外来人口 742.2 万人，占常住人口的比重为 36.8%。常住人口中，城镇人口 1740.7 万人，占常住人口的 86.2%。全市常住人口出生率 8.29‰，死亡率 4.27‰，自然增长率 4.02‰。全市常住人口密度为 1230 人/平方公里，每平方公里比上年末增加 35 人。年末全市户籍人口 1277.9 万人，比上年末增加 20.1 万人。

年末全市参加基本养老、基本医疗、失业、工伤保险人数分别为 1089.4 万人、1188 万人、881 万人和 862.4 万人，比上年末净增 106.9 万人、124.3 万人、106.8 万人和 38.6 万人。年末农村居民参加养老保险人数为 163.7 万人，比上年末净增 4.4 万人。参加新型农村合作医疗的人数达到 276.8 万人，参合率为 97.7%，高于上年末 1 个百分点。全市享受城市最低生活保障的居民为 11.7 万人，享受农村最低生活保障的农民为 7.0 万人。年内两次提高了社会保障相关待遇标准。

二、科学技术

2011 年，全年研究与试验发展（R&D）经费支出 936.6 亿元，比上年增长 14.1%；相当于地区生产总值的 5.83%，比上年提高 0.01 个百分点。

全市研究与试验发展（R&D）人员 29.7 万人，比上年增长 10%。专利申请量与授权量分别为 77955 件和 40888 件，分别增长 36.1%和 22%；其中发明专利申请量与授权量分别为 45057 件和 15880 件，增长 34.6%和 41.7%。全年共签订各类技术合同 5.4 万项，增长 5.3%；技术合同成交总额 1890.3 亿元，增长 19.7%。

三、文化

年末全市共有公共图书馆 25 个，总藏量 5049 万册、万件。全市拥有全国重点文物保护单位 98 处，市级文物保护单位 255 处。全市拥有注册博物馆 162 座。全市 18 个国家综合档案馆开放档案 88 万卷。年末有线电视注册用户达到 471.9 万户，入户率为 95.9%，其中高清交互数字电视用户 272.3 万户。北京地区 16 条院线 118 家影院（617 块屏幕）共放映电影 97.3 万场次，观众 3235.9 万人次，票房收入 13.5 亿元。北京地区出版报纸 253 种，出版期刊 3065 种，出版图书 16.6 万种。

四、教育

全市共有 52 所普通高校和 78 个科研机构培养研究生，全年研究生教育招生 8.3 万人，在学研究生 24.1 万人，毕业生 6.3 万人。全市 89 所普通高等院校全年招收本专科学生 15.8 万人，在校生 57.9 万人，毕业生 15.1 万人。

全市普通高中招生 6.4 万人，在校生 19.5 万人，毕业生 5.8 万人；初中招生 10.1 万人，在校生 30.2 万人，毕业生 9.8 万人；小学教育招生 13.3 万人，在校生 68.0 万人，毕业生 10.2 万人；幼儿园在园幼儿 31.1 万人。

全市共有民办小学 21 所，在校学生 3.6 万人；民办普通中学 72 所，在校学生 3.9 万人；民办高等教育 83 所（含民办高校和民办其他高等教育机构），在校学生 18.6 万人。成人高校 19 所，在校学生 26.4 万人（含普通高校成人本专科生）。

五、卫生

年末全市共有卫生机构 9699 个，比上年末增加 188 个；其中医院 569 个。卫生机构中社会办医机构 2837 个。卫生机构共有床位 9.5 万张，比上年末增加 0.2 万张；其中医院 8.8 万张。卫生机构中社会办医机构床位 1.2 万张。全市卫生技术人员达到 18.2 万人，比上年末增加 1.1 万人；其中执业（助理）医师 7 万人，注册护士 7.3 万人。全年报告甲乙类传染病发病率 226.76/10 万，死亡率 1.2/10 万。全市婴儿死亡率 2.84‰，孕产妇死亡率 9.09/10 万。

六、体育

年末全市共有体育场馆 6151 个。全市共有优秀体育运动员 970 人。获得国际性比赛奖牌 31 枚，其中金牌 15 枚，银牌 9 枚。获得全国性比赛奖牌 142 枚，其中金牌 60 枚，银牌 38 枚。

第五节 公共事业

一、供电

2011年，北京地区用电量达到821.7亿千瓦时，比上年增长1.5%。其中城乡居民生活用电144.7亿千瓦时，增长3.9%，城乡居民生活用电占用电总量的17.6%。

表2-9 2010-2011年北京市电力供应情况

单位：亿千瓦时

项目	全社会用电	第一产业	第二产业	第三产业	城乡居民生活用电	#城市	#农村
2010	809.9	16.9	327.9	325.8	139.3	95.2	44.1
2011	821.7	17.0	310.9	349.0	144.7	94.5	50.2

二、水资源及供水

2011年，为应对水资源紧缺形势，我市完成第九水厂三期优化工艺运行应急改造，高日高时供水保障能力提高了7万立方米；增加了从河北安格庄水库应急调水，全年从河北调水3.3亿立方米，收水2.6亿立方米，有力保障了首都经济社会平稳较快发展。加快建设南水北调市内配套工程，大宁调蓄水库主体工程完成，南干渠工程实现全线贯通。新建和改造城市供水管网300公里。完成怀柔城区供水管网改造、密云溪翁庄镇集约化供水厂等一批郊区供水工程。2011年市区高峰日用水量274万立方米，安全平稳度过夏季用水高峰。万元GDP耗水量继续下降，超额完成下降4%的年度目标。

2011年全市自来水销售总量9.5亿立方米，其中，居民家庭用水4.8亿立方米，比上年增长6%；生产运营用水1.3亿立方米，比上年增长7.2%。

表2-10 2010-2011年北京市城市供水情况

项目	自来水综合生产能力（万立方米/日）	供水管道长度（公里）	销售总量（万立方米）	#生产运营用（万立方米）	公共服务用（万立方米）	居民家庭用（万立方米）
2010	445	16144	89185	11733	31413	45284
2011	473	16963	94622	12583	33296	48003

三、燃气

2011年全市投资10亿余元建设了近200公里怀密长输管线及天然气管网联络线，基本实现郊区天然气全覆盖。同时完成华能电厂等全市锅炉煤改气工程，在保证新发展用户及加快老楼通气工程建设的同时，还积极配合完成市政府1000蒸吨燃煤锅炉改造任务，全年共发展燃气锅炉约3300蒸吨。

目前，全市天然气管网运行长度已达到

1.43 万公里，已覆盖了全部城区以及 85%以上的远郊区县。2011 年北京市天然气用量新发展天然气居民用户近 25 万户，公共服务用户 3605 户。2011 年全市天然气用量达到 69.1 亿立方米，比上年增长 2.1%，约可替代燃煤 1106 万吨，减少二氧化硫排放 5.1 万吨，减少二氧化碳排放 519 万吨。北京城市居民炊事气化率已超过 96%，基本实现了城市居民炊事燃气化，清洁能源天然气在全市主要能源消费中所占比例超过 13%。

表 2-11　2010-2011 年北京市城市燃气情况

项目	液化石油气供气总量（吨）	销售气量（吨）	#家庭用量（吨）	家庭用户（万户）	天然气供气总量（万立方米）	销售气量（万立方米）	#家庭用量（万立方米）	家庭用户（万户	居民燃气用户（万户）
2010	323104	299392	215133	179.3	719740	677009	101450	454.9	634.2
2011	442535	394437	187132	170.8	729608	690922	98894	473.3	644.1

四、供热

2011 年，北京市共完成 150 个小区老旧管网改造和 55 座锅炉房供热系统节能改造工程。

全市集中供热面积为 5.1 亿平方米。比上年增长 8.7%。

表 2-12　2010-2011 年北京市集中供热情况

项目	供热面积（万平方米）	#住　宅（万平方米）	供热能力（兆瓦）	供热总量（万吉焦）	#热电厂供热（万吉焦）	#锅炉房供热（万吉焦）	供应管道长度（公里）
2010	46715	32305	35684	36112	5387	30725	12224
2011	50794	34563	36805	35682	5170	30512	11734

五、污水处理

2011 年，北京市继续加快污水处理和再生水利用设施建设，卢沟桥再生水厂（能力 10 万立方米/日）投入运行，实现向永定河供水；完成清河污水处理厂扩建和北小河污水处理厂升级改造以及东坝、垡头等污水处理厂主体工程；高碑店污水处理厂升级改造工程已开工建设。通州、平谷、大兴、延庆、房山等区县新建和改建乡镇污水处理厂 10 座，建设村级污水处理站 32 座。全市处理污水 11.9 亿立方米，污水处理率达到 81.7%。污泥无害化处理处置取得新进展，全年累计无害化处理污泥 48 万吨，处理率达 42%，同比增加 4%。

表 2-13　2010-2011 年北京市污水处理情况

项 目	污水处理能力（万立方米/日）	污水年处理量（万立方米）	污水处理率（%）	污水排放总量（万立方米）	排水管道长度（公里）	#污水管（公里）
2010	365	114706	81.0	141651	10172	4479
2011	369.4	118884	81.7	145543	11085	4765

六、公共交通

2011 年全市公共交通日均运送乘客 1964 万人，其中轨道交通 598 万人，同比增长 18.2%，最高日达到 758 万人。交通出行结构进一步优化，公共交通出行比例由 40%上升至 42%，

新增公交专用道 30.5 公里。在京通路开设了首条快速公交通勤走廊,并两次延长施划公交专用道，地面公交吸引力明显增强，日均客运量增加 1 万人,公交车平均运行速度提高 1.2 倍，地铁八通线满载率下降 10 个百分点，开通 57 组社区通勤快车，连接天通苑等大型居住区与中关村等重点功能区，日均客运量 3.6 万人。开通 15 条“袖珍公交”，改善了重点地区和地铁站点周边公交微循环,日均客运量 3.5 万人。

轨道交通服务保障能力逐步增强。实现了 8 号线二期北段、9 号线南段和 15 号线一期东段 3 条轨道交通新线提前通车,轨道交通运营里程增加 36 公里，总里程增至 372 公里。先后 6 次缩短 1 号线、4 号线、10 号线、13 号线、八通线高峰时段最小运行间隔，运力平均提高 10%，完成 1 号线车辆更新和旧车加装空调改造。

年末全市公共交通运营线路 764 条,比上年末增加 37 条；其中轨道交通运营线路 15 条，增加 1 条。公共交通运营线路长度 19832 公里，比上年末增长 3.9%；其中轨道交通线路长度 372 公里，增长 10.7%。公共交通运营车辆 2.5 万辆，比上年末增长 1.9%；其中轨道交通运营车辆 2853 辆，增长 15.8%。全年公共交通客运总量 72.3 亿人次，比上年增长 4.7%;其中轨道交通 21.9 亿人次,增长 18.4%。

表 2-14　2010-2011 年北京市公共交通情况

项目	公共交通年末营运车辆（辆）	#轨道交通（辆）	营运线路条数（条）	#轨道交通（条）	营运线路长度（公里）	#轨道交通（公里）	客运量（万人次）	#轨道交通（万人次）
2010	24011	2463	727	14	19079	336	689788	184645
2011	24478	2850	764	15	19832	372	722552	219280

七、垃圾处理

2011 年，全市基本实现生活垃圾无害化处理，垃圾处理结构进一步优化，焚烧、生化和卫生填埋比例由 2010 年的 10:10:80 调整为 15:15:70；再生资源回收量增加 6.3%，垃圾产生量继续下降,垃圾分类垃圾减量取得新的成效。全市垃圾无害化处理率达到 97%，建成燕山垃圾综合处理厂等垃圾处理设施,全市垃圾处理能力约 1.7 万吨/日。在阿苏卫等 6 座

生活垃圾填埋场推广全密闭作业，完成了环卫集团所属垃圾处理设施计量设施，提高了垃圾处理设施环境保护和精细化管理水平，城区无害化处理率 100%，郊无害化处理率 96%。

表 2-15　2010-2011 年北京市垃圾处理情况

项目	清扫街道面积（万平方米/日）	生活垃圾无害化处理率（%）	粪便清运量（万吨）	生活垃圾无害化处理能力（吨/日）	环卫机械数量（辆）	公共厕所（座）
2010	13804	96.9	194.4	16680	7461	5966
2011	13701	98.2	207.5	16930	7991	5843

八、空气质量

2011 年，全市在经济社会保持平稳较快增长的情况下，大气中主要污染物全面下降，二级和好于二级天数与上年相比持平，空气质量稳步改善。同时完成了 1218 蒸吨煤改清洁能源、22.4 万辆老旧车淘汰转出等减排措施，截至 12 月 31 日，本市大气中主要污染物可吸入颗粒物、二氧化硫、二氧化氮浓度分别为 114、28、55 微克/立方米，比 2010 年分别下降 5.8%、12.5%和 3.5%。其中，可吸入颗粒物和二氧化硫浓度达到 1998 年以来最低；可吸入颗粒物在连续三年徘徊在 120 微克/立方米左右的情况下，有了明显下降（7 微克）；二氧化氮浓度在全国普遍上升的情况下，遏制了近两年上升的趋势。空气质量二级和好于二级天数 286 天（78.4%），与 2010 年持平，连续三年比率稳定在 78%以上；其中，一级天数 74 天（占 20.3%），同比增长 39.6%。

表 2-16　2010-2011 年北京市空气质量情况

项目	空气质量达到二级和好于二级天数（天）	可吸入颗粒物年日均值（毫克/立方米）	二氧化硫年日均值（毫克/立方米）	二氧化氮年日均值（毫克/立方米）	区域环境噪声平均值（分贝）	道路交通干线噪声平均值（分贝）
2010	286	0.121	0.032	0.057	54.1	70.0
2011	286	0.114	0.028	0.055	53.1	69.6

九、园林绿化

2011 年，北京市城市绿色空间不断拓展。完成屋顶绿化 11 万平方米、垂直绿化 3 万延米、停车场绿化 8 万平方米、老旧小区绿化改造 113 处，有效缓解了城市热岛效应。建成了 10 个城市休闲公园、10 个郊野公园；高标准完成永定河“四湖一线”绿化建设，山区生态建设不断加快。京津风沙源治理、三北防护林建设和太行山绿化等重点生态工程，共完成人工造林 7.35 万亩、封山育林 40 万亩

2011 年全市新增城市绿地 1320 公顷，新增造林绿化面积 1.67 万公顷。全市林木绿化率达到 54%，森林覆盖率达到 37.6%；城市绿化覆盖率达到 45.6%，人均公共绿地面积达到 15.3 平方米。

表 2-17　2010-2011 年北京市园林绿化情况

项目	年末公园绿地面积（公顷）	人均公园绿地面积（平方米/人）	城市绿化覆盖率（%）	全市林木绿化率（%）	年末园林绿地面积（公顷）
2010	19020	15.0	45.0	53.0	62672
2011	19728	15.3	45.6	54.0	63541

十、道路建设

2011 年，北京市先后建成京新高速五环路至北清路段、京密高速、八达岭过境线等重点道路，完成京石高速改建。完成新街口四条、西客站南广场一号路等 15 项微循环道路建设，建成微循环道路 5450 米，改善了周边 50 公里道路的通行条件。

年末境内道路、公路总里程 28446 公里，比上年末增长 1.9%；其中，高速公路里程 912 公里，比上年末增长 1%。

表 2-18　2010-2011 年北京市道路建设情况

项目	境内道路、公路总里程（公里）	#城市快速路长度（公里）	城市主干道长度（公里）	城市道路立交桥数（座）	城市过街天桥数（座）	城市地下通道（座）
2010	27907	263	874	411	420	200
2011	28446	263	861	418	489	211

第六节　交通运输

2011 年，货物周转量 616.9 亿吨公里，比上年增长 20.1%。其中，铁路 311.3 亿吨公里，增长 20.9%；公路 132.3 亿吨公里，增长 30.2%；民航 47.5 亿吨公里，下降 1.6%。铁路、公路、民航货物周转量比重分别为 50.5%、21.4%、7.7%。

全年旅客周转量 1528.7 亿人公里，比上年增长 9.2%。其中，铁路 108.7 亿人公里，增长 9.2%；公路 303.7 亿人公里，增长 4.5%；民航 1116.3 亿人公里，增长 10.6%。铁路、公路、民航三种运输方式旅客周转量比重分别为 7.1%、19.9%和 73.0%。

年末全市机动车拥有量 498.3 万辆，比上年末增长 3.6%，增加 17.4 万辆。其中民用汽车 473.2 万辆，增长 4.5%，民用汽车中私人汽车 389.7 万辆，增长 4.1%，私人汽车中轿车拥有量 286.2 万辆，增长 3.7%。

第七节 基础设施建设

2011 年，北京市在基础设施建设方面，突出轨道交通和城市道路等方面建设，极大地改善了居民的出行和居住环境。全市完成基础设施投资 1400.2 亿元，比上年同期增长 0.3%，占全社会固定资产投资的 23.7%。其中，城市公共交通建设完成投资 351.3 亿元，市政工程管理业完成投资 267.8 亿元。

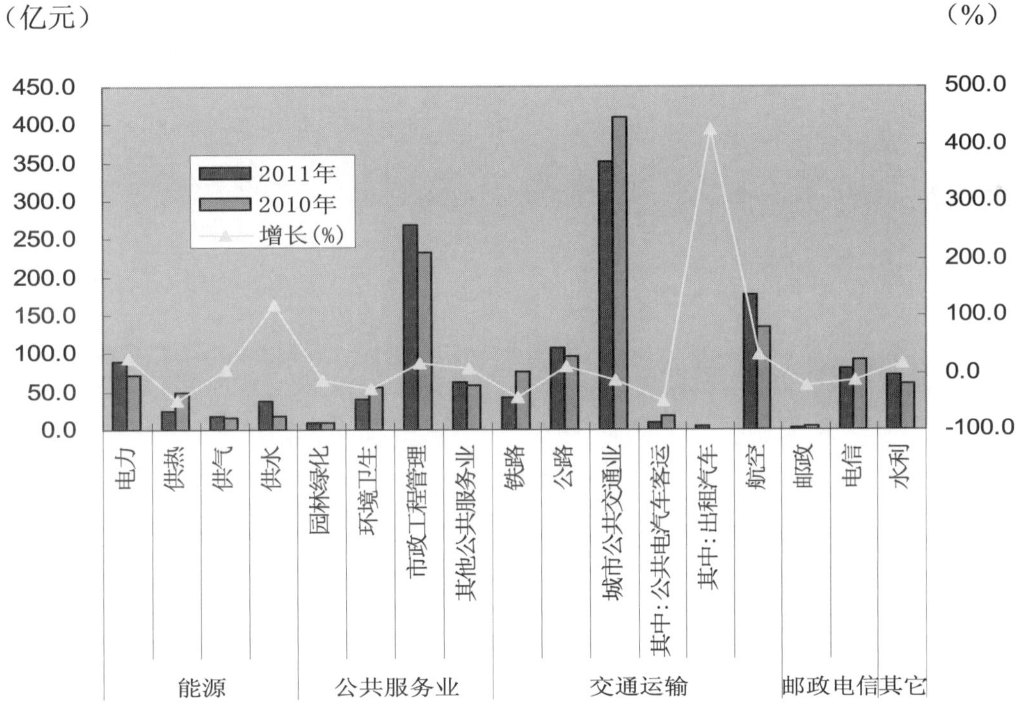

图 2-2　2011 年北京市基础设施投资完成情况

第三章
城市规划与建设

第一节　北京城市规划综述

2011年，首都城乡规划工作着眼世界城市目标和“三个北京”建设，继续深化实施北京城市总体规划，努力在把握大局、破解难题、完善机制、发挥作用上下功夫，有力地推动了首都经济社会可持续发展。

积极推进空间结构战略调整；创新城乡统筹规划，积极探索经济社会城乡一体化发展新格局。组织研究制定《关于北京“十一五”时期城乡规划执行情况和“十二五”时期城乡规划优化调整的有关意见》，以统筹人口、产业、土地、生态和空间布局为目标，适时提出优化调整城市发展重点和空间布局的建议方案。完成《中关村国家自主创新示范区空间范围和布局规划》，为率先形成创新驱动格局做好规划服务工作。与河北省有关部门密切合作，共同组织开展《首都区域空间发展战略规划研究》，以首都区域发展中的核心问题为导向，努力实现北京与周边地区的发展理念对接、规划对接、实施对接，保障首都面向区域的可持续发展。

深入研究有关城乡统筹的各项政策措施，组织制定《加快推进城乡一体化发展规划实施的有关意见》，着力推进规划实施一体化的体制机制创新。探索制定乡村规划管理办法，在规划管理中将乡村纳入城市规划管理体系。探索城乡结合部地区整体改造新的思路和模式。加强小城镇规划编制和实施，初步建立新城带动小城镇、小城镇带动农村发展的城乡一体化路径。

创新历史文化名城保护机制，推进全国文化中心建设。抓住旧城行政区划调整契机，整合资源，创新机制，不断提高历史文化名城保护与建设水平。组织编制完成《北京市“十二五”时期历史文化名城保护建设规划》，在重点加强旧城保护与复兴的基础上，完善整个市域的历史文化名城保护与建设体系。加强对具有历史价值的胡同、四合院的保护修缮，完成旧城人口疏解的规划对接工作，提高旧城的城市活力和品质。以加强文化特色资源、优秀近现代建筑、工业文化遗产保护为契机，结合新兴文化业态的培育与发展，组织开展了一批文化产业聚集区的规划工作。

集中力量提升重点功能区的规划建设水平；认真组织各专项规划的实施，特别是新城规划和民生工程规划的实施。开展《北京市产业布局与功能区规划统筹规划》，系统梳理全市产业功能区的发展状况，提出北京市产业功能区发展趋势与应对策略，促进产业聚集与城市功能的相互融合对接，提高产业功能区的可持续发展能力。

进一步加大力度落实公交优先发展战略，大力推动以轨道交通为重点的综合交通体系规划建设，完成《北京市城市轨道交通近期建设规划（2013年–2020年）》，为实现2015年全市轨道交通线网运营总里程达到660公里的目标奠定了坚实基础。围绕缓解交通拥堵，发挥交通引导作用，促进功能区建设的目标，积极推进轨道站点与周边土地开发一体化设计和地下空间利用规划工作，完成《北京“十二五”时期地下管网空间布局规划》。同时做好南水北调、天然气陕京三线、陕京四线、四大热电中心建设等重大资源性项目的规划前期工作。

重点组织开展通州新城规划及通州新城核心区规划设计的深化工作,运用最新的城市规划理念,引进国内外最优秀的专家和规划建设团队共同参与通州运河核心区的规划建设,保障了通州运河核心区的高水平起步建设,积极推动功能完善的现代化新城建设。

加强保障性安居工程建设、公共服务设施建设、安全设施建设的规划工作。组织完成2011年22.5万套保障性住房的规划设计工作;通过举办保障性住房项目规划设计方案评选和展览,扩大公众参与和社会监督,提高保障性住房规划设计水平和质量。系统组织开展了基础教育、医疗、养老、公安派出所、消防队站、地震应急避难场所等一系列涉及民生的专项规划,加快制定轨道交通无障碍设施标准,推进重点道路重点地区无障碍设施改造,为加快推进公共服务均等化,改善人居环境做好规划服务工作。

加强制度建设,推进依法行政。完善首都城乡规划法规体系,加强立法工作。制定了北京市农村规划管理办法、乡村建设工程规划监督办法、乡镇查处违法建设工作流程、北京城市雕塑规划导则等。推进标准化建设,编制了城乡规划标准化工作"十二五"规划,修订完善建筑节能标准等各项技术标准和规范,建立了规划编制、建筑工程设计、市政工程、勘察、测绘等全覆盖的行业标准框架体系。加强督查督导和案卷评查工作,提高队伍整体的依法行政能力和水平。

继续完善查处违法用地违法建设联动工作机制,形成部门、区县相互配合、齐抓共管、查控并举的合力,以打击违法用地、违法建设为重点,以加强城市管理精细化、科学化为目标,大力开展专项治理工作,查违工作取得了阶段性成果。

第二节 北京市规划研究和规划编制

一、城市轨道交通近期建设规划

年内,《北京市城市轨道交通近期建设规划(2013-2020年)》通过专家评审。专题评审包括2020年线网方案、建设规划客流预测、建设项目资金筹措方案、网络资源配置专项规划、轨道交通换乘枢纽规划方案、轨道交通与城市交通一体化规划、轨道交通风险控制与保障措施、轨道交通与城市产业发展关系研究等。

二、北京铁路枢纽丰台站综合交通规划

年内,全市客运车站总体布局调整方案确定,其中,丰台站调整为高速客站,主要承担京广客专、京九客专、京石城际铁路3条高速铁路动车组与部分市郊铁路到发作业。综合交通规划范围为南起南四环路,北至丰台北路,西起西四环路,东至京开高速;扩大交通研究范围为南起南四环路,北至莲花池东路,西起西四环路,东至京开高速。

三、城市快速轨道交通近期建设规划调整确定

年内，市规划委组织编制完成《北京市城市快速轨道交通近期建设规划（2007 年—2015 年）》调整报告，提出“先中心、后外围”的调整思路，优先安排了 2015 年前计划竣工的地铁 16 号线、海淀山后线、8 号线三期、燕房线以及新机场线共 5 个项目，线路总长度约 120 公里。

四、未来科技城控制性详细规划调整方案

年内，市规划委批复未来科技城控制性详细规划调整方案。规划范围北至顺于路西延、东至京承高速路和昌平区界、南至七北南路、西至北七家镇中心组团东边界，总用地面积约 10 平方公里，以温榆河和定泗路为界，分南、北两区。北区位于小汤山镇东南部，南区位于北七家东部。

五、新首钢高端产业综合服务区规划方案

年内，市规划委编制完成《新首钢高端产业综合服务区规划方案》，通过专家评审。该规划方案基于 2007 版《首钢工业区改造规划》和 2009 年首钢启动区规划国际方案征集中标方案，综合考虑首钢地区交通条件、用地条件、社会经济等外部条件的变化，组织开展规划优化深化研究。规划总用地面积约 8.66 平方公里，总建筑规模约 1060 万平方米。

六、“十二五”历史文化名城保护建设规划

年内，市“十二五”时期历史文化名城保护建设规划获批。该规划确定了“十二五”时期的保护目标:初步建立北京历史文化名城保护格局，传承弘扬传统文化，融合多元文化，充分展现首都文化的先进性和开放性，体现北京作为世界级历史文化名城的文化软实力。总体思路是:深入挖掘北京历史文化名城的文化精华，将保护理念拓展至整个北京市域，坚持旧城整体保护，使旧城成为体现北京世界级历史文化名城文化软实力的重要载体;积极探索历史文化名城保护的有效途径，努力实现政府主导、规划先行、市场引领，保护与发展共赢。

七、“十二五”中心城市政场站及管网系统空间布局规划

年内，《“十二五”中心城市政场站及管网系统空间布局规划》通过专家评审。该规划结合“十二五”时期城市发展，统筹安排了全市水、电、气、油等生命线工程和中心城各市政专业设施，构建了全市各市政专业重要场站设施和管线系统空间结构，提出了“十二五”时期重点建设项目，在微观层面完成了重点功能区和重要道路地下管线空间综合规划，提出了在地下空间资源紧张地区建设综合管廊的建议。

八、加油站设施规划布局

年内，《北京市加油站设施规划布局（2011 年—2020 年）》获批。到 2020 年，全市加油站总量为 1310 座，现状 1048 座，新增 262 座。其中，三环内不再新增加油站，新增加油站重点布置在新建地区和现状不足地区。

九、地震应急避难场所规划

年内，由市规划委组织，市规划院编制完成《北京市地震应急避难场所规划》，该规划在合理分析地震应急避难场所需求及用地资源评价的基础上，按照中心避难场所、紧急避

难场所和固定避难场所三级建设体系，确定我市应急避难场所规划布局，进一步优化、完善应急疏散通道规划、平灾综合利用管理措施等规划内容，同时对各区县提出了地震应急避难场所专项规划编制标准。

十、"十二五"重点新城建设实施规划

年内，市规划委会同各区县政府和相关委办局共同研究制定了《关于推进我市重点新城建设工作的意见》，编制完成了《北京市"十二五"时期重点新城建设实施规划》，并获批。该项工作从重点功能板块、重大产业项目、民生服务保障、生态环境建设、防灾减灾与公共安全、交通设施、市政基础设施等方面提出了"十二五"时期各重点新城的建设重点。

十一、中关村国家自主创新示范区空间范围和布局规划

年内，市规划委组织，市规划院编制完成《中关村国家自主创新示范区空间范围和布局规划》。该规划确定了中关村国家自主创新示范区功能定位、规划目标、规划原则、用地规模和空间布局，提出了规划实施的有关要求。

十二、新型农村社区试点规划编制指导意见

年内，市规划委和市社会主义新农村建设领导小组办公室共同组织，市规划院编制完成《北京市新型农村社区试点规划编制指导意见》，并正式下发。该报告明确了新型农村社区规划编制的控制要求和规划编制的要点。

十三、潮白河绿色生态发展带综合规划

年内，市规划委会同相关区县及部门组织，市规划院编制完成《潮白河绿色生态发展带综合规划》，自2011年6月1日发布实施。该规划属于特定地区的专项规划，明确了潮白河沿线地区的功能定位，提出发展目标，确定空间布局和发展建设策略。

十四、城市近期建设规划

年内，市规划委组织编制了《北京城市近期建设规划（2011年-2015年）》，该规划统筹了近期建设的时序、发展方向和空间布局。

十五、统筹南部现代制造业和战略性新兴产业聚集区规划

年内，市规划委组织编制《统筹南部现代制造业和战略性新兴产业聚集区规划》，形成规划成果。该规划结合《中关村国家自主创新示范区空间规模和布局规划》及北京新机场规划选址等相关工作，梳理和整合大兴、亦庄行政资源整合后的南部高技术制造业和战略性新兴产业聚集区空间资源，重点就产业定位、空间布局进行规划编制和统筹研究。

十六、住房建设规划

年内，市规划委组织编制《北京市住房建设规划》，并通过专家评审。该规划在合理预测"十二五"期间北京市住房总体需求基础上，梳理包括存量利用和新增用地等可利用空间资源，进一步优化住房供应体系和供应结构，积极引导包括保障性住房在内的全市居住用地的合理空间分布，并促进规划实施的政策机制及保障措施进一步完善。

十七、"十二五"地下管网建设发展重大项目规划储备

年内，市规划院组织编制的《北京市"十二五"时期地下管网建设发展重大项目规划储备》通过专家评审。该规划紧密结合"十二五"

时期各专业规划进行管网深化研究，针对市政地下管网的系统完善、隐患消除、支撑功能区、配合道路等四个建设重点提出1300多项重大建设项目，并在空间和时序上进行统筹和综合；对积水点治理、信息化与自动化建设、综合管廊等三个问题提出建设性意见。

十八、中心城区燃煤集中锅炉房清洁能源改造规划

年内，市规划院组织编制完成《北京市中心城区燃煤集中锅炉房改造规划》，并通过专家评审。该《规划》提出锅炉房的改造方案：确定锅炉房供热范围、改造规模，天然气进线及热力出线，改造后的锅炉房平面图布置；剩余用地使用，包括锅炉房改造后剩余用地总量，以及结合市政、交通、公共服务设施需求，每个锅炉房剩余土地的利用；对燃煤锅炉房清洁能源改造需进行环境效益评估。

十九、城乡一体化发展的规划实施意见研究

年内，市规划委组织编制《关于加快推进城乡一体化发展的规划实施意见研究》，完成初步成果。该项研究分析了“十一五”时期全市城乡规划取得的成绩和当前面临的挑战与机遇，提出了“十二五” 时期城乡规划一体化发展的思路和重点工作。

二十、首都区域空间发展战略研究

年内，市规划委会同河北省住建厅共同组织开展《首都区域空间发展战略研究》。该项研究结合北京城市总体规划和河北省环首都绿色经济圈设想，以首都区域发展中的核心问题为导向，进一步梳理区域发展的方向和思路，综合提出首都区域空间发展战略。已形成初步研究成果。

二十一、启动基本生态控制区划定研究

年内，市规划委启动全市基本生态控制区划定研究。基本生态控制区是在维护城市自然生态系统前提下，根据法律、法规划定的生态保护区域。该项工作通过研究分析北京城市空间结构演变与基本生态构架，总结以往全市绿化隔离地区及楔形绿地的实施情况及存在问题，整合和综合相关规划和法律法规、政策文件，并借鉴其他国家和地区的经验，划定全市基本生态控制区，并制定实施策略，提出实施建议。计划2012年内完成有关成果。

二十二、小城镇改革发展意见研究

年内，市规划委组织、市规划院承担的《小城镇改革发展意见研究》课题完初步完成果。该项研究以北京为例，就大城市特有的“大城市小郊区”的城市空间特征系统分析，分区域梳理小城镇面临的发展机遇和挑战，就如何适应首都经济社会快速发展以及城乡一体化进程不断推进的形势，发挥规划的引导作用，促进小城镇健康发展提出不同策略。

二十三、产业布局与功能区规划统筹研究

年内，市规划委组织《北京市产业布局与功能区规划统筹研究》，形成研究成果。该项研究系统梳理分析北京市产业用地发展利用现状，提出产业功能区发展趋势与应对策略、重点新城工业布局及规模发展建议，对全市域进行产业布局统筹引导。

二十四、城市总体规划编制办法改革与创新

年内，市规划委组织开展《城市总体规划编制办法改革与创新》课题研究，形成成果并

通过住建部评审。主要内容包括：总体规划批后的动态评估、维护、管理和信息化建设机制研究；强化城市总体规划对全市域城乡发展建设调控的思路和对策研究。

二十五、集体产业用地规划研究

年内，市规划委会同市国土局、市经信委、市农委组织开展集体产业用地规划研究工作，形成阶段性成果。该项研究通过现状问题梳理、典型案例分析，围绕用地、产业、资金、政策等核心问题，着重探索了以集体产业用地为重点的城乡资源统筹利用机制。

二十六、世界城市的旅游服务功能及其空间布局特征研究

年内，由市规划委组织，市规划院完成《世界城市的旅游服务功能及其空间布局特征研究》课题。该项研究从世界城市的旅游功能、接待规模、设施配套等要素入手，归纳总结世界城市旅游空间布局的主要特征与基本规律，从旅游视角提出北京市建设世界城市的必要条件与基本路径。

二十七、水环境整治与两侧土地开发规划统筹研究

年内，市规划委组织编制，市规划院开展《北京市域水环境整治与两侧土地开发规划统筹研究》课题。该项研究从整体层面对北京的水资源摸底、整合，加强用地规划与水域整治的关联性，使生态提升、土地价值挖潜、区域经济发展、反哺生态维护形成一条良性循环的发展链，实现经济、社会、生态效益的统筹平衡。

二十八、南中轴区域规划研究

年内，市规划委组织编制完成《南中轴区域规划研究》课题。永定门至南苑边缘集团南端约10公里区域，共分永定门至南四环、南四环至南苑边缘集团、以及南苑边缘集团等三个区段。主要目标是：第一区段以大红门服装商贸区为基础，开展基础性研究，摸清产业发展趋势，促进产业优化升级；第二区段依托区域绿色、文化特色元素，打造地区绿色产业发展名片；第三区段在空间上与北侧奥林匹克森林公园相呼应，预留城市绿色生态发展空间。

二十九、文化空间布局专项研究

年内，市规划委开展全市文化专项研究。主要内容是：1. 对全市公益性文化设施现状及规划基本情况进行梳理。2. 开展文化创意产业概念及国内外主要文化创意产业集聚区比较研究。3. 对市域特别是旧城演艺产业发展及空间布局现状进行调研，对南中轴两翼演出场所进行初步研究。4. 开展朝阳区文化设施空间布局专项规划研究，该项规划已初步完成。按照工作计划，市规划院开展了《北京市公益性文化设施及文化创意产业集聚区现状与规划基本情况梳理》、《首都演艺集聚区规划研究》等一系列文化专项研究以及《北京市文化设施与产业调研》等相关规划编制工作。

三十、远郊区县道路定线研究

年内，市规划院组织的《远郊区县道路定线研究》课题通过专家评审。该项研究提出了北京市道路定线工作方案和统一的道路定线技术（条件、测绘）标准，对北京市13条已实施而未定线的放射线、高速公路，以及新规划的地铁S1线沿线等地区进行了定线梳理的试点。

三十一、保障性住房基础设施规划研究

年内，市规划院组织的《保障性住房基础

设施规划研究》课题通过专家评审。该项研究2010年拟竣工的40个项目、2011年拟竣工的70个项目进行了规划综合研究及动态追踪，并结合北京实际，借鉴国内外经验，从规划编制管理层面、建设机制层面、政策制定层面提出对策和建议。

三十二、小城镇规划实施研究

年内，市规划院组织的《北京小城镇规划实施研究》课题通过专家评审。该项研究以促进城乡一体化发展为导向，以农民城镇化问题为切入点，以案例分析为支撑，在对全市小城镇规划建设进行实地调研考察、多个项目和典型案例进行综合分析的基础上，比较深入的探讨了全市小城镇发展及规划实施的特点及主要问题，总结归纳了小城镇规划实施中的各种模式及其特征，评价了小城镇规划实施成效，剖析了问题产生的深层次原因，并结合国内外经验的借鉴，提出促进规划实施的发展策略和规划实施的保障措施及建议。

三十三、污泥、餐厨和厨余及建筑垃圾处理设施规划研究

年内，市规划院组织完成《北京市污泥、餐厨和厨余及建筑垃圾处理设施规划研究》课题。该项研究揭示了全市在污泥、餐厨和厨余及建筑垃圾处理方面所面临的问题，科学测算了污泥、餐厨和厨余及建筑垃圾的产生量，指出了污泥、餐厨和厨余及建筑垃圾处理工艺的发展方向，确定了各种处理设施的占地指标，完成了污泥、餐厨和厨余及建筑垃圾处理设施布局规划。

三十四、中心城积水治理对策与措施研究

年内，市规划院组织对北京中心城地区雨水排除系统全面梳理，对近年来严重积水点的发生原因系统分析，提出“分、排、蓄、滞”相结合的综合工程措施及规划建议。

三十五、功能核心区发展战略规划研究

年内，市规划院组织开展《首都功能核心区发展战略规划研究（2010—2020年）》工作，形成成果并通过专家评审。该项研究的主要内容包括：核心区的基本概况、发展面临的挑战和机遇、职能定位和发展目标、发展战略和实施行动、政策机制及保障措施。提出了“保护为要，文化引领”、“协调发展，整体提升”的核心区发展战略，积极探索了保护与发展的关系，并开展旧城保护区外胡同分类保护、文化探访路规划、旧城相关规划指标、保护区市政设施更新改造等相关专题的探索。

第三节 城市景观与规划管理

一、受理审批建设项目

年内，市规划委行政许可事项、行政服务事项100%实现网上办理，实现了“绿通”常态化，审批周期缩短为原来的一半。共受理各类建设项目13415件，核发建设项目13104

件，许可用地规模5694.66公顷，许可建设规模5363.57万平方米、市政管线271.33万延米；承担市级重点工作1055项。

二、查处违法建设

年内，市规划委完成卫星监测8次,确认违法建设1297处、884万平方米，拆除违法建设15269处、1004.79万平方米。

三、通州核心区北环环隧规划方案

年内,市规划委批复通州核心区北环环隧规划方案，环隧主隧道布置在北关北街、新华东路、永顺南街、北关中路地下，连接道布置在永顺北街地下，主体结构全长约1.5公里，分三层布置，自上至下分别为北环环遂主通道、综合管沟设备夹层、综合管沟。

四、北京西站南广场景观改造方案

年内,市规划委会同市相关单位开展西站南广场现状调研，并确定广场景观改造方案。

五、东北热电中心规划选址确定

年内，东北热电中心建设规划选址高安屯。该方案位于朝阳区规划循环经济产业园区东北侧,温榆河大道以西,京平高速公路以南,建设规模为4台350兆瓦级燃气热电联产机组，同步建设燃气、热力、电力、中水等配套设施。

六、西北热电中心规划选址确定

年内，西北热电中心选址规划方案确定。该项目位于石景山区西北部16片区，阜石路以东，高井路以北，石门路以西，总用地规模20.3公顷。

七、高安屯充电站规划设计方案

年内,市规划委会同市相关部门审定高安屯充电站规划设计方案。该充电站位于朝阳区循环经济产业园内，可以满足200辆大型环卫车、100辆2吨环卫车和100辆电动乘用车的充电需求,建成后将成为全市第一个具有示范效应的以环卫车为主的大型综合充电站，充电能力为全国之最。

八、救灾储备物资库规划选址确定

年内，市救灾储备物资库规划选址确定。将建立1个中心库，3个分库，中心库建设规模控制在55000平方米以内,分库建设规模控制在6000平方米以内。

九、中国民族博物馆选址规划

年内,中国民族博物馆建设项目选址规划初步确定，在奥林匹克中心区B00地块或奥体南区13、14号地块中选址，总建筑面积10万平方米以上，并适当预留发展空间。

十、“十二五”城乡规划标准化工作规划

年内，市规划委和市质监局联合发布了《北京市“十二五”时期城乡规划标准化工作规划》，该《规划》明确了“十二五”时期城乡规划标准化工作的指导思想、基本原则和发展目标,制定了主要任务和规划实施的保障措施。自2011年6月起实施。

十一、“十二五”无障碍环境建设指导意见

年内，“十二五”期间无障碍环境建设指导意见编制完成并实施。主要明确了8项工作：1. 以无障碍工程建设等为内容建立无障碍标准体系，编制老年人、残疾人、儿童综合服务设施无障碍设计、文物古迹无障碍改造和信息无障碍标准；2. 按照无障碍标准开展新建项目设计、施工和验收；3. 打造100个居

住区、100座公共建筑、100个旅游场所无障碍改造示范项目；4. 推进有需求的残疾人、老年人家庭无障碍改造；5. 在王府井、北京南站等8个地区开展无障碍系统化改造试点；6. 制订无障碍设施使用与管理规定，建立无障碍设施管理信息系统；7. 建立公共服务场所语音提示、屏显字幕等辅助系统，推动政府机构、网站无障碍改造；8. 宣传无障碍理念，营造良好社会氛围。

十二、第二届政策性住房项目规划设计方案

年内，市规划委组织了市第二届政策性住房项目规划设计方案评选暨展览，共有32个项目，占地面积约543公顷，建筑面积约1284万平方米，涉及公租房、廉租房、经济适用房、两限商品房等政策性住房类型。

十三、援建和田项目规划设计方案

年内，市规划委组织审查4家设计单位开展的援建和田项目规划设计方案，包括和田市棚户区改造项目二期、和田市规划展览馆、和田市高中等13个援建项目。

十四、永定河生态文化新区规划设计方案

年内，永定河生态文化新区的规划设计工作由丰台区政府会同市规划委面向全球发布征集公告，包括英国、美国、德国、法国等14个国家和地区的44个应征申请单位提交申请文件，经过资格审查、专家评审，确定奥雅纳联合体的规划设计方案。

十五、新城地景规划设计

年内，由市规划委指导，各区县组织编制《北京新城地景规划设计》，形成规划成果。该规划系统梳理各新城地区地景格局的基本特征及相互关系，构建北京市域的整体地景格局。

十六、“十二五”四项无障碍标准制订

年内，市规划委确定“十二五”期间重点制定四项无障碍标准：老年人、残疾人、儿童综合性服务设施无障碍设计标准；信息无障碍标准；文物古迹无障碍改造标准；社区无障碍改造导则。同时，对既有无障碍标准内容进行修订，加快全市无障碍标准体系建设，为无障碍设施设计和建设提供技术依据。

十七、绿色建筑评价标识工作启动

年内，市规划委会同市住建委启动全市绿色建筑评价标识工作。主要包括组织设计人员专项培训、推广BIM技术、打造高标准的绿色建筑品牌、开展绿色建筑示范推广工作，推进长辛店生态城、未来科技城等重点绿色建筑示范区建设，提高全市绿色建筑规划设计水平和质量。

十八、地铁网线公共艺术规划研究

年内，由市规划委组织的《北京地铁网线公共艺术规划研究》课题通过专家验收。该项研究通过分析北京和国外其他城市地铁公共艺术建设情况，提出全市地铁全网公共艺术总体定位和规划原则。

十九、“水木清华”国际校园百件雕塑落成

年内，“水木清华”国际校园百件雕塑在清华大学校园内落成。雕塑以“人文、科学、艺术”为主题，建成100件雕塑作品中国外作品60件、国内作品40件，象征清华大学百年校庆。

二十、低碳环保主题雕塑落成

年内,低碳环保主题雕塑在东城区南馆公园低碳生活示范园建成,主要包括“逝去的朋友”、“花之化石”等2组11座雕塑。该公园为全市第一个低碳教育主题公园。

二十一、援建什邡纪念雕塑落成

年内,由市规划委组织的北京援建什邡纪念雕塑落成。该雕塑名为“希望之光”,正面刻有“京什 2008-2010”字样,高10.8米,意涵北京援建什邡108个建设项目。

二十二、11件雕塑全国获奖

年内,全国城市雕塑建设指导委员会公布2010年全国优秀城市雕塑建设项目评选结果,北京市共有11件雕塑获奖。地铁4号线枣园站壁画“田园奏鸣曲”获“年度大奖”,援建什邡雕塑“希望之光”获“优秀奖”,地铁4号线大兴段站点9幅壁画获“公共设施艺术化范例奖”。北京城市雕塑建设管理办公室获“优秀组织奖”。

二十三、国家全民健身示范基地标志性雕塑建成

年内,朝阳区政府和市体育局共同建设完成国家全民健身示范基地标志性雕塑。该雕塑高6米,位于奥林匹克森林公园。

二十四、奥运冠军墙雕塑建成

年内,奥运冠军墙雕塑在奥林匹克公园奥运火炬广场建成。该雕塑呈折线型,总长365米,平均高度2.2米,以“奥运五环”为中心,两侧用英文刻有北京奥运会、残奥会奖牌榜名录,用中、英文刻有北京奥组委主席刘淇、国际奥委会主席雅克•罗格、国际残奥委会菲利普•克雷文分别在北京奥运会、残奥会上的致辞。

二十五、城市雕塑普查结束

年内,北京城市雕塑建设管理办公室组织完成全市第二次城市雕塑普查。全市现有城市雕塑2505座,较2004年第一次城市普查新增了682座雕塑。2004年全市雕塑普查结果为1836座。

二十六、首届表演艺术主题国际雕塑展举办

年内,由国家大剧院举办首届表演艺术主题国际雕塑展。该展览以“凝固的旋律”为主题,共征集国内外雕塑作品700余件,共展陈150件优秀雕塑作品,其中征集作品85件、邀请作品65件。

二十七、35件雕塑参展北京文化创意产业博览会

年内,共有“丽人行”、“明皇贵妃马球图”、“奥运马球图”、“唐代三杰”等6组、35件雕塑作品在第6届中国北京国际文化创意产业博览会上展出。展出作品主要体现“大唐文化”主题,展现唐风古韵。

二十八、“十二五”城建档案工作规划

年内,市城建档案馆编制完成《北京市“十二五”时期城建档案工作规划》。该《规划》明确了“十二五”时期全市城建档案工作面临的形势、指导思想、发展目标、主要任务和保障措施,是“十二五”时期全市城建档案工作发展的指导性文件。

二十九、地下管线工程档案接收征集启动

年内,市规划委创新工作机制,开展地下

管线工程档案接收征集工作，主要包括：1.与管线权属单位共享管线资料，协同开展地下管线工程档案归档工作。2. 保留设计规划审批、竣工测量、质量与验收、竣工图等核心资料，精简施工过程文件。3. 组织区县相关人员进行专题业务培训。

三十、市城建档案馆入库档案23793卷

年内，市城建档案馆共接收建筑、市政工程竣工档案1001项，23793卷；照片档案12294张；缩微胶片2886卷。接收规划管理档案4317项，其中过程档案 2827 项，许可档案 1490项；征集进馆市政备案、勘察测绘等专业档案8982卷；拍摄母片2317卷、拷贝片4634卷；复印还原图纸80000余张；工程竣工档案扫描7780卷，496445页，工程竣工档案著录57161卷，文件级著录908896条。完成建设用地101项和建筑工程262项档案的登图工作。全年接待档案利用人员7085人次，提供利用各类城建档案28643卷，照片695张。

三十一、城建档案科研成果通过验收

年内，市城建档案馆承担的北京市科委课题《工程图样数字化图像缩微胶片输出控制方法研究》顺利通过专家验收。与会专家认为，该课题研究成果居国内先进水平。

三十二、市获奖工程项目声像档案征集进馆

年内，市城建档案馆征集接收进馆了2009-2010年度国家优质工程、2010年度中国建设工程鲁班奖、第九届中国土木工程詹天佑奖的北京地区获奖工程共计31个项目的声像档案资料，照片672张，视频200分钟，工程项目PPT介绍及汇报材料92份。

三十三、重点工程档案跟踪指导与接收完成

年内，市城建档案馆完成轨道交通亦庄线、昌平线、房山线、大兴线、15号一期工程全部竣工档案的接收工作，同时开展8号线一期、9号线一期、15号线二期工程档案咨询指导和检查、验收工作；完成中央电视台新台址、国家博物馆、前门大街改造、北京饭店二期等工程以及上庄经济适用房、大红门、宋家庄等保障性住房工程、校安工程的档案跟踪指导工作。

三十四、当代中国城市发展北京卷完成

年内，市城建档案馆完成《当代中国城市发展》北京卷的组织编写工作。北京卷包括历史篇，专题篇，展望篇共三篇。

第四节　工程设计

一、规划设计勘察测绘年度优秀工程

年内，市规划委表彰规划设计勘察测绘2011年度优秀工程项目，包括综合奖392项、专项奖20项、单项奖34项。

二、我市13个项目获优秀城乡规划设计一等奖

1. 北京大栅栏地区保护、整治与复兴规划——北京市建筑设计研究院 清华大学建筑学院

2. 南水北调中线干线工程建筑环境规划——北京市建筑设计研究院

3. 《北京城市总体规划（2004年-2020年》实施评估——北京市城市规划设计研究院

4. 永定河绿色生态发展带综合规划——北京市城市规划设计研究院

5. 北京市五线划定标准及综合规划研究——北京市城市规划设计研究院

6. 《中关村国家自主创新示范区空间规划与产业发展统筹研究》——北京市城市规划设计研究院

7. 北京市浅山区协调发展规划（2010年-2020年）——北京市城市规划设计研究院

8. 长城（北京段）保护范围及建设控制地带划定——北京市城市规划设计研究院

9. 北京市中心城、新城及重点地区部分敏感性市政基础设施场站整合规划——北京市城市规划设计研究院

10. 北京市规划审批数据统计分析研究——北京市城市规划设计研究院

11. 北京城市规划建设用地实施研究——北京市城市规划设计研究院

12. 北京市养老设施专项规划——北京市城市规划设计研究院

13. 《北京市丰台区长辛店生态城控规》——北京市城市规划设计研究院

三、我市16个项目获优秀工程设计综合奖（公共建筑）一等奖

1. 中国石油大厦——北京市建筑设计研究院有限公司

2. 百度大厦——中国建筑设计研究院

3. 北京电视中心——北京市建筑设计研究院

4. 金融街F3写字楼——中国建筑设计研究院

5. 中国国际贸易中心三期工程——中冶京诚工程技术有限公司

6. 北京大学经济学院——北京市建筑设计研究院

7. 中国科学技术馆——北京市建筑设计研究院

8. 西山创意产业基地B区（西山艺术工坊）——中国建筑设计研究院

9. 中欧国际工商学院（北京）研发中心——中国中元国际工程公司

10. 新三里屯时尚文化广场北区——北京市建筑工程设计有限责任公司

11. 北京国际饭店会议中心改扩建——北京市建筑设计研究院

12. 中国船舶工业集团公司船舶系统工程永丰基地——北京市建筑设计研究院

13. 中国疾病预防控制中心一期工程——中国建筑科学研究院

14. 奥林匹克公园（B区）会议中心配套设施——北京市建筑设计研究院

15. 北京李宁体育用品有限公式建设项目（李宁运营中心）——中国建筑科学研究院

16. 商务部国际商务官员研修学院（发展中国家经济管理官员培训配套项目工程）——北京市建筑设计研究院

四、我市2个项目获优秀工程设计综合奖（居住建筑）一等奖

1. 嘉润园（阳光上东）国际社区C9区——北京市建筑设计研究院

2. 林达嘉园住宅楼（远洋公馆）——北

京市建筑设计研究院

五、我市4个项目获优秀工程设计综合奖（保障房 居住建筑）

1. 常营丽景园（8#、9#楼廉租房）——华通设计顾问工程有限公司

2. 瑞麒嘉园 D16-3#楼（两限房）单体——北京市住宅建筑设计研究院有限公司

3. 石景山区金顶街三区住宅及配套项目（首钢金顶、阳光）——北京中天元工程设计有限公司

4. 丰台区车铁匠营宋庄路38号项目——北京建院约翰马丁国际建筑设计有限公司

六、我市6个项目获优秀工程设计（道路桥梁专业）一等奖

1. 北京市六环路（良乡-寨口段）公路工程——北京市市政工程设计研究总院

2. 北京市京承高速公路（密云沙峪沟-苇子峪路段）工程——北京市市政工程设计研究总院

3. 京承高速公路（密云沙峪沟—市界段）工程——北京国道通公路设计研究院

4. 北京南环大桥——北京市市政工程设计研究总院

5. 北京市长安街大修工程——北京市市政工程设计研究总院

6. 房山三渡、四渡、五渡、六渡桥工程——北京市市政专业设计院有限责任公司

七、我市3个项目获优秀工程设计（轨道交通专业）一等奖

1. 北京地铁 4 号线工程——北京市市政工程设计研究总院

2. 北京地铁 4、10 号线工程黄庄站——北京城建设计研究总院

3. 北京地铁 4 号线工程国家图书馆站（原白石桥站）——北京市市政工程设计研究总院

八、我市3个项目获优秀工程设计（标准奖）一等奖

1. 公共建筑节能设计标准（DB11/T687-2009））——北京市建筑设计研究院

2. 北京地区建筑地基基础勘察设计规范（DBJ 11-501-2009）——北京市勘察设计研究院有限公司

3. 建筑抗震鉴定与加固技术规程（DB11/T689-2009）——北京市建筑设计研究院

九、我市7个项目获优秀工程勘察（岩土工程、水文地质）一等奖

1. 中央电视台新台址建设工程——北京市勘察设计研究院有限公司

2. 中国国际贸易中心三期岩土工程勘察——北京市勘察设计研究院有限公司

3. 中国国家博物馆工程——北京城建勘测设计研究院有限责任公司

4. 南水北调中线京石段应急供水工程（北京段）惠南庄-大宁段工程勘察——北京市水利规划设计研究院

5. 北京地铁 10 号线一期（东三环段）工程勘察——北京城建勘测设计研究院有限责任公司

6. 北京亦庄规划新城前期区域工程地质勘查——北京市地质工程勘察院

7. 北京海关地下车库及消防水池改扩建工程土方、帷幕止水、基坑支护、抗拔桩工程——建设综合勘察研究设计院有限公司/北京综建科技有限公司

十、我市2个项目获优秀工程勘察（工程测量）一等奖

1. 北京市房屋全生命周期管理信息平台开发与数据采集——北京市测绘设计研究院

2. 北京地铁4号线工程测量——北京城建勘测设计研究院有限责任公司

十一、鲁疃西路综合管沟（一期）规划方案

年内，市规划委批复未来科技城鲁疃西路综合管沟（一期）规划方案。该工程北起顺于路西延，南至定泗路，长约2.24公里，共计9类11种管道。

十二、地铁6号线西延工程规划方案

年内，地铁6号线西延工程规划方案确定。该线路西起苹果园站，沿苹果园南路南侧向东敷设，上跨京门铁路，在杨庄东街西侧，转为地下，下穿杨庄东街后，向东止于西四环西侧，与地铁6号线一期工程相接，实现与一期、二期工程贯通运营，线路全长约9公里，全线新建车站5座，与S1线同步实施，并与M1线苹果园站形成三线换乘，与M3 、L6线预留换乘条件。

十三、地铁海淀山后线工程总体设计方案

年内，地铁海淀山后线工程总体设计方案获批。该线路全长约23.4公里，其中高架线约8.5公里，地下线约14.9公里，共设车站13座，其中高架站5座，地下站8座。

十四、地铁8号线二期工程设计方案

年内，市规划委批复地铁8号线二期工程初步设计方案。该方案由一期工程(奥运支线）向南北延伸，分北段、南段，全长17.544公里，共设车站12座。

十五、四惠交通枢纽项目初步设计

年内，市政总院完成《四惠交通枢纽项目初步设计》。该工程总用地面积166773.03平方米，总建设用地面积97810.01平方米，总代征用地面积68963.02平方米。建筑高度16.35米，地上3层，地下1层。

十六、长安街西延道路工程设计

年内，市政总院完成《长安街西延（三石路－古城大街）道路工程设计》。该工程全长约6.4千米，规划为城市主干路，规划道路红线宽度60-80米，设计速度60公里/小时。

十七、上庄路南延道路工程设计

年内，市政总院完成上庄路南延（闵庄路－黑龙谭路）道路工程（含西山隧道）设计。该工程全长8.68千米,其中西山隧道长4.07千米，设计速度60公里/小时。

十八、人行天桥及人行地下通道无障碍设施设计规程

年内，市规划委和市质监局联合发布了本市地方标准《人行天桥及人行地下通道无障碍设计规程》，自2011年9月1日起实施。主要内容包括：人行天桥和人行地下通道中坡道、梯道、电梯、自动扶梯、升降平台、盲道、标识和引导系统、扶手与栏杆等无障碍设施设备。

十九、再生混凝土结构设计规程

年内，市规划委和市质监局发布了本市地方标准《再生混凝土结构设计规程》，自2011年9月1日起实施。再生混凝土的应用是建筑垃圾资源化的重要组成部分，该《规程》主要内容包括：再生混凝土的技术要求、混凝土配

合比设计、混凝土框架设计、混凝土剪力墙结构设计、混凝土框架剪力墙结构设计等。

二十、民用建筑通信及有线广播电视基础设施设计规范

年内，市规划委发布了本市地方标准《民用建筑通信及有线广播电视基础设施设计规范》，该《规范》自2011年9月1日起实施。

二十一、冷却塔供冷系统设计指南

年内，市规划委发布了《北京地区冷却塔供冷系统设计指南》，该指南由北京市建筑设计研究院编制完成，适用于北京地区新建、扩建和改建的公共建筑中，采用开式冷却塔间接供冷系统的设计及运行。

二十二、保障性住房规划建筑设计指导性图集

年内，市规划委会同市住建委共同组织发布了《北京市保障性住房规划建筑设计指导性图集》，该图集由北京市建筑设计研究院编制完成。

二十三、6册建筑通用图集出版

年内，市规划委编制出版6册建筑通用图集，包括《外墙夹芯保温》、《A级不燃材料外墙外保温》、《通用电器设备》、《外线工程》、《有线广播电视系统工程》、《给水工程》。

二十四、新农村住宅设计图集

年内，市规划委会同市住建委共同组织发布了《新农村住宅设计图集》。该图集在众多优秀方案中选取13个户型作为推荐户型，既符合现阶段农村居民的习惯，又兼具适应不同地区、不同阶段社会经济发展所带来的居住模式变化的需要，同时提供了全部专业的完整施工图和工程直接费用的预算。

第五节 勘察·测绘

一、“十二五”勘察设计行业发展规划

年内，市规划委发布《北京市“十二五”时期勘察设计行业发展规划》。该规划明确了“十二五”时期全市勘察设计行业发展的总体思路、战略目标和重点任务，通过规范行业发展促进工程设计产业壮大，提升行业辐射和影响力，将北京市勘察设计行业打造成引领全国行业发展的总部核心和服务北京“世界城市”建设的设计创新产业。

二、规划设计勘察测绘行业年会

年内，市规划委主办“2011年北京规划设计勘察测绘行业工作会暨第二届城市规划设计论坛”，该会议暨论坛的主题是“规划服务科学发展，设计打造世界城市”。

三、“十二五”勘察设计行业发展规划专题研究

年内，市规划委牵头，市勘察设计测绘管理办公室、北京工程勘察设计行业协会共同组织编制的《北京市“十二五”时期勘察设计行

业发展规划专题研究报告》发表。该《研究报告》包括八个专题报告。

四、崔愷获选院士

年内，市工程勘察设计行业崔愷(中国建筑设计研究院)，增选为中国工程院2011年新院士。

五、城乡规划和建设工程勘测设计标准体系

年内，市规划委编制完成《北京市城乡规划和建设工程勘测设计标准体系》，该体系分类统计了涉及规划、勘察、测绘、市政工程和房屋建筑五大行业的国家标准、行业标准和北京市地方标准共1523项。

六、郭公庄水厂勘察完成

年内，市勘察设计研究院有限公司完成郭公庄水厂一期岩土工程勘察。该水厂位于丰台花乡，占地面积24公顷，利用南水北调水源，一期供水能力50万吨日，前期投资21亿元，为水源九厂后北京市建设的最大自来水厂，计划2013年底建成使用。

七、西山隧道暗挖段勘察完成

年内，市勘察设计研究院有限公司完成上庄路南延(西山隧道)工程暗挖隧道段野外钻探作业。该路段为双洞单向特长公路隧道，一线长约3010米，二线长约3047米。地质构造极为复杂，钻探进尺达2367米，山顶隧道最深钻孔为345米，是目前北京地区工程勘察最深钻孔。

八、浅层地下水位动态监测网扩建

年内，市勘察设计研究院有限公司完成浅层地下水位动态监测网扩建(大兴、房山、昌平三个新城)二期项目，并通过规划验收。目前已基本覆盖公路六环以内及顺义、通州、亦庄、大兴、房山、昌平六个新城的平原区范围，控制面积达4300余平方公里，监测井数量近千个。

九、影响工程勘察质量安全因素调研完成

年内，市勘察设计研究院有限公司牵头的《影响建设工程勘察市场及质量安全的重要因素调研及解决办法》项目通过规划验收。

十、北京市房屋普查数据修补测和更新项目

年内，“北京市房屋普查数据修补测和更新”项目通过专家验收。该项目在2007年北京市房屋普查基础上，完成了内业15万余个图元处理，外业约1.48万幢房屋调查，以及300余万笔权属登记业务工作，覆盖全市域约1.6万平方公里。

十一、数字中关村建设启动

年内，中关村示范区“数字中关村”建设启动。该项目采用“一张图”系统，将示范区“一区多园”的空间信息与企业、产业、科技创新资源、科技金融资源、规划、土地、重大项目、招商引资等信息进行整合，为产业空间布局、制定发展规划、区域经济统计分析、重大项目落地、招商引资等提供服务。“数字中关村”申请纳入国家数字城市地理空间框架建设试点，将是国家测绘地理信息局支持的第一个跨行政区的高端产业功能区的数字城区建设试点项目。

十二、房产测绘市场现状调查完成

年内，全市房产测绘市场现状调查完成。全市现有房产测绘单位90家，其中甲级8家、乙级24家、丙级27家、丁级31家；专业技

术人员近4000人，具备大专以上学历的技术人员占85%；私营企业占到60%。

十三、城市测量规范行业标准

年内，市测绘院主编，上海、天津等18城市参与的《城市测量规范》编制完成。该《规范》由住房和城乡建设部发布，自2012年6月1日起实施。

十四、“十二五”测绘地理信息发展规划

年内，市规划委与市发改革委联合发布《北京市“十二五”时期测绘地理信息发展规划》。该《规划》总结了“十一五”时期全市测绘地理信息发展成就，分析了当前面临的主要形势，明确了“十二五”时期全市测绘地理信息发展的指导思想和发展目标，提出了测绘地理信息工作重点任务以及保障措施。

十五、勘察设计与测绘管理行业公共服务体系启动

年内，市规划委在网站开通运行《北京市勘察设计与测绘行业公共服务体系》，并开发启动该服务体系二期建设。

十六、房屋全生命周期管理信息平台

年内，市测绘院完成《北京市房屋全生命周期管理信息平台（一期、二期）》建设，实现房屋开发、建设、交易、登记、物业管理、使用维护、拆除的房屋全生命周期管理。平台通过信息接口，为地税、统计等部门提供房屋基础信息支持，为各区县房屋行政主管部门提供辖区内房屋状况查询、统计、分析等服务，形成纵向支持市区两级应用，横向提供委办局之间信息共享，服务政府、社会和百姓的综合信息服务架构。这是全国首个房屋全生命周期管理平台。

十七、数字城市建设试点项目

年内，由市测绘院完成的“数字西城地理空间框架”和“数字通州地理空间框架”项目，通过国家测绘地理信息局验收，并开通“数字西城地理信息公共平台”。同时，西城区获得国家测绘地理信息局授牌，成为“全国数字城市建设示范区”。

十八、3类基础测绘工作完成

年内，市测绘院完成3类基础测绘工作。基础控制方面，完成城市一、二级导线四等水准复测等2项工程约2266公里；完成14471幅基本比例尺地形图更新方面。首次推进郊区新城基本比例尺地形图测绘，完成通州、昌平、怀柔、顺义、房山等五个区1:500地形图共310平方公里；地理信息数据库建设方面，完成11963幅基本比例尺地形图的数据加工、入库工作。“城市综合地下管网信息系统”累计完成3.75万公里地下管线数据的建库管理工作。

十九、4类重大专业测绘项目完成

年内，市测绘院完成4类重大专业测绘项目，包括：首都二机场选址测绘二期工程；北京市东部区域地面沉降监测网络的建设与应用项目的年度任务；北京市地铁6号线、7号线、8号线等6条轨道交通测量项目及15个公交场站测绘项目；密涿高速公路（北京段）及南二环、西三环等城市道路的测量项目。

二十、2批援建测绘任务完成

年内，市测绘院完成新疆和田地区一市三县1:1000地形图70平方公里、1:2000地形图182平方公里和正射影像图500平方公里的测绘任务，完成内蒙古乌兰察布市总长184公里的60条市政道路测绘任务。

二十一、什邡地震遗址测绘成果通过验收

年内，市测绘院采用无人机航空摄影测量、三维激光扫描技术制作的什邡地震遗址公园三维模型成果通过验收。

二十二、13项地图编制出版

年内，市测绘院编制完成13项地图，包括：《北京市全市及中心城土地利用规划、现状、影像挂图》、《北京市十二五水务发展规划图集》、《北京交通基础设施图集》插图、《东城区区划图》、《西城区区划图》、《海淀区区划图》、《华北电网图集》、《内蒙古电网图集》、《北京历史地图集》第一集样书、《北京市2011年城市轨道交通建设项目图册》、《北京交通旅游地图》、《北京新图》和《北京市公众版地图》。

二十三、9名专家获全国勘察设计大师称号

年内，住建部发布《关于第七批全国工程勘察设计大师名单的公告》，全市勘察设计行业9名专家获全国勘察设计大师荣誉称号，分别是：王丹、王亚勇、史航、张同须、张宇、李明辉、陆国杰、周风广、郁银泉。

二十四、2项工程获全国优秀勘察设计奖

年内，住建部发布2010年度全国优秀工程勘察设计奖名单。市勘察设计研究院有限公司完成的国家体育场岩土工程勘察、水文地质勘察及基础设计分析咨询获金奖，北苑居住区住宅楼及纯地下车库岩土工程勘察、复合地基、抗拔桩与复合地基相结合的边坡支护工程获银奖。

二十五、3项成果获市科学技术奖

年内，市勘察设计研究院有限公司研制的《建筑基坑支护技术规程》和《北京焦化厂搬迁场地环境风险管理技术研究》获市委市政府颁发的北京市科学技术奖三等奖，与市建院共同主编的《北京地区建筑地基基础勘察设计规范》获二等奖。

二十六、33个测绘项目、工程获省部级奖

年内，市测绘院完成的北京市房屋全生命周期管理信息平台开发与基础数据建设等6个项目分获中国地理信息科技进步奖、中国测绘学会测绘科技进步奖、中国全球定位系统应用协会卫星导航定位科学技术奖，市测绘院参与的测绘信息化关键技术及生态环境应用等2个项目分获北京市科学技术进步奖、华夏建设科学技术奖；市测绘院完成的海淀区城市管理基础数据普查及更新维护等25个工程分获中国测绘学会优秀测绘工程奖金奖、全国优秀工程勘察设计行业奖、中国地理信息优秀工程奖、中国全球定位系统应用协会卫星导航定位优秀工程和产品奖、北京市优秀测绘工程奖、北京市第十五届优秀工程设计奖、北京市第十二届优秀工程勘察奖等奖项。

第六节　地名变更

概况：2011 年，本市地名命名、更名共计 120 个。按地名类别划分，道路和居住区名称 118 个，桥梁名称 1 个，地片名称 1 个。

道路和居住区命名、更名（118 个）

东城区命名、更名（6 个）

北极阁路、春雨胡同、北极阁东巷、广渠门外南街、广和里西路、广和里北街

西城区命名、更名（9 个）

大吉巷、米市东胡同、前兵马街、果子巷、粉房琉璃街、高家寨胡同、福州馆街、福州馆前街、后兵马街

朝阳区命名、更名（10 个）

通惠河南街、北花园街、定福庄西路、北双桥村路、北花园中路、京旺家园、黑泉路、香江北路、启阳路、郎各庄西路

海淀区命名、更名（27 个）

西北旺西路（延长）、西北旺北路（延长）、同泽园东里、同泽园西里、双紫支渠路、双翠路、清河中街、麓景嘉园北里、麓景嘉园南里、柳泉路、上庄馨瑞嘉园、学府树北街、学府树中街、学清苑、甘家口北街、百望山北路、树村中街、西冉北街、天秀北路、永捷南路（南延）、影泉路、玉虹北街、玉虹南街、如缘居南里、天秀南一路、天秀南二路、正黄旗路

丰台区命名、更名（11 个）

大瓦窑西一街、大瓦窑西二街、大瓦窑西三街、槐房北路、鑫源路、鑫宝路、鑫广路、马家楼路、康华路、潘家庙路、高立庄南路

石景山区命名、更名（2 个）

京原西路、京原西街

大兴区命名、更名（25 个）

瀛安街、瀛昌街、瀛顺路、瀛吉街、瀛元街、瀛福路、瀛兴路、瀛达路、瀛裕街、瀛瑞街、瀛祥路、瀛亨街、瀛永街、瀛泰路、瀛坤路、康庄东巷、圣和巷、圣和南巷、圣和北巷、成庄南巷、成庄北巷、李庄子巷、康庄西巷、康庄中巷、长建路

顺义区命名、更名（12 个）

南法信大街、仁平街、顺康西路、恒兴西路、恒兴路、文良街、恒兴东路、文良南街、文良北街、恒华西街、恒华东街、金碧湖畔花园（向北延）

通州区命名、更名（10 个）

次渠北里、次渠南里、潞通大街、景盛北二街、宋庄南一街、宋庄南三街、科创东二街、嘉创五路、科创东三街、寨里后街

房山区命名、更名（5 个）

三强路、文昌西路、长于大街、祥云街、稻田一路

跨区命名、更名（1 个）

展欣路（朝阳区、顺义区）

桥梁名称（1 个）

展欣桥（朝阳区与顺义区交界处）

地片名称（1 个）

五棵松广场（海淀区）

第四章 土地供应与市场

第一节　2011 年北京市土地管理综述

2011 年，北京市国土资源系统在市委、市政府和国土资源部的正确领导下，紧紧围绕科学发展主题和加快经济发展方式转变主线，全面实施“十二五”规划，着眼贯彻建设中国特色世界城市和“人文北京、科技北京、绿色北京”战略，坚决落实国家和北京市各项宏观调控政策，以守住耕地红线和保障发展用地为目标，以促进土地利用和管理方式转变为重点，积极主动服务，严格规范管理，切实维护权益和改善民生，不断提高国土资源保障服务能力和保护监管水平，为推动首都经济社会全面协调可持续发展做出了新的贡献，实现了“十二五”时期良好开局。

一、谋发展，加强土地调控，国土资源保障服务能力不断增强

1. 科学编制“十二五”土地供应中期计划和 2011 年度土地供应计划，保障全市经济社会发展用地需求。2011 年北京市土地供应计划总量为 6500 公顷，实际供地 5735 公顷，完成计划的 88.2%。

2. 全面落实国务院下达的耕地保有量和基本农田保护面积，从严控制建设用地规模、结构和时序。2011 年国土部共下达北京市新增建设用地计划指标 4427 公顷，其中农用地 3780 公顷，耕地 2403 公顷。全年共安排使用新增建设用地 3550 公顷，占计划指标的 80.18%，农用地 3448 公顷，占计划指标的 91.23%，耕地 1948 公顷，占计划指标的 81.04%。

3. 加大土地储备开发力度。全市新增土地储备开发面积 3567 公顷，基本完成土地储备开发面积 2741 公顷，完成土地储备开发投资 1101 亿元。银行当年到期贷款 1331 亿元全部按期归还。

4. 加强房地产用地调控，维护土地市场健康平稳发展。改进和完善招拍挂出让方式，探索和有效运用“限房价竞地价”、“限地价竞房价”“限地价竞政策性住房面积”、“综合评标”等多种房地产用地出让模式，将政府的房地产市场宏观调控目标融入土地供应环节。全年土地市场共成交土地 257 宗，成交额 1113 亿元，土地收入实际入库 1275.15 亿元。

二、促转变，落实节约战略，国土资源利用方式不断创新

1. 促进土地利用方式转变。根据首都产业功能定位和发展方向，合理安排土地供应的总量、结构、布局，实行差别化的供地政策，引导产业结构调整，优先支持战略新兴产业、文化创意产业用地需求。

2. 落实节约优先战略。深入持续开展国土资源节约集约模范县（市）创建活动，西城区、石景山区和北京经济技术开发区三个试点单位被评为首届国土资源节约集约模范县（市）。搭建开发区用地管理基础平台，研发土地节约集约利用评价动态更新系统，全面完成开发区土地集约利用评价成果更新工作。

3. 加强土地批后监管，积极破解闲置土地处理难题。强化房地产开发土地供应和开发利用的全程监管，制定出让合同缴款台账，进一步落实闲置土地清理处置政策，扎实推进

闲置土地查处工作。

4. 创新集体土地利用方式。探索集体土地租赁住房用地政策，向国土资源部申报集体土地租赁住房试点并获批准。制定《北京市利用集体土地建设租赁住房试点实施方案（第一批）》，拟定《北京市农村集体建设用地使用权流转管理办法（试行）》并已完成征求相关委办局意见。全力支持42个重点小城镇、城乡结合部50个重点村和10个新型农村社区试点建设工作，加强对试点建设规划编制的指导和用地政策的研究。支持并推进大兴区西红门镇整体改造试点工作，加快集体产业优化升级，破解城乡结合部地区发展难题。

三、惠民生，坚持执政为民，国土资源以人为本理念不断彰显

1. 政策性住房供地任务超额完成。首次将政策性住房用地供应指标分解落实到各区县，土地市场成交的住宅项目中70%配建了政策性住房。全年计划安排政策性住房用地总量1330公顷，占住宅用地供应总量的50%以上，实现供地1338公顷，完成计划的101%。

2. 征地制度改革稳妥推进。积极探索、稳妥推进留地安置、实物补偿等征地多元化补偿安置方式，在具备条件的市属基础设施工程、经济适用房、城乡一体化试点项目中采取实物补偿方式，在城乡结合部50个重点村项目中采取一村一策的补偿安置方式。在深入调查研究和广泛听证的基础上，制定实施了征地补偿区片指导价。

四、保资源，维护管理秩序，国土资源保护监管水平不断提升

1. 耕地保护制度进一步完善。逐步建立健全耕地保护责任考核体系，严格土地管理责任追究制，明确规定区县、乡镇政府主要负责人是本行政区域内耕地保有量和基本农田保护面积的第一责任人。以市政府名义下发《北京市耕地保护责任目标考核办法》，按照该办法要求，与各区（县）政府签订年度耕地保护目标管理责任书，并顺利完成2006-2010年度耕地保护责任目标履行情况检查工作。全年办理涉及占用耕地建设项目均按照国家和北京市相关政策要求，完成了占补平衡任务。不断加大土地整治投入和工作力度，已批准土地开发整理立项项目29个，建设规模9.63万亩，计划新增耕地1.9万亩（1亩=667平方米）；完成项目竣工验收13个，建设规模14.5万亩，新增耕地0.84万亩；在施项目总数138个，正按项目实施计划有效推进。

2. 执法监察力度不断加大。2010年度土地矿产卫片执法检查立案查处467件，查处到位457件，到位率97.9%，全市违法用地占用耕地面积占新增建设用地占用耕地总面积比例为8.01%。全年共立案查处违法用地案件677件，结案711件；立案查处矿产资源领域违法违规案件88件，全部结案，收缴罚没款311.3万元。加大动态巡查频度和力度，全年通过动态巡查发现国土资源违法案件449件，制止424件，挽回经济损失约1亿元。

五、强基础，提升科技支撑，国土资源工作效率和质量不断提高

1. 加快规划修编。14个区县级土地利用总体规划经市政府批复实施，185个乡镇级规划已完成两轮技术审查，全面进入规划成果报批阶段。开展《北京市土地利用总体规划（2006-2020年）》实施评价工作。

2. 深化地籍管理。有序推进农村土地确权登记发证工作，制定《北京市农村土地确权登记发证工作总体方案》，圆满完成市级试点

及10个区县试点外业复核工作。初步建立"月清、季累、年更新"的土地变更调查新机制。起草《北京市国土资源局土地权属审查办法(试行)》。

3. 运用信息化技术，提升科技创新能力。打造技术先进、管理科学、监察有力、响应迅速的国土资源综合监管平台，初步实现市局与分局全业务、全流程信息化管理。加大数据汇交力度，确立国土资源"一张图"权威性，为带图业务审批和数据统计奠定坚实基础。研究制定《北京市国土资源科技项目管理办法》，编制完成《北京市国土资源"十二五"科学与技术发展规划》，加强科技对国土资源工作的支撑作用。

第二节　征地管理

一、征地管理

1. 组织进行了征地补偿区片指导价的制定工作。在各区县政府形成征地补偿区片价初步成果的基础上，按照有关规定，组织开展了《北京市征地补偿区片价》的听证工作，目前，正在由有关区县进一步做好平衡工作，待上报市政府批准后正式实施。

2. 积极开展征地补偿多元化试点工作。积极稳妥推进留地安置、实物补偿等征地补偿多元化补偿安置方式。目前，已在具备条件的市属基础设施工程、经济适用房、城乡一体化试点项目中采取了实物补偿方式。2011年在50个挂账村整治项目中采取了一村一策的补偿安置方式，既保护被征地农民合法权益、保障了农民的长远生计，又加快了重点工程用地尤其是基础设施项目建设用地进度。

3. 认真研究征地多转人和代征绿地有关问题。针对有关区县提出随征地多转人要求，我们从土地利用现状、土地利用总体规划、拆迁范围、分期征地、剩余用地情况、资金来源等方面分类研究，会同相关部门提出解决方案。

同时，针对大部分征地项目涉及代征绿地，代征绿地在土地利用总体规划中有的是建设用地，有的为一般农用地，有的是基本农田。从加强农用地管理和耕地保护角度，就代征绿地涉及的农用地转用及耕地占补平衡等方面提出了解决意见。

二、征(占)地及农用地转用审批

2011年，国务院及市政府共审批征(占)用集体土地及农用地转用总用地面积5776.23公顷，其中经国务院批准用地面积1148.82公顷，经市政府批准用地面积4627.41公顷。为青源路(京开高速—亦庄)、温榆河大道(机场南线—朝阳北路)道路工程等市政基础设施工程及轻轨L2线通州段沿线土地一级开发、窦店现代制造业产业基地土地一级开发等重点项目落地提供了保障。

三、土地利用年度计划

2011年，国土资源部下达及奖励北京市新增建设用地指标为4427公顷，其中农用地3780公顷，耕地指标2403公顷。北京市安排使用2011年新增建设用地指标3550公顷，农转用指标3448公顷，耕地指标1948公顷。

附表：审批建设用地情况表

第三节　国有土地使用权出让情况

一、2011年北京市国有土地使用权出让概况

2011年北京市共出让土地634宗，出让土地总面积约2608.58公顷，合同地价款总额约为人民币1557.07亿元（表4-1）。其中出让新建项目用地351宗，出让土地面积约为2085.71公顷，占出让总土地面积的80%，合同地价款总额约为人民币1525.81亿元，占出让地价款总额的98%；以现状补办出让项目用地283宗，出让土地面积约522.87公顷，占出让总土地面积的20%，合同地价款总额约为人民币31.26亿元，占全市出让地价款总额的2%。

表4-1　按区域划分2011年北京市国有土地使用权出让情况

区县	宗数	宗地面积（公顷）	合同地价款（万元）
东城区	41	15.9193	456044.55
西城区	54	13.4696	111512.38
朝阳区	84	170.9602	5100885.81
丰台区	52	163.5306	2532542.9
石景山区	6	28.1972	142434.26
海淀区	48	138.4693	533724.12
门头沟区	18	139.3032	362117.95
房山区	39	260.8456	644983.26
通州区	42	212.6459	1389929.11
顺义区	64	430.0007	857047.91
昌平区	22	148.0324	606790.25
大兴区	71	380.7096	1816519.62
怀柔区	13	42.6592	141364.79
平谷区	25	104.1595	277605.67
亦庄开发区	39	217.2804	435252.98
密云县	14	123.4785	135449.7
延庆县	2	18.9189	26500
合计	634	2608.5801	15570705.26

二、2011 年北京市国有土地使用权市场交易出让情况

2011 年北京市土地交易市场和 10 个远郊区县、北京经济技术开发区土地交易分市场共成交土地 280 宗，土地面积约 3012.04 万平方米，规划建筑面积约 3350.46 万平方米，成交价款 1677.27 亿元，其中，政府土地收益 948 亿元（表 4-2）。

表 4-2　2011 年北京市国有建设用地使用权入市交易成交统计表

交易地点	成交宗数	土地总面积（万平方米）		规划建筑面积（万平方米）	成交价款（亿元）
		合计	其中建设用地		
市土地交易市场	106	1446.30	875.51	1786.71	1433.08
远郊区县土地交易市场	174	1565.74	1194.64	1563.65	244.19
合计	280	3012.04	2070.15	3350.46	1677.27

三、2001—2011 年北京市国有土地使用权出让情况

2001—2011 年北京市国土资源局共审批出让国有土地使用权 8243 宗，涉及土地面积约 21988 公顷，规划建筑面积约 36877 万平方米。

第四节　划拨城镇建设用地情况

1992—2011 年的 20 年间，北京市共办理划拨城镇建设用地 1716 宗，总用地面积 10407.13 公顷。

表 4-3　划拨城镇建设用地分年度统计表

年度	宗数（宗）	比例	面积（公顷）	比例
1992	25	1.46%	204.64	1.97%
1993	36	2.10%	241.02	2.32%
1994	39	2.27%	404.80	3.89%
1995	36	2.10%	215.33	2.07%
1996	24	1.40%	55.16	0.53%
1997	33	1.92%	122.24	1.17%
1998	38	2.21%	157.76	1.52%
1999	33	1.92%.	187.10	1.80%
2000	35	2.04%	67.40	0.65%

年度	宗数（宗）	比例	面积（公顷）	比例
2001	72	4.20%	412.95	3.97%
2002	65	3.79%	311.21	2.99%
2003	79	4.60%	501.66	4.82%
2004	73	4.25%	447.67	4.30%
2005	123	7.17%	611.16	5.87%
2006	183	10.66%	2086.16	20.05%
2007	294	17.13%	1400.08	13.45%
2008	181	10.55%	1409.29	13.54%
2009	133	7.75%	721.62	6.93%
2010	93	5.42%	264.00	2.54%
2011	121	7.05%	585.88	5.63%
总计	1716	100.00%	10407.13	100.00%

1. 从用地宗数来看，从1992年的25宗开始逐年增加，到2007年达到最高点294宗，从2008年开始又逐年下降，至2011年下降至121宗。

从用地面积来看，从1992年的204.64公顷开始逐年增加，至1994年达到该区间的最高峰404.80公顷，之后1995年开始直线下降，至1996年下降至最低点55.16公顷，从1997年开始又逐步上升，到2006年达到最高点2086.16公顷，从2009年开始又逐年下降，至2010年下降至264.00公顷，2011年回升至585.88公顷。

2. 从用地项目来看，公共管理和公共服务用地最多，共756宗，占44.06%，用地面积2949.41公顷，占28.34%；其次是其他住房项目共364宗，占21.21%，用地面积2800.26公顷，占26.91%；随后是交通运输用地，共307宗，占17.89%，用地面积2441.42公顷，占23.46%；经济适用住房共175宗，占10.20%，用地面积1404.88公顷，占13.50%；最少的是特殊用地共114宗，占6.64%，用地面积811.17公顷，占7.79%。

表4–4　划拨城镇建设用地分项目统计表

项目名称	宗数（宗）	比例	用地面积（公顷）	比例
公共管理和公共服务	756	44.06%	2949.41	28.34%
经济适用住房	175	10.20%	1404.88	13.50%
其他住房	364	21.21%	2800.26	26.91%
交通运输用地	307	17.89%	2441.42	23.46%
特殊用地	114	6.64%	811.17	7.79%
总　计	1716	100.00%	10407.13	100.00%

3、自1992—2011年的20年间，办理划拨用地涉及北京市所有区县，从用地位置来看，东城、西城、朝阳、海淀、丰台等五城区划拨供地数量最多，共1278宗，占划拨供地

数量的 74.48 %，用地面积 6867.28 公顷，占全市划拨用地面积的 65.99%。远郊区县中，顺义、昌平两区用地面积最多，合计 2087.59 公顷，占全市划拨用地面积的 20.06%。

需要说明的是，由于原东城区与崇文区、原西城区与宣武区合并成新东城区、西城区，上述统计数据对原历史数据进行了合并。

表 4–5 划拨城镇建设用地分区县统计表

区县	宗数（宗）	比例	用地面积（公顷）	比例
东城	251	14.63%	1184.00	11.38%
西城	339	19.76%	1251.23	12.02%
朝阳	274	15.97%	2080.66	19.99%
海淀	256	14.92%	1608.17	15.45%
丰台	158	9.21%	743.23	7.14%
石景山	48	2.80%	150.12	1.44%
门头沟	24	1.40%	95.65	0.92%
大兴	42	2.45%	319.65	3.07%
通州	44	2.56%	162.19	1.56%
昌平	63	3.67%	810.62	7.79%
顺义	49	2.86%	1276.96	12.27%
平谷	19	1.11%	70.12	0.67%
房山	36	2.10%	211.75	2.03%
怀柔	32	1.86%	116.64	1.12%
密云	50	2.91%	168.50	1.62%
延庆	25	1.46%	98.22	0.94%
亦庄	6	0.35%	59.41	0.57%
总计	1716	100.00%	10407.13	100.00%

为转变政府职能、提高办事效率，经市政府批准，北京市国土资源局下发了《北京市国土资源局关于进一步下放国有土地使用权划拨审批权限的通知》（京国土用〔2011〕63 号），规定自 2011 年 3 月 1 日起，北京市实施国土资源部《划拨用地目录》细则范围内的用地由各区县政府审批，其中涉及中央国家机关及其直属单位、驻京部队以及跨区的建设项目的用地仍由市政府审批。2011 年共办理划拨城镇建设用地 121 宗，总用地面积 585.88 公顷。

表 4–6 2011 年按划拨土地用途分类统计表

项目类型	宗数（宗）	比例	面积(公顷)	比例
经济适用住房用地	30	24.79%	102.47	17.49%
公共管理与公共服务用地	79	65.29%	245.41	41.89%

项目类型	宗数（宗）	比例	面积(公顷)	比例
特殊用地	10	8.26%	236.25	40.32%
交通运输用地	2	1.65%	1.74	0.30%
总计	121	100.00%	585.88	100.00%

2011年北京市办理的划拨用地，从用地项目来看，公共管理和公共服务用地最多，共79宗，占45.29%，用地面积245.41公顷，占41.89%；审批项目涉及所有区县，从用地位置来看，顺义、大兴、海淀审批宗数较多，分别达17、16、14宗，昌平区供地面积最大，占全年划拨供地面积的34.22%。

表4–7　2011年按各项目用地位置分类统计表

区县	宗数（宗）	比例	用地面积(公顷)	比例
东城	1	0.83%	0.89	0.15%
西城	6	4.96%	2.89	0.49%
朝阳	6	4.96%	11.35	1.94%
海淀	14	11.57%	45.53	7.77%
丰台	7	5.79%	19.55	3.34%
石景山	8	6.61%	12.24	2.09%
门头沟	4	3.31%	12.99	2.22%
大兴	16	13.22%	64.10	10.94%
通州	10	8.26%	21.46	3.66%
昌平	6	4.96%	200.46	34.22%
顺义	17	14.05%	62.97	10.75%
平谷	4	3.31%	20.89	3.57%
房山	8	6.61%	51.41	8.77%
怀柔	5	4.13%	41.21	7.03%
密云	3	2.48%	12.91	2.20%
延庆	5	4.13%	4.46	0.76%
亦庄	1	0.83%	0.56	0.09%
总计	121	100.00%	585.88	100.00%

第五节 土地储备和一级开发

一、土地一级开发情况

2011 年,核批土地一级开发授权批复 156 个(含延期),土地总面积 7075 公顷。全市新增土地储备开发面积 3567 公顷,基本完成土地储备开发面积 2741 公顷,实现土地储备开发投资及重点区域专项投资 1101 亿元。

二、政府土地储备情况

全年新增收购储备项目 7 个,土地面积约 240 公顷。全年组织办理储备土地证宗地 26 宗,土地面积 218.69 公顷,可实现抵押贷款额约 271 亿元。

三、经营性土地入市交易情况

截至 2011 年 12 月 31 日,全市共有 1339 宗 13886.21 万平方米土地入市成交,成交价款为 5299.21.亿元,其中政府土地收益 2541.98 亿元(详见表 4-8)。其中,2011 年,市土地交易市场和 10 个远郊区县、北京经济技术开发区土地交易分市场共成交土地 257 宗,土地面积约 2044.54 万平方米,规划建筑面积约 2481.32 万平方米,成交价款 1113.29 亿元,其中,政府土地收益 463 亿元(详见表 4-9)。

表 4-8 2001-2011 年北京市国有建设用地使用权入市交易成交统计表

年度	成交宗数	交易类型			土地面积(万平方米)		规划建筑面积(万平方米)	成交价款(亿元)	
		招标	拍卖	挂牌	合计	其中建设用地		合计	其中政府收益
2001	1	1	0	0	13.97	13.97	14.14	3.17	0.59
2002	8	2	1	5	250.48	174.79	331.26	61.35	14.93
2003	48	3	1	44	201.7	158.7	277.87	49.14	19.05
2004	89	4	0	85	537.92	403.53	609.51	115.31	32.85
2005	50	2	0	48	357.39	242.12	451.97	117.51	39.31
2006	87	29	1	57	856.2	594.96	935.05	257.67	92.11
2007	85	41	0	44	897.92	600.63	1233.01	438.1	204.34
2008	184	26	0	158	1573.43	1110.19	1810.43	500.12	170.82
2009	250	20	1	229	1965.16	1385.27	2391.19	966.28	556.76
2010	280	81	0	199	3012.04	2070.15	3350.46	1677.27	948.05
2011	257	52	0	205	2044.54	1447.75	2481.32	1113.29	463.17
合计	1339	261	4	1074	11710.75	8202.06	13886.21	5299.21	2541.98

表 4-9　2011 年北京市国有建设用地使用权入市交易成交统计表

交易地点	成交宗数	土地总面积（万平方米）		规划建筑面积（万平方米）	成交价款（亿元）
		合计	其中建设用地		
市土地交易市场	98	847.14	551.52	1401.37	972.08
远郊区县土地交易市场	159	1197.4	896.23	1079.95	141.21
合计	257	2044.54	1447.75	2481.32	1113.29

第六节　地价监测

一、城市地价动态监测工作简介

城市地价动态监测是土地参与宏观调控的一项重要基础性工作。通过确定地价监测范围，设立标准宗地，组织土地估价师及时跟踪采集标准宗地地价信息，定期收集、汇总、整理、分析形成季度和年度监测成果，实现对地价变动情况的实时监测，及时准确把握土地市场运行态势和价格走势，为国土资源管理部门加强市场监管和参与宏观调控提供决策依据，同时为社会公众提供地价信息参考。

二、北京市地价监测基本情况介绍

自 2001 年以来，我国逐步建立了城市地价动态监测体系，北京市作为国家首批地价监测城市之一，监测工作已开展了 11 年。在探索和实践中，北京市地价动态监测工作的组织模式、运作机制不断优化提升，趋于成熟稳定，地价监测成果逐步做到“及时、真实、准确、完备、规范”。目前，北京城市地价动态监测工作采取“政府主导、市区联动、协会监管、专业实施”四位一体的组织管理模式，即北京市国土资源局负责组织实施，北京房地产估价师和土地估价师协会负责行业监管，技术承担单位负责技术支持和指导，土地估价师负责标准宗地信息采集。2011 年，北京市有 54 家土地估价机构、223 名土地估价师参与地价信息采集工作，全年共完成标准宗地地价信息采集 3984 宗次，形成了季度和年度地价水平值、地价增长率、地价指数及地价状况分析报告等成果，2011 年地价监测工作圆满完成。

北京市地价动态监测分国家级监测范围及市级监测范围，国家级监测范围为城市建成区及工业集聚区内的居住、商业、工业三种用途，市级监测范围为十一个规划新城内居住、商业、办公三种用途。国家级监测范围内标准宗地共 257 宗（居住 105 宗、商业 91 宗、工业 61 宗），市级监测范围内标准宗地共 241 宗（居住 55 宗、商业 53 宗、办公 133 宗）。

三、2011 年北京市地价监测的主要成果

根据《城市地价动态监测技术规范》（TD/T1009—2007）及《关于进一步加强城市地价动态监测工作的通知》（国土资发［2008］51 号）要求，2011 年北京市国家级监测范围

内地价监测结果见表 4-10、表 4-11。

表 4-10　国家级监测范围各用途地价水平值及增长率（季度）

土地用途	2011 年一季度		2011 年二季度		2011 年三季度		2011 年四季度	
	地价水平值（元/平方米）	环比地价增长率	地价水平值（元/平方米）	环比地价增长率	地价水平值（元/平方米）	环比地价增长率	地价水平值（元/平方米）	环比地价增长率
居住	13609	1.89%	13530	-0.58%	13519	-0.08%	13473	-0.34%
商业	12666	3.76%	12687	0.17%	12782	0.75%	12787	0.04%
工业	1508	7.95%	1503	-0.20%	1513	0.53%	1520	0.46%
平均	9028	2.65%	8992	-0.40%	9004	0.13%	8986	-0.20%

表 4-11　城市地价动态监测指数（年度）

年度	2010 年	2011 年
全市平均水平	269	275
一、住宅用地	373	376
二、工业仓储用地	196	213
三、商业、旅游、娱乐用地	221	232

附表　审批建设用地情况表

填报单位(盖章)：　　　　　　　　　　　　　　　　　　　　　　　　计量单位：公顷

	批准建设用地合计					国务院批准建设用地					省级政府审批				
		新增建设用地					新增建设用地					新增建设用地			
			农用地转用		未利用地			农用地转用		未利用地			农用地转用		未利用地
				耕地					耕地					耕地	
甲	1	2	3	4	5	7	8	9	10	11	13	14	15	16	17
合　计	5776.2280	3233.3878	3122.0352	1741.1266	111.3526	1148.8170	390.5303	382.5345	149.7431	7.9958	4627.4110	2842.8575	2739.5007	1591.3835	103.3568
市辖区	5634.2136	3125.0471	3026.5991	1698.5696	98.4480	1148.8170	390.5303	382.5345	149.7431	7.9958	4485.3966	2734.5168	2644.0646	1548.8265	90.4522
朝阳区	951.9549	353.8560	347.1318	143.6995	6.7242	951.9549	353.8560	347.1318	143.6995	6.7242					
丰台区	161.3968	13.9608	12.8000	1.6118	1.1608	89.5259	6.8576	5.6968	1.6118	1.1608	71.8709	7.1032	7.1032		
石景山区	63.9268	0.3447	0.3447			63.9268	0.3447	0.3447							
海淀区	129.5443	97.9654	97.4409	33.9782	0.5245	16.7966	2.8592	2.8592			112.7477	95.1062	94.5817	33.9782	0.5245
门头沟区	69.5027	31.1144	31.0194	9.1826	0.0950						69.5027	31.1144	31.0194	9.1826	0.0950
房山区	904.5924	457.6942	430.9937	279.0426	26.7005						904.5924	457.6942	430.9937	279.0426	26.7005
通州区	980.8659	666.8991	659.3459	372.2659	7.5532						980.8659	666.8991	659.3459	372.2659	7.5532
顺义区	386.1595	286.2203	272.2740	207.1272	13.9463						386.1595	286.2203	272.2740	207.1272	13.9463
昌平区	313.4422	195.8383	177.0321	84.2931	18.8062						313.4422	195.8383	177.0321	84.2931	18.8062
大兴区	1111.6623	597.4592	578.4732	317.6841	18.9860	26.6128	26.6128	26.5020	4.4318	0.1108	1085.0495	570.8464	551.9712	313.2523	18.8752
怀柔区	243.0529	160.8765	157.2790	91.2174	3.5975						243.0529	160.8765	157.2790	91.2174	3.5975
平谷区	318.1129	262.8182	262.4644	158.4672	0.3538						318.1129	262.8182	262.4644	158.4672	0.3538
县	142.0144	108.3407	95.4361	42.5570	12.9046						142.0144	108.3407	95.4361	42.5570	12.9046
密云县	100.8966	79.3351	66.9885	24.6606	12.3466						100.8966	79.3351	66.9885	24.6606	12.3466
延庆县	41.1178	29.0056	28.4476	17.8964	0.5580						41.1178	29.0056	28.4476	17.8964	0.5580

单位负责人：　　　　　　　　　　　　填表人：　　　　　　　　　　　　年　　月　　日

第五章
房地产开发投资与建设

2011年是北京市房地产市场的政策调控年，年初出台的“京十五条”从住房保障、住宅限购、税收征管、差别化住房信贷政策和严控住房用地供应管理等方面明确了全年房地产市场的调控任务，并提出新建普通住房“稳中有降”的调控目标。在政策影响下，北京市房地产开发投资增长平稳，建安投资比重不断提高，政策性住房开发供应增长较快，新开工面积高速增长。同时，销售市场逐步降温，商品房销售量持续下降，销售价格下行趋势日渐明显。

注:根据国家统计局提高投资统计起点的相关规定，2010年数据为调整后数据。

第一节 房地产开发投资

2011年以来，北京市房地产开发投资增速呈现出“逐步增长——快速回落——回升趋稳”的运行态势，上半年波动幅度较大，下半年回升后趋于稳定。其中1-4月同比增长22.5%，达全年增速最高，5月份，受当月费用形成投资同比大幅减少的影响，房地产开发投资增速快速回落至3.7%，三季度开始并稳定在两位数增长。2011年，全市完成房地产开发投资3036.3亿元，比上年增长10.1%；占全社会投资的比重为51.4%，同比下降1.4个百分点。(见图5-1)。

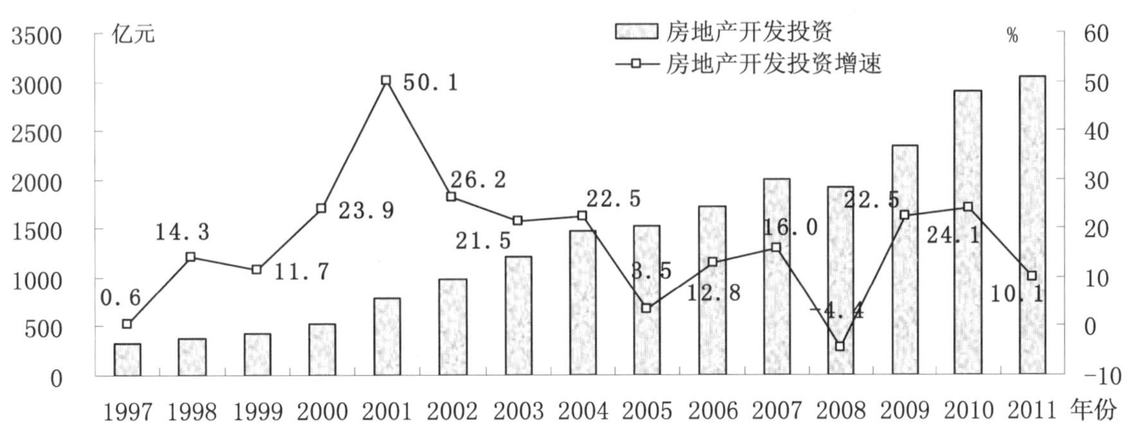

图5-1 1997年以来北京市房地产开发投资增速图

房地产开发投资中，住宅完成投资1778.3亿元，增长21.7%；写字楼完成投资363.8亿元，增长40.4%；商业及服务业等经营性用房完成投资296.7亿元，下降11.8%。

从地区投资结构看，2011年核心区、拓展区、发展新区和生态涵养区房地产开发投资占全市房地产开发投资的比重分别为5.4%、43.7%、45.6%和5.3%。其中核心区投资比重比上年提高0.3个百分点，拓展区比重比上年下降7.8个百分点，发展新区和生态涵养区所占比重分别比上年提高6.1个百分点和1.4个百分点（见图5-2）。

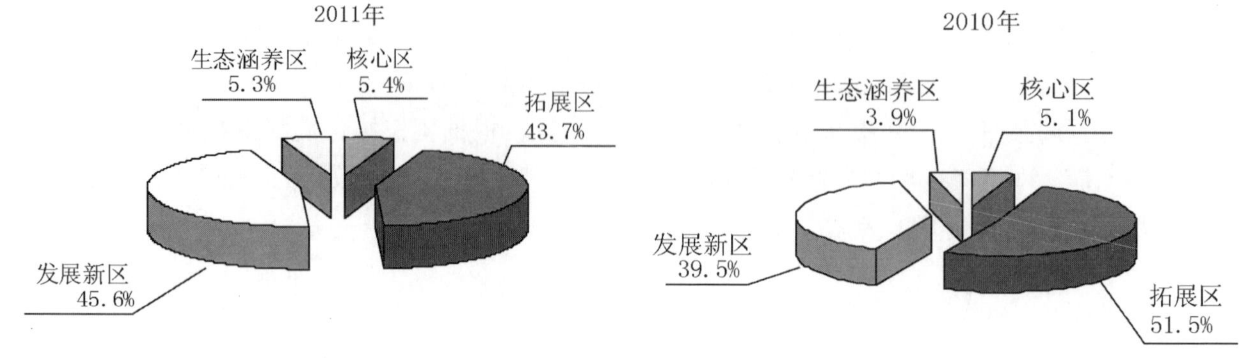

图5-2 分区域房地产开发投资比重

2011年，房地产开发项目本年到位资金5358.1亿元，比上年下降4.8%。其中，金融贷款为1168亿元，下降11.3%；自筹资金为1746.2亿元，下降0.1%；定金及预收款为1518.1亿元，下降5.8%。

表5-1 2010-2011年房地产开发投资情况统计表

	房地产开发投资（亿元）	全社会固定资产投资（亿元）	所占比重（%）
2010年	2756.6	5218.3	52.8
2011年	3036.3	5910.6	51.4

2011年，全市经济适用房建设自年初累计完成投资71.9亿元，比上年增长5.8%。其中住宅投资51亿元，增长4.2%（见表5-2）。

表5-2 2011年经济适用房投资额完成情况统计表

	2011年累计完成（亿元）	2010年累计完成（亿元）	同比增长（%）
自年初累计完成投资	71.9	67.9	5.8
其中：住宅	51.0	49.0	4.2

一、2011年房地产开发投资及投资完成情况（分区县分用途）

从完成房地产开发投资的区域分布看，朝阳区仍是投资的大户，其次是大兴区；比重分别为22.9%和12.6%（见表5-3）。

表 5-3　2011 年按区县划分房地产开发投资完成情况统计表

	区县	完成投资合计（亿元）
功能核心区	东城区	63.0
	西城区	101.2
功能拓展区	朝阳区	695.8
	丰台区	269.8
	石景山区	78.2
	海淀区	281.1
发展新区	房山区	224.8
	通州区	268.1
	顺义区	230.6
	昌平区	279.4
	大兴区	382.7
生态涵养保护区	门头沟区	49.0
	怀柔区	21.9
	平谷区	40.3
	密云县	38.2
	延庆县	12.2

二、历年房地产开发投资完成情况（分用途）

2011 年全市房地产开发投资中，用于住宅完成投资 1778.3 亿元，增长 21.7%；写字楼完成投资 363.8 亿元，增长 40.4%；商业及服务业等经营性用房完成投资 296.7 亿元，下降 11.8%（见图 5-3）。

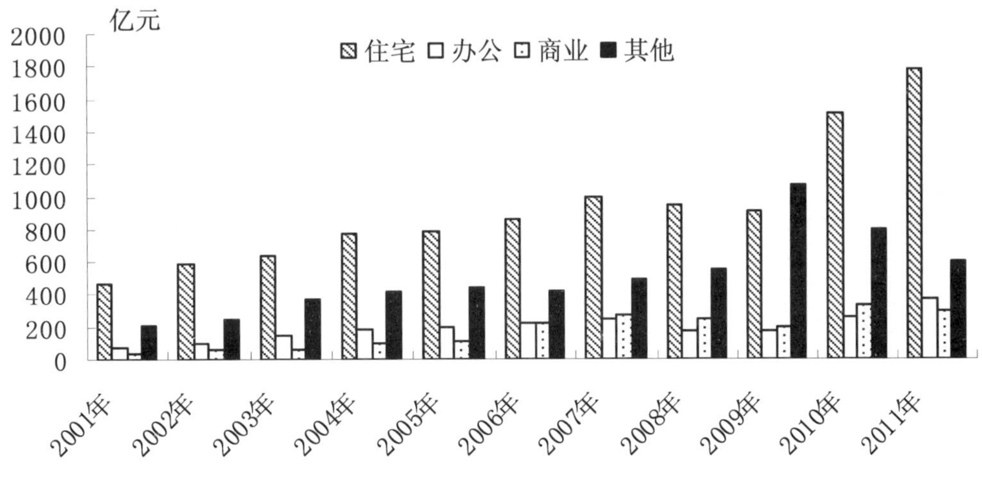

图 5-3　2001-2011 年按用途划分房地产开发投资完成情况

三、2011年房地产开发投资构成及变动情况

在2011年全市房地产开发投资中,用于建筑工程投资为1225.7亿元，同比增长36.7%；用于安装工程的投资为9.3亿元，同比下降35.3%；用于设备、工器具购置的投资为38.5亿元，同比下降16.9%;用于其他费用的投资为1762.8亿元，同比下降2%（见表5-4）。

表5-4 2011年房地产开发投资构成及变动情况统计表

指标	2011年	2010年	同比增长（%）
建筑工程（亿元）	1225.7	896.4	36.7%
安装工程（亿元）	9.3	14.4	-35.3%
设备、工器具购置（亿元）	38.5	46.3	-16.9%
其他费用（亿元）	1762.8	1799.5	-2.0%

四、2011年房地产开发资金来源情况

2011年，房地产开发项目本年到位资金5358.1亿元，比上年下降4.8%。其中，金融贷款为1168亿元，下降11.3%；自筹资金为1746.2亿元，下降0.1%；定金及预收款为1518.1亿元，下降5.8%（见表5-5）。

表5-5 2004-2011年房地产开发资金来源情况统计表

单位：亿元

	2004年	2005年	2006年	2007年	2008年	2009年	2010年	2011年
自年初累计资金来源	2872.5	3788	3922	5083.6	4398.4	7065.8	7334.4	7238.0
#上年末结余资金	469.3	686.1	756.5	929.1	1076.6	936.0	1543.8	1879.9
本年资金来源小计	2403.2	3101.9	3165.5	4154.5	3321.8	6129.8	5790.6	5358.1
#金融贷款	550	676.9	841.4	1063.2	889.4	2367.8	1439.1	1168.0
利用外资	48.5	38.6	38.6	39.9	38.9	29.8	13.9	2.6
#外商直接投资	22.9	29.2	23.4	19	24.9	25.0	13.4	2.6
自筹资金	434.5	604.1	555	867.9	931.8	1026.8	1763.0	1746.2
#自有资金	249.1	337	307.5	552.8	585.8	558.7	939.9	983.0
其他资金来源	1370.1	1782.3	1730.5	2183.5	1461.8	2705.4	2574.6	2441.4
#定金及预付款	1240.3	1234	1116.2	1518.6	922.6	1663.6	1611.0	1518.1

第二节　房屋建设情况

一、房屋建设总体情况

截至 2011 年 12 月末，全市商品房施工面积为 12065.4 万平方米，比上年末增长 17.1%。商品房新开工面积为 4246.1 万平方米，比上年增长 42.8%（见图 5-4）。

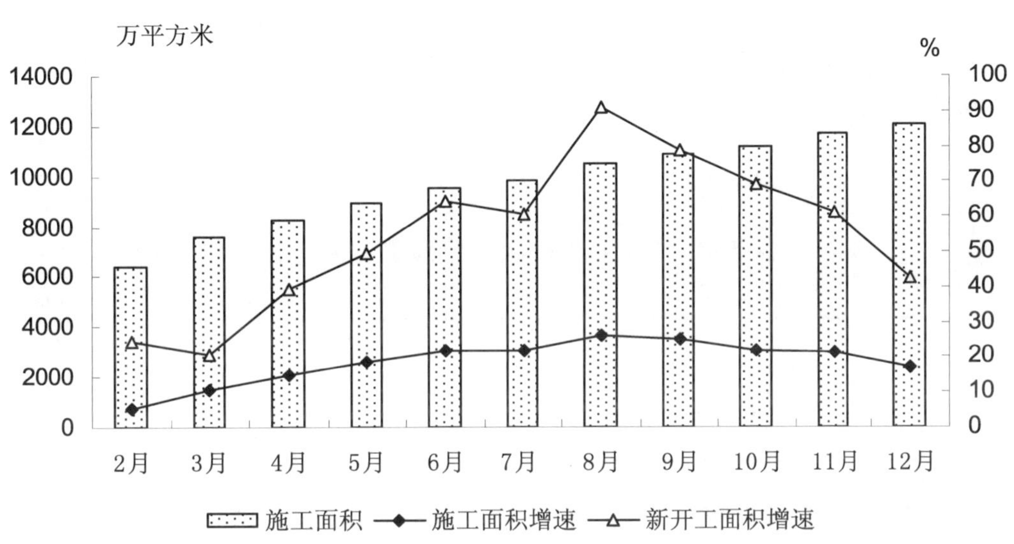

图 5-4　2011 年商品房开发面积及增速走势图

截至 12 月底，住宅施工面积为 7168.1 万平方米，增长 16.1%；其中，住宅新开工面积为 2596.4 万平方米，增长 25.8%。

解决百姓的住房问题上，北京市政府一方面用政策规范、促进房价合理回归；另一方面加快政策性住房建设步伐。2011 年，全市完成政策性住房投资 746.1 亿元。年末政策性住房施工面积 4084.4 万平方米。全年政策性住房竣工面积 513.8 万平方米（见表 5-6）。

表 5-6　2011 年政策性住房建设情况统计表

	2011 年累计完成	2010 年累计完成	同比增长（%）
完成投资（亿元）	746.1	382.8	94.9
其中：住宅	589.5	313.7	87.9
房屋施工面积（万平方米）	4084.4	2792.0	46.3
其中：住宅	3273.4	2287.1	43.1
房屋新开工面积(万平方米)	1726.8	1081.2	59.7
其中：住宅	1388.7	927.7	49.7

二、商品房新开工及施工情况概述

截至2011年12月末,全市商品房施工面积为12065.4万平方米,比上年末增长17.1%。商品房新开工面积为4246.1万平方米，比上年增长42.8%(见表5-7)。

表5-7 2011年商品房施工面积及新开工情况统计表

	2011年	2010年	同比增长(%)
施工面积(万平方米)	12065.4	10300.9	17.1
新开工面积(万平方米)	4246.1	2974.2	42.8

三、2011年商品房新开工、施工情况(分区县分用途)

从区域上看，施工面积朝阳区最多，为2829.8万平方米，大兴区位于第二，为1697.5万平方米，分别占全市商品房施工面积23.5%和14.1%(见表5-8)。

表5-8 2011年按区县分商品房施工面积统计表

单位：万平方米

区县	施工面积	区县	施工面积
东城区	254.3	通州区	1049.7
西城区	286.7	顺义区	910.1
朝阳区	2829.8	昌平区	1209.3
丰台区	992.2	大兴区	1697.5
石景山区	386.0	怀柔区	129.5
海淀区	1086.4	平谷县	181.9
门头沟区	130.0	密云县	251.5
房山区	587.3	延庆县	83.2
合计		12065.4	

四、历年商品房新开工、施工情况(分用途)

2011年，全市全年商品房新开工面积为4246.1万平方米，比上年增长42.8%。其中，住宅新开工面积为2596.4万平方米，增长25.8%；写字楼为489.4万平方米，增长1.4倍；商业及服务业等经营性用房为306.4万平方米，增长26.4%(见图5-5)。

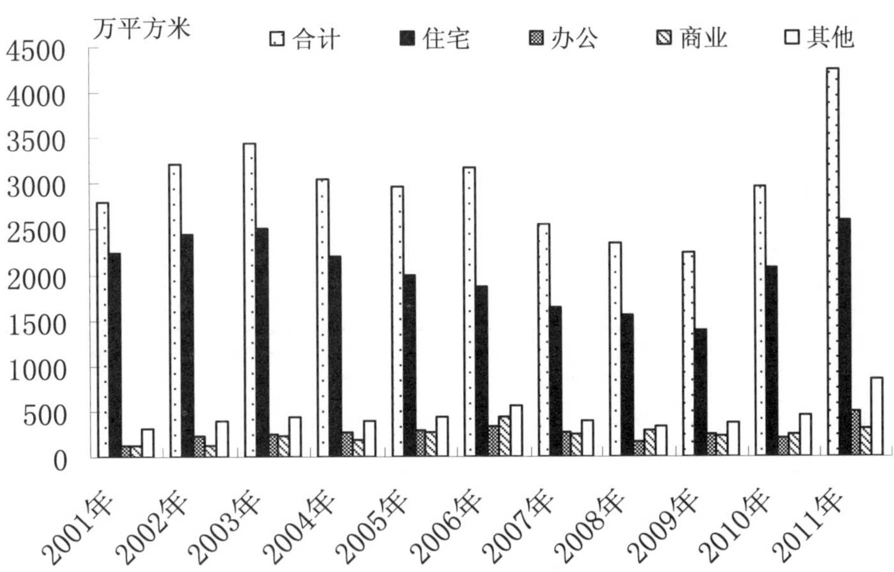

图 5-5　2001-2011 年商品房新开工面积情况

五、商品房竣工情况概述

2011 年，全市全年商品房竣工面积为 2245.2 万平方米，比上年下降 5.9%。其中，住宅竣工面积为 1316.1 万平方米，下降 12.2%（见表 5-9）。

表 5-9　2011 年商品房竣工面积统计表

	2011 年	2010 年	同比增长（%）
竣工面积（万平方米）	2245.2	2386.7	-5.9
其中：住宅	1316.1	1498.5	-12.2

六、2011 年商品房竣工情况（分区县分用途）

从区域上看，全市商品房竣工面积为 2245.2 万平方米，朝阳区最多，海淀区位于第二，分别占 36.7%和 10.9%（见图 5-6）。

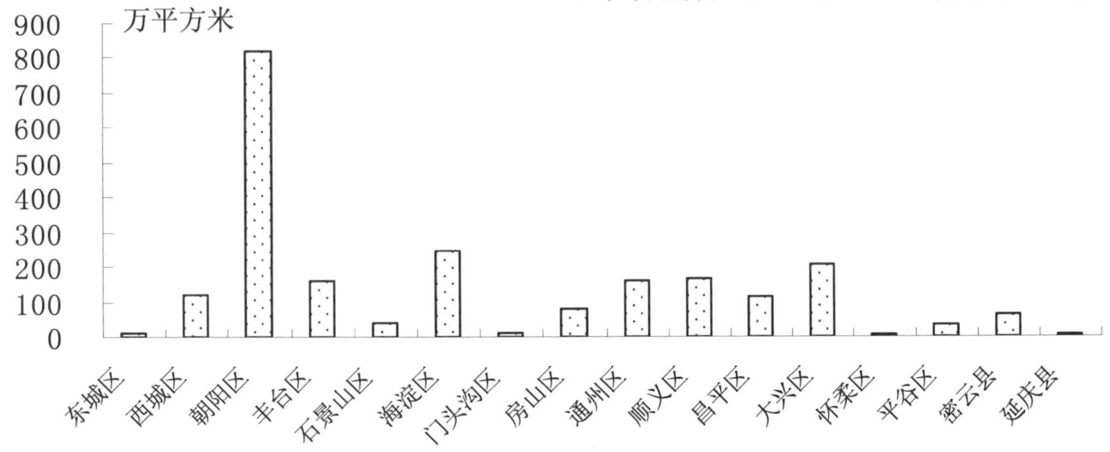

图 5-6　2011 年按区县划分商品房竣工面积统计表

七、历年商品房竣工情况（分用途）

2011 年，全市全年商品房竣工面积为 2245.2 万平方米，比上年下降 5.9%。其中，住宅竣工面积为 1316.1 万平方米，下降 12.2%；写字楼为 245.2 万平方米，增长 23.6%；商业及服务业等经营性用房为 232.4 万平方米，下降 14.5%（见表 5-10）。

表 5-10　2001-2011 年按用途划分商品房竣工面积统计表

单位：万平方米

	合计	住宅	办公	商业	其他
2001 年	1707.4	1393.4	97.9	48.2	167.8
2002 年	2384.4	1926.2	97.5	83.0	277.9
2003 年	2593.7	2080.8	93.6	117.5	301.8
2004 年	3067.0	2344.0	153.9	225.3	343.9
2005 年	3770.9	2841.4	287.8	180.9	460.8
2006 年	3193.9	2193.3	304.4	289.2	407.0
2007 年	2891.7	1854.0	314.8	315.1	407.8
2008 年	2558.0	1399.3	364.6	313.1	481.0
2009 年	2678.6	1613.2	316.6	322.4	426.3
2010 年	2386.7	1498.5	198.4	271.9	417.9
2011 年	2245.2	1316.1	245.2	232.4	451.5
合计	29477.4	20460.2	2474.7	2399.0	4143.6

第三节　商品房待售情况

截至 2011 年 12 月底，全市商品房待售面积为 1792.6 万平方米，比 2010 年末增加 309.9 万平方米，为 1998 年房地产市场深化该改革以来的历史最高位。其中，住宅待售面积为 699.8 万平方米，比 2010 年末增加 187.9 万平方米（见表 5-11）。

表 5-11　2011 年商品房待售情况统计表

	2011 年	2010 年	同比增长（%）
待售面积（万平方米）	1792.6	1482.7	20.9
其中：住宅	699.8	511.9	36.7

一、2011年商品房待售情况（分区县分用途）

2011年末，全市商品房待售面积从区域分布看，朝阳区待售面积最多，达753万平方米，占42%；其次是通州区，142.4万平方米，占7.9%，第三是丰台区，140.3万平方米，占7.8%（见图5-7）。

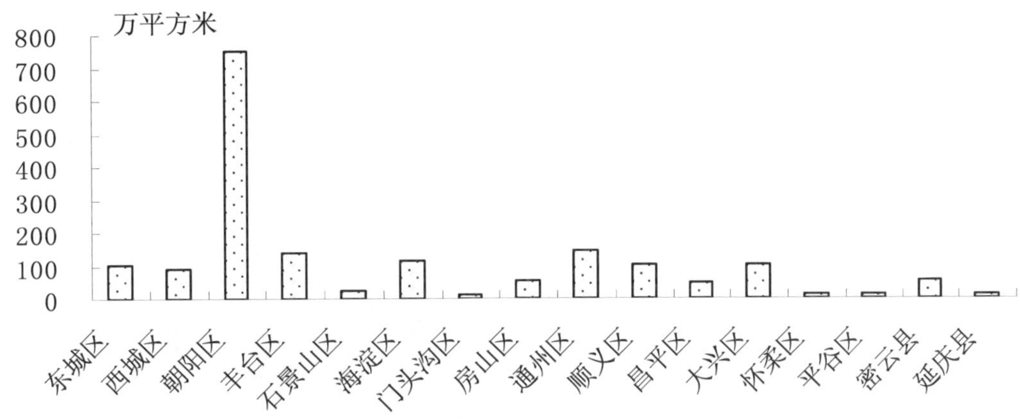

图5-7 2011年按区县划分商品房待售面积情况统计图

2011年末，全市商品房待售面积按时间划分，待售1年以内的面积为1021.5万平方米，1年至3年的面积为472.8万平方米；3年以上的面积为298.3万平方米（见表5-12）。

表5-12 2001-2011年按用途分待售一年以上商品房面积

单位:万平方米

一年以上待售面积	合计	住宅	办公	商业	其他
2001年	336.0	281.4	25.5	14.1	15.0
2002年	406.3	323.0	45.2	22.8	15.3
2003年	377.9	310.7	37.5	17.8	11.8
2004年	298.8	226.7	35.4	20.2	16.6
2005年	380.1	252.6	37.5	56.6	33.4
2006年	411.4	210.0	46.5	92.3	62.6
2007年	439.0	177.0	40.5	129.2	92.4
2008年	493.2	187.4	59.4	157.1	89.4
2009年	583.4	159.8	92.3	180.0	151.3
2010年	672.3	209.6	109.8	185.1	167.8
2011年	771.1	252.2	115.4	203.0	200.5

二、历年商品房待售情况（分用途）

2011年全市商品房待售面积为1792.6万平方米，比上年末增加309.9万平方米。从用途上看，住宅待售面积为699.8万平方米，同比增长36.7%；写字楼（办公楼）待售面积为250.2万平方米，同比增长11.7%；商业待售面积为422.6万平方米，增长9%；其他待售面积为420万平方米，同比增长16.9%（见表5-13）。

表5-13　2001-2011年商品房待售情况统计表

单位：万平方米

待售	合计	住宅	办公	商业	其他
2001年	774.1	634.1	73.5	26.4	40.1
2002年	919.0	763.2	73.0	49.0	33.4
2003年	1123.4	896.9	94.2	81.2	51.1
2004年	1044.1	723.9	110.1	123.8	86.4
2005年	1374.2	799.7	198.9	197.8	177.8
2006年	1039.7	494.1	175.8	227.1	142.7
2007年	1136.2	411.8	198.1	319.8	206.5
2008年	1438.3	522.7	244.6	379.9	291.1
2009年	1351.4	426.8	246.5	354	324.1
2010年	1482.7	511.9	223.9	387.6	359.3
2011年	1792.6	699.8	250.2	422.6	420.0

第四节　房屋征收拆迁情况

一、北京市征收拆迁管理体制

北京市房屋征收拆迁实行项目属地主责的市和区县二级管理体制。市住房城乡建设委主管全市征收拆迁工作，内设征收拆迁处，主要负责拟订房屋征收拆迁方面的政策措施和房屋征收拆迁管理和重大项目征收拆迁的协调工作。区县人民政府是国有土地上房屋征收主体，区县住建委、房管局负责本行政区域内集体土地房屋拆迁管理工作，包括核发拆迁许可证、项目管理等。各区县政府设立房屋征收办公室，负责组织实施本行政区域内房屋征收工作，区县政府可以成立全额拨款事业单位性质的征收实施单位负责征收补偿工作。

二、北京市现行征收拆迁政策主要内容

根据国务院《国有土地上房屋征收与补偿条例》，本市制定了《北京市国有土地上房屋征收与补偿实施意见》及其他一系列征收相关规定，同时，根据《北京市集体土地房屋拆迁管理办法》的规定，本市房屋征收拆迁主要有以下两种方式：

（一）国有土地上房屋征收

根据国务院《国有土地上房屋征收与补偿条例》和《北京市国有土地上房屋征收与补偿实施意见》规定，本市国有土地上房屋征收，征收人对被征收房屋所有权人按照征收决定

公告之日被征收房屋类似房地产市场价格给予补偿。

本市就国有土地上房屋征收工作出台了一系列配套规定，主要包括：《北京市国有土地上房屋征收房地产价格评估机构选定办法》（2011 年）、《北京市国有土地上房屋征收与补偿中住房保障优先配租配售管理办法》（2011 年）、《北京市国有土地上房屋征收停产停业损失补偿暂行办法》（2011 年）等。

（二）集体土地房屋拆迁

为了规范集体土地上房屋的拆迁，本市出台了《北京市集体土地房屋拆迁管理办法》及相关配套政策，于 2004 年 8 月 1 日起开始实施。该办法对适用范围、拆迁管理、补偿安置等方面做了明确规定；其规定的拆迁管理制度与国有土地房屋拆迁管理既有相同之处，也有不同的内容；确定了房、地分开补偿的原则。

三、本市房屋征收拆迁情况统计

2011 年，全市核发国有土地上房屋征收决定 21 个，征收房屋涉及住宅 6369 户，住宅建筑面积 62.7 万平方米；核发集体土地房屋拆迁许可证 49 个，涉及住宅 9031 户，住宅建筑面积 231.5 万平方米。

四、2011 年征收拆迁管理工作情况

（一）新条例出台在保障集体土地上房屋拆迁顺利实施和在拆项目平稳推进的同时，做好新征收项目的启动工作

在《国有土地上房屋征收与补偿条例》出台后的第一时间，北京市住房与城乡建设委会同市政府法制办立即明确了市集体土地上房屋拆迁继续按照《北京市集体土地房屋拆迁管理办法》（市政府令 124 号），保持政策稳定、支持项目启动，最大限度降低新条例出台对集体土地房屋拆迁工作可能造成的影响。同时，按照《国有土地上房屋征收与补偿条例》的要求，新条例出台前已经核发拆迁许可证的在拆项目仍按照原有规定拆迁，但取消了政府行政强制搬迁。住房与城乡建设委一方面加强指导区县和建设单位做好在拆项目推进工作，另一方面积极协调法院打通在拆项目司法强制途径，为项目顺利实施提供必要法律保障。

随着国务院《国有土地上房屋征收与补偿条例》和《北京市国有土地上房屋征收与补偿实施意见》及其他一系列征收相关规定的出台和实施，国有土地上房屋征收虽然经历了政策的较大调整，但已经有区县率先启动了房屋征收项目。

（二）做好国有土地上房屋由拆迁到征收的衔接过渡，加快北京市征收立法工作

1. 起草北京市实施意见。《国有土地上房屋征收与补偿条例》实施后，郭金龙市长要求加快市征收立法各项工作，及时跟进落实。陈刚副市长召开专题会，要求市住房与城乡建设委会同相关部门拟定北京市贯彻落实《国有土地上房屋征收与补偿条例》的实施意见。按照市领导的指示，市住房与城乡建设委会同相关部门起草了实施意见代拟稿，并上报市政府审议。经市政府专题会讨论通过，2011 年 5 月 27 日以市政府名义印发《北京市国有土地上房屋征收与补偿实施意见》（京政发［2011］27 号）。文件明确了北京市房屋征收工作体系和房屋征收决定程序。

2. 规范在拆项目的司法强制执行工作。《国有土地上房屋征收与补偿条例》明确取消了政府行政强制执行，为做好《国有土地上房屋征收与补偿条例》实施前在拆项目的依法推进，市住房与城乡建设委积极协调市高院规范司法强制执行行为。市高院于 2011 年 6 月 14 日出台了《关于<国有土地上房屋征收与补偿条例>施行前已取得拆迁许可证项目所涉案

件有关审判、执行工作的若干意见（试行）》（京高法发［2011］194 号），为在拆项目推进提供了法律保障。

3. 制定印发相关配套文件。按照《国有土地上房屋征收与补偿条例》和《北京市国有土地上房屋征收与补偿实施意见》的要求，经过公开征求意见、修改、报市政府同意后，2011年11月2日，市住房与城乡建设委印发了《北京市国有土地上房屋征收房地产价格评估机构选定办法》（京建法［2011］16号）和《北京市国有土地上房屋征收与补偿中住房保障优先配租配售管理办法》（京建法［2011］17号）。11月18日市住房与城乡建设委和市工商局、市人力社保局联合下发了《北京市国有土地上房屋征收停产停业损失补偿暂行办法》（京建法［2011］18号）。

（三）明确房屋征收部门及征收实施单位

市住房与城乡建设委配合市编办制定《关于明确区县政府房屋征收部门和房屋征收实施单位的通知》（京编办发［2011］9号），明确各区县住房城乡建设委或房管局加挂区县人民政府房屋征收办公室牌子，为区县房屋征收部门；各区县政府可根据工作需要，设立全额拨款事业单位性质的房屋征收事务中心，受房屋征收部门委托作为征收实施单位，承担具体工作。目前，门头沟、海淀、东城、西城、朝阳、石景山、平谷等区已成立房屋征收办，丰台、昌平、大兴、房山、顺义等区已拟定征收机构设置方案，市、区编办批准后到位。

（四）做好征收政策宣传和培训工作

《国有土地上房屋征收与补偿条例》实施后，市住房与城乡建设委带领16区县征收拆迁管理部门积极参加了国务院法制办、住建部组织的一系列研讨学习和宣贯培训活动，要求各区县、各部门要认真领会新条例精神，及时跟进落实，全面做好全市房屋征收工作。会同市政府法制办、市高院培训各区县征收拆迁、法制、法院主管部门工作人员。《北京市国有土地上房屋征收与补偿实施意见》出台后，市住房与城乡建设委会同北京房地产估价师和土地估价师协会等单位狠抓政策法规宣传培训工作，分别于6-8月间组织对全市16区县征收拆迁主管部门相关人员进行了集中培训；组织对全市房地产价格评估机构负责人、估价师、估价员以及部分建设单位、拆迁、法律等服务机构从业人员进行了集中培训。

（五）支持重点项目征收工作

针对《国有土地上房屋征收与补偿条例》出台，市住房与城乡建设委深入区县和征收拆迁一线，帮助提供政策指导、培训、方案制定以及做好安置房源调配等工作。积极采取多种措施，主动服务和指导多个市、区重点项目的拆迁或征收工作，取得良好的效果。如按照市政府统一部署，市住房与城乡建设委全力支持市重点工程房屋征收工作，全程参与项目征收的前期准备、程序制定及有关文书拟定修改工作，配合做好征收补偿方案制定及征求意见工作，帮助对工程指挥部工作人员进行政策培训。

（六）加快在拆项目清理，做到又好又快推进

考虑到新政策实施后对已启动遗留项目的影响，在新政策出台后，市、区两级应研究采取积极措施加快清理拆迁滞留项目。一方面，针对目前全市在拆项目制定合理工作方案，加强协调、及时沟通，形成联动。另一方面，按照市高院文件，通过司法途径确保拆迁政策执行力。在实践中进一步完善风险评估、联合执法、现场处置、矛盾化解和善后处理等各项行之有效的工作机制。

（七）努力做好信访工作

在市、区两级共同努力下，市住房与城乡

建设委征收拆迁信访量和往年相比下降明显。2011 年接待征收拆迁类群众来访批次下降 17.21%、人次下降 13.89%，受到了中央信访督导组的肯定和好评。下一步除认真做好日常信访答复工作，保证群众拆迁信访渠道畅通之外，要进一步加强分析，力求解决信访问题见实效。

第六章
房地产交易市场运行

第一节　房地产交易市场综述

2011 年北京市房地产交易市场受一系列调控政策影响，商品房成交量下降明显，新建普通住房价格稳中有降，投机投资性需求基本挤出。

一、新建商品房市场成交情况

1. 新建商品房成交情况

2011 年，北京市商品房成交面积 1548.3 万平方米，同比减少 357.9 万平方米，降幅为 18.8%；成交金额 2781.3 亿元，同比减少 647.7 亿元，降幅为 18.9%。

其中预售成交面积 1100.0 万平方米，同比减少 230.7 万平方米，降幅为 17.3%；成交金额 2105.7 亿元，同比减少 498.8 亿元，降幅为 19.2%;现房成交面积 448.3 万平方米，同比减少 127.2 万平方米，降幅为 22.1%；成交金额 675.6 亿元，同比减少 148.9 亿元，降幅为 18.1%。

2. 新建住房成交情况

2011 年，北京市新建住房成交面积 960.2 万平方米，同比减少 268.0 万平方米，降幅为 21.8%；成交金额 1692.6 亿元，同比减少 514.5 亿元，降幅为 23.3%。

其中预售商品住房成交面积 547.2 万平方米（4.6 万套），同比减少 280.7 万平方米，降幅 33.9%，成交金额 1227.0 亿元，同比减少 495.3 亿元，降幅为 28.8%；预售经济适用住房和限价房成交面积 240.8 万平方米（3.1 万套）；现售商品住房成交面积 158.4 万平方米（1.3 万套），同比减少 58.8 万平方米，降幅为 27.1%，成交金额 300.3 亿元，同比减少 74.3 亿元，降幅为 19.8%；现售经济适用住房和限价房销售面积 13.8 万平方米（1776 套）。

二、存量房成交情况

2011 年，北京市存量房成交面积 1149.5 万平方米，同比减少 35.3%，成交金额 921.9 亿元，同比减少 33.7%。其中存量住房成交面积 912.5 万平方米，同比减少 41.1%，成交金额 666.2 亿元，同比减少 43.8%。从成交比重来看，存量住房成交 9.9 万套，占 89.0%；存量办公用房成交 0.5 万套，占 4.4%；存量商业营业用房成交 0.3 万套，占 2.5%；其他类型存量房屋成交 0.5 万套，占 4.1%。

第二节　新建商品房批准预售情况

一、新建商品房批准预售总体情况

2011 年，北京市共批准预售许可证 328 个，面积 1554.7 万平方米，同比减少 4.1%；其中批准住房类房屋 9.9 万套，面积 1079.3 万平方米，面积比 2010 年减少 9.9%，批准办公用房、商业用房面积分别为 302.5 万平方米、95.1 万平方米，比 2010 年分别增加 36.0%、2.8%。

表 6-1　2001-2011 年北京市商品房批准预售面积

单位：万平方米

年份	合计	住房	商业	办公	其他
2001 年	2107	2001.7	20.8	61.2	23.3
2002 年	2038.4	1779.4	99.5	138.5	21
2003 年	3206.5	2721.5	99.9	148.2	236.9
2004 年	3434.8	2862.9	182.8	211.5	177.6
2005 年	2852.5	2205	233.8	195.6	218.1
2006 年	2460.6	1706	261.9	318	174.7
2007 年	1928.7	1329.6	171.3	222.6	205.2
2008 年	1988.7	1477	156.7	161.4	193.6
2009 年	1608.5	1111	132.7	200.9	96.4
2010 年	1620.8	1197.6	92.5	222.4	108.3
2011 年	1554.7	1079.3	95.1	302.5	77.8

从区域分布看，朝阳、昌平、大兴、通州、房山、丰台六区商品房批准预售面积均超过 100 万平方米，合计达 1090.9 万平方米，占全市批准预售总量的 70.2%，其余十一个区县批准预售面积为 463.8 万平方米，所占比重为 29.8%。

表 6-2　2011 年北京市新建商品房各区县批准预售情况

区县	上市套数（套/或单元）	上市面积（万平方米）
朝阳区	23498	298.2
昌平区	19761	201.2
大兴区	17965	187.0
通州区	18303	154.6
房山区	16106	138.6
丰台区	10791	111.3
开发区	6492	94.2
顺义区	9499	91.6
海淀区	9685	78.4
密云县	5232	57.2
石景山区	3860	43.7
怀柔区	3206	32.9
西城区	1792	30.1
门头沟区	1397	15.0

区县	上市套数（套/或单元）	上市面积（万平方米）
延庆县	1172	14.1
东城区	401	6.5
平谷区	0	0.0
合计	149160	1554.7

二、不同用途商品房批准预售情况

1. 住房

2011 年，北京市住房批准预售面积为 1079.3 万平方米，比 2010 年减少了 118.4 万平方米，降幅为 9.9%。从用途看，普通住房和公寓别墅批准预售面积分别为 809.3 万平方米和 3.4 万平方米，同比分别减少 16.6%和 69.8%；经济适用住房批准预售面积为 22.3 万平方米，同比减少 45.3%，限价房批准预售面积为 244.3 万平方米，同比增加 39.1%。

表 6-3　2001-2011 年住房分类型批准预售面积

单位：万平方米

年份	住房	其　中		
		商品住房	经济适用住房	限价房
2001 年	2001.7	1437.4	564.3	-
2002 年	1779.4	1492.7	286.7	-
2003 年	2721.5	2121.8	599.6	-
2004 年	2862.9	2428.9	434	-
2005 年	2205	2092.3	112.7	-
2006 年	1706	1514	192	-
2007 年	1329.6	1241.7	87.9	-
2008 年	1477	1122.5	104.3	250.3
2009 年	1111.3	945.9	47.9	117.5
2010 年	1197.6	981.3	40.8	175.6
2011 年	1079.3	812.7	22.3	244.3

从区域分布看，期房住房供应集中在朝阳、大兴、昌平、房山、通州五区，2011 年这五区住房批准预售面积为 744.7 万平方米，占全市住房批准预售面积总量的 69%（其中，朝阳批准预售面积为 207.5 万平方米，居各区县之首）。东、西城住房批准预售面积为 13.6 万平方米，占全市住房供应总量的 1.3%。其余 10 个区县住房批准预售面积为 320.9 万平方米，占全市总量的 29.7%。

表 6-4 2003-2011 年各区县批准预售住房面积

单位：万平方米

区 县	2003 年	2004 年	2005 年	2006 年	2007 年	2008 年	2009 年	2010 年	2011 年
东城区	135.7	56.2	63.7	36.7	30.6	25.7	32	15.9	0
西城区	99.8	107	60.6	63.3	37	39	36.8	11.7	13.6
朝阳区	687.4	1019.1	841.7	630.6	481.6	447.9	221.4	275.1	207.5
海淀区	510.1	339.5	211.3	146.1	129	101.5	111.7	54.9	56.1
丰台区	280.6	432.8	359.4	217.2	98	157.5	91.5	43.2	55.7
石景山区	63.8	100.7	83	58.7	22.8	69.5	36.3	33.5	26.1
通州区	316.2	198.2	82.7	75.1	58.3	164.6	172.6	167.7	110.7
房山区	18.7	53.6	51.5	60.3	97.3	62.7	88.4	100.3	119.3
顺义区	56	56.5	74.1	56.5	108.8	158.2	81.5	128.6	68
门头沟区	24.6	12.5	26.1	6.8	12.3	3.5	0	0	14.1
大兴区	42.3	93.9	82.4	69.7	57	45.6	82.9	212.8	159
怀柔区	3.6	14	19.4	10.5	26.2	14	13.1	17.9	31.5
密云县	0	0	10.5	16.2	29.1	22.7	14.1	51.8	56.9
昌平区	482.7	379	180.7	241.1	119.5	138.2	96.9	64	148.2
延庆县	0	0	0	0	11.4	7.1	6	5.5	9.1
平谷区	0	0	23.2	10.9	7.3	12.2	20.1	10.2	0
开发区	0	0	34.5	6.4	3.5	7.2	6	4.5	3.4
合计	2721.5	2862.9	2205	1706	1329.6	1477	1111.3	1197.6	1079.3

注：2010年北京市行政区划调整，撤销北京市东城区、崇文区，设立新的北京市东城区，以原东城区、崇文区的行政区域为东城区的行政区域；撤销北京市西城区、宣武区，设立新的北京市西城区，以原西城区、宣武区的行政区域为西城区的行政区域。

2. 办公用房

2011 年，北京市办公用房批准预售面积 302.5 万平方米，比 2010 年增加了 80.1 万平方米，增幅为 36.0%。办公用房供应以开发区、朝阳、丰台、通州、昌平为主，五个区的办公用房批准预售面积占全市供应总量的 74.2%，其中开发区的供应量最大，为 67.8 万平方米，占全市的比重为 22.4%。门头沟、密云、延庆、平谷四个区县批准预售面积均为 0。

表 6-5 2003-2011 年办公用房分区县批准预售面积

单位：万平方米

区 县	2003 年	2004 年	2005 年	2006 年	2007 年	2008 年	2009 年	2010 年	2011 年
东城区	46.1	10	7.9	29.7	19.5	8.7	5.4	16.3	4.2
西城区	10.2	45.9	59.8	59.9	76.8	8.5	31.9	12.2	8.9
朝阳区	40.5	85.8	71.5	124.2	46.1	71.1	95.1	52.9	52.8
海淀区	49.1	47.2	43.6	84.2	29	23.9	24.9	15.9	9.2

区 县	2003年	2004年	2005年	2006年	2007年	2008年	2009年	2010年	2011年
丰台区	0.6	19.4	8.9	17.8	10.8	11.5	0.7	22.1	37.8
石景山区	0	0	0.3	0	0	8.3	3.5	17	6.9
通州区	1.6	0	2.8	0	0	5.8	5.6	0	35.2
房山区	0	0	0	0	0	1	1.9	0.4	17.8
顺义区	0	0	0	0	2.3	4.2	1.1	11.6	18.6
门头沟区	0	0	0	0	0	0	0	1.8	0
大兴区	0	0	0	1.8	1.8	0	3	11.6	12.1
怀柔区	0	0	0.8	0	0	0	0	1.2	0.5
密云县	0	0	0	0	0	0	0	0	0
昌平区	0	3.3	0	0	30.3	10.6	2.2	25.7	30.7
延庆县	0	0	0	0	0	0	0	0	0
平谷区	0	0	0	0.4	0	0.5	0	0	0
开发区	0	0	0	0	6	7.4	25.5	33.8	67.8
合计	148.2	211.5	195.6	318	222.6	161.4	200.9	222.4	302.5

3．商业用房

2011年，北京市商业用房批准预售面积95.1万平方米，比2010增加了2.6万平方米，涨幅为2.8%。商业用房的供应主要分布在朝阳、开发区、丰台，合计供应量占全市供应总量的59.9%；其中朝阳区供应面积26.1万平方米，占全市供应总量的27.4%，位列各区县第一位。

表6-6　2003-2011年北京市商业营业用房批准预售面积

单位：万平方米

区 县	2003年	2004年	2005年	2006年	2007年	2008年	2009年	2010年	2011年
东城区	22.9	6.1	8.4	15.1	6.4	5.1	4.7	9.1	1.3
西城区	3.9	17.9	20.5	37.9	14.8	3.9	15.2	1	1
朝阳区	22.1	72.4	98.7	121.9	66.7	73.3	47.1	37.5	26.1
海淀区	18.3	34.1	49.1	38.1	34	17.7	20.8	7	0.7
丰台区	14.7	20.5	20.8	30.8	20.5	23.8	8	4.4	12.4
石景山区	1.5	3.3	4	3.3	0.5	12.6	3.3	9.2	9.3
通州区	13.4	17	11.5	2.4	2	0.9	4.6	21.4	2.7
房山区	0	0	1	2	2.6	1	9.9	1.4	0.5
顺义区	0	0	0	0.9	3.5	0.9	2.8	1	1.8
门头沟区	0.2	0.9	7.6	0	0.3	0	0	0	0.5
大兴区	0.7	5.2	1.8	2.3	4.8	1.7	4.1	0.9	6.4
怀柔区	0	2.4	2.3	0	0	0.5	2.8	1	0.9
密云县	0	0	0	0.4	0.2	0.2	2.6	0.4	0.3
昌平区	2.3	2.9	6.2	4.8	10.3	11.8	1.3	5.3	7.9

区　县	2003年	2004年	2005年	2006年	2007年	2008年	2009年	2010年	2011年
延庆县	0	0	0	0	0.4	0.4	0	0.3	5
平谷区	0	0	0.6	1	1.1	1.7	1.5	0	0
开发区	0	0	1.2	1	3.2	1.1	3.8	0.8	18.4
合计	99.9	182.8	233.8	261.9	171.3	156.7	132.7	92.5	95.1

三、可售期房情况

截止到2011年底，全市期房可售面积1831.5万平方米；其中可售住房8.4万套，面积1052.6万平方米；可售商业0.8万套或单元，面积197.6万平方米；可售办公3.4万套或单元，面积386.9万平方米。

表6-7　2011年底北京市可售期房按用途分类情况

用　途	可售套数（套）	可售面积（万平方米）
住房	84443	1052.6
商业	7905	197.6
办公	33918	386.9
其它	28345	194.4
合计	154611	1831.5

第三节　新建商品房成交情况

一、新建商品房成交情况

1. 期房成交情况

2011年，北京市商品房预售成交10.8万套，成交面积1100.0万平方米，比2010年分别减少16.3%和16.2%。其中住房成交7.6万套，成交面积788.0万平方米，比2010年分别减少19.1%和20.5%，办公、商业成交面积分别为168.1万平方米、89.6万平方米，比2010年分别减少6.6%和11.1%。

表6-8　2011年新建商品房各用途房屋期房成交情况

用　途		成交套数（套或单元）	成交面积（万平方米）
住　宅		76325	788
其中	商品住房	45751	547.2
	经济适用住房	4390	30.5
	两限房	26184	210.3
商业		5893	89.6

用　途	成交套数（套或单元）	成交面积（万平方米）
办公	17114	168.1
其它	8867	54.4
合　计	108199	1100

从区域分布看，商品期房预售成交主要集中在朝阳区、大兴区、昌平区、房山区，成交面积均高于 100 万平方米。四区成交面积为 614.1 万平方米，占全市商品期房成交总量的 55.8%（其中朝阳区成交面积 254.1 万平方米）。其余各区县新建商品房预售成交面积均低于 90 万平方米，占全市比重为 44.2%，其中东城、门头沟、延庆、平谷四区县成交面积均低于 10 万平方米。

表 6-9　2003－2011 年新建商品房分区县预售成交情况

单位：万平方米

区　县	2003 年	2004 年	2005 年	2006 年	2007 年	2008 年	2009 年	2010 年	2011 年
东城区	66.5	76.5	82.6	88.7	22.7	22.5	52.9	50	9.1
西城区	43.6	70.9	109.7	114.7	110.7	57.8	103.1	38.8	44
朝阳区	52.6	61.3	934	827	553.1	474.4	563.6	331.3	254.1
海淀区	335.2	658	286.8	260.1	198.9	129.3	217.3	117.6	70.1
丰台区	330.7	372	351.9	306.8	152.4	132.8	134.8	73.5	70.5
石景山区	202.7	397.3	72	51.1	15.5	56.7	78.1	40.7	30.9
通州区	31.3	93.5	148.5	100.4	62.1	56.8	228.9	127.6	86.2
房山区	89.4	143.8	26.9	61	72	43.8	113.2	67	100.8
顺义区	0	13.8	41.7	61.2	100.7	62.2	139.6	89.5	77.4
门头沟区	27.7	35.7	21.2	11.2	10.1	3.3	5.2	2.1	1.7
大兴区	11.2	12.8	71.7	85.8	85.2	34.7	88.9	173	147.7
怀柔区	84.7	86.9	8	12.6	25.1	10.7	17.2	15.7	21.6
密云县	8.8	10.6	0.8	5.2	19.2	12.5	24.8	41.4	35.1
昌平区	0	0	185.5	245.5	199	130.8	144.4	114.7	111.6
延庆县	282.8	449.2	0	0	10.2	5.2	6.4	2.7	9.5
平谷区	0	0	7.9	10.7	14	12.4	26.3	9.6	4.7
开发区	0	0	29	7.2	7.4	9.2	31.5	17	25.3
市权属登记中心	259.4	337	0	0	262	39.6	11.1	0	0
合　计	1826.7	2819.2	2378.1	2249.1	1920.2	1294.6	1987.3	1312.4	1100.4

2．现房成交情况

2011 年，北京市新建商品房现房转移登记 6.0 万套，面积 671.9 万平方米，比 2010 年分别减少 23.1%、26.9%，其中住房 2.7 万套、343.9 万平方米，比 2010 年分别减少 42.3%、40.9%，办公用房为 80.6 万平方米，比 2010 减少 10.5%，商业用房为 113.3 万平方米，比 2010 减少 16.1%。

表 6-10　2011 年商品房现房转让成交情况

用　途	成交套数（或单元）	成交面积（万平方米）
住房	26523	343.9
办公	3753	80.6
商业	5531	113.3
其它	23842	134.0
合　计	59649	671.9

二、住房期房成交情况

1. 成交量价情况

2011 年，北京市住房期房成交 7.6 万套，成交面积 788.0 万平方米；其中商品住房成交 547.2 万平方米，占住房成交总量的 69.4%；经济适用住房成交 30.5 万平方米，占 3.9%；限价房成交 210.3 万平方米，占 26.7%。从区域分布看，住房成交主要集中在朝阳、大兴、房山、昌平、通州、顺义，六区住房成交 600.9 万平方米，占全市住房成交总量的 76.3%（其中朝阳区成交 163.4 万平方米，占全市住房成交总量的 20.7%，居于各区县之首）。其余各区县商品住房成交面积占全市住房成交总量的 23.7%，其中东城、门头沟、延庆、平谷、开发区五区县成交面积均低于 10 万平方米，合计成交占比为 2.0%。

表 6-11　2011 年住房分区县期房成交情况

单位：万平方米

区　县	住房	其中		
		商品住房	经济适用住房	两限房
东城区	2.7	2.8	0	0
西城区	12.3	12.3	0	0
朝阳区	163.4	108	0.1	55.2
海淀区	42.9	28.2	11.2	3.4
丰台区	39.1	27.9	3.9	7.2
石景山区	21.6	6.6	0	15
通州区	68.1	34.8	8.4	25
房山区	96.1	80.2	0	15.9
顺义区	66.9	41.9	0	25.1
门头沟区	1.4	1.4	0	0
大兴区	130.4	87.1	0.4	42.9
怀柔区	21.5	14.9	6.5	0
密云县	33.6	33.6	0	0

区　县	住房	其中		
		商品住房	经济适用住房	两限房
昌平区	76	55.4	0	20.5
延庆县	2.7	2.8	0	0
平谷区	9	9	0	0
开发区	0	0	0	0
合计	788.0	547.2	30.5	210.3

2．购买对象情况

从购买对象分析，2011 年，北京市住房期房购买主要以本地居民购买为主。本地居民购买住房 6.6 万套，面积 655.4 万平方米，成交套数占全市住房成交总套数的 86.3%，所占比重与 2010 年相比上升 17.6 个百分点。外省市个人购买商品住房 0.8 万套，面积 91.5 万平方米，成交套数占全市的 10.1%，所占比重与 2010 年相比下降 19.3 个百分点。境外个人购买住房 178 套，面积 4.5 万平方米，成交套数占全市的 0.2%，所占比重与 2010 年持平。

表 6–12　2011 年住房期房购买对象情况

购买对象	成交套数（宗）	成交面积（万平方米）	住房	
			成交套数（套）	成交面积（万平方米）
本市个人	78752	739.6	65646	652.9
外省市个人	21948	198.3	7744	91.5
华侨、港澳台同胞、外国人购买	236	4.8	178	4.5
境内单位	6944	154.4	2517	36.5
境外单位	3	0.1	2	0.1

表 6–13　2006 –2011 年住房期房购房对象所占比重情况表

时　间	本地居民	外省市个人	境外个人
2006 年	63.80%	33.30%	1.50%
2007 年	63.87%	33.45%	0.56%
2008 年	69.41%	27.67%	0.78%
2009 年	65.4%	32.5%	0.7%
2010 年	68.7%	29.4%	0.2%
2011 年	86.3%	10.1%	0.2%

三、办公用房期房成交情况

2011 年，北京市办公用房期房成交面积 168.1 万平方米（1.7 万套或单元），成交金额 430.2 亿元。从区域分布看，办公用房成交主要集中在朝阳、昌平、西城三个区，共成交 91.1 万平方米，占全市办公用房成交总量的 54.2%。其中朝阳区成交面积居于各区县之首，为 48.9 万平方米，所占比重为 29.1%。

表 6-14　2011 年分区县办公用房期房成交情况

区　县	办公		
	成交套数（或单元）	成交面积（万平方米）	成交金额（亿元）
东城区	146	3.3	16.2
西城区	697	21.7	74.9
朝阳区	3948	48.9	147.4
海淀区	1284	12.8	36.6
丰台区	2033	13.2	37.4
石景山区	229	2.6	4.7
通州区	1024	10.8	17.9
房山区	459	2.7	4.0
顺义区	1237	8.0	11.3
门头沟区	16	0.2	0.2
大兴区	1221	9.2	18.3
怀柔区	2	0.0	0.0
密云县	0	0.0	0.0
昌平区	3408	20.5	34.7
延庆县	0	0.0	0.0
平谷区	1	0.5	0.1
开发区	1409	13.5	26.4
合计	17114	168.1	430.2

四、商业营业用房期房成交情况

2011 年，北京市商业营业用房期房成交面积 89.6 万平方米（0.6 万套或单元），成交金额 236.3 亿元。从区域分布看，商业营业用房成交主要集中在朝阳、丰台、开发区三个城区，共成交 54 万平方米，占全市办公用房成交总量的 60.3%。其中朝阳成交面积居于各区县之首，为 33.8 万平方米，所占比重为 37.8%。

表 6-15　2011 年分区县商业营业用房期房成交情况

区　县	商业		
	成交套数（或单元）	成交面积（万平方米）	成交金额（亿元）
东城区	92	2.5	16.7
西城区	77	2.6	12.9
朝阳区	466	10.6	21.3
海淀区	62	5.0	9.5
丰台区	572	6.5	13.0
石景山区	5	0.2	0.3
通州区	141	1.1	1.7
房山区	0	0.0	0.0
顺义区	133	1.6	5.9
门头沟区	9	0.1	0.2
大兴区	34	1.4	0.7
怀柔区	1242	6.9	14.5
密云县	35	0.4	0.5
昌平区	1	1.9	0.6
延庆县	100	9.5	14.3
平谷区	92.0	2.5	16.7
开发区	77.0	2.6	12.9
合计	5893	89.6	236.3

第四节　存量房成交情况

一、存量房交易总体情况

2011 年，北京市存量房成交面积 1149.5 万平方米，同比减少 35.3%，成交金额 921.9 亿元，同比减少 33.7%。

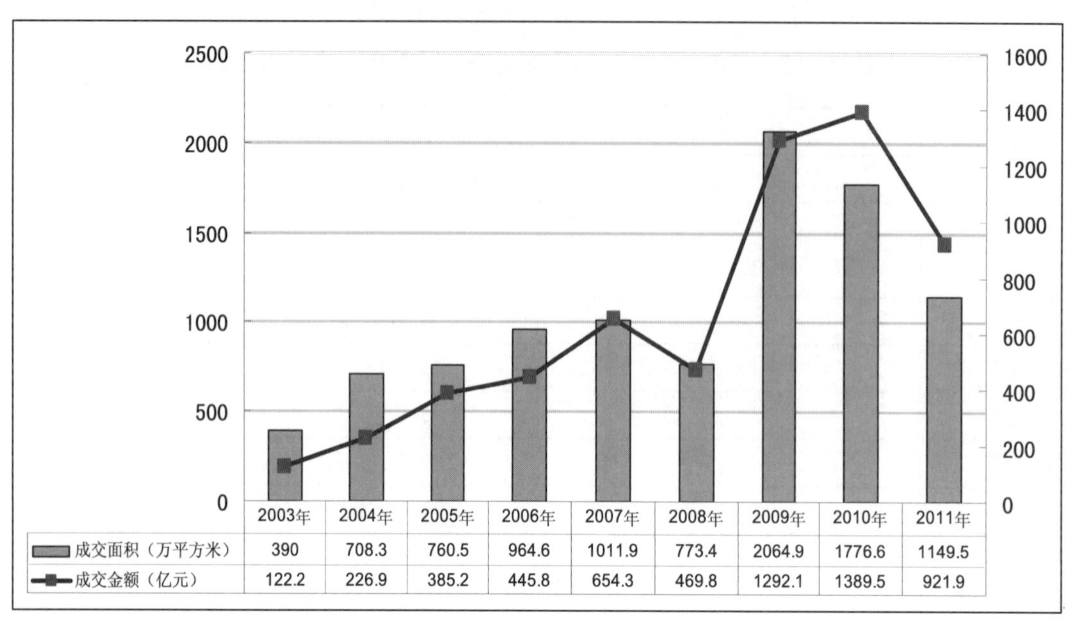

图 6-1　2003-2011 年度存量房交易情况表

2011 年存量房成交 11.1 万套，其中存量住房 9.9 万套，占 89%；存量办公用房成交 4907 套，占 4.4%；存量商业营业用房成交 2782 套，占 2.5%；其他类型存量房屋成交 4510 套，占 4.1%。

2011 年存量房成交 1149.5 万平方米，存量住房 912.5 万平方米，占 79.4%；存量办公用房成交 89.5 万平方米，占 7.8%；存量商业营业用房成交 47.5 万平方米，占 4.1%；其他类型房屋成交 100.1 万平方米，占 8.7%。

表 6-16　2011 年存量房成交总体情况表

类　别	成交套数	成交面积（万平方米）	成交金额（亿元）
存量住房	98569	912.5	666.2
存量办公	4907	89.5	140.0
存量商业	2782	47.5	50.5
其　他	4510	100.0	65.3
合　计	110768	1149.5	921.9

从区域分布上看，朝阳区、昌平区、海淀区与丰台区成交面积居于各区县前列。朝阳区成交面积 314.1 万平方米，远高于其他区县，其次是昌平区、海淀区、丰台区分别是 155.7 万平方米、150.0 万平方米、106.5 万平方米。

表 6-17　2011 年各区县存量房成交情况表

	成交套数（套）	成交面积（万平方米）
东城区	5403	44.4
西城区	6925	68.2

	成交套数（套）	成交面积（万平方米）
朝阳区	30594	314.1
海淀区	13570	150.0
丰台区	12199	106.5
石景山区	3277	24.9
通州区	5130	57.8
房山区	3137	29.8
顺义区	4055	46.6
门头沟区	969	9.1
大兴区	5148	53.9
怀柔区	1066	12.7
密云县	2334	32.8
昌平区	13911	155.7
延庆县	917	13.2
平谷区	1191	17.8
开发区	942	11.9
合　　计	110768	1149.5

二、存量商品住房成交情况

2011年存量商品住房成交63209套，同比减少43.4%；成交面积630.2万平方米，同比减少42.1%。

表6-18　2003-2011年北京市存量商品住房成交情况

年度	2003年	2004年	2005年	2006年	2007年	2008年	2009年	2010年	2011年
成交套数	17218	26584	38419	46373	58114	45789	149466	111645	63209
成交面积（万平方米）	186.7	334.1	403.7	493.8	619.7	470.7	1468.2	1088.5	630.2

从区域分布上来看，朝阳区成交面积居于各区县之首，成交面积198.8万平方米，远高于其他区县，其次是海淀区、昌平区、丰台区，分别是65.3万平方米、62.5万平方米、53.4万平方米。

表6-19　2011年各区县存量商品住房成交情况表

	成交套数（套）	成交面积（万平方米）
东城区	2947	22.5
西城区	2968	21.7
朝阳区	17777	198.8

	成交套数（套）	成交面积（万平方米）
海淀区	6211	65.3
丰台区	6261	53.4
石景山区	1624	13.9
通州区	4575	41.8
房山区	2175	19.9
顺义区	3407	37.4
门头沟区	533	4.4
大兴区	3754	35.3
怀柔区	778	8.1
密云县	2105	20.7
昌平区	5669	62.5
延庆县	656	6.6
平谷区	1102	10.0
开发区	667	7.9
合　计	63209	630.2

三、已购公房和经济适用房再上市成交情况

2011年已购公房和经济适用房再上市成交35360套，成交面积282.2万平方米。成交套数同比减少35.8%，成交面积同比减少38.6%。

表6-20　2003-2011年北京市已购公房和经济适用住房再上市情况

年度	2003年	2004年	2005年	2006年	2007年	2008年	2009年	2010年	2011年
成交套数	17097	30223	31033	30022	34919	23717	53364	55110	35360
成交面积（万平方米）	117.4	260.4	245.6	214.9	257.9	166.4	386.3	459.8	282.2

从区域分布上来看，昌平区、朝阳区、丰台区、海淀区成交面积居于各区县前列。昌平区成交面积79.3万平方米，为最高，其次是朝阳区、丰台区、海淀区，分别是59.9万平方米、38.2万平方米、36.9万平方米。

表6-21　2011年分区县已购公房和经济适用住房再上市成交情况表

区县	成交套数（套）	成交面积（万平方米）
东城区	1611	10.4
西城区	3078	20.0
朝阳区	8514	59.9

区 县	成交套数（套）	成交面积（万平方米）
海淀区	5424	36.9
丰台区	4931	38.2
石景山区	1393	9.5
通州区	411	2.8
房山区	794	5.6
顺义区	528	3.8
门头沟区	401	2.6
大兴区	1218	10.6
怀柔区	205	1.5
密云县	0	0.0
昌平区	6696	79.3
延庆县	155	1.2
平谷区	0	0.0
开发区	1	0.0
合 计	35360	282.2

第五节 住房租赁市场交易情况

2011 年北京住房租赁市场交易出现同比量价齐升现象，但涨幅逐渐趋稳，租赁市场总体处于较为活跃态势。

一、2011 年北京市住房租赁市场交易情况

根据我爱我家、链家、中大恒基、中原等6家指导价格信息采集单位 2011 年租赁成交数据测算，中介机构全年成交 45.9 万套，日均成交 1256 套左右，同比上涨约 12.8%。全市成交 142.8 万套，同比上涨 4.6%。

2011 年住房平均租金为 49.1 元/建筑平方米•月，同比涨幅为 11%，比去年回落 1.2 个百分点，其中 2、7、8 月份季节性上涨，9 月份以后进入淡季，环比连续回落。

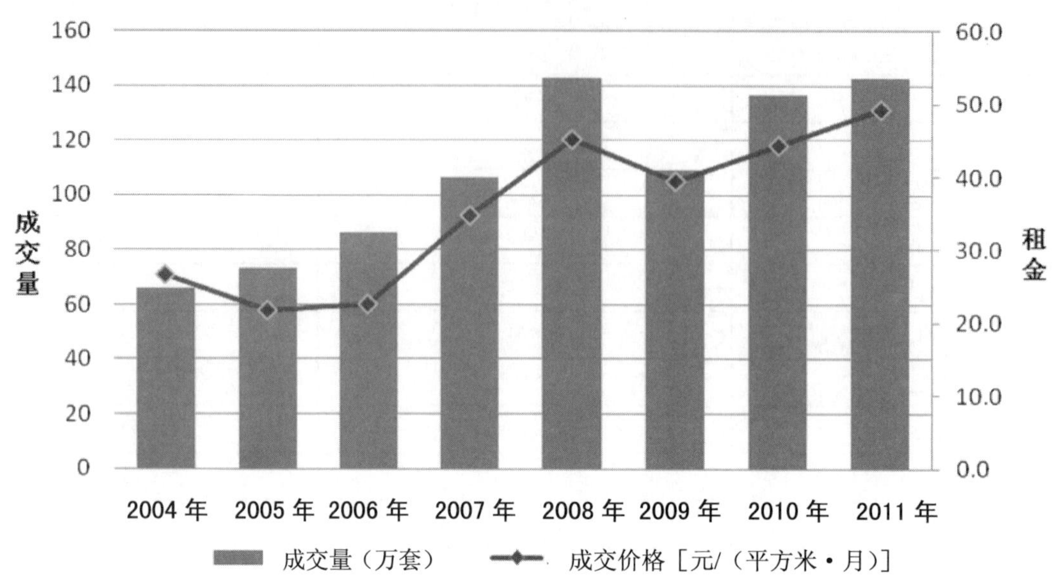

图 6-2　2004-2011 年住房租赁市场走势

二、租售比情况

2011 年存量房交易价格平均月度涨幅为 -0.1%，而住房租赁价格平均涨幅为 0.4%。从价格月度变化可以看出 2011 上半年存量房交易价格涨幅收窄，下半年开始持续下降；住房租赁价格总体在上下波动中保持基本平稳。

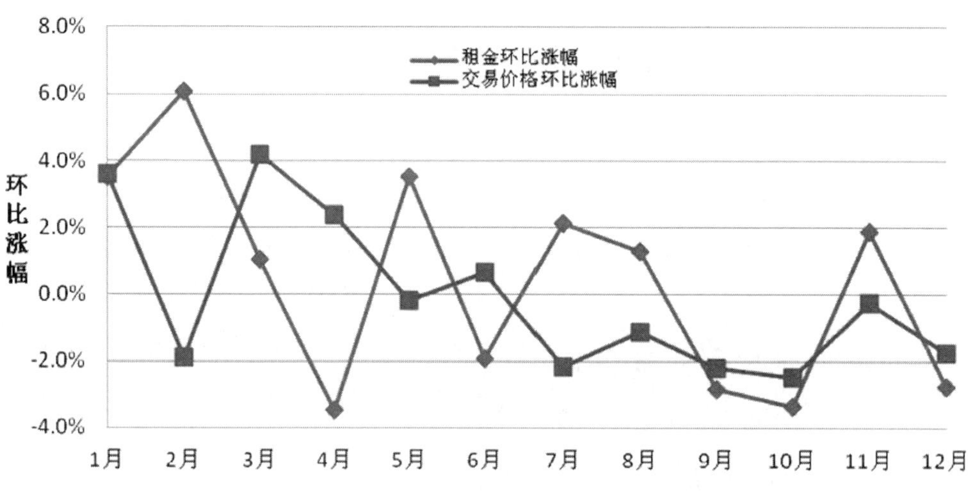

图 6-3　2011 年存量房租金及交易价格变化情况

第六节　房屋市场价格

一、房地产价格总体情况

2011 年，北京市高标准从严落实国办发［2011］1 号文件精神，房地产调控效果初步显现，投资投机性需求减少，房价“稳中有降”的目标顺利实现，住宅成交量低位运行，新建住宅销售价格后两个月出现下降，二手住宅交易清淡，价格自 9 月起连续四个月下降，且降幅持续扩大。受“限购令”及一、二手楼市影响，租赁市场需求增加，住宅租赁价格持续上涨，与上年 12 月相比，全市住宅租赁价格上涨 8.8%，物业管理价格运行平稳，土地交易价格上涨 4.4%。

表 6-22　2011 年 12 月（四季度）房地产价格指数

指　标	同比指数（%）
新建住宅销售价格指数	101.0
#新建商品住宅	101.3
90 平方米以下	101.2
90-144 平方米	101.5
144 平方米以上	101.1
二手住宅销售价格指数	98.0
90 平方米以下	98.6
90-144 平方米	97.6
144 平方米以上	97.3
住宅租赁价格指数	108.8
物业管理价格指数	100.0
土地交易价格指数	104.4

二、住宅销售价格指数运行情况

（一）新建住宅销售价格环比由升转降

2011 年，为抑制房价过快上涨、保持房地产市场平稳健康发展，各级政府加大了对市场的调控力度，国务院办公厅出台了《关于进一步做好房地产市场调控工作有关问题的通知》（国八条）、北京市人民政府办公厅随后出台了《关于贯彻落实国务院办公厅文件精神进一步加强本市房地产市场调控工作的通知》（京十五条），并提出“新建普通住宅价格与去年相比稳中有降”的房价调控目标。此外，发布了更为严格的“限购令”，对本市户籍居民家庭限购 2 套房，禁购 3 套房；非本市户籍居民家庭要提供本市有效暂住证和连续 5 年（含）以上在本市缴纳社会保险或个人所得税缴纳证明。一系列从严政策的出台，有效抑制了房地产开发企业捂盘惜售、哄抬房价等违法违规行为，有力打击了投机投资炒房，使房地产市场进一步朝着平稳健康方向发展。

1. 新建住宅价格稳中有降。2011 年前两个月，全市新建住宅涨幅较高，环比分别上涨 0.8%和 0.4%，调控政策出台后涨幅放缓，4、5 月环比均微涨 0.1%，此后连续 5 个月价格平稳运行，11 月和 12 月连续两个月走低，分别下降 0.3%和 0.1%。其中，新建商品住宅二季度环比涨幅明显回落，4–6 月分别上涨 0.1%、0.2%和 0.1%，三季度各月价格持平，四季度价格走低，10–12 月分别下降 0.1%、0.4%和 0.2%。

2. 90–144 平方米户型价格涨幅较高。分套型面积看，与上月相比，90 平方米及以下户型 2011 年前两个月环比分别上涨 1.5%和 0.9%，3、4 月份连续两个月走低，分别下降 0.5%和 0.3%，此后虽有所上涨，但涨幅缩小，四季度价格持续走低，10–12 月分别下降 0.1%、0.4%和 0.2%；90–144 平方米户型自年初以来连续 5 个月上涨，1–5 月分别上涨 0.8%、0.7%、0.5%、0.2%和 0.3%，7 月份环比微降 0.1%后连续两个月持平，四季度再次走低，10–12 月分别下降 0.1%、0.5%和 0.1%，；144 平方米以上户型在一季度由升转降，二季度持续小幅上涨，三季度基本平稳运行，四季度稳中有降。与 2010 年末相比， 90 平方米及以下户型累计上涨 1.2%，90–144 平方米户型累计上涨 1.5%，涨幅明显高于其他户型，144 平方米以上户型累计上涨 1.1%（见表 6–23）。

表 6–23　2011 年新建商品住宅分户型环比价格指数

单位：%

	1 月	2 月	3 月	4 月	5 月	6 月	7 月	8 月	9 月	10 月	11 月	12 月
新建商品住宅	101.0	100.5	100.0	100.1	100.2	100.1	100.0	100.0	100.0	99.9	99.6	99.8
90 平方米及以下	101.5	100.9	99.5	99.7	100.2	100.0	100.0	100.1	100.0	99.9	99.6	99.8
90–144 平方米	100.8	100.7	100.5	100.2	100.3	100.0	99.9	100.0	100.0	99.9	99.5	99.9
144 平方米以上	100.9	100.0	99.9	100.4	100.1	100.2	100.0	99.9	100.0	100.0	99.7	99.8

3. 供求矛盾缓解，销售低迷，库存持续增加，价格上涨势头得到抑制。2011 年，全市住宅销售 1035 万平方米，比上年下降 13.9%，若扣除政策性住宅，纯商品住宅销售下降更为明显，为 1018 万平方米，比上年下降 25.2%。全年新增供应纯商品住宅 1034.4 万平方米，比上年下降 11.5%。“京十五条”实施后，商品住宅连续 10 个月供应大于销售，供求矛盾趋缓。受调控政策影响，市场观望气氛浓厚，销量明显下滑，房价上涨势头也逐步得到抑制。

（二）二手住宅销售价格环比回落明显

1. 成交量回落，环比降幅扩大。2011 年，在新建住宅市场低迷的同时，限购政策也使得二手住宅交易量明显走低。市住建委资料显示，2011 年全市二手住宅成交 10.9 万套，比上年下降 35.9%。随着二手住宅交易量的大幅下滑，其价格也出现松动。春节过后，除4月和7月环比微涨0.1%外，总体看二手住宅价格环比呈下降趋势。12月环比下降0.8%，达年内最大降幅。

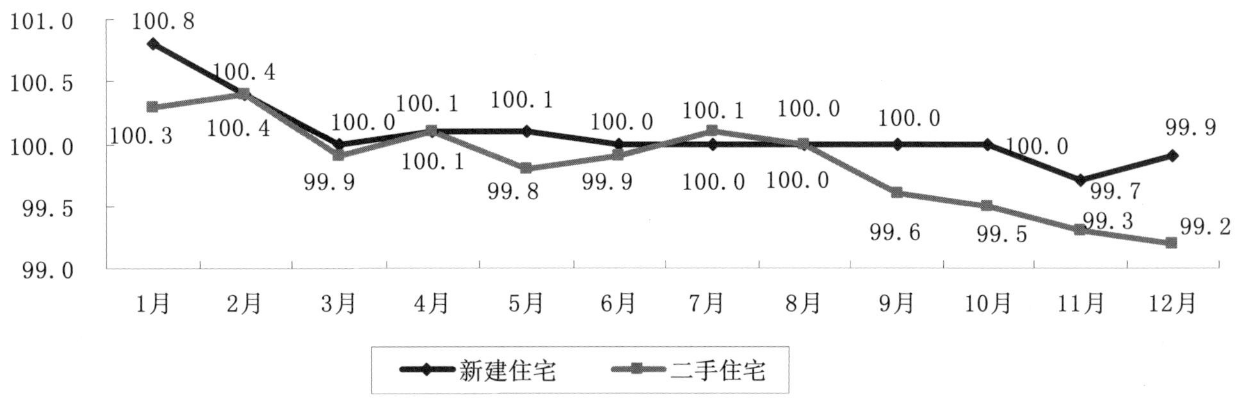

图6-4　2011年新建住宅与二手住宅价格环比指数运行情况（单位：%）

2. 144平方米以上户型价格下降明显。分套型面积看，90平方米及以下户型前8个月除3月和5月分别下降0.1%和0.2%外，其余各月一直持续上涨，8月份价格平稳运行后，从9月份连续四个月走低，分别下降0.3%、0.6%、0.8%和0.8%；90-144平方米户型自5月份起价格持续下降，5-8月均下降0.1%，此后降幅扩大，9-12月分别下降0.5%、0.5%、0.6%和0.9%；144平方米以上户型除1月份上涨0.2%外，总体呈稳中有降的走势，从6月份开始连续7个月持续下降（见表6-24）。

表6-24　二手住宅分户型环比价格指数

单位：%

	1月	2月	3月	4月	5月	6月	7月	8月	9月	10月	11月	12月
二手住宅	100.3	100.4	99.9	100.1	99.8	99.9	100.1	100.0	99.6	99.5	99.3	99.2
90平方米及以下	100.3	100.5	99.9	100.2	99.8	100.1	100.4	100.0	99.7	99.4	99.2	99.2
90-144平方米	100.2	100.4	99.9	100.0	99.9	99.9	99.9	99.9	99.5	99.5	99.4	99.1
144平方米以上	100.2	100.0	99.8	100.0	100.0	99.4	99.5	99.9	99.6	99.8	99.4	99.4

（三）住宅销售价格同比变动情况

1. 新建住宅价格同比涨幅逐月回落。2011年前5个月，新建住宅销售价格同比涨幅持续回落，6月份受144平方米大户型上涨影响，同比涨幅较5月扩大0.1个百分点，上涨2.2%。三季度涨幅放缓，四季度涨幅逐步回落，7-12月同比分别上涨1.9%、1.9%、1.8%、1.7%、1.3%和1%。

2. 90-144平方米户型同比涨幅较高。与上年12月相比，新建商品住宅分套型面积看，90平方米及以下户型上涨1.2%,；90-144平方米户型上涨1.5%；144平方米以上户型上涨 1.1%。

3. 受上年基数影响，二手住宅价格同比涨幅呈 M 型走势。2011 年前 3 个月，全市二手住宅交易价格同比涨幅持续回落，4 月份价格同比由升转降，下降 0.7%，此后受上年基数影响，5-8 月同比涨幅持续上涨，分别上涨 0.6%、1.4%、1.8%和 1.9%。9 月和 10 月同比涨幅小幅回落，分别上涨 1.2%和 0.4%。11 月同比由升转降，下降 0.8%，12 月份降幅进一步扩大，下降 2%。

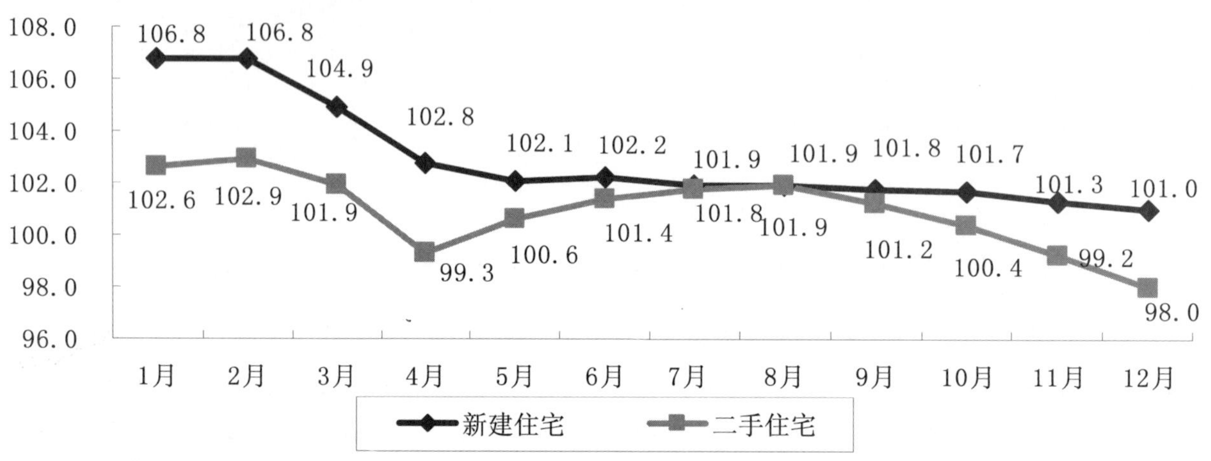

图 6-5 2011 年新建住宅与二手住宅价格同比指数运行情况（单位：%）

三、重点城市住宅价格变化情况比较

1. 新建住宅。与 2010 年 12 月相比，2011 年北京市新建住宅累计上涨 1%，在全国七十个大中城市中居 49 位。六个重点城市（北京、天津、上海、重庆、广州和深圳）中，除重庆同比下降 0.6%（66 位）外，其余五个城市仍高于上年同期。广州和深圳均上涨 3.1%，并列第 10 位，上海上涨 1.8%（35 位），天津上涨 1.2%（46 位），重庆下降 0.6%（66 位）。七十个大中城市中，涨幅前三位的城市分别是乌鲁木齐（5.5%）、洛阳（4.7%）和长沙（4.6%）。

在新建住宅中：北京市新建商品住宅上涨 1.3%，与天津并列 44 位，深圳上涨 3.2%（10 位），广州上涨 3.1%（13 位），上海上涨 2%（30 位），重庆是六个重点城市中唯一一个同比价格低于上年同期的城市，下降 0.6%（65 位）。七十个大中城市中，涨幅前三位的城市分别是乌鲁木齐（5.5%）、洛阳（4.8%）和长沙（4.6%）。

2. 二手住宅。与 2010 年 12 月相比，2011 年北京市二手住宅累计下降 2%，居 57 位。六个重点城市中，深圳上涨 2.7%（12 位），广州上涨 2.1%（18 位），上海上涨 1.7%（21 位），重庆下降 0.5%（46 位），天津下降 2.4%（60 位）。七十个大中城市中，涨幅前三位的城市分别是平顶山（6.3%）、常德（5%）和唐山（4.3%）。

表 6-25 2011 年重点城市住宅价格指数对比

	新建住宅		二手住宅	
	与上年 12 月相比（%）	位次（位）	与上年 12 月相比（%）	位次（位）
广州	103.1	10	102.1	18
深圳	103.1	10	102.7	12
上海	101.8	35	101.7	21
天津	101.2	46	97.6	60
北京	101.0	49	98.0	57
重庆	99.4	66	99.5	46

四、住宅租赁市场运行情况

1. 租赁价格环比涨幅趋稳。从 2010 年起，北京市住宅租赁价格持续上涨。2011 年 1–4 季度，全市住宅租赁价格环比分别上涨 3.8%、1.9%、2.7%和 0.2%。其中普通住宅分别上涨 4.2%、2.2%、2.9%和 0.2%；公寓别墅前三季度分别上涨 1.5%、0.3%和 1.3%，四季度停涨。

2. 租赁需求的大幅增加是导致租金上升的主要原因。除受季节性因素影响一季度和三季度租赁价格涨幅较高外，租赁需求的增加也是导致租金上涨的因素。调查显示：第一，受“限购令”政策影响，部分外地来京人员几年内暂时买不到房屋，只能选择租房，但面临结婚生子等一系列的生活问题，只能放弃合租，选择正常房屋租住。第二，政府对合租及地下室出租的管理更为严格，部分租房人员必须重新选择租房，房源需求较大。第三，销售价格仍在高位运行，部分买房者呈持观望态度，目前暂时选择租房过渡，也加大了对房屋租赁市场的需求。四季度随着租赁进入淡季以及需求的缓解，租赁价格环比涨幅大幅回落。据对 30 家房地产经纪公司调查显示，2011 年住宅租赁成交 23.7 万套，比上年同期增长 18.1%,租赁均价也从 1 月份 42.6 元/（月·平方米）上涨到 8 月份的 48.1 元/（月·平方米），此后小幅回落（见图 6–5）。

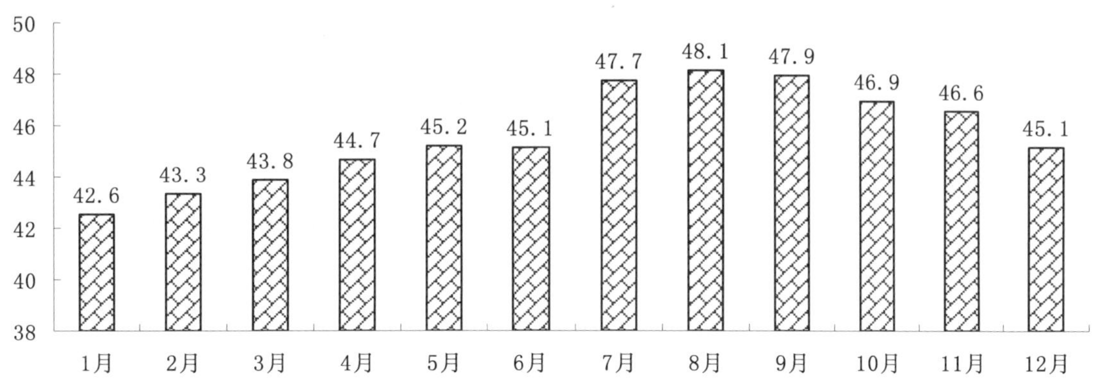

图 6–6 2011 年住宅租赁价格变动情况［单位：元/（月·平方米）］

3. 租赁价格同比涨幅持续回落。随着2010年价格翘尾因素的消失，2011年全市住宅租赁价格同比涨幅逐步回落。1-4季度全市住宅租赁价格同比分别上涨21.7%、12.3%、11.1%和8.8%。其中普通住宅分别上涨24.9%、13.6%、12.5%和9.8%；高档住宅分别上涨8.7%、6.8%、3.7%和3.1%（见图6-4）。

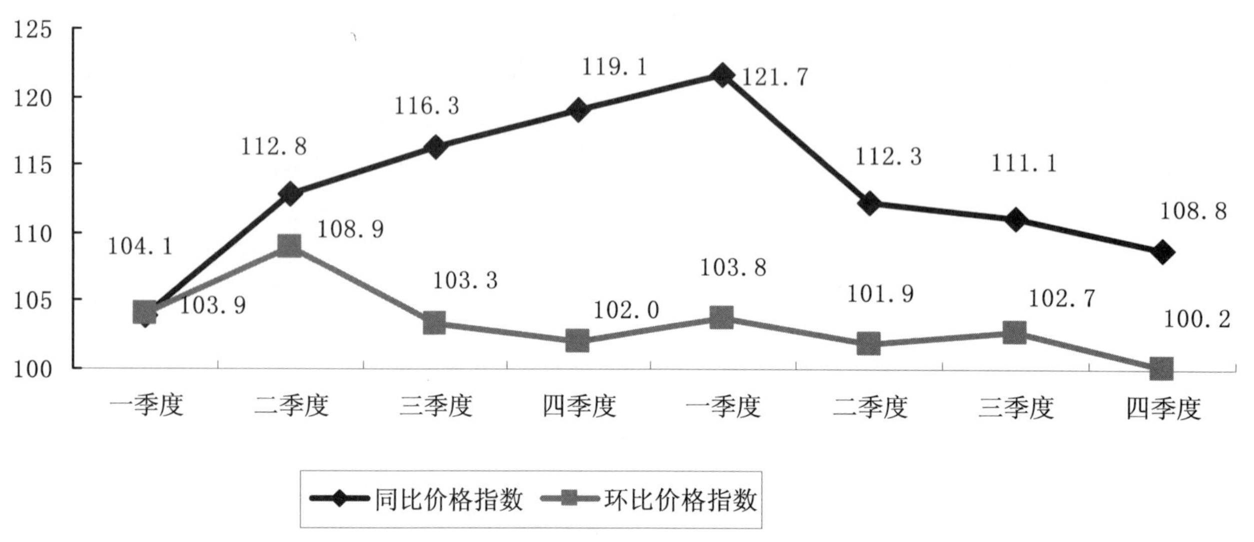

图6-7 2010年-2011年住宅租赁价格指数（单位：%）

五、土地交易价格同比涨幅持续回落

2011年“国八条”、“一房一价”、“限购、限贷”等各类政策力度大、监管严，对房地产市场调控作用明显，受此影响，与房地产密切相关的土地市场也出现低迷。从年初的“全国国土资源工作会议”到5月13日发布的《国土资源部关于坚持和完善土地招标拍卖挂牌出让制度的意见》，都明确提出确保2011年保障性住房用地供应的具体要求，确保保障房用地落实到位；同时涵盖土地供应、招拍挂、征地、价格监测等各个环节，重在完善土地出让制度。“地价、竞保障房面积”、“限定配建保障房面积”等出让方式，有效避免地价过高、“地王”频出。

1. 住宅用地带动全市土地入市交易面积与金额均大幅下降。2011年，全市入市交易土地257宗，面积为2044.5公顷，比上年下降32.1%；成交价款为1113.3亿元，比上年下降33.6%。各类土地入市交易中，住宅用地入市交易67宗，成交面积763.8公顷，成交价款531.1亿元，分别比上年下降40.2%和51.7%。商服用地入市交易62宗，面积为351.5公顷，同比下降37%；成交价款为523.8亿元，同比增长7%。

2. 居住用地价格环比由升转降。2011年二季度开始，全市土地交易价格环比停止快速上涨。1-4季度环比分别上涨4.3%、-0.3%、0.3%和0%。分各类用地看，居住用地除一季度环比上涨1.9%外，此后价格持续走低，2-4季度分别下降0.6%、0.1%和0.3%；工业用地除二季度价格环比下降0.2%外，全年总体看保持持续上涨的态势，一季度上涨8%，三、四季度均上涨0.5%；商业营业用地价格前三季度持续上涨，分别为3.8%、0.2%和0.8%，四季度价格与三季度持平。

3. 土地交易价格同比涨幅大幅回落。2011 年，全市土地交易价格结束上年同比持续上涨的态势，1–4 季度全市土地交易价格同比分别上涨 19.4%、13.7%、10.1%和 4.4%，同比涨幅持续大幅回落。

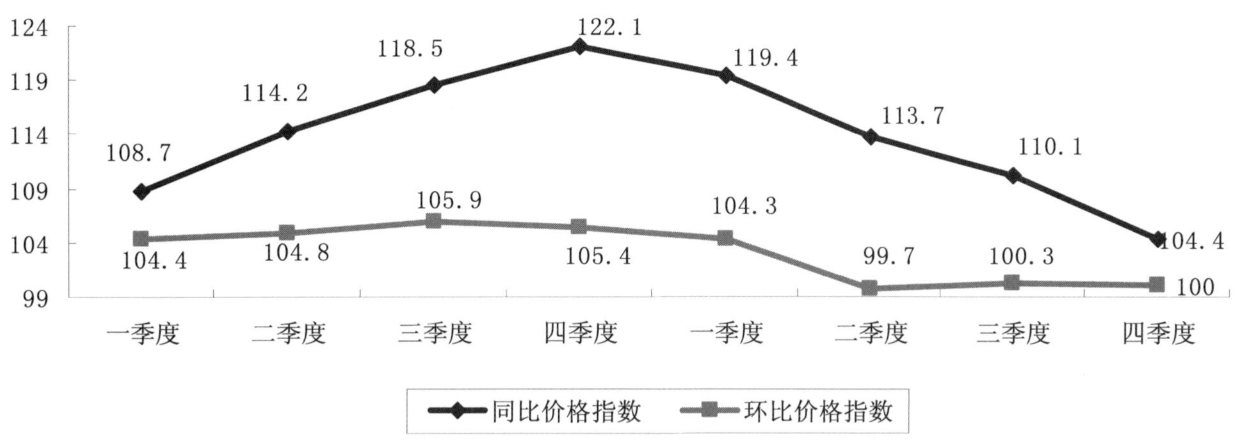

图 6–8　2010 年–2011 年土地交易价格指数（单位：%）

第七章
房地产市场监管

第一节　房地产开发市场监管

一、房地产开发企业基本情况

截至2011年底，本市资质证书有效期内的房地产开发企业共计3106家。其中，一级企业104家，占总数的3%；二级企业221家，占总数的7%；三级企业277家，占总数的9%；四级企业1518家，占总数的49%；暂定企业986家，占总数的32%；在3106家房地产企业中，内资房地产企业2928家，占总数的94%，外资房地产企业178家，占总数的6%。

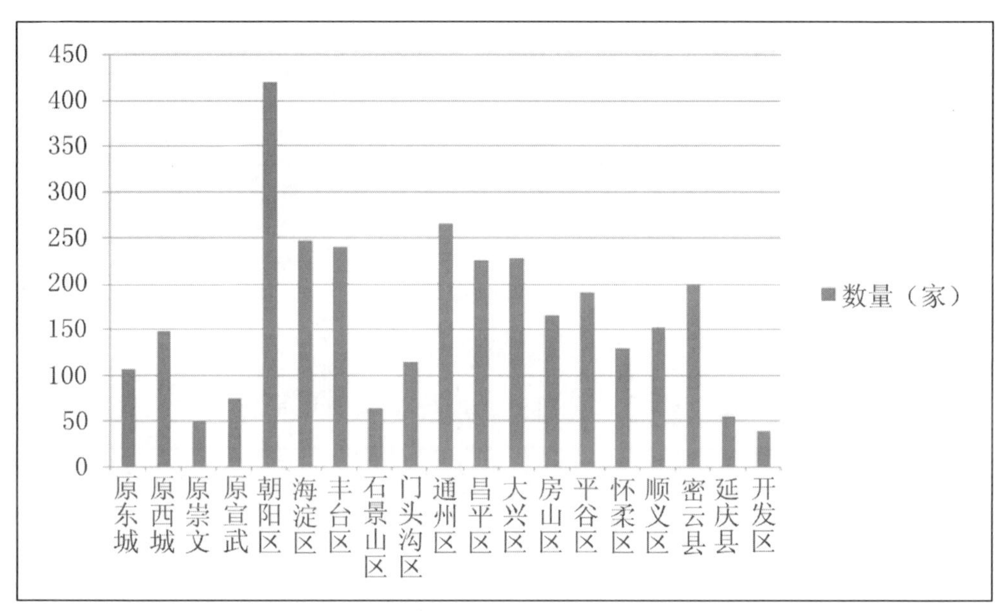

图7-1　2011年各区县房地产开发企业注册数量分布（单位：家）

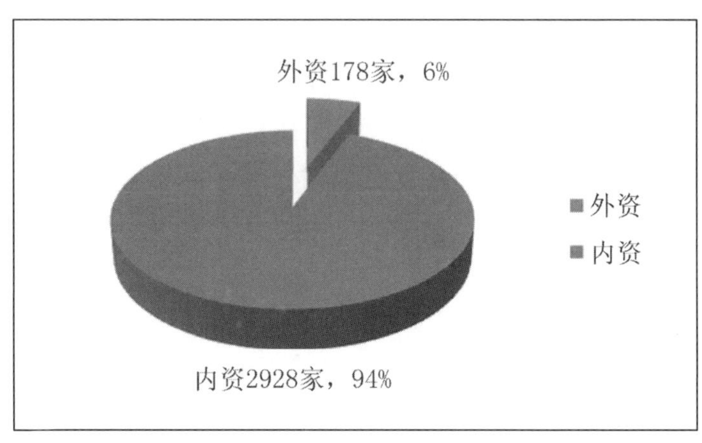

图7-2　2011年全市房地产企业性质分类情况

二、行政许可及服务类事项办理情况

（一）房地产开发企业资质等级核定情况

2011 年共审查房地产开发企业资质等级核定 1603 项，同比降低 5%；其中四级企业资质核定 413 项，同比降低 27%；三级企业资质核定 65 项，同比降低 37%；二级企业资质核定 46 项，同比降低 32%；一级企业资质核定 37 项，与 2010 年一致；暂定企业资质延续 300 项，同比增长 50%；资质变更 435 项，同比增长 19%；新备案企业资质 307 项，同比降低 6%。

表 7-1　2011 年度房地产开发企业资质等级核定情况表

单位：家

类别	总计		四级核定		三级核定		二级核定		一级核定		暂定延续		资质变更		新备案	
	受理	审查	受理	审查	受理	审查	受理	审查	受理	审查	受理	审查	受理	审查	受理	审查
内	160	156	413	386	65	60	46	48	37	48	300	293	435	428	307	300
外	0	5	0	0	0	4	0	0	0	0	0	0	0	1	0	0
合	160	156	413	386	65	64	46	48	37	48	300	293	435	429	307	300

（二）不使用政府投资的城建类投资项目核准情况

2011 年度共审查不适用政府投资的城建类项目核准 132 项，同比下降 1.4%，总建筑面积 1997.37 万平方米，同比下降 14.9%，总投资为 1774.17 亿元，同比下降 11.6%。

表 7-2　2011 年度不使用政府投资的成见类投资项目核准情况表

类　别	总　计	新 立 项	重 新 核 准	立 项 延 期	其它
项目（件）	132	97	13	14	8
面积（万平方米）	1997.37	1337.32	241.09	329.72	89.23
投资（亿元）	1774.17	1332.6	141.19	241.72	58.66

（三）年度投资计划调整单审查情况

2011 年度共审查年度投资计划调整单 67 项，同比下降 23.9%，总建筑面积 895.68 平方米，同比增长 9.8%，总投资 174.03 亿元，同比降低 14.1%。

表 7-3　2011 年度投资计划调整单审查情况表

类　别	总　计	其　中	
		新　建	续　建
项目（件）	67	60	7
面积（万平方米）	895.68	783.23	112.45
投资（亿元）	174.03	162.93	11.1

（四）项目建设方案公示情况

本年度全市共公示了涉及 15 个区县 105 个项目的建设方案，同比降低 26%，总建筑面积 2658.43 万平方米，同比降低 3%。

表 7-4　2011 年度项目建设方案备案情况表

单位：万平方米

序号	所属区县	项目总数	总建	序号	所属区县	项目总数	总建筑面积
1	原西城	1	1.52	9	怀柔	3	61.14
2	朝阳	20	805.96	10	大兴	11	319.05
3	海淀	5	134.09	11	房山	13	316.81
4	丰台	9	230.62	12	平谷	2	10.47
5	石景山	6	95.89	13	密云	6	76.45
6	昌平	4	98.85	14	延庆	4	15.78
7	通州	7	162.07	15	开发区	7	228.63
8	顺义	7	101.1				

三、定期开展资质核查工作机制建立

为进一步规范全市开发企业资质审批工作，加强对区县资质管理工作的有效监督和指导，2011 年 5、6 月份市住房城乡建设委集中对全市各区县资质审核工作进行了检查，累计共核查了 144 家申办企业资料。根据核查结果，针对区县资质审批中存在的问题，市住房城乡建设委制定了《关于进一步规范房地产开发企业资质审批工作有关问题的通知》（京建发［2011］411 号），建立了定期开展资质核查的工作机制。

2011 年 11 月，市住房城乡建设委对区县资质审批工作再次进行了检查，按照资质审批系统随机抽取 5-8%的纸质审核档案，共检查了 97 家企业纸质档案资料和网上资料。通过检查发现，全市开发企业资质审批工作质量有了很大提高，各区县对此次资质审批工作检查都比较重视，按照随机抽取的企业名单进行了认真准备，大部分区县都能够按照通知精神，写出资质审批工作小结，严格执行市住房城乡建设委行政许可事项程序性规定的审批程序，加强企业资质申报材料的审核和项目现场核查，企业资质审批工作比较规范，如朝阳区、平谷区、密云县等；针对上半年检查出现的问题，房山区、昌平区进行了认真整改，进步比较明显；丰台区企业资质档案资料保管规范、齐全。

四、通过动态监管平台实现地产开发项目联动监管

依托北京市房地产开发项目动态监管平台，市住房城乡建设委构建并完善三个层面的联动机制：一是形成了委处室内部资质审批、立项会审、配套设施交用等工作联动。二是形成了委内招投标、施工许可、竣工验收、预售许可等工作联动，有效整合与项目相关的信息，避免出现信息不对称现象，完善部门间联动机制。三是实现了市、区两级开发主管部门的联动式监管，由市级开发主管部门对全市项目进行统筹监测，区（县）开发主管部门实施具体监管。

第二节　房地产交易和权属管理

一、房屋交易市场管理情况

2011 年围绕加强房屋市场管理和强化调控开展了大量工作,顺利完成了领导布置的各项工作。保证了房地产市场的平稳健康发展,房地产市场宏观调控目标逐步实现：2011 年以来新建普通住房成交均价为 14053 元/平方米，比 2010 年全年水平下降 5.3%；9 月份新建商品住房成交均价为 22594 元/平方米，环比下降 2.1%；购房结构明显改善,9 月份本市居民首次购房比重为 88.9%，较 2010 年 4 月新政前提高 13.9 个百分点，自住型购房需求得到满足。

（一）以实现新建普通商品住房价格稳中有降为目标，出台一系列调控政策措施

2011 年 2 月 16 日北京市出台了《关于贯彻落实国务院办公厅文件精神进一步做好房地产市场调控工作的通知》,2 月 17 日市住房城乡建设委就及时发布了《关于落实本市住房限购政策有关问题的通知》，对住房限购政策的细则和范围、审核方式和流程、认定标准等均进行了明确规定。

为确保政策起到实效,市住房城乡建设委又相继制定一系列落实限购政策的具体措施，一是加强对家庭购房资格审查,明确购房资格审核需提交的材料,并对全市各区县房屋交易窗口和企业等进行业务培训;二是进一步完善个人住房信息系统,开发了家庭拥有住房情况核实系统，实现了对家庭拥有住房数量的认定;加强部门间信息联动,通过网上信息核验,对非本市户籍购房个人缴纳社会保险和个人所得税数据自动比对、反馈；三是制定政策执行口径，明确了家庭身份、住房赠与、共同签约和共有产权、定向安置房和保障房等认定口径;四是在房屋登记环节由登记管理部门对购房家庭资格再次进行核对。实现了从认购签约到权属登记全过程，新建住房、存量住房全覆盖的限购监管。截止目前，住房资格核验系统已经累计审核家庭 135349 个,其中 7066 个家庭没有通过资格审核,有效抑制了投资投机性购房需求。

（二）以创新市场交易监管方式为手段，全方位加强商品房销售管理

一是强化预售资金监管。全面落实和实时监管《北京市商品房预售资金监督管理暂行办法》实施工作，确保预售资金优先用于工程建设，防止出现预售商品房“烂尾”，保证购房人利益。截至 2011 年 9 月底，共 332 个拟预售项目通过预售资金监管系统填报用款计划和签订监管协议，203 个预售项目纳入监管，监管资金额 407.7 亿元，经银行审核累计支出资金 213.5 亿元。

二是创新住宅项目销售价格监管模式。对预售商品住宅项目申报价格建立了大项目整体价格监测、区域项目平衡、未来价格预期等机制,结合项目自身前期销售情况及周边项目价格监测情况，指导企业合理定价；严格执行商品房明码标价制度,并通过完善网上交易系统确保签约价格不高于申报价格,对价格过高或上涨过快项目实施重点监管。

三是加强非住宅销售管理。在 2010 年加强酒店、工业研发项目预售管理的基础上，市住房城乡建设委会同市发改、规划、商务和国土五部门出台《关于加强部门联动,完善商业、办公类项目管理的通知》,通过严格前期设计,禁止擅自进行房屋分割测绘,禁止以虚拟、划线分割的形式对房屋单元进行分割和登记,规定开发建设单位不得返本销售或者售后包租等,形成覆盖前期设计到后期销售、纵横联动的完整审批监管链条。

四是开展"限房价竞地价"项目销售试点,全程指导中铁建"长阳国际城"项目的销售工作,制定了此类项目的优先购买条件、审核材料、销售方式和后期租售限制等,认真总结了供地及销售经验,为下一步全面推开"中低价位、中小套型普通商品住房"供地和销售积累了经验。

截止目前,累计批准商品房预售 212 项,共 99280 套、1420.9 万平方米;其中商品住宅 140 项,58217 套,728 万平方米,同比分别下降 3.3%、增加 4.2%。

(三)全面加强交易价格监测分析工作

市住房城乡建设委将全市划分为 114 个监测区域,按照季度监测住房租金价格变化,为租赁市场管理提供基础支撑。截至 2011 年 9 月底,本市住房租赁市场共成交 110.4 万套,比 2010 年同期增加 5.7%;住房平均租金为 46.8 元/(平方米•月),同比上涨 11.8%,涨幅同比回落 1.3 个百分点。

(四)以开展存量房交易服务平台试点为契机,全面创新存量房交易管理模式

为进一步规范存量房交易市场秩序,提升政府管理服务水平,经市住房城乡建设委与银行、财政等部门反复研讨,印发了《关于开展存量房交易服务平台试点工作的通知》,以"服务市场,服务民生"为目标的存量房交易服务平台已于 2011 年 7 月 1 日起在海淀区正式开展试点工作,为百姓提供房源核验、房源发布、资金监管等一站式服务,切实保障上市交易房源真实有效、交易资金交割安全。试点工作运行过程中,房源核验和资金监管工作稳步推进,交易双方、经纪机构、试点银行普遍反应良好,不仅切实服务百姓,大大增加了存量房交易安全性,又使政府主管部门掌握了真实、准确、及时的存量房市场数据,为房地产经纪机构管理提供了平台和抓手。截至 2011 年 10 月 1 日,通过平台申请房源核验信息已达 5068 条,已完成核验 4939 条,其中 2980 套房源通过平台对外公示;1222 套房屋通过平台确认资金监管,涉及自有资金 7.97 亿元,社会认知程度日渐提高。

二、房屋登记管理情况

(一)房屋登记业务情况

2011 年,全市共办理房屋各类登记业务 63.9 万件,同比下降 18.7%;登记面积 1 亿 5 千万平方米,同比下降 10.9%。其中转移登记 35.7 万件,占 55.8%,登记面积 3869.5 万平方米,占 24.8%;抵押权登记 24.1 万件,占 37.7%,登记面积 6085.6 万平方米,占 39%。行政诉讼 164 件,同比下降了 49.8%。受理房产测绘成果备案业务 4316 件,审核通过 3382 件。完成测绘资质申请 19 件。

(二)建立健全了各项登记管理制度

为落实全市房屋限购政策,及时印发了《关于落实我市住房限购政策做好房屋登记有关问题的通知》(京建发[2011]140 号);为提高房屋登记工作的决策水平,防范登记风险,解决房屋登记中的疑难问题,制定了《北京市房屋登记疑难问题会商办法》(京建发[2011]198 号);为规范房产测绘成果备案行为,印发了《关于加强房产测绘成果备案管理有关问题的通知》(京建发[2011]315 号)。

(三)加大房屋登记规范化考核力度

2011年3月下旬，市住房和城乡建设委成立了以荣武委员为组长、相关处室领导为成员、各区县工作人员参加的考核领导小组，对全市17个房屋登记部门的19个房屋登记大厅进行了年度集中考核，并向住房城乡建设部推荐了昌平区住建委、平谷区住建委作为2011年度全市规范化管理的先进单位。

（四）推行房屋登记审核人员持证上岗制度

2011年6月，组织全市460余名房屋登记审核人员进行了为期三天的专题培训，为北京市首次全国房屋登记官考试奠定基础。8月，在北京市首次登记官考核中，全市322人参加考核，121人合格，占参考人员的37%，加上此前公布的首批住建部确认合格的房屋登记审核人员123人，全市共有房屋登记官244人。

（五）推进历史遗留问题的解决

根据2010年市住房和城乡建设委《关于历史遗留房地产开发项目房屋登记有关问题的通知》的要求，2011年，已经公示金岛花园、农光里危改小区、安华发展大厦等11个项目。部分项目已经具备办理房屋登记条件。

（六）组织房屋登记相关活动

2011年7月中旬，会同综合服务中心组织召开了全市房屋面积测算工作业务例会，依托房地产业协会测绘专业委员会，举办了房产测绘机构业务骨干《房屋面积测算技术规程》贯彻标准培训会，提高了行业技术水平。

2011年7月底，市区房屋登记部门组织到江苏、湖北、福建、安徽等四地被住建部评为规范化管理先进单位的房屋登记部分学习考察。

2011年9月，组织档案系统人员到广州、云南等地交流。2011年10月，创办了《北京房屋登记》季刊，更好的把市、区登记业务工作紧密地衔接起来，为登记人员搭建了沟通的平台，以交流房屋登记工作经验、解析疑点难点问题、从而提高房屋登记行业从业人员的职业素养。

2011年11月，全市登记系统举办了“红叶杯”房屋登记岗位能手大赛团体决赛，并建立了岗位练兵和技术比武的长效机制。

第三节　经纪、评估机构管理

一、经纪机构管理工作开展情况

2011年，北京市房地产经纪行业管理主要围绕房地产市场调控中心工作，学习贯彻《房地产经纪管理办法》和《商品房屋租赁管理办法》等项新规，开展房地产经纪行业专项整治。

（一）推进立法建设，规范服务标准，促进房地产经纪服务水平不断提高

市住房城乡建设委针对本市房屋租赁市场和房地产经纪行业的突出问题，会同市法制办、市流管办、市公安局等部门修改完善了《北京市房屋租赁管理若干规定》，经市政府常务会议审议通过，于2011年5月5日公布施行。《规定》中增加了从事房屋租赁经纪业务的机构和从业人员应当自成立之日起30日内向房屋行政管理部门报送基本信息，以及不得违反有关规定从事居间、代理业务范围以外的其他经营活动等项规定；将部分处罚最低标准提高为1万元。

为规范住宅买卖经纪服务收费行为，促进房地产经纪服务行业健康发展，市住房城乡建设委会同市发改委于2011年8月下发了《关于降低本市住宅买卖经纪服务收费标准的通知》（京发改［2011］1468号）和《关于加强本市住宅买卖经纪服务收费管理的通知》（京发改［2011］1469号），将本市住宅买卖经纪服务收费标准统一下调0.5%，同时为了提升房地产经纪机构及从业人员的从事住宅买卖经纪服务的水平，推动房地产经纪行业健康、稳定发展，特别对房地产经纪行业的住宅买卖经纪服务和代办房地产登记、代办贷款、代办房屋入住等其他服务事项的标准和收费行为予以规范。

（二）全面规范经纪行业服务行为

2011年4月1日，《房地产经纪管理办法》正式施行，为进一步规范房地产经纪活动提供了有力依据。落实《房地产经纪管理办法》关于房地产经纪机构备案管理相关规定，2011年8月30日市住房城乡建设委公布了1357家因不具备1名房地产经纪人而不符合备案条件的经纪机构名单，经1个月公示期满后，对仍未改正的1000多家经纪机构注销备案；截至2011年12月31日，全市经房屋行政管理部门备案的房地产经纪机构共有1232家，分支机构共有3664家；房地产经纪从业人员6万余人，取得《北京市房地产经纪人员注册证书》的共19242人，其中《北京市房地产经纪资格考试合格证》持证人13504人，房地产经纪人1492人，房地产经纪人协理4246人。

针对本市房地产经纪行业门槛低、人员素质良莠不齐、业务操作不规范等问题，市住房城乡建设委就《房地产经纪管理办法》和《北京市房屋租赁管理若干规定》等相关规定，组织相关专家、部门负责人对区县房地产经纪管理部门工作人员进行了全面业务指导；同时，为进一步规范经纪服务收费，市住房城乡建设委会同市发改委下发了《关于降低本市住宅买卖经纪服务收费标准的通知》和《关于加强本市住宅买卖经纪服务收费管理的通知》，已于2011年8月31日起执行，切实减轻了房屋买卖双方的费用负担。

（三）对经纪机构开展保障性住房专项宣传教育工作

为确保北京市保障性住房建设顺利、健康的推进，8月底市住建委召集辖区内建有保障性住房的11个区县房屋行政管理部门和本市分支机构数量在前10名的房地产经纪机构，部署了宣传教育专项工作。各相关区县房屋行政管理部门将市住建委统一印有“本机构拒绝为不符合交易条件的保障性住房和禁止交易的房屋提供经纪服务”的6000张宣传海报，在保障性住房周边的房地产经纪机构及分支机构经营场所房源信息公示位置进行张贴，并要求机构在上面公示业务监督电话。分支机构数量在前10名的房地产经纪机构提前自行予以印制、张贴。

（四）开展房地产经纪行业专项整治工作

2011年，全市围绕房地产市场调控中心工作，积极落实《房地产经纪管理办法》和《商品房屋租赁管理办法》等规定，加大了对房地产经纪机构和人员的执法检查力度。市区两级房屋行政管理部门结合本市限购政策、机构备案制度的落实，配合保障性住房管理、市环境秩序整治等项工作，重点就房源信息发布、房地产经纪服务告知书和房屋状况说明书的签订、房地产经纪服务合同的签订和管理等与当前内部“行规”差别较大的内容进行指导，分别集中约谈了规模较大、交易数量较多的房地产经纪机构，督促整改。全年共检查房地产经纪机构及分支机构 5441 家次，发现违法违规机构 439 家，对存在问题的机构责令改正 126 家、立案查处 60 家、约谈告诫 80 家、移送有关部门 15 家。

为巩固和扩大房地产市场调控和房地产经纪行业整治成果，按照住房和城乡建设部和国家发展改革委员会《关于加强房地产经纪管理进一步规范房地产交易秩序的通知》（建房［2011］68 号）要求，2011 年 11 月 11 日至 30 日本市集中开展了房地产经纪行业专项整治工作，重点对行业内违反《房地产经纪管理办法》和《北京市房屋租赁管理若干规定》，未经本市房屋行政管理部门备案而从事房地产经纪业务的，违反《房地产经纪管理办法》承揽业务、经营场所公示、签订和保存房地产经纪服务合同、资金监管等项规定的，为不符合交易条件的保障性住房和禁止交易的房屋提供经纪服务的，改变房屋内部结构分割出租的等违法违规行为进行了查处。

二、评估机构管理工作开展情况

以实行机构、人员动态实时监管为导向，加强房地产估价机构行业管理。截至 2011 年 12 月 31 日，北京市共有房地产估价机构共 155 家，其中一级机构 43 家，二级机构 35 家，三级（含暂定）机构 74 家，外地在京分支机构 7 家，仅在军队内执业机构 3 家，从业专职注册房地产估价师 1452 人。市住房城乡建设委针对目前各行业对评估质量要求不断提高的现状，一是大力开展信息化建设，正在搭建估价管理信息系统，北京市估价机构业务办理、信用档案、人员信息等均将实现网上填报、网上实时管理，实现机构、人员和报告联动监管，全面提升行业规范化水平。二是严格估价机构资质申请和升级行政审批管理，加强对机构的实地检查、报告质量抽查和人员存档核查。三是拟定《关于进一步加强我市房地产估价行业管理的通知》，正在征求意见。四是会同房地产估价师协会对华源、国地、源恒、兴远等 4 家违规机构进行通报。

第四节　房屋租赁管理

一、完善房屋租赁管理法规

以完善租赁管理制度建设为基础，采取综合措施稳定房屋租赁价格。市住房城乡建设委对《北京市房屋租赁管理若干规定》进行了修订。对房屋租赁合同、租赁期限、租赁双方权利义务、出租登记管理、行政管理部门职责分工等均进一步做了明确规定，特别是新增了“鼓励签订长期租赁合同，建立稳定租赁关系”，“租赁市场在短期内出现租金较大波动等异常，可采取必要临时干预措施”，“出租人不得擅自缩短租赁期限、增加租金”等内容，为稳定租赁关系、平抑租金价格提供依据。

二、加强房屋租赁市场政策研究

市住房城乡建设委起草了《关于进一步规范和稳定房屋租赁市场的意见》，提出了加快发展公共租赁住房，鼓励房地产开发企业等有实力的机构投资租赁住房建设；盘活闲置房源，鼓励各种符合条件的闲置房源进入房屋租赁市场；建立全市统一的房屋租赁信息网络平台；开展房屋租赁经营管理试点，加强房地产经纪机构及其分支机构备案管理，强化综合执法检查等多项规范房屋租赁市场的建议。按照北京市领导要求，将根据市场变化情况，进一步研究，充实完善内容。

第五节　房地产市场秩序专项整顿

一、加强执法检查深入整顿市场交易秩序

2011年，市、区两级对中介机构检查6290家次，行政处理1019起，处罚163起，下发《责令改正通知书》489份，罚款356.1万元。重点打击三方面违法违规行为：

1. 坚决查处不严格落实房地产宏观调控政策的企业，累计查处17家开发企业未存档购房人户口本及结婚证复印件、未留存纳税证明和购房申请表填写不全，责令限期整改；组织多部门联手检查春、秋季房展会，查处违规宣传。春季展示交易会于2011年4月7至10日在国贸中心举办，参展的商品房项目涉及本市、外埠及境外项目140项。其中本市项目29项、外埠项目58项、境外项目53处，京外项目数量首次大幅度超过本市项目数量。 秋季房地产展示交易会于2011年9月15日至18日在国贸中心举办，北京参展23家，外阜59家，国外30家。

2. 严肃查处商业、办公类项目违规销售问题，制定了《联合开展商业、办公类项目执法检查方案》,检查了197个商业、办公类在售项目，查处了35个涉嫌违规宣传的项目，并对未按期整改项目暂停网签。

3. 严厉打击房地产经纪违规行为。查处并公开曝光了鑫尊房地产以办纳税、社保证明为噱头拉生意违规的问题；集中约谈了存量房网签注销占成交比重排名前31名的经纪机构负责人，强调了存量房网上签约政策和流程，并对企业提出具体要求，联合查处投诉排名第一的中云置地公司；组织张贴6000张印有“本机构拒绝为不符合交易条件的保障性住房和禁止交易的房屋提供经纪服务”的宣传海报，明确禁止经纪机构违规从事保障性住房租赁经纪业务，社会反响良好。对涉嫌违法违规和不符合备案条件的房地产经纪机构进行全面检查，2011年11月，房屋市场管理部门会同监察执法大队联合相关区县对本市房地产市场动态监管平台中2011年4月1日以来涉嫌违法违规和不符合备案条件而从事房地产经纪业务的287家房地产经纪机构进行全面检查。其中对54家存在问题的房地产经纪机构进行联合执法检查。

二、积极宣传营造社会舆论氛围

为营造良好的舆论氛围，市住房城乡建设委主动发声、深入解读。结合限购政策出台、存量房平台试点、首个“限房价、竞地价”项目销售、回应部分媒体不实报道以及清理不符合备案条件的房地产经纪机构等工作，开展系列专题新闻宣传10余场；不断更

新宣传方式，通过设计张贴海报等方式生动宣传存量房交易平台试点、经纪机构拒绝代理保障房等活动，使政策更加深入人心，推动政策顺利实施，有效防止虚假信息或不负责任的评论误导市场。

三、专项检查提升项目监管能力

为全面了解本市新建商品住宅小区住宅与市政公用基础设施、公共服务设施同步建设、同步交付使用情况，针对建设方案管理中存在建设方案备案时点滞后、企业未按建设方案时序建设等问题，自2011年3月起，开展了为期近一个月的全市商品住宅小区建设方案执行情况专项调查工作。此次调查范围涵盖本市所有区县，共涉及房地产开发企业416家、已备案建设方案467个（含变更19个）、已办理施工许可需督促办理建设方案备案情况120个项目。其中198个项目依据建设规模、住房类型、竣工时点等特点被列为重点调查项目。通过检查，区县开发主管部门进一步落实了建设方案管理工作，加强了配套设施和市政基础设施同步建设、同步交用的监督管理，确实保障了住宅与配套设施的正常使用，有效抑制个别开发企业的失责行为，管理部门的监管能力得到了显著提高。

四、加强开发企业资质动态监管

依据《北京市房地产开发企业资质动态管理暂行办法》及《北京市房地产开发企业违法违规行为执法手册》，对市住房城乡建设系统执法工作平台记录的92条违法行为进行了计分处理，责令相关企业限期整改，对个别企业进行了约谈，并于2011年11月25日发布了《关于注销北京东方时代房地产开发有限责任公司等473家房地产开发企业资质的公告》，对不符合资质管理规定的企业进行了依法注销。

第八章 住房保障

第一节　住房保障制度建设综述

2011年，北京市认真贯彻落实中央关于住房保障工作的统一部署，全面加强保障性安居工程建设和管理，进一步健全廉租住房制度，提高本市城市低收入家庭租金负担能力；创新建设模式，大力发展公共租赁住房，完善公共租赁住房管理制度，推动住房保障方式向“以租为主、租售并举”转变；创新工作机制，稳步推进首都功能核心区保护性改造和棚户区改造工作；创新融资方式，多渠道吸引社会资金，破解融资难题，全力推进保障性住房建设。

一、进一步健全廉租住房保障制度

为加快解决本市城市低收入家庭住房困难，不断提高廉租住房家庭租金负担能力，结合北京市民政局、北京市财政局《关于调整2011年本市城乡低保标准的通知》（京民社救发［2010］592号）相关规定，2011年2月11日市住房保障办公室印发《关于城市低保标准调整后相应调整廉租家庭租房补贴及实缴月租金问题的通知》（京住发字〔2011〕11号），明确廉租家庭领取的租房补贴、承租廉租实物住房的家庭实缴月租金应随城市低保标准联动调整。

二、坚持“三多一统筹”，大力发展公共租赁住房，不断完善住房保障政策体系

1. 加强公共租赁住房建设和管理。2011年10月18日，市政府下发了《关于加强本市公共租赁住房建设和管理的通知》（京政发［2011］61号），提出公共租赁住房建设管理新模式，明确了相关优惠政策和保障措施，确定了公共租赁住房的建设方式、供应对象和租金标准，住房保障政策体系进一步完善。供应对象包括本市中低收入住房困难家庭、新就业职工及连续稳定工作一定年限的外来务工人员，外来务工人员申请公租房的具体条件由各区县人民政府结合本区县产业发展、人口资源环境承载力及住房保障能力等实际确定。按照“市场定价、分档补贴、租补分离”原则，公共租赁住房租金水平主要考虑项目建设、运营和管理成本，按照略低于同地段、同类型住房的市场租金水平确定。同时，建立公共租赁住房分档租金补贴机制，对符合一定条件的承租家庭，政府给予不同程度的补贴，提高承租家庭租金负担能力。

2. 创新“三多一统筹”建设管理模式，加大公共租赁住房房源供应力度。一是多主体建设。除政府组织建设、收购公共租赁住房房源外，组织产业园区建设公共租赁住房，主要用于解决引进人才和园区就业人员住房困难，鼓励社会单位利用自有国有土地建设公共租赁住房，优先解决本单位符合公共租赁住房条件职工的住房困难。鼓励投资机构、房地产开发企业建设、持有、运营公共租赁住房。二是多方式筹集房源。除新建方式外，从市场上收购或长期租赁部分位置、价格、户型适中的保障性住房或商品房作为公共租赁住房，拓宽房源筹集渠道。三是多渠道筹集资金。加大市区财政投入力度，多渠道吸引社会资金参与，为公共租赁住房建设和运营提供充足的资金

保障。四是加强统筹管理。统一计划管理，各类主体建设的公共租赁住房均纳入全市年度建设计划统一管理。规范建设标准，统一和规范公共租赁住房建设、设计标准，并根据青年、老年人等不同群体的特殊需求，设计单身宿舍、青年公寓和老年公寓等多样化的公共租赁住房。加强审核分配，按照“三级审核、两次公示”审核体系和“公开摇号、顺序选房”分配模式，组织审核分配工作，确保公开、公平、公正。严格后期管理，建立完善退出机制，公共租赁住房租金标准、租赁期限及租赁合同等纳入政府统一管理。

3．研究制定公共租赁住房税收优惠、申请审核、资金管理等配套文件，不断完善公共租赁住房管理制度。2011年5月17日，市住房城乡建设委、市地税局联合印发了《关于贯彻落实公共租赁住房税收优惠政策有关问题的通知》（京建发［2011］227号），明确我市公共租赁住房项目由市住房和城乡建设委员会认定，经认定的公共租赁住房项目享受税收减免优惠。其中对契税、土地增值税等需要经审批享受税收优惠的，纳税人应按照主管税务机关的要求办理减免税手续；对企业所得税、营业税、房产税、城镇土地使用税、印花税等可自行减免享受税收优惠的，纳税人应按照税收政策规定，自行减免相关税费。

11月29日，市住房城乡建设委印发实施了《关于印发北京市公共租赁住房申请、审核及配租管理办法的通知》（京建法［2011］25号），明确了公共租赁住房申请、审核和分配程序，为加快解决群众住房困难，做好公共租赁住房申请、审核及配租管理工作提供了有力的政策依据。自2011年12月1日起，全市所有街道窗口开始全面受理公共租赁住房资格申请工作。

12月31日，市财政局、市住房城乡建设委联合印发了《关于进一步明确财政性资金投资公共租赁住房建设管理中有关问题的通知》（京财经二［2011］3002号），对资金筹集与使用范围，市财政资金投资补助原则及方式，廉租房、公租房并轨的财政资金规范管理等做出了明确的规定，进一步规范了市、区县政府财政资金在公共租赁住房建设、租金补贴发放等方面的使用管理。对于城六区政府建设、收购并持有的公租房，市财政根据城六区政府持有公租房的主体情况，通过市投资中心或直接拨付区财政方式给予项目总投资10%的资本金补助。同时规定向符合补助条件家庭发放租金补贴，由市、区政府按照5:5的比例负担。

三、创新工作机制，稳步推进首都功能核心区保护性改造和棚户区改造工作

1．2011年9月20日市住房城乡建设委印发《关于首都功能核心区人口疏解对接安置房有关问题的通知》（京建法［2011］9号），进一步明确了首都功能核心区人口疏解对接安置房建设、分配、管理等有关问题，规定安置房产权性质为“按照经济适用住房产权管理”，交易时间不受限制，上市交易由购买人按成交额的3%补交土地出让金。创新人口疏解模式，在试点中采取“平等协商、自愿申请”方式开展疏解工作，建立中心城区公共资源与人口同步输出机制，将教育、医疗、文化等优质资源引入发展新区。

2．2011年11月2日，市住房城乡建设委印发《北京市国有土地上房屋征收与补偿中住房保障优先配租配售管理办法》（京建法［2011］17号），规定各区县政府批准按《国务院国有土地上房屋征收与补偿条例》实施房屋征收的项目，在对被征收人进行补偿安置后，被征收人通过本市保障性住房资格审核

的，区县政府应优先给予住房保障，对被征收人直接配租、配售，并明确了被征收家庭申请审核分配等有关问题，有力地保障了被征收人的合法权益。

3. 2011年1月6日印发实施《关于加快我市城市和国有工矿棚户区改造工作的实施方案》（京政办发［2011］1号），明确了城市和国有工矿棚户区的认定标准及程序，加快推进城市和国有工矿棚户区改造工作的基本原则、计划安排、政策措施和组织实施等方面的内容。

四、创新融资模式，多渠道筹集保障性住房建设资金

为保证保障性住房项目的顺利推进，加大财政投入力度，优先安排保障性安居工程专项资金，并创新融资方式，积极通过公积金贷款、发行私募债、银行贷款等多渠道筹集资金。

1. 不断加大财政投入。2011年全市累计安排资金113.97亿元，区县财政安排19.56亿元；市发展改革部门安排保障性住房项目红线外市政设施资金3.11亿元，有力推动了以公共租赁住房为主的保障性住房建设。

2. 保障性住房建设投资中心投融资工作成效显著。2011年6月30日，北京市保障性住房建设投资中心正式成立，由市财政一次性注资100亿元，成为全国最大的保障性住房投融资平台，专门负责市级公共租赁住房投融资、建设和运营管理工作。截至2011年底，市投资中心已到位融资资金80亿元并实现投资90亿元支持全市保障性住房建设收购工作，与5家银行签署了750亿元的综合授信协议。

3. 积极利用公积金贷款支持保障性住房建设。2010年我市作为首批试点城市之一，开展了公积金贷款支持保障性住房建设工作。2011年，我市积极组织保障性住房建设单位申请公积金贷款。截至2011年底，北京地方15个项目，贷款总额150.349亿元，贷款项目全部实现放款，圆满完成公积金贷款试点任务。

4. 开创私募债融资模式支持保障性住房建设。在人民银行和交易商协会的大力支持下，我市安排500亿元私募债券额度支持本市保障性住房建设。截至2011年底，有5家发行企业完成私募债券注册发行，累计金额149亿元，为17个保障房项目提供了建设资金支持。

5. 大力推进经济适用住房试点贷款工作，扩大试点范围。2009年市住房城乡建设委与国家开发银行北京分行共同开展了经济适用住房试点贷款工作，截至2011年底，已发放贷款7.6亿元。2011年12月31日，中国人民银行办公厅、中国银行业监督管理委员会同意北京市扩大经济适用住房开发贷款试点范围，批准经济适用住房试点项目在取得《国有土地使用证》等“四证”前，可获得项目所需贷款总额的50%，有效缓解项目建设所需前期资金压力；明确试点银行扩大至4家银行，试点项目增加6个，贷款总额度47.05亿元。

6. 积极吸引银行贷款支持保障性住房建设。2011年12月27日，市住房城乡建设委与国家开发银行北京分行签署“十二五”时期开发性金融合作备忘录，根据北京市住房保障事业发展规划和融资需求，“十二五”期间，国家开发银行北京分行给予我市保障性住房500亿元额度的授信支持。

第二节　公共租赁住房（含廉租房）建设供应情况

2011 年底，全市落实公共租赁住房（含廉租房）项目 102 个，建设总规模 545.5 万平方米，可提供房源约 9.4 万套。

表 8-1　2011 年公租房（含廉租房）项目落实情况汇总表

序号	项目名称	项目位置	总面积（平方米）	总套数（套）
1	南口农场居住用地	昌平	123040	2020
2	小汤山农机厂	昌平	2400	40
3	沙河西沙屯南侧局部地块	昌平	229800	2500
4	北苑南区	朝阳	21003	357
5	东泽园	朝阳	10080	168
6	地铁十五号线马泉营车辆段租赁房项目	朝阳	198769.3	2720
7	洼里 5 号地	朝阳	40000	321
8	东郊农场公租房	朝阳	225161	3246
9	广渠路 15 号	朝阳	16033	322
10	常营公租房	朝阳	94453	1596
11	清河小营 D	海淀	85295	1396
12	辛店 B-08	海淀	146668	1986
13	环保园 C-02	海淀	109500	2116
14	清河小营东	海淀	4412	99
15	北京市电力公司（八里庄）	海淀	37021	600
16	温泉 c03	海淀	55670	1000
17	三元华冠污水处理厂	海淀	52452	692
18	清河龙岗路	海淀	117945	1410
19	苏家坨 c02c03	海淀	73957	1382
20	中关村甲 3 号	海淀	9418	147
21	上庄 B09	海淀	11420	207
22	唐家岭租赁房	海淀	100000	1400
23	小屯馨城保障性住房及配套项目	丰台	50000	669
24	宋家庄	丰台	31259	723
25	郭庄子馨城	丰台	13144	294
26	大红门西路 16 号	丰台	16122	347

序号	项目名称	项目位置	总面积（平方米）	总套数（套）
27	岳各庄居住区东区五期	丰台	36000	760
28	郭公庄五期	丰台	230576	5000
29	衙门口东路	石景山	1936	39
30	京原路 7 号地	石景山	155289	2436
31	远洋沁山水上品公租房（8#楼）	石景山	31858	550
32	南宫小区公租房	石景山	138000	2257
33	门头沟区铅丝厂公共租赁住房项目	门头沟	84856	1038
34	罗奇营二期	大兴	1600	29
35	西红门	大兴	1800	30
36	北京经济技术开发区路东区 E14R1、R2 地块	大兴	257977	2356
37	黄村商业楼	大兴	111189	1819
38	理工大学站 3 号地及 5 号地	房山	30707	541
39	城关圣水嘉名	房山	30000	600
40	长阳广阳城	房山	7860	189
41	阎村公租房	房山	82906	1412
42	怀柔区杨宋镇文化娱乐、商业金融及居住用地项目（配建租赁房）	怀柔	10712	188
43	平谷区王辛庄镇贾各庄村东侧居住项目	平谷	33310	656
44	牛栏山镇居住项目	顺义	30000	491
45	张镇居住项目	顺义	45036.9	253
46	顺义新城望泉寺公租房	顺义	516520.9	7155
47	通州区范庄公租房项目	通州	140999	2004
48	于家务乡乡中心项目（A、C 地块）（配建“公共租赁住房”）	通州	20000	400
49	物流配套区 B 东集中建设公租房项目	通州	161805	3000
50	珠江二期（1 号东）公租房项目	通州	28243	541
51	半壁店	通州	16716	374
52	台湖二期	通州	126500	2300
53	光机电一体化产业基地二期 E 地块居住项目	通州	30766	483
54	通州区梨园镇公租房小区	通州	47899	854
55	金隅花石苑公租房项目	通州	55147	668
56	延庆县第七中学西侧保障性住房项目	延庆	4358	90
57	延庆县第七中学西侧保障性住房项目	延庆	1720	37
58	常营三期	朝阳	99261	2004
59	西郊砂石厂	海淀	202010	4000
60	通州两站一街	东城	100000	2000

序号	项目名称	项目位置	总面积（平方米）	总套数（套）
61	金泰丽富嘉园	朝阳	31220	696
62	朝阳区大羊坊	朝阳	5000	125
63	南沙滩3号	朝阳	10332	242
64	来广营3号地	朝阳	26433	500
65	广渠门外10号地	朝阳	5002	107
66	东泽园	朝阳	21003	357
67	京桥1号地	朝阳	65295.06	1296
68	北苑南区	朝阳	32151	557
69	武警北苑住宅小区	朝阳	10080	168
70	亦庄x31	大兴	122265	2223
71	亦庄x17	大兴	129415	2353
72	育龙小镇廉租房项目	怀柔	1085	24
73	常营经适房A标-畅欣园	朝阳	17151	402
74	常营限价房A组团-北辰福第	朝阳	16286	350
75	朝阳新城廉租房	朝阳	27076	580
76	金泰丽富嘉园	朝阳	31220	696
77	东坝驹子房	朝阳	11050	228
78	朝阳区大羊坊	朝阳	5000	125
79	南沙滩3号	朝阳	10332	242
80	来广营3号地	朝阳	26433	500
81	来广营2号地	朝阳	27300	552
82	北苑南区	朝阳	17203.53	391
83	朝阳管庄小寺村	朝阳	9952	252
84	广渠门外10号地	朝阳	5002	107
85	王四营限价房	朝阳	50000	1174
86	宋家庄	丰台	31239.97	723
87	南苑西	丰台	25557.87	590
88	郭庄子馨城	丰台	13144	294
89	大红门西路16号廉租房	丰台	16122	347
90	长辛店老镇西区经济适用房（长馨园）及商业用地土地一级开发	丰台	36774	638
91	新城9号地	顺义	5400	102
92	站前街商业金融项目	顺义	1230	24
93	沙河车站路西南侧	密云	6555	105
94	站前小区	石景山	16480.17	312
95	苹果园交通枢纽H地块	石景山	19989	354

序号	项目名称	项目位置	总面积（平方米）	总套数（套）
96	衙门口东路北侧廉租房项目	石景山	2000	39
97	石景山五里坨住宅项目 7#楼	石景山	5821	106
98	半壁店	通州	16716	374
99	制线厂	通州	4728	96
100	工具厂经济适用房项目	通州	22866	479
101	张湾镇经适房项目	通州	4000	80
102	延庆县第七中学西侧保障性住房项目	延庆	4358	90

第三节　经济适用住房建设供应情况

2011 年年底，全市在施建设经济适用住房项目 36 个，在施建设规模 434.4 万平方米，可提供约 5.1 万套房源。实现新开工建设规模 74.6 万平方米、约 1.1 万套；实现竣工建设规模 167.5 万平方米、约 2.1 万套。

表 8-2　在建经济适用住房项目建设情况汇总表

序号	项目名称	项目位置	在施情况		竣工情况		新开工情况	
			总面积（平方米）	套数（套）	总面积（平方米）	套数（套）	总面积（平方米）	套数（套）
1	房山永安东里	房山	15597.6	234			15597.6	234
2	长阳北部组团	房山	150800	1536	34000	432	116800	1104
3	东关伟业嘉园	房山	40025.9	560	40025.9	560		
4	高佃三村经济适房	房山	101378	1238			33010	420
5	常营经适房 C 标-住欣家园	朝阳	63536	3454				
6	华纺星海家园	朝阳	80708	1060				
7	双桥经适房	朝阳	237354	2496				
8	驹东经适房	朝阳	695378	8438			110300	1580
9	上庄 B-09	海淀	101357.8	1330	101357.8	1330		
10	苏家坨 C02C03	海淀	128844.5	1575	128844.5	1575		
11	海淀区吴家场经适房	海淀	37772	594				

序号	项目名称	项目位置	在施情况		竣工情况		新开工情况	
			总面积（平方米）	套数（套）	总面积（平方米）	套数（套）	总面积（平方米）	套数（套）
12	苏家坨A2	海淀	56374	680				
13	沙河车站路西南侧	密云	22472	363				
14	三合庄A组团	大兴	129671	1703			129671	1703
15	南苑西经济适用房	丰台	368631.4	4598	153447.87	2286		
16	彩虹嘉园	丰台	44714	606				
17	育龙小镇经济适用房项目	丰台	74783	954	74783	954		
18	天成开元经济适用房项目	平谷	24669	473	24669	473		
20	燕山水泥厂	石景山	322912	4160				
21	第二水泥管厂	石景山	61467	843				
22	站前小区	石景山	6655.82	90				
23	延庆县第七中学西侧保障性住房项目	延庆	2900	66			2900	66
24	延庆县第七中学西侧保障性住房项目	延庆	10041	200	10041	200		
25	新城9号地经济适用房	顺义	26428	426				
26	新城9号地经济适用房	顺义	54752	944			54752	944
27	五里仓小区经济适用房	北京大龙房地产开发有限公司	1891	30	1891	30		
28	滨河小区经济适用房	北京大龙房地产开发有限公司	2031	30			2031	30
29	工具厂经济适用房项目	通州	139492	1913				

序号	项目名称	项目位置	在施情况		竣工情况		新开工情况	
			总面积（平方米）	套数（套）	总面积（平方米）	套数（套）	总面积（平方米）	套数（套）
30	丁各庄经适房项目	通州	275315	1405				
31	西马庄经济适用房	通州	35025	608			35025	608
32	张湾镇经适房项目	通州	39900	561				
33	弘善家园	朝阳	1446145	4034	1446145	4034		
34	定福家园	北京城建房地产开发有限公司	45000	636	45000	636		
35	通州两站一街	东城	226598	3728			226598	3728
36	中央在京		7000000	10000	700000	10000		

第四节 限价商品住房建设供应情况

2011 年年底，全市在施建设限价商品房项目 59 个，在施建设规模 665.5 万平方米，可提供约 7.5 万套房源。实现新开工建设规模 164.4 万平方米、约 2.3 万套；实现竣工建设规模 208.6 万平方米、约 2 万套。

表 8–3 在建限价商品住房项目建设情况汇总表

单位：平方米，套

序号	项目名称	项目位置	在施情况		竣工情况		新开工情况	
			总面积（平方米）	套数（套）	总面积（平方米）	套数（套）	总面积（平方米）	套数（套）
1	延庆县第七中学西侧保障性住房项目	延庆	10100	191			10100	191
2	延庆县京张路东（双路小区二期）	延庆	5100	76	5100	76		
3	衙门口居住、公建用地项目 C-2#、C-5#、C-6#楼	石景山	54172	624	54172	624		
4	燕山水泥厂	石景山	252536	3210			252536	3210

序号	项目名称	项目位置	在施情况		竣工情况		新开工情况	
			总面积（平方米）	套数（套）	总面积（平方米）	套数（套）	总面积（平方米）	套数（套）
5	半壁店	通州	547282	5974	547282	5974		
6	东亚·瑞晶苑	通州	122463	1521	122463	1521		
7	国际城3号地	通州	34984	446				
8	融科香雪兰溪	通州	27328	320	27328	320		
9	马桥中心区限价房	通州	143275	1453				
10	静水园	通州	127825.8	1182				
11	通州区梨园镇砖厂村居住项目	通州	99104	1011				
12	通州区通州新城二类居住及托幼用地地块（配建“限价商品住房”用地项目）	通州	15000	168			15000	168
13	调整到密云县檀营回迁楼A1区1号楼	密云	6000	63	6000	63		
14	园林东路2号地块	密云	5500	61				
15	平谷区王辛庄镇居住项目	平谷	7590	105			7590	105
16	南法信商业及住宅项目	顺义	4200	54				
17	后沙峪吉祥庄项目	顺义	48500	600				
18	顺义站前西街项目（永欣嘉园）	顺义	105612	1280	105612	1280		
19	张庄旧村改造二期项目	顺义	28690	320				
20	牛栏山半壁店项目	顺义	48185	512	48185	512		
21	新城9号地限价商品房	顺义	110465	1177				
22	顺义新城8号地项目	顺义	48200	624				
23	后沙峪居住及商业金融项目	顺义	20509.1	280	20509.1	280		
24	新城9号地二期项目	顺义	245447	2567			245447	2567
25	门头沟新城冯村地区（一期）居住项目C-C2	门头沟	39391	445				
26	上庄家园N23	海淀	31000	300			31000	300
27	清河北库	海淀	141752	1530			141752	1530
28	温泉C07C08	海淀	280832	3330				
29	上庄C-14	海淀	310432	3211				
30	清河小营东	海淀	40302.62	442	40302.62	442		

序号	项目名称	项目位置	在施情况		竣工情况		新开工情况	
			总面积（平方米）	套数（套）	总面积（平方米）	套数（套）	总面积（平方米）	套数（套）
31	南宫景苑	丰台	10977.4	220	10977.4	220		
32	郭庄子馨城	丰台	90461.98	1224	90461.98	1224		
33	岳各庄居住东区2号地3#住宅楼1单元双限房	丰台	8106	103	8106	103		
34	丰台区长辛店新区（生活区）二期9-4、10-1地块居住项目	丰台	65700	1008			65700	1008
35	郭公庄二期	丰台	22500	325			22500	325
36	大红门新村一期	丰台	40007	599			40007	599
37	罗奇营二期	大兴	122500	1411			122500	1411
38	久长花园项目用地	昌平	20000	204			20000	204
39	东小口镇389、390号院项目	昌平	20700	290			20700	290
40	昌平区回龙观镇居住及公共设施项目	昌平	167989	1918	167989	1918		
41	金隅嘉和园	昌平	64706	814	64706	814		
42	时代新苑	昌平	42480	538	42480	538		
43	昌平新城回迁小区定向安置房项目	昌平	93302	963	93302	963		
44	良乡航天花园	房山	37300	438	37300	438		
45	长阳镇起步区4号地	房山	169113	1828			169113	1828
46	窦店聚豪苑	房山	13096.56	162	13096.56	162		
47	城关农林路	房山	5310	60	5310	60		
48	常营限价房A组团-北辰福第	朝阳	95458		41455			
49	常营限价房B1-保利嘉园	朝阳	21615.33		5312.25			
50	常营限价房B2-富力阳光美园	朝阳	37019.38	416	37019.38	416		
51	管庄小寺村	朝阳	115297	1582	91048	1125		
52	大羊坊	朝阳	5000	56	5000	56		
53	朝阳新城EF组团	朝阳	185019.1	1957	134737.49	1512		
54	王四营限价房	朝阳	472525	5988				
55	东泽园	朝阳	111505	1288				
56	城建道路项目	朝阳	354260	3463				
57	东坝单店一期	朝阳	225500	2552				

序号	项目名称	项目位置	在施情况		竣工情况		新开工情况	
			总面积（平方米）	套数（套）	总面积（平方米）	套数（套）	总面积（平方米）	套数（套）
58	黑庄户保障房项目	朝阳	359011	4520			359011	4520
59	星牌建材厂	朝阳	219189	2483			219189	2483

第五节　棚户区改造、旧城人口疏解等安置住房建设供应情况

2011 年底，全市在施建设棚户区改造、旧城人口疏解等安置住房项目 131 个,在施建设规模 2537 万平方米，可提供约 25 万套房源。实现新开工建设规模 1087.9 万平方米、约 13 万套；实现竣工建设规模 408.6 万平方米、约 4.8 万套。

表 8-4　在建棚户区改造、旧城人口疏解等安置住房项目建设情况汇总表

序号	项目名称	项目位置	在施情况		竣工情况		新开工情况	
			总面积（平方米）	套数（套）	总面积（平方米）	套数（套）	总面积（平方米）	套数（套）
1	拱辰 1-5 街	房山	103837	1092	65527	624	38310	468
2	长沟镇中心区改造定向安置房	房山	90700	1110	90700	1110		
3	轨道交通房山线西潞段东沿村（含后沿村）定向安置房	房山	126400	1644	112300	1500	14100	144
4	城关街道马各庄回迁安置房项目	房山	75400	830			75400	830
5	房山区山区人口迁移集中定向安置房（一期）	房山	60800	606			60800	606
6	房山区京石客运专线张家场村定向安置用房	房山	56933	614			56933	614
7	东羊庄	房山	69900	830			69900	830
8	翠成馨园	朝阳	302899	2704	116319	1381		
9	弘善家园	朝阳	494146	4034	357654	2766		

序号	项目名称	项目位置	在施情况		竣工情况		新开工情况	
			总面积（平方米）	套数（套）	总面积（平方米）	套数（套）	总面积（平方米）	套数（套）
10	定福家园	朝阳	83120	636	83120	636		
11	东柳居住组团	朝阳	57900	563	11173	466		
12	福临家园	朝阳	20664	200	20664	200		
13	豆各庄一期	朝阳	132744	1156	35063	308		
14	金泰丽富家园	朝阳	215900	2128				
15	七棵树	朝阳	230550	1896			215331	1680
16	东坝驹子房	朝阳	363215	3464			129427	1120
17	武警北苑住宅小区	朝阳	72450	480	35180	196		
18	高碑店北花园	朝阳	824700	8768				
19	朝阳新城D组团	朝阳	212420	2778				
20	豆各庄二期	朝阳	268700	2304				
21	十里堡居住项目	朝阳	159015	1008				
22	奥运村乡住宅项目	朝阳	27353	200				
23	西大望路	朝阳	49871	269				
24	洼里5号地	朝阳	256000	2079			256000	2079
25	来广营乡定向安置	朝阳	260825	2164			260825	2164
26	金盏长店组团	朝阳	609265	5538			609265	5538
27	崔各庄南皋组团	朝阳	645620	5626			645620	5626
28	三间房乡土储回迁房	朝阳	254550	3006			254550	3006
29	孙河	朝阳	77445	866			77445	866
30	瀛海西区	大兴	650690	7703			650690	7703
31	罗奇营二期	大兴	123410	1346			123410	1346
32	亦庄12平方公里安置房X79	大兴	261751	2331			261751	2331
33	亦庄12平方公里安置房X80	大兴	364716	2956			364716	2956
34	亦庄12平方公里安置房X81	大兴	295230	2412			295230	2412
35	亦庄X10、X14	大兴	366091	2812	366091	2812		
36	康庄定向	大兴	218849.18	2556	218849.18	2556		
37	三槐堂	大兴	71324.36	838	71324.36	838		
38	枣园	大兴	223684.4	2154	223684.4	2154		
39	未来科技城北区土沟村土地一级开发	昌平	261999	2354			261999	2354

序号	项目名称	项目位置	在施情况		竣工情况		新开工情况	
			总面积（平方米）	套数（套）	总面积（平方米）	套数（套）	总面积（平方米）	套数（套）
	项目定向安置房工程							
40	巩华城北区回迁安置房项目	昌平	611200	6128			611200	6128
41	霍营回迁楼	昌平	130000	1398				
42	长辛店老镇西区经济适用房（长馨园）及商业用地土地一级开发	丰台	106787	1428			106787	1428
43	南苑棚户区改造D1地块定向安置房	丰台	185367	4063			185367	4063
44	南苑棚户区改造D2地块定向安置房	丰台	197523	1943			197523	1943
45	丰台科技园东区三期四合庄定向安置房项目	丰台	89924	1082			89924	1082
46	地铁九号线郭公庄定向安置房项目16号地	丰台	115290	1132			115290	1132
47	地铁九号线郭公庄定向安置房项目17号地	丰台	54477	676			54477	676
48	小瓦窑回迁房	丰台	58590	672			58590	672
49	彩虹嘉园	丰台	121991	1224			121991	1224
50	成寿寺二期	丰台	122009	1202			64727	650
51	西局安置房	丰台	119400	2095			119400	2095
52	葆台回迁房	丰台	107180	1252			107180	1252
53	新发地新村一期回迁安置房	丰台	211992	2229			211992	2229
54	丰台区王佐镇西王佐村（配建定向安置房）项目	丰台	50000	390			50000	390
55	北京丽泽金融商务区纪家庙地块定向安置房	丰台	149323	1422			149323	1422
56	东铁营定向安置房	丰台	153048	1320			153048	1320
57	六圈新村回迁房	丰台	32089	401			32089	401

序号	项目名称	项目位置	在施情况		竣工情况		新开工情况	
			总面积（平方米）	套数（套）	总面积（平方米）	套数（套）	总面积（平方米）	套数（套）
58	门头沟区斋堂镇1号地定向安置房	门头沟	43500	492			43500	492
59	东辛称等村综合改造定向安置房项目	门头沟	116700	1085			116700	1085
60	石门营地块定向安置房	门头沟	909700	10380	379000	4796		
61	石泉砖厂地块定向安置房	门头沟	669800	8352	73000	756		
62	中门寺地块定向安置房	门头沟	300000	3300			300000	3300
63	黑山地块定向安置房	门头沟	459000	6000			459000	6000
64	怀柔区怀柔镇新贤街定向安置房项目	怀柔	116118	598			116118	598
65	苏家坨A2	海淀	47180	555	47180	555		
66	唐家岭回迁房	海淀	513725	4647				
67	上庄B-19	海淀	44348	368	44348	368		
68	西北旺B3	海淀	40506.2	440	40506.2	440		
69	西郊机场	海淀	145000	1600			145000	1600
70	清河小营C1	海淀	223689	2051			223689	2051
71	六郎庄	海淀	177375	2534			177375	2534
72	西郊门头村	海淀	165945	2405			165945	2405
73	西郊振兴村	海淀	106926	1500				
74	辛店A	海淀	237602	2610			237602	2610
75	太舟坞	海淀	27316	342			27316	342
76	大牛坊	海淀	46200	600			46200	600
77	六里屯	海淀	311388	4044			311388	4044
78	上庄C02	海淀	145911	1700			145911	1700
79	苏家坨D地块	海淀	194040	2520			194040	2520
80	八家村改造项目	海淀	359931	3926	116136	1080		
81	玉泉新城	海淀	95982	381				
82	平谷区金海湖镇韩庄新村回迁房项目	平谷	201100	1791	71000	639	130100	1152
83	平谷区夏各庄新城定向安置房项目	平谷	401020	3970	401020	3970		

序号	项目名称	项目位置	在施情况		竣工情况		新开工情况	
			总面积（平方米）	套数（套）	总面积（平方米）	套数（套）	总面积（平方米）	套数（套）
84	岳各庄城中村改造（一期）定向安置房项目	平谷	53585.24	518	53585.24	518		
85	马坊镇中心区北区定向安置房项目	平谷	181500	1880	181500	1880		
86	平谷区小辛寨村三定三限定向安置房项目	平谷	252793	2403			252793	2403
87	云水名苑项目	密云	50940	565	50940	565		
88	檀西路西侧	密云	9100	91	9100	91		
89	望泉寺安置房	顺义	94563	940				
90	太平村安置房	顺义	396765	3285				
91	前进村安置房	顺义	216110	1772				
92	胡各庄安置房	顺义	598065	4705				
93	陶家坟安置房（一期）	顺义	99768	978	99768	978		
94	火神营东庄安置房	顺义	161550	1166				
95	花梨坎定向安置房	顺义	121068	994	121068	994		
96	牛栏山半壁店安置房	顺义	37772	396	37772	396		
97	下坡屯安置房	顺义	245667	1709				
98	于庄安置房	顺义	109761	1090			109761	1090
99	小左各庄安置房	顺义	34373	321			34373	321
100	天竺村安置房	顺义	430126	3818			430126	3818
101	燕王庄村安置房	顺义	136010	1241			136010	1241
102	现代花园定向安置房D区项目	顺义	174240	1584			174240	1584
103	张庄回迁安置房项目	顺义	97023	982	97023	982		
104	石景山五里坨住宅项目6#楼	石景山	3084	36				
105	五里坨建设组团01号地	石景山	576700	5525				
106	第二水泥管厂	石景山	115292	1040				
107	老古城定向安置房	石景山	190000	1898				
108	京贸家园	通州	160144	2172	160144	2172		

序号	项目名称	项目位置	在施情况		竣工情况		新开工情况	
			总面积（平方米）	套数（套）	总面积（平方米）	套数（套）	总面积（平方米）	套数（套）
109	制线厂	通州	108395	1243				
110	轻轨L2线通州段两站一街	通州	995012	7255	995012	7255		
111	宋庄文化创意产业集聚区六合村	通州	196082.1	1650				
112	通州嘉华9#地	通州	130514	1337				
113	化六	通州	167600	1752				
114	铜牛	通州	138900	1424				
115	海阔名苑	通州	30077	337				
116	运河3号地	通州	110000	1076				
117	榆景园	通州	20070.51	232				
118	玻璃钢厂 一、二期	通州	215294.1	2398	67905	809		
119	运通人和住宅项目一期	通州	28682.85	319				
120	马驹桥物流基地生活配套区C-13居住用地项目	通州	80800	1088			80800	1088
121	通州区潞城镇东杨庄村TZ0505-52地块（荔景园安置房）	通州	109633	1113			109633	1113
122	通州区于家务回族乡乡中心A-05、A-08地块定向安置房项目	通州	106185	2378			106185	2378
123	通州区梨园镇砖厂村居住项目	通州	87878	1176			87878	1176
124	通州区潞城镇通州新城0604街区定向安置房项目	通州	243246.4	2880			243246.4	2880
125	通州西上园小区（东区）二期	通州	157629	1942			157629	1942
126	延庆县自由街三里河拆迁项目	延庆	36870	418			36870	418
127	通州两站一街	东城区	468978	5440			468978	5440
128	大兴团河	西城区	150450	1770			150450	1770
129	清润家园	西城区	48950	500			48950	500

序号	项目名称	项目位置	在施情况		竣工情况		新开工情况	
			总面积（平方米）	套数（套）	总面积（平方米）	套数（套）	总面积（平方米）	套数（套）
130	海淀观林园项目	西城区	81869	956			81869	956
131	西城华龙美玉项目	西城区	53869	627			53869	627

第六节　旧城房屋保护性修缮和棚户区改造工作

一、旧城房屋保护性修缮工作

1．统筹协调，狠抓对接安置房建设。按照市委、市政府工作部署，调整建设方式，在昌平、通州、大兴、房山等城市发展新区为东、西城区提供安置房建设用地。截至2011年年底，昌平回龙观、丰台张仪村、房山长阳、亦庄X1-1B和通州两站一街5个项目已开工，涉及住宅面积260万平方米、房源3.3万套。

2．多措并举，开展核心区人口疏解。出台《关于首都功能核心区人口疏解对接安置房有关问题的通知》（京建法［2011］9号），明确了安置房产权性质、上市交易管理流程等问题，解决了居民疑虑，大大推动了人口疏解工作。

指导东、西城区本着“先易后难、多措并举”的原则，细化安置补偿细则，首都功能核心区通过采取协议疏解、申请外迁、集中腾退、重点工程、环境整治等多种方式，疏解居民1.8万户。2011年年东城、西城区立足实际，进一步确定天坛东里北区1-8号楼、钟鼓楼、杨梅竹斜街等试点项目，部分项目已陆续启动。

3．平等协商，开创征收之外新模式。除做好相关项目的征收条件审核和指导工作外，在旧城区域内立足实际，大胆创新，积极尝试与居民平等协商，由居民提出疏解申请达到一定比例后，进行集中腾退或整体平移的新方式。以完全采取“平等协商、申请式疏解”方式开展人口疏解工作的杨梅竹斜街项目为例，通过前期充分的调查摸底，准确把握了居民渴望房屋，特别是现房安置的需求，该项目通过内外联动、定向收购等，安排部分定向安置房源，并免费开通看房班车，组织居民集中看房、现场选房等，人性化的服务得到了居民好评。

4．结合实际，做好政策研究和专业人才储备。组织了首都功能核心区保护性改造政策研究论坛，邀请规划、建筑、文保方面的知名专家，市相关部门、区政府、实施主体、金融机构和古建企业等各方代表参与的研讨交流会，深度剖析保护性改造中的政策问题，并提出解决建议，为建立健全旧城人口疏解和保护性改造政策体系，奠定了良好基础。

会同市规委、市文物局等，组织房地集团、古建研究所等专业机构，编制了培训教材；邀请王世仁、赵书、马炳坚等20余位古建文保专家举办全市范围内近300人次的培训，加大基层队伍培养；编制保护修缮类专业人才培养方案，采取资格注册、审核管理、定向委培、调整定额等措施，探索建立保护性改造领域专业企业管理、专业市场规范和人才培养长效机制。

5. 大胆创新，破解保护性改造资金筹集难题。充分发挥保障性住房建设投资中心的政策性资金引导作用，做好金融服务，与东城、西城达成合作协议，支持朝阳豆各庄项目4号地，并在研究以资本金注入、基金等方式支持杨梅竹斜街项目；同时，加大政府支持，落实市级资金90亿元；鼓励银行、公积金中心、基金等金融机构参与，国家开发银行已发放贷款40多亿元，建设银行发放4亿元。截至2011年底，安置房建设和人口疏解试点累计支出120余亿元。

二、棚户区改造工作

1. 积极协调，全面推进城市和国有工矿棚户区改造。截至2011年年底，三区三片试点棚户区已建设和收购棚户区改造安置用房358.7万平方米、6.1万套，完成房源筹集计划的101.2%，累计实现投资131.4亿元，动迁居民2万户，试点棚户区居民陆续搬入新居。经市政府专题会审议，将京煤集团的门头沟、房山、大兴工矿棚户区，首农集团永乐店农场棚户区和丰台区长辛店棚户区5个项目纳入我市新增的棚改范围。

2. 分类指导，加快推进危改遗留项目。对全市90个危改遗留项目提出了分类处理意见，出台了《北京市国有土地上房屋征收与补偿中住房保障优先配租配售管理办法》（京建法［2011］17号），同时积极走访各区、各项目建设单位，加大调研、协调力度，及时解决项目问题，加快改善困难群众的住房条件。

3. 贯彻中央精神，完善政策体系。根据住房和城乡建设部出台的《关于推进城市和国有工矿棚户区改造工作的指导意见》（建保［2009］295号）文件精神，我市制定了《北京市加快城市和国有工矿棚户区改造工作实施方案》（京政办发［2011］1号），初步建立起棚户区改造政策体系，明确了目标责任、改造流程、优惠政策。

4. 建立财政支持、税收优惠、企业筹集、居民参与的四方融资体制。采取积极争取国家财政补助资金、市级财政以奖代补、区级财政按比例提供启动资金，税收部门按照相关政策减免行政事业性收费，企业通过国家开发银行等金融部门筹集改造资金，居民缴纳超面积购房款的四方融资体制，拓宽了融资渠道、破解了资金制约难题。

5. 阳光、透明、公开，保障居民权益。通过统一公开补偿标准，广泛征求群众意见，协商签订征收协议，集中公示安置房源，动态公布房源使用情况等措施，保障棚户区居民的知情权、参与权、监督权，做到安置补偿和房源分配的全过程阳光规范，确保政策公开、程序公开、结果公开。

第七节 住房保障资格审核与配租配售情况

一、审核情况

2011年全市保障性住房申请6.8万户，市级备案通过5.8万户，其中廉租住房0.3万户，经济适用住房1.4万户，限价商品住房4.1万户。公共租赁住房申请1.24万户，其中三房轮候家庭0.82万户，新申请家庭0.42万户。

截至2011年年底，全市保障性住房累计申请31.1万户，累计备案家庭27.6万户，其中廉租住房2.7万户（实物配租备案家庭1.2万户），经济适用住房9.1万户，限价商品住房15.8万户。

表8-5 廉租房、经济适用房、限价商品房申请审核汇总表

序号	区县	廉租房（户）					经济适用房（户）			限价商品房（户）		
		累计申请受理	2011年底累计备案	其中实物	2011年备案	当年备案实物	累计申请受理	2011年底累计备案	2011年备案	累计申请受理	2011年底累计备案	2011年备案
1	东城区	8751	6386	3163	737	415	16528	13806	1381	17019	16077	3550
2	西城区	8486	6793	1718	752	187	16217	14174	1884	21944	20790	4144
3	朝阳区	4227	3301	1795	565	234	17742	16070	1876	27787	26562	8678
4	海淀区	2325	1924	799	345	160	11513	10115	1896	31400	28636	5181
5	丰台区	3424	2750	1311	397	167	11756	10306	1710	16557	15975	4347
6	石景山区	3355	2872	1985	343	186	9822	9055	1006	16429	15522	2265
城六区小计		30568	24026	10771	3139	1349	83578	73526	9753	131136	123562	28165
7	门头沟区	1280	926	576	118	84	2792	2148	288	992	860	384
8	房山区	424	265	16	32	16	2946	2333	756	5218	4227	3013
9	通州区	1004	647	492	87	72	4476	4138	847	6371	5790	1936
10	顺义区	118	66	1	1	0	1298	1109	242	8466	7480	2795
11	昌平区	248	195	1	15	0	688	389	66	9825	8777	1012
12	大兴区	155	98	76	30	23	4519	3540	701	7149	6873	2495
13	怀柔区	225	107	39	14	2	2626	1970	609	599	511	312
14	平谷区	30	16	0	1	0	476	393	308	278	199	175
15	密云县	449	264	0	16	0	1009	760	439	616	460	396
16	延庆县	216	84	0	2	0	647	549	178	743	675	268
远郊区小计		4149	2668	1201	316	197	21477	17329	4434	40257	35852	12786
全市合计		34717	26694	11972	3455	1546	105055	90855	14187	171393	159414	40951

表 8-6　公租房申请汇总表

单位：户

	东城	西城	朝阳	海淀	丰台	石景山	顺义	通州	大兴	房山	小计
三房	2758	1561	1557	325	659	1311		30	27	24	8252
新申请		993	1719	431	8	373	302	58	160	130	4174
合计	2758	2554	3276	756	667	1684	302	88	187	154	12426

二、配租配售情况

2011 年共配租配售各类保障性住房 8.3 万套，其中旧城人口疏解、棚户区改造、城乡结合部整治等对接安置房源 4.8 万套。全市共摇号 25 次，公开配租配售保障性住房 3.48 万套，其中配售 2.48 万套，启动配租公共租赁住房（含实物廉租）1 万套。

第九章
住房制度改革和金融

第一节　住房制度改革综述

一、公有住房出售

截至2011年年底，本市共出售公有住房199.2万套，累计售房面积13642.2万平方米，占可售公房总量的90.9%。年内累计出售公有住房27435套，面积227.1万平方米，其中：中央单位504家，涉及住房10485套，面积102.44万平方米；市属单位567家，涉及住房9490套，面积70.08万平方米；区属单位230家，涉及住房6543套，面积42.8万平方米(其余为军产售房和部级售房备案。进一步理顺产权关系：针对因单位原因导致产权不清问题，继续采取具结方式为职工办理房屋所有权证；针对拒绝售房和违规提价售房的产权单位，强化政策联动，形成有力震慑，推动公房出售。为鼓励居民继续按房改成本价购房，房改售房成本价仍执行2001年确定的每建筑平方米1560元。

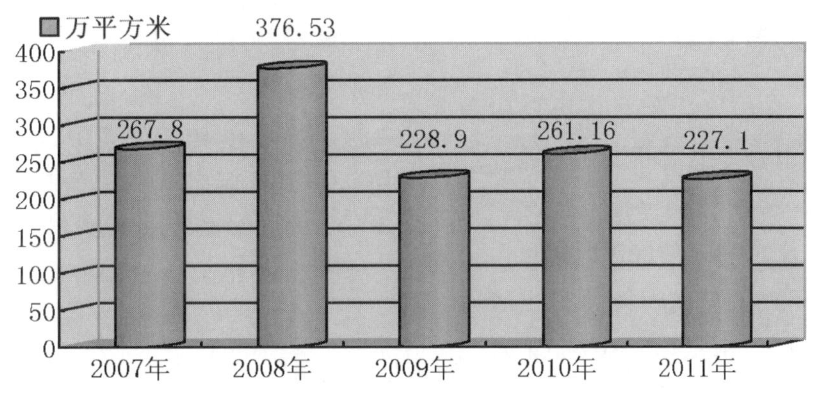

图9-1　近五年北京市房改售房情况表

二、公有住房调整

年内，各区县房改部门累计核准268家单位调整公有住房方案，涉及住房4430套，面积32.17万平方米，主要为中央单位分配职工住宅后，按经济适用住房价格为职工调整住房，共计237家，涉及住房4329套，面积31.54万平方米，占当年调房总量的98.04%；市属单位19家，涉及住房45套，面积0.28万平方米，占当年调房总量的0.87%；区属单位12家，涉及住房56套，面积0.35万平方米，占当年调房总量的1.09%。

三、机关事业单位住房补贴发放工作取得重大突破，市级及城六区发放工作全面完成

2011年年内，本市共发放住房补贴48.66万人，补贴资金213.86亿元。其中，市级单位涉及27.34万人，资金98.03亿元。城六区涉及21.32万人，资金115.83亿元。远郊区县中，密云县2000年出台了住房补贴方案，逐年发放。通州区、房山区计划2012年初开始发放住房补贴。怀柔区住房补贴方案已报经区政府同意。昌平区、大兴区、平谷区住

房补贴方案已报区政府。其他远郊区县正在抓紧制定方案。继续按月开展无房新职工住房补贴代缴工作，为1.45万名纳入规范收入管理范围单位统发人员无房新职工代缴住房补贴1.16亿元。

表9-1　2011年住房补贴发放情况统计表

	发放人数（万人）	发放金额（亿元）
市级	27.34	98.03
东城区	3.96	26.32
西城区	4.42	23.34
朝阳区	5.91	23.08
海淀区	2.57	17.78
丰台区	3.03	18.5
石景山区	1.43	6.8
合　计	48.66	213.86

四、单位售房款归集

按照政策规定，单位出售公有住房售房款在市住房资金管理中心专户存储、专项使用。截至2011年年底，累计归集公有住房售房款4727098.70万元，支取4055986.92万元，余额671111.78万元。2011年内归集公有住房售房款141962.17万元，支取153316.51万元，年内净增额-11354.34万元。

五、企业单位售房款使用管理

截至2011年年底，本市累计共有912家企业支取售房53099万元。年内，本市累计共有125家企业支取售房款6669.6万元，其中：59家市属企业支取售房款2816.5万元，142家区属企业支取售房款3853.1万元。上述资金主要用于：更新电梯57部，楼面防水维修26.9万平方米以及消防、供水、供电改造以及阳台加固等，改善了约3.9万户居民的居住条件。

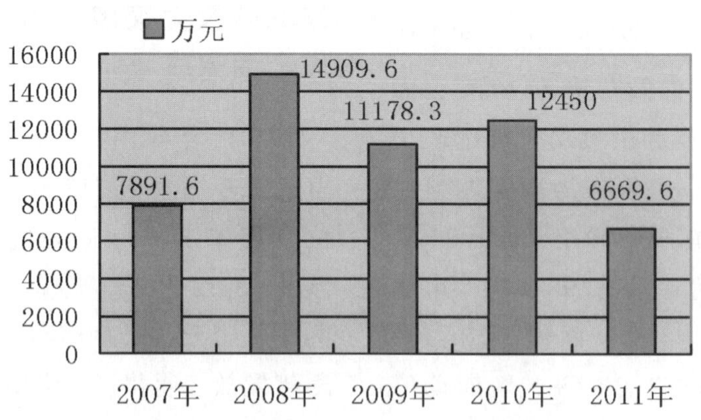

图9-2　近五年北京市单位售房款支取情况对比图

第二节　住房公积金与政策性住房金融

一、2011 年度住房公积金归集情况

1. 住房公积金覆盖范围

截至 2011 年 12 月底,北京地区建立住房公积金单位 82889 个，职工 605.61 万人。按照北京市统计局确认口径,住房公积金覆盖率（应建尽建率）为 98.38%。当年住房公积金缴存职工新增 61.55 万人。

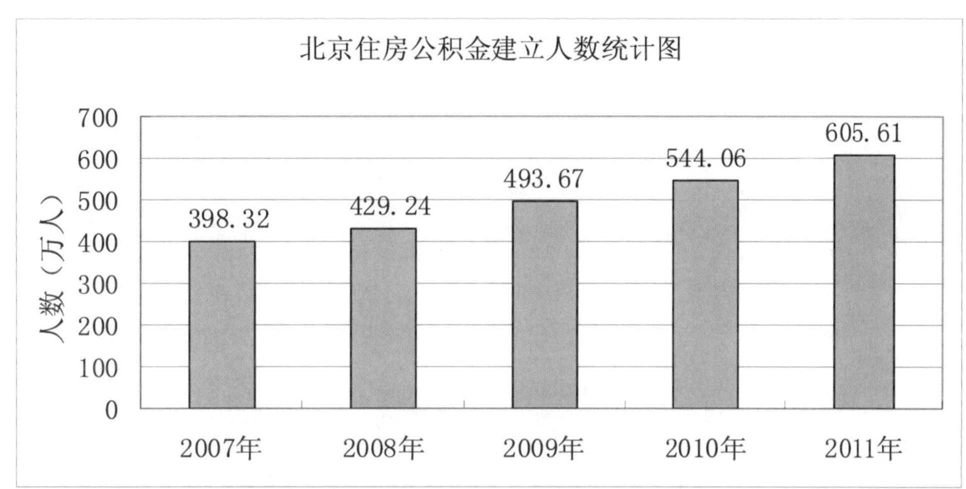

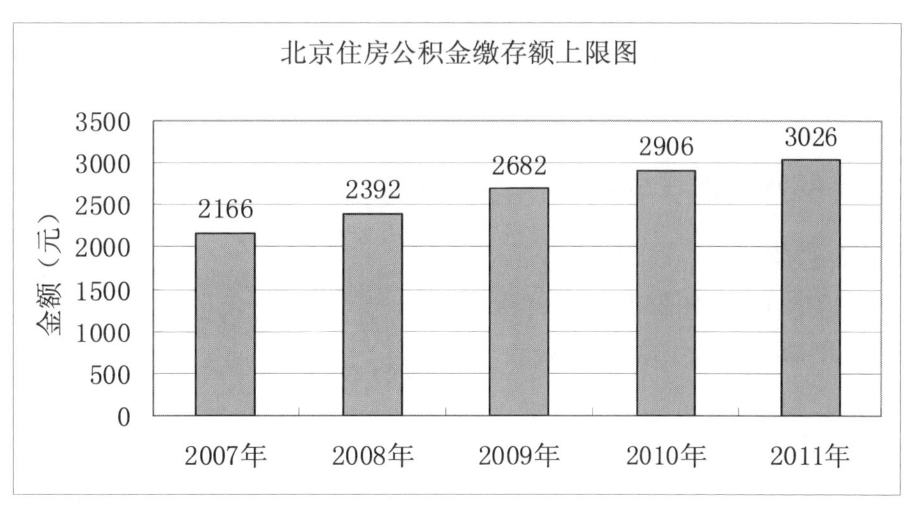

2. 住房公积金归集、提取情况

截至 2011 年 12 月底,当年归集住房公积金 683.88 亿元,提取 437.41 亿元,净增 246.47 亿元。累计归集住房公积金 3543.79 亿元，提取 2006.61 亿元，余额 1537.18 亿元。

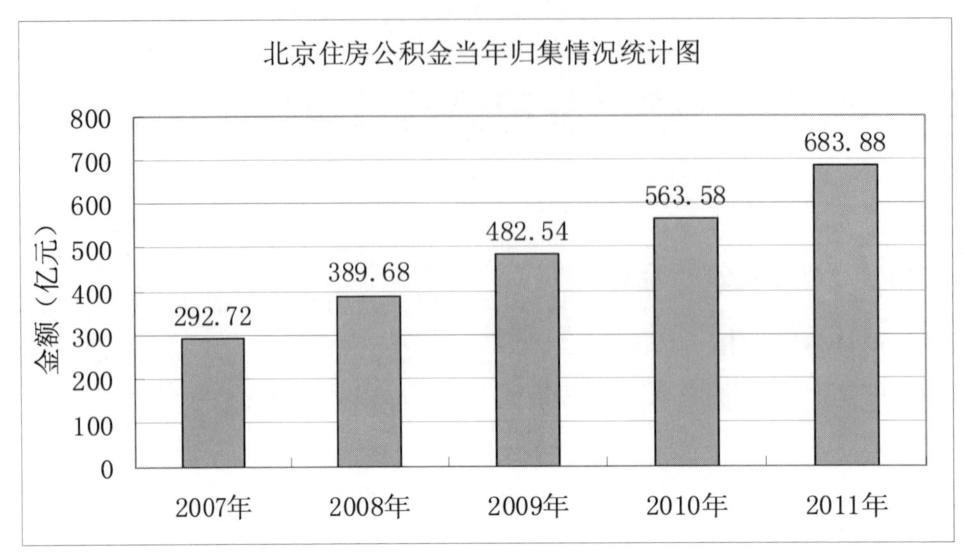

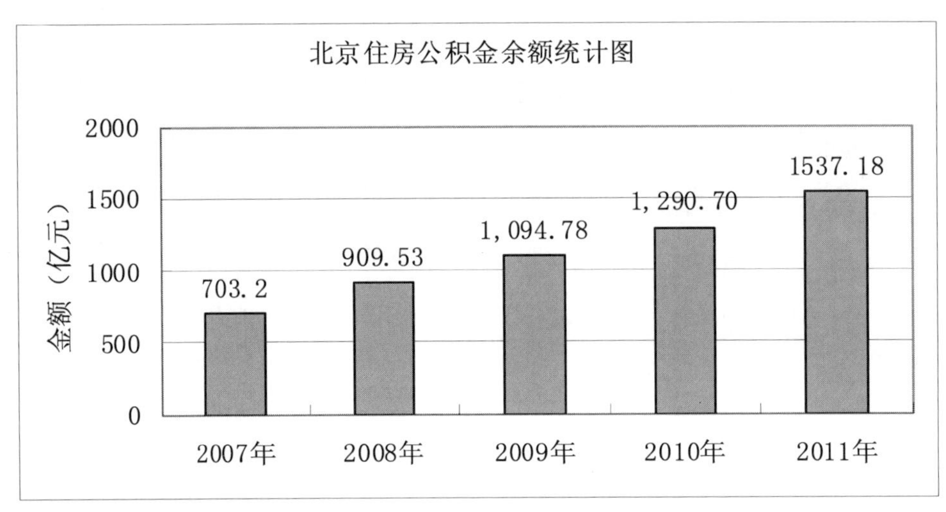

二、2011 年度政策性住房金融

1. 住房公积金贷款情况

截至 2011 年 12 月底，当年发放住房公积金贷款 43705 笔，金额 250.42 亿元，回收金额 110.90 亿元，净增 139.52 亿元。累计发放住房公积金贷款 523915 笔，金额 1634.49 亿元，回收金额 769.14 亿元，余额 865.35 亿元。累计发放政策性贴息 11840 笔，贴息额度 36.87 亿元。

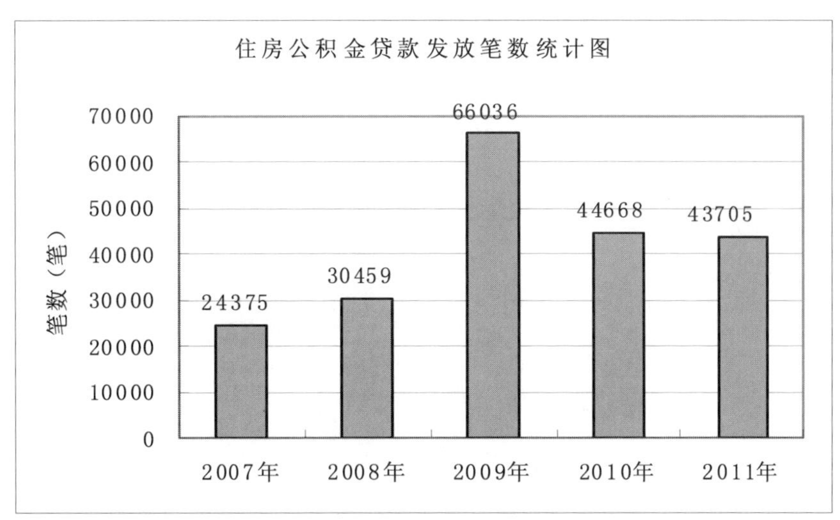
住房公积金贷款发放笔数统计图
笔数（笔）
70000
60000
50000
40000
30000
20000
10000
0
24375
30459
66036
44668
43705
2007年
2008年
2009年
2010年
2011年

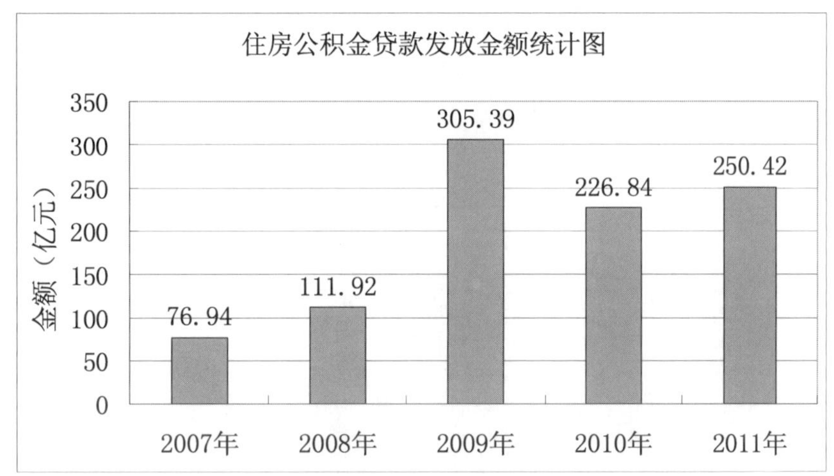
住房公积金贷款发放金额统计图
金额（亿元）
350
300
250
200
150
100
50
0
76.94
111.92
305.39
226.84
250.42
2007年
2008年
2009年
2010年
2011年

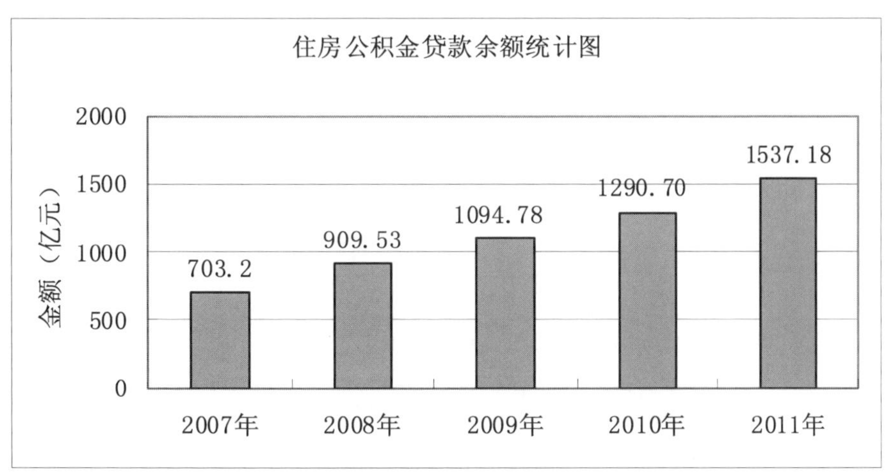
住房公积金贷款余额统计图
金额（亿元）
2000
1500
1000
500
0
703.2
909.53
1094.78
1290.70
1537.18
2007年
2008年
2009年
2010年
2011年

2．2011年发放的住房公积金贷款笔数的结构分析

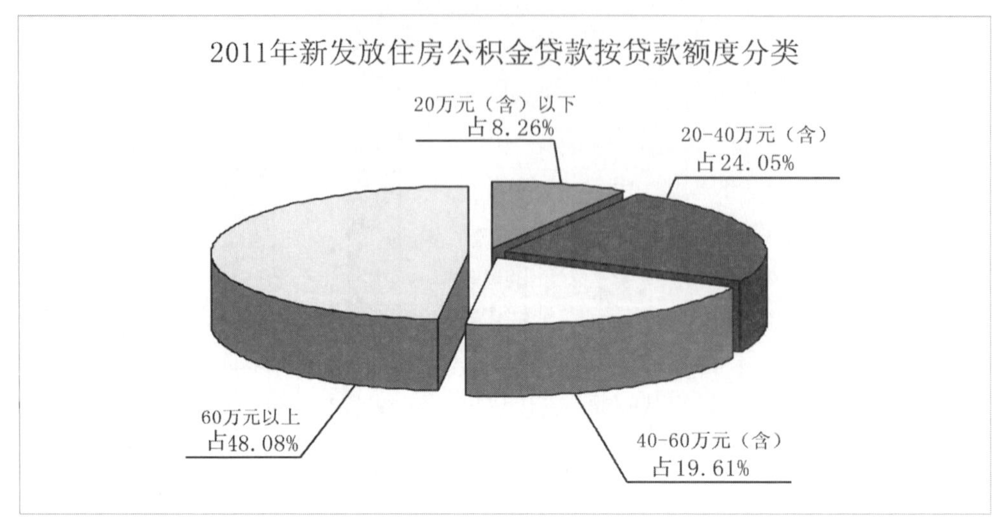

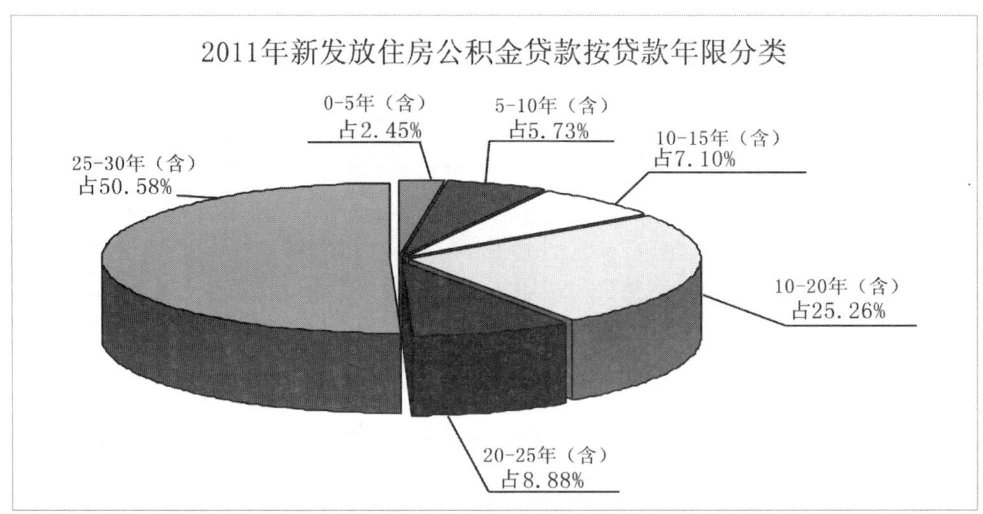

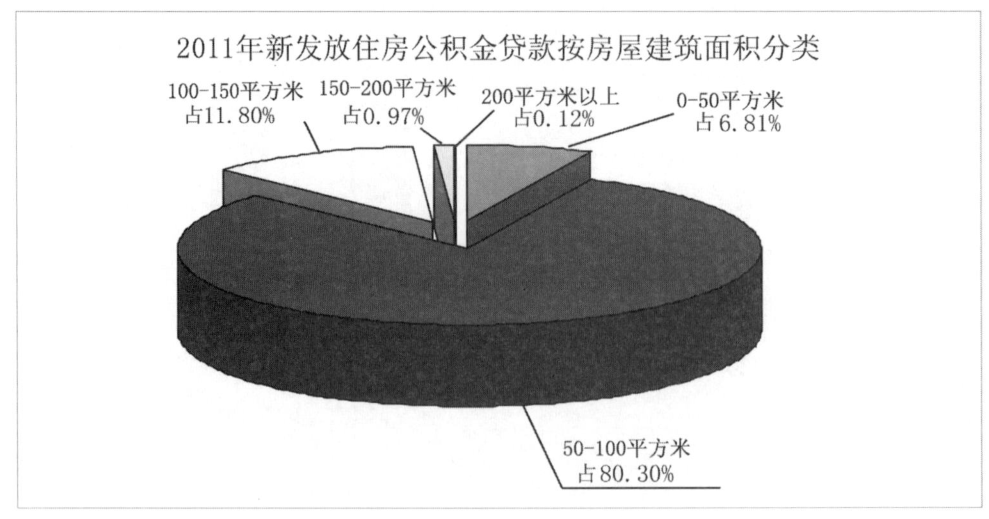

三、住房公积金和政策性住房金融的管理措施

1. 全面落实市委市政府和管委会决策部署，促进北京住房公积金事业又好又快发展

在北京住房公积金管理委员会(以下简称管委会)的正确决策下，北京住房公积金管理中心(以下简称管理中心)以“重民生、促和谐、保稳定、促发展”为出发点，按照管委会第十一次全体会议决策部署，积极落实各项工作。依照国家宏观调控和北京市对房地产调控的要求，合理调整住房公积金政策，发挥了住房公积金政策导向作用；围绕市委市政府切实加大保障性住房建设力度、积极解决群众住房需求的工作要求，大力推进住房公积金贷款支持保障性住房建设试点工作；落实住房城乡建设部、财政部等四部门《关于加强和改进住房公积金服务工作的通知》的要求，进一步抓好服务工作；继续推进扩大住房公积金覆盖面工作，切实维护好职工合法权益。

2. 发挥住房保障功能，全力推动住房公积金支持保障性住房建设试点工作

2011 年，在住房城乡建设部的大力支持下，在市发改委、规划委、国土局、住房城乡建设委、财政局等部门和各区县政府的全力配合下，在管委会委员认真高效的审核下，北京的试点工作高效、安全推进，充分发挥了住房公积金制度对北京市保障性住房建设的支持作用。在贷款管理上，按照“全程介入、关口前移”原则，坚持“同步监督、重在预防”方针，严格规范操作，严控资金风险，不断加强和完善内部制度与监管体系建设，制定了覆盖试点工作全流程的监督工作方案。截至 2011 年 12 月底，累计向 16 个项目发放贷款 154.45 亿元，实际用款 69.54 亿元。北京地方已全面完成 15 个试点项目的贷款发放工作，共计贷款额度 150.349 亿元，支持保障性住房建设 3.29 万套、规模 308.89 万平方米。其中：3 个棚户区改造安置用房项目贷款额度 98.696 亿元，5 个经济适用住房项目贷款额度 17.695 亿元，7 个公共租赁住房项目贷款额度 33.958 亿元。北京铁路分中心完成 1 个项目贷款发放工作，共计贷款额度 4.1 亿元，支持保障性住房建设 786 套、规模 10.08 万平方米。完成审批项目 1 个，额度 0.78 亿元。

3. 实行差别化住房公积金贷款政策，支持职工解决基本住房问题

严格执行国家和北京市政府房地产宏观调控政策，发挥住房公积金贷款政策导向作用，实行差别化的住房公积金贷款政策，将“二套房”贷款的首付款比例提高至 60%，贷款利率为同期首套住房个人贷款利率的 1.1 倍。严审“二套房”贷款，停止“三套房”贷款，有力地支持缴存职工解决基本住房问题。根据专业化、标准化、精细化工作要求，进一步优化操作流程，提高效率，确保七个工作日贷款到位；切实加强贷款风险管理，保障资金安全；开展上门服务，加大保障性住房个人贷款的服务力度；中央国家机关分中心专门制定了中央国家机关职工住宅贷款服务方案，提高了贷款审批效率，并坚持向集中办理贷款的单位和职工提供上门、一站式服务。北京铁路分中心在承德市住房公积金管理中心设立专柜，办理铁路职工住房公积金贷款业务，并安排承德车务段专人负责传递票据，极大地方便了该地区铁路职工。在宏观调控力度不断加大的背景下，住房公积金贷款市场占有率稳步提高，2011 年商品房住房公积金贷款笔数与商品住房成交笔数之比达 22%。截至 2011 年 12 月底，住房公积金贷款累计发放 52.39 万笔、1634.49 亿元，当年发放 4.37 万笔、250.42 亿元，当年政策性住房个人住房公积金贷款发放 40 亿元，占当年政策性住房成交总量的 37.24%，

有力支持了广大缴存职工家庭，特别是中低收入家庭解决基本住房问题。

4. 保证制度公平性，稳步推进住房公积金归集扩面工作

以保证“起点公平”为出发点，始终坚持把扩大住房公积金归集扩面作为管理中心的重点工作，努力实现住房公积金从“制度全覆盖”向“人群全覆盖”的转变。不断对全市各单位，特别是新增私营企业情况进行排查，努力提高住房公积金覆盖范围，确保应建尽建、应缴尽缴，促进公共服务均等化，保障职工合法权益；不断加大宣传力度，进企业、进高校、进社区宣传政策，充分利用网络、短信等新兴媒体资源，提高宣传的效果；加大行政执法力度，创新工作思路和方法，中共中央直属机关分中心、中央国家机关分中心在案件处理过程中主动与被投诉单位和投诉人进行面对面的沟通交流，进行细致的调解工作，加快了案件的处理进展；管理中心会同市法制办、市高级法院召开研讨会，认定住房公积金案件可适用《民法通则》规定的两年时效的规定，初步解决了困扰住房公积金行政执法工作多年的难题。2011年，北京地方共受理职工投诉案件1050件，已结案件871件，涉及职工954人，为职工追缴住房公积金约785.56万元。截至2011年12月底，住房公积金建立人数605.61万人，当年新增61.55万人，其中，统计局口径以外新增46.90万人；累计归集3543.79亿元，提取2006.61亿元；当年归集683.88亿元，提取437.41亿元，较去年分别增长了21.35％和18.97%，提取额中用于住房消费的占88.5%，其中支付房租提取额较去年同期增长2.5倍，住房公积金支持住房租赁的比重继续扩大。

5. 创新服务方式方法，全面提高服务水平

充分利用现代化信息技术手段，创新服务方式方法，拓展服务内容，提高信息化服务水平。配合北京市政府门户网站“首都之窗”，完成“市民主页”的制作，实现“首都之窗”网站住房公积金缴存及贷款查询功能，截至2011年12月底，已有超过17万人次通过“市民主页”查询住房公积金；与中国移动合作，试行开办了电子对账单服务，发送短信230万条，实现了住房公积金联名卡用户结息对账单手机查询功能。试行通过电子邮件发送结息对账单功能，中央国家机关分中心共向5163家单位的84.97万职工发放电子对账单。推进96155热线和住房公积金网站咨询服务，提升客服人员服务意识，最大限度提高接听率。2011年当年受理人工电话咨询约26.58万人次，总通话时间约9860小时，通过24小时自助语音系统，共为298万人次提供住房公积金自助服务。答复网上在线咨询留言1.89万条。

6. 夯实基础工作，提高住房公积金管理水平

继续推进标准化工作，将标准化管理扩展到全中心各项业务和各个环节，管理规范化水平进一步提高，风险防范能力进一步加强，工作效率进一步提升。对于住房公积金租房提取中出现的假发票等问题，与有关部门合作，严格按照提取工作标准办理租房提取业务，设定四个步骤严格审核，遏制利用假发票骗提住房公积金行为，在不影响职工租房提取的前提下，有效控制了风险。加强封存人员管理工作，实行专人负责，加强与各缴存单位沟通，强化清理力度，住房公积金封存人员信息管理质量进一步提高，住房公积金账户转移速度明显加快，准确率显著提升。继续推进联名卡发放工作，累计发放联名卡350万张。

7. 主动接受各方监督，提高管理工作透明度

构建管理中心内部审计框架,制定了管理中心内部审计管理制度。严格执行议事规则,管理中心所有重大事项全部报归集执法审查小组、个人住房公积金贷款重大问题审查小组、预算和固定资产管理审查小组、资金运用管理审查小组进行审议。定期向国家和市级住房城乡建设、财政、人民银行、统计等部门报送相关业务报表。接受市政协、市审计局等部门的监督问询。推行政务公开,主动接受监督,2011 年邮寄住房公积金对账单 436 万件;完成办理首都之窗“政风行风”热线转办的信件 151 件。

8. 大力拓展担保和信用服务业务,不断完善资产管理制度

2011 年,北京市住房贷款担保中心当年完成担保贷款额度 227 亿元。全年累计催回住房公积金逾期贷款 41539 笔,摧回金额 8920 万元,催回率达到 82.97%。截至 2011 年 12 月底,受委托管理未还清住房公积金贷款 209899 笔,贷款余额 645.35 亿元。2011 年共出具住房公积金借款人信用评估报告 49264 份。做好住房公积金贷款保障工作,提高保障性住房项目贷款担保业务办理效率;创新商业贷款担保产品,陆续推出了针对特定人群的保证贷款、抵押融资贷款、以及与中信银行结合房贷产品推出的家居家装贷款、与招行开展的产权变更担保等新的业务产品,合作商业银行达到二十家。加强资产管理的精细化水平,在解决历史遗留的产权证收押难题上,形成了一套行之有效的主动管理追证方法与手段。

第三节 商业性房地产金融

2011 年,中央和北京市一系列房地产市场调控政策措施效力持续显现,银行信贷作为房地产市场调控重要手段的作用得到体现,市场变化又反作用于银行信贷领域,房地产开发贷款接近零增长,个人住房贷款业务萎缩明显。

一、房地产开发投资增速回落

2011 年,北京市完成房地产开发投资 3036.3 亿元,同比增长 10.1%,增速比上年下降 14 个百分点;占全社会固定资产投资比重为 51.4%,比 2010 年下降 1.4 个百分点。在保障房投资带动下,6—10 月房地产开发投资增长较快,其中 9 月新增额创本年度最高。从资金来源看,2011 年房地产开发资金来源为 5358.1 亿元,同比下降 4.8%,比上年多下降 0.7 个百分点。其中,自筹资金、定金及预售款、银行贷款、利用外资同比分别下降 0.1%、5.8%、11.3%、81.3%。自筹资金、定金及预售款、银行贷款分别占 2011 年资金来源的 32.6%、28.3%、21.8%。2011 年以来,银行贷款占比逐月下降,从 2 月末的 29.2%下降到 11 月末的 21.5%。

二、房地产贷款增速大幅回落

2011 年末,北京市金融机构本外币房地产贷款余额 8322.9 亿元,比年初增加 199.8 亿元;同比仅增长 1%,增速比上年末下降 21.5 个百分点。房地产贷款增速从 2010 年 4 月的 52.8%开始逐月回落,2011 年 4 月增速回落到

10%以内。受到政府土地储备机构贷款集中到期偿还、个人住房贷款业务萎缩等多重因素叠加影响，房地产贷款余额在2011年5月出现了自2009年3月以来的首次负增长，2011年6月、7月、10月、12月房地产贷款余额继续减少；全年房地产月度新增额最高为49.7亿元（2月），仅为2010年平均月度新增额的39.4%。

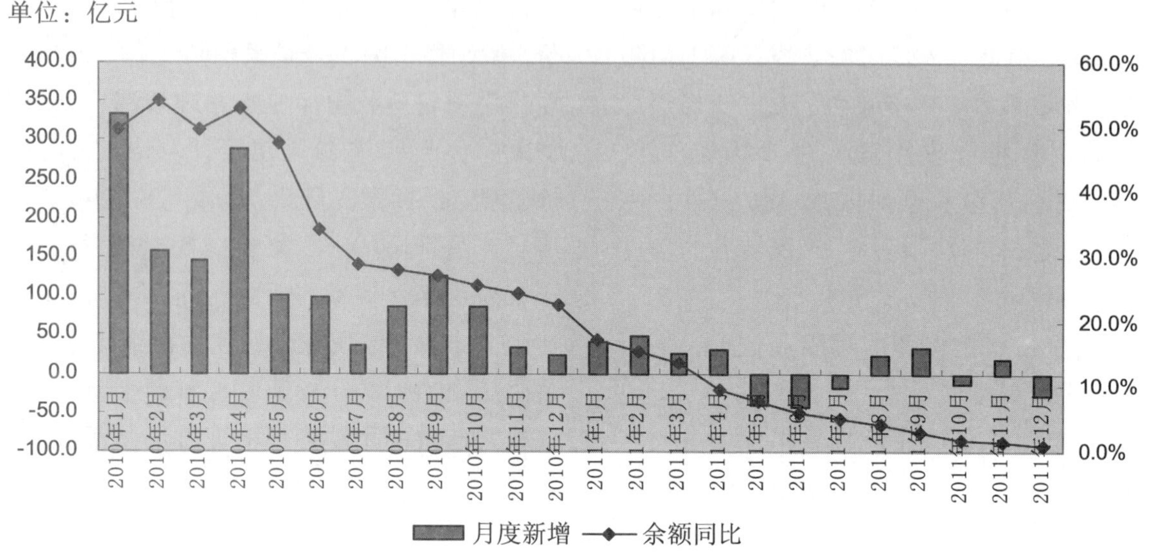

图9-3 北京市房地产贷款月度变化情况

三、个人住房贷款与商业用房贷款此消彼长

2011年末，个人住房贷款余额3550.5亿元，比年初增加73.6亿元；同比增长2.1%，增速比上年下降12.2个百分点。2011年以来，个人住房贷款月度新增额逐月下降，5月份个人住房贷款余额出现了自2009年3月以来的首次负增长，第三季度各月也均为负增长，12月当月减少最多，为14.6亿元。个人商业用房贷款余额281.4亿元，比年初增加80亿元；同比增长39.7%，增幅比上年提高13个百分点。由于商业用房不受限购政策影响，个人商业用房贷款成为银行个人贷款业务新的增长点。

四、新建住房与二手住房贷款变化受房地产市场调控影响明显

2011年末，个人新建住房贷款余额2377.3亿元，比年初减少7.7亿元；同比下降0.3%，而上年末增速为8.2%。2010年末至2011年新政实施前，受北京市新房交易量上涨带动，新建住房贷款增势延续到了2011年2月；在新建住房交易量大幅下降的影响下，第二、三、四季度新建住房贷款均为负增长，12月当月减少最多，为10.4亿元。二手住房贷款余额1173.2亿元，比年初增加81.2亿元；同比增长7.5%，增速比上年下降23.2个百分点。二手住房贷款余额在6月份出现了自2009年3月以来的首次负增长；2011年四个季度的新增额分别为70.2亿元、7.1亿元、8.8亿元、-4.9亿元。

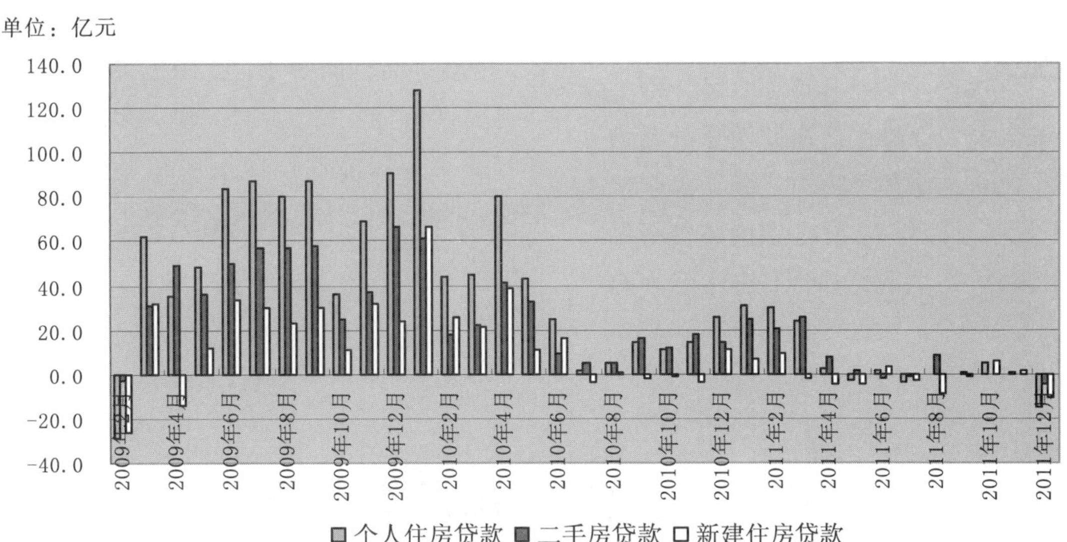

图 9-4　北京市个人住房贷款月度新增额变化

五、房地产开发贷款增速连续四个月负增长

2011 年末，房地产开发贷款余额 4305.2 亿元，比年初增加 1.5 亿元；同比下降 4.3%（2011 年初数据调整致使与上年末数据不一致），连续四个月负增长，而 2010 年末增速为 29.8%。其中，政府土地储备机构贷款余额 1723.1 亿元，比年初减少 169.6 亿元；住房开发贷款余额 1487.7 亿元，比年初增加 229.6 亿元；商业用房开发贷款余额 656.8 亿元，比年初增加 20 亿元。在政府土地储备机构贷款大量到期还款的影响下，房地产开发贷款余额在 5—7 月、10 月、12 月出现了负增长。

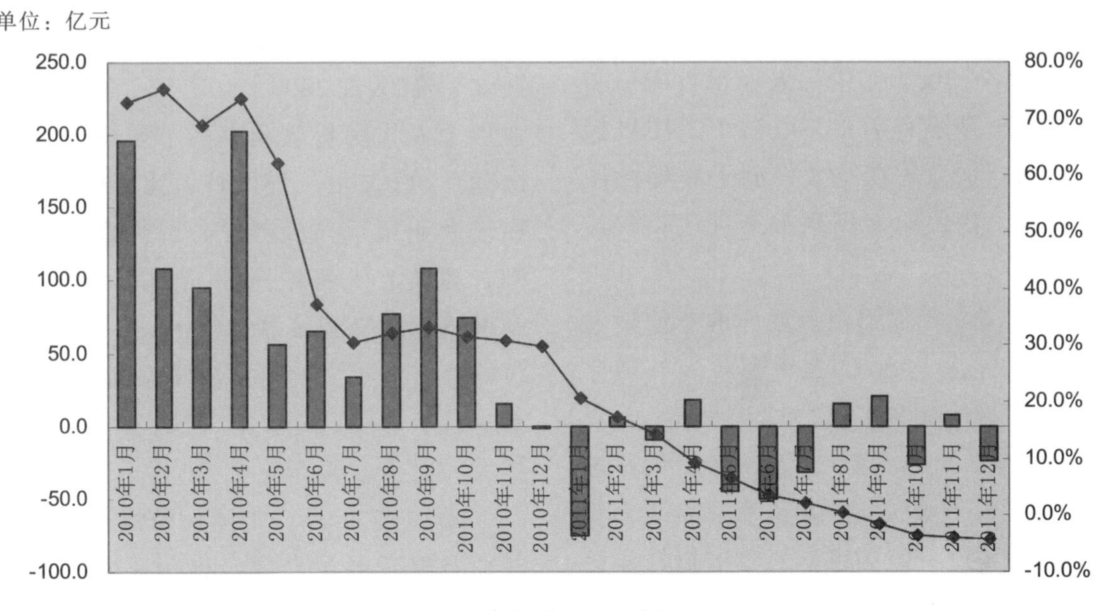

图 9-5　北京市房地产开发贷款月度新增及余额同比增速

六、金融对保障性住房建设的支持力度不断加大

2011 年年末，保障性住房开发贷款余额 367.3 亿元，比年初增加 189.7 亿元，占全部住房开发贷款新增额的 82.6%。辖内各银行结合北京市保障性安居工程建设工作实际和自身业务特点，通过专设信贷规模、内部政策倾斜、金融产品创新等手段，积极为保障性住房项目提供信贷支持。此外，辖内多家银行积极参与北京市保障性住房专项私募债券的发行工作，年内融资 120 亿元，缓解了保障性住房项目建设资金压力。

第四节　房地产金融政策调整

一、近年来房地产金融政策调整

2003 年以前，房地产金融政策的主要目的在于支持住房体制改革，促进房地产金融产品的推出与发展。2003 年 6 月，针对局部房地产市场过热，中国人民银行出台《关于进一步加强房地产信贷业务管理的通知》(银发［2003］121 号)，加强房地产开发贷款管理、引导规范贷款投向，严格控制土地储备贷款的发放，加强个人住房贷款管理。

2004 年至 2007 年中国人民银行先后 9 次上调存贷款基准利率，并取消个人住房贷款利率优惠。加息周期有效抑制了非理性住房消费需求，居民购房更侧重于自住和改善住房条件。

2007 年《关于加强商业性房地产信贷管理的通知》(银发［2007］359 号）及其《补充通知》(银发［2007］452 号）明确了二套房的执行标准，规定二套（含）以房贷款首付款比例不得低于 40%，贷款利率不得低于基准利率的 1.1 倍，有效约束了二套房贷杠杆比例，对降低信贷风险、打击房地产投机、保障自住性需求、平抑房价过快上涨发挥了积极作用。此外，银发〔2007〕359 号文还进一步严格规范了房地产贷款管理、风险监测及防范工作，要求贷款使用与开发项目配套专款专用，有效避免滚动开发模式下企业挪用贷款资金用途行为，防范金融风险。

金融危机以来，随着适度宽松货币政策的实施，自 2008 年 9 月起，中国人民银行先后 5 次下调存贷款基准利率，先后 4 次下调存款准备金率，并印发了《中国人民银行关于扩大商业性个人住房贷款利率下浮等有关问题的通知》(银发［2008］302 号）等文件，将商业性个人住房贷款利率的下限扩大为贷款基准利率的 0.7 倍，最低首付比例调整为 20%，要求商业银行充分考虑各种因素按照风险原则合理确定利率水平。房贷利率下限降低使得金融机构房贷利率浮动权限进一步扩大，金融机构具有了更大的自主决策空间。同时也更好地支持了居民购买普通住房，有力促进了内需扩大和民生改善。

2010 年 2 月，中国人民银行、中国银行业监督管理委员会联合出台《关于贯彻落实〈国务院办公厅关于促进房地产市场平稳健康发展的通知〉的通知》(银发［2010］58 号)，

加强对房地产贷款业务的窗口指导,加大差别化信贷政策执行力度,严格抑制投资投机性购房需求。9 月,又出台了《中国人民银行 中国银行业监督管理委员会关于完善差别化住房信贷政策有关问题的通知》(银发[2010]275 号),明确提出“暂停发放居民家庭购买第三套及以上住房的贷款”;对贷款购买商品住房的,“首付款比例调整至 30%及以上”,“对贷款购买第二套住房的家庭,严格执行首付款比例比低于 50%、贷款利率不低于基准利率 1.1 倍的规定”。

二、2011 年房地产信贷政策调整情况

2011 年 1 月,根据《国务院办公厅关于进一步做好房地产市场调控工作有关问题的通知》(国办发[2011]1 号)要求,贷款购买第二套住房的家庭,首付款比例不低于 60%,贷款利率不低于基准利率的 1.1 倍。《中国人民银行关于做好差别化住房信贷政策实施工作的通知》(银发[2011]66 号)明确各地实施差别化住房信贷政策的基本条件、程序和管理要求。

为发挥好金融对公共租赁住房等保障性安居工程建设的支持作用,人民银行会同银监会联合印发《关于认真做好公共租赁住房等保障性安居工程金融服务工作的通知》(银发[2011]193 号),进一步完善公共租赁住房等保障性安居工程建设的信贷支持政策体系,明确贷款期限最长不超过 15 年。

第十章
物业服务和管理

第一节　北京市物业管理基本情况

一、物业服务企业数量及分布

为规范物业管理市场秩序，保障业主合法权益，加强物业服务企业资质审批和监管，2011 年在全市范围内开展了物业服务企业资质核查工作，暂停了物业服务企业三级（暂定）资质审批业务，注销了 48 家物业服务企业的资质证书。截至年底，全市共有物业服务企业 3085 家（见图 10–1），比上年减少 65 家。其中，一级企业 117 家，新增 2 家；二级企业 305 家，新增 25 家；三级企业 2537 家，新增 55 家；三级暂定企业 126 家，减少 148 家。其中，海淀区注册登记的物业服务企业居全市首位，共 620 家，其次为朝阳区 496 家、西城区 389 家、东城区 272 家、丰台区 249 家。

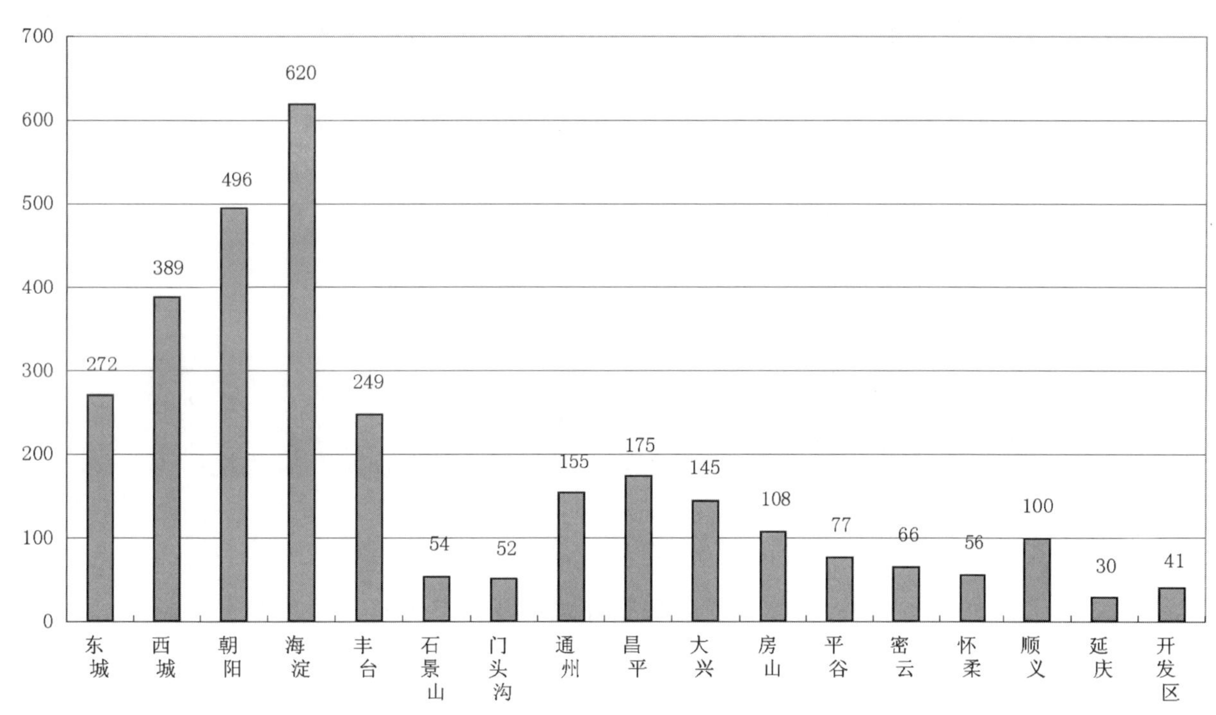

图 10–1　各区县物业服务企业数量（单位：家）

二、物业项目数量及分布

截至 2011 年底，全市共有物业管理项目 5960 个（见图 10–2、表 10–1），同比增加 561 个，建筑面积 50051 万平方米（各区县物业项目建筑面积见图 10–3）。其中，住宅类项目 3916 个，建筑面积 39175 万平方米；非住宅类项目 2044 个，建筑面积 10876 万平方米。

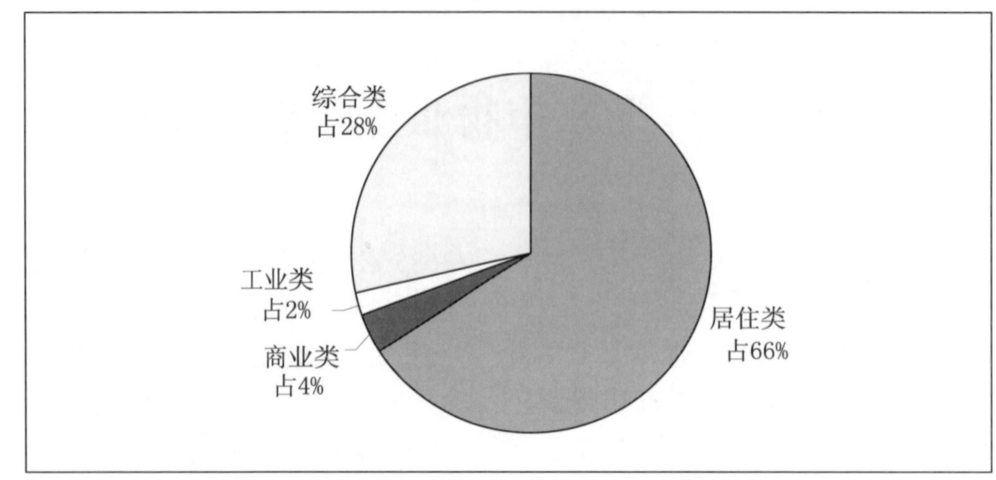

图 10-2　各类物业管理项目比例（单位：个）

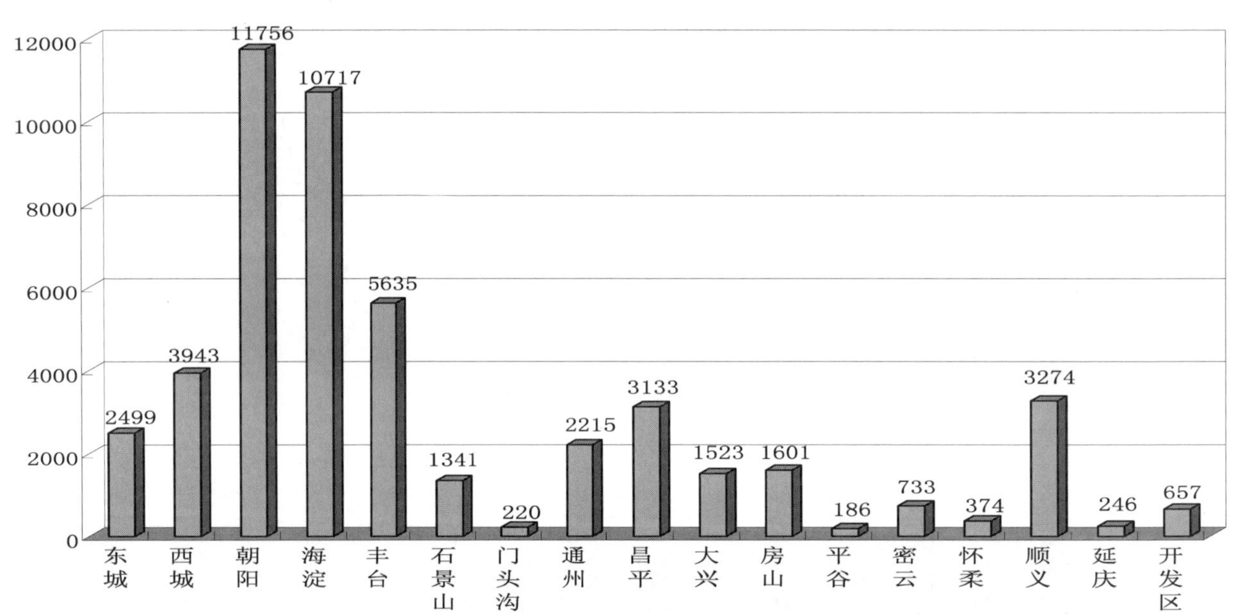

图 10-3　各区县物业管理项目建筑面积（单位：万平方米）

表 10-1　物业管理项目分布情况表

	项目（个）	占全市比例	建筑面积（平方米）	占全市比例
合计	5960		50051	
首都功能区（东、西）	1161	19%	6442	13%
城市功能拓展区（朝、海、丰、石）	3384	57%	29447	59%
城市发展新区（通、昌、顺、大、房）	1122	19%	12403	25%
生态涵养发展区（门、怀、平、密、延）	293	5%	1759	3%

三、业主大会成立情况

截至2011年底，全市物业管理项目成立业主大会948个，占物业管理项目总数的16%，比2010年增加152个。其中，住宅类物业项目成立业主大会910个，占住宅项目总量的23.2%，新增151个；非住宅类物业项目成立业主大会38个，占非住宅项目总数的1.9%。

第二节 完善法规政策

一、出台新建物业项目承接查验标准

2011年1月，出台了《新建物业项目交接查验标准》，该《标准》适用于本市行政区域内新建物业项目。建设单位和全体业主对物业共用部分进行交接查验的内容包括建造质量、管理资料、使用功能等方面。《标准》为业主及建设单位、物业服务企业、物业服务评估监理机构提供了可操作性依据。《标准》自2011年2月1日起正式施行。

二、规范物业服务评估监理活动

为贯彻落实《北京市物业管理办法》，维护物业管理市场各方主体的合法权益，引导物业服务评估监理机构独立、客观、公正执业，2011年8月15日，发布了《关于进一步规范物业服务评估监理活动有关问题的通知》（京建发［2011］2号）。《通知》明确了物业服务评估监理委托合同的主要内容，加强了对物业服务评估监理的行业监管。

三、推进业主大会组建和规范运作

业主大会是物业管理区域内业主行使共同管理权利、承担共同管理责任的组织，在物业管理中占据主体地位。为完善我市住宅区业主自我管理机制，充分发挥业主大会在社会管理中的作用，推进业主大会组建和规范运作，2011年9月27日，市住房城乡建设委、市民政局、市社会办联合印发了《关于推进住宅区业主大会建设的意见》（京建发［2011］11号）。《意见》明确了推动组建住宅区业主大会的工作目标、工作思路以及进一步规范业主大会运作的工作方法等内容，提出了改善业主大会负责人能力素质和提高业主大会自我管理能力的若干措施，以及推动建立业主大会与社区居委会良性互动关系的若干措施，为全市推进业主大会建设明确了方向。

四、规范物业项目收支情况公示

为构建公开透明的物业管理市场环境，规范物业服务企业经营行为，保障业主在物业管理活动中的知情权、监督权，2011年12月28日，发布了《关于物业项目收支情况公示有关问题的通知》（京建发［2011］592号），规定自2012年1月1日起，物业项目收支情况须网上填写，现场进行公示。此外，《通知》对物业项目收支情况报告的示范文本予以了修订。

第三节　物业服务监管

一、开展物业项目收支情况公示专项执法检查

深入贯彻落实《北京市物业管理办法》相关规定，对实施专业化物业管理的住宅物业项目进行收支情况公示专项执法检查，全市共检查住宅物业项目2649个，发现未按规定公示的项目220个，其中未按时公示上一年度物业服务合同履行情况、物业项目收支情况、本年度物业项目收支预算的46个；公示内容不规范的174个，对未按规定进行项目公示的物业服务企业和项目负责人给予了信用扣分，通过新闻媒体将检查结果向社会公布，对未按规定公示的物业项目和物业服务企业予以曝光。

二、开展物业服务合同备案

《北京市物业管理办法》建立了物业管理行业监管新模式，建立了“北京市物业管理动态监管系统”，各区县建委、房管局将日常巡查与网上监管相结合，做到了对物业项目的实时监控，对业主投诉的及时处理。将行业监管的重心转移到项目上来，建立项目备案制度，以项目负责人为抓手管好项目、以项目为抓手管好企业。为落实这一要求，自2011年1月1日起全面开展了物业服务合同备案工作，共有5453个物业项目已申报物业服务合同备案，64%的项目已通过审核完成备案，全市物业项目及物业服务企业基础信息数据库已初步建立。

三、实施物业服务企业信用管理

自2011年开始建立物业服务企业及项目负责人信用信息系统，对物业服务活动实施动态监管，对存在违法违规行为的企业和项目负责人实行信用计分，已对128家物业服务企业及2名项目负责人予以记分处理。自2011年7月起，物业服务企业和项目负责人的信用信息向社会公众开放，主动接受社会监督，倡导物业企业规范服务、诚信经营。

四、开展项目负责人培训考试

通过物业服务合同备案锁定项目负责人，通过培训考试提高项目负责人的业务水平和履职能力，建立项目负责人信用信息档案，加强服务监管，全年共组织了4次物业项目负责人考试，共有7066人取得了合格证书，其中一级企业2292人，二级企业1757人，三级企业3017人。

第四节　物业服务评估监理

一、培育物业服务评估监理机构

物业服务评估监理机构作为独立、专业、公正的第三方，在物业服务费用测算、物业项目承接查验、物业服务质量评估监理等方面具有重要作用，对解决物业管理纠纷、构建质价相符的物业管理市场环境具有重要意义。截至2011年底，累计备案物业服务评估监理机构37家，进行前期物业服务费用评估新建物业项目230个。

二、成立北京市物业服务评估监理协会

2011年9月6日，北京市物业服务评估监理协会正式成立。物业服务评估监理协会负责研究我市物业服务评估监理行业的发展战略、行业动态，拟定和实施物业服务评估监理行业执业准则和职业道德准则，建立各项自律性管理制度。协会主要从三个方面开展工作：一是推进物业项目查验交接，开展已交付使用的新建商品住宅的承接查验，会同住保办对全市新建保障性住房项目实施严格的查验；二是组织全市物业管理行业专家培训，进一步加强物业管理行业专家执业操守，提高业务水平，保障物业项目承接查验评估顺利进行；三是与司法系统研究第三方物业服务评估在物业管理矛盾纠纷调处和诉讼案件审理中的作用。

第五节　《北京市物业管理办法》试点工作

为全面推进《北京市物业管理办法》及各项配套政策落地，进一步推动北京市社会服务管理创新，自2011年3月下旬至8月底，市住房城乡建设委、市民政局、市社会办、市地税局、市质监局、市住房资金管理中心在怀柔区开展了为期5个月的试点工作。

试点工作以业主大会成立、业主一卡通发放和专项维修资金归集“三个全覆盖”为目标，在市、区两级相关部门的精心组织、密切配合下，怀柔区新组建业主大会86个；全区191个业主大会，全部完成备案并领取了《业主大会登记证书》和组织机构代码证书、刻制了印章，确立了独立的民事主体地位。依据房屋权属数据和物业企业、居委会、产权单位提供的数据，建立了怀柔区33857套房屋基本楼盘数据库；成功归集18838套商品住宅的专项维修资金1.27亿元；对1999年以前16000余套房屋的楼栋数量、所属产权单位、归集标准等底数基本摸清，制定了详细的归集方案，并成功归集了四个产权单位散落的专项维修资金233.4万元；制作房地产开发公司所属的1627套商品房数据自查统计表并成功下发；为试点范围内房屋统一制作、发放了业主一卡通，共计发放业主一卡通33857张。

此次试点工作具有以下四个方面的重要意义：一是实现业主大会登记，完善了业主的民事行为能力；二是改签物业服务合同，厘清了物业管理法律关系；三是探索解决业主欠费难题，通过管理规约确定业主与业主大会之间的债权债务关系，明确了业主和业主大会的法律关系；四是改革了专项维修资金管理体制，为既有房屋建筑可持续发展提供了保障。

第六节　商品住宅专项维修资金管理

截至 2011 年底，全市累计归集商品住宅专项维修资金 301.42 亿元，归集户数 201.58 万户，其中本年度归集资金 32.26 亿元，归集户数 18.23 万户（见表 10-2），全市累计 632 个小区使用专项维修资金 2.11 亿元，涉及电梯、屋面防水等 2155 个维修项目。由于早期开发的住宅陆续进入维修期，以及明确了资金适用范围、程序，本年度使用资金 9663.11 万元，同比增长 81.34%；累计有 161 个小区分 172 次将专项维修资金划转至业主大会开户银行，累计划转资金 19.33 亿元，划转户数 15.75 万户，本年度划转资金 2.33 亿元，同比增长 17.09%。

表 10-2　2000-2011 年住宅专项维修资金归集金额统计表

单位：亿元

年份	2000 年	2001 年	2002 年	2003 年	2004 年	2005 年	2006 年	2007 年	2008 年	2009 年	2010 年	2011 年	合计
金额	2.29	3.7	7.77	11.87	17.72	43.18	33.92	34.26	30.66	37.08	48.6	32.26	301.42

注：本市自 2000 年 2 月 13 日开始对 1999 年 1 月 1 日以后售出的新建商品住宅（含经济适用住房）归集专项维修资金。归集金额均按 2000 年至 2011 年实际归集到“北京市住宅专项维修资金专用银行账户”的金额统计。

第七节　市级示范物业服务项目评选

经物业服务企业申报、专家评审等环节，全市共有 112 个物业服务项目获星级项目称号，其中 16 个项目被评定为 2011 年度北京市物业管理示范（五星级）项目（见表 10-3、表 10-4），96 个物业管理项目被评定为 2011 年度北京市物业管理示范（四星级）项目。

表 10–3　北京市物业管理示范（五星级）住宅小区

序号	项目	服务企业
1	远洋沁山水	北京远洋基业物业管理有限公司
2	学府树家园	华润置地（北京）物业管理有限责任公司
3	北苑家园望春园	北京城承物业管理有限责任公司

表 10–4　北京市物业管理示范（五星级）大厦

序号	项目	服务企业
1	中国华电大厦	华电科贸有限责任公司
2	北方地产大厦	北方阳光物业管理有限责任公司
3	首府大厦	北京市圣瑞物业服务有限公司
4	外经贸大厦	北京银达物业管理有限责任公司
5	德胜尚城大厦	北京金融街物业管理有限责任公司
6	中国科学技术馆	北京科住物业管理有限公司
7	民生金融中心	泛海物业管理有限公司
8	德胜国际中心	北京金融街物业管理有限责任公司
9	中国科学院动物研究所	北京科住物业管理有限公司
10	国家防火防灾教育基地	北京闻达敏斯物业管理服务有限公司
11	曙光西里甲 5 号院 16 号（凤凰置地广场西区 A 座）	北京华润物业管理有限公司
12	北京市西城区人民法院办公楼	北京尚合佳物业管理有限公司

表 10–5　北京市物业管理示范（五星级）工业区

序号	项目	服务企业
1	汇龙森国际科技产业园三园一期	北京汇龙森物业管理有限公司

第十一章
房地产登记

第一节　土地权属登记

一、2011 年城镇国有土地使用权登记情况

2011 年，全市城镇国有土地使用权初始登记发证 1493 宗，发证面积 4958.64 公顷。变更登记发证 10677 宗，发证面积 5290.24 公顷。注销登记 72 宗，注销宗地面积 214.73 公顷。（详见：《2011 年北京市城镇国有土地使用权登记发证统计表》）

二、2011 年城镇国有土地使用权抵押权登记情况

2011 年，全市抵押土地 6058 宗（含小业主抵押 3483 宗），抵押土地面积为 7405.64 公顷，土地抵押贷款额为 5363.8 亿元。主要抵押土地类别集中在住宅用地、商服用地和工矿仓储用地上。年内全市共注销抵押土地 4656 宗，注销抵押面积为 7061.95 公顷，注销抵押贷款为 2797.51 亿元。（详见：《2011 年北京市城镇国有土地使用权抵押权登记发证统计表》）

三、历年城镇国有土地使用权登记情况

截止到 2011 年底，全市共累计办理国有土地使用权登记 194117 宗，累计登记土地面积 217067.78 公顷。其中 2011 年办理国有土地使用权登记 12170 宗，土地面积 10248.88 公顷，分别占历年发证总宗数的 6.27%和总面积的 4.72%。

四、历年城镇国有土地使用权抵押权登记情况

2011 年办理抵押权登记 6058 宗，比上年下降了 33.4%，抵押面积 7405.64 公顷，比上年增加了 5.9%，抵押金额 5363.8 亿元，比上年增加了 17.4%。

表 11-1　1993—2011 年北京市国有土地使用权登记发证情况

年份	件数	面积（万平方米）	累计发证件数	累计发证面积（万平方米）
1993 年	583	827.57	653	838.39
1994 年	796	1363.22	1449	2201.61
1995 年	944	1629.21	2393	3830.82
1996 年	1537	2632.16	3930	6402.98
1997 年	2215	4559.95	6145	10962.93
1998 年	3802	14157.76	9947	25120.69
1999 年	7862	11250.36	17809	36371.05
2000 年	5108	8131.83	22917	44502.88
2001 年	7350	13494.63	30267	57997.51
2002 年	8180	9448.07	38447	67445.58

年份	件数	面积（万平方米）	累计发证件数	累计发证面积（万平方米）
2003 年	11396	19868.16	49843	87313.74
2004 年	17201	10794.05	67044	98107.79
2005 年	17292	8924.16	84336	107031.95
2006 年	27854	53982.67	112190	161014.62
2007 年	19789	10543.95	131979	171558.57
2008 年	15873	12363.68	147852	183922.25
2009 年	19373	13750.80	167225	197673.05
2010 年	14722	9145.85	181947	206818.9
2011 年	12170	10248.88	194117	217067.78

表 11-2　1999—2011 年北京市国有土地使用权抵押权登记情况

年份	宗数	面积（万平方米）	抵押额（万元）
1999 年	889	948.19	1636780.54
2000 年	794	783.83	1569197.64
2001 年	1457	2913.11	3144433.55
2002 年	2141	2686.97	4953896.22
2003 年	3874	4344.28	17027192.52
2004 年	13178	5635.03	10234732.98
2005 年	6901	6335.94	13359914.3
2006 年	8174	51781.22	17728988.51
2007 年	9726	6635.89	30046700.24
2008 年	7626	6004.84	21565014.53
2009 年	6994	12159.79	48972131.41
2010 年	9232	7056.63	45691814.53
2011 年	6058	7405.64	53637971.64

表 11-3　2011 年北京市城镇国有土地使用权登记发证统计表

项目	合计	
	宗数（宗）	面积（万平方米）
甲	1	2
累计	12170	10248.88
土地权属登记中心		
东城区	719	77.75
西城区	816	131.71

项目	合计	
	宗数（宗）	面积（万平方米）
朝阳区	6465	2152.73
丰台区	868	548.21
石景山区	194	234.08
海淀区	1102	390.05
门头沟区	82	221.09
房山区	149	639.87
通州区	246	865.79
顺义区	402	1135.87
昌平区	383	2000.70
大兴区	253	773.27
怀柔区	146	201.28
平谷区	86	219.99
密云县	109	245.36
延庆县	95	208.55
北京经济技术开发区	55	202.58

表 11-4　2011 年北京市城镇国有土地使用权抵押权登记发证统计表

项目	合计		
	宗数（宗）	抵押面积（万平方米）	贷款金额（万元）
甲	1	2	3
总　计	6058	7405.64	53637971.64
土地权属登记中心			
东城区	280	21.74	1214314.08
西城区	208	23.16	1475103.00
朝阳区	2343	1656.16	22162963.21
丰台区	594	275.07	6265598.06
石景山区	90	181.75	1981394.97
海淀区	732	157.40	3507338.21
门头沟区	14	28.46	200900.00
房山区	81	336.50	1219941.74
通州区	315	1185.66	4089457.01
顺义区	307	792.52	2500839.53
昌平区	187	626.87	2404397.57

项目	合计		
	宗数（宗）	抵押面积（万平方米）	贷款金额（万元）
大兴区	322	853.66	3047417.46
怀柔区	152	232.87	301806.99
平谷区	72	177.68	665195.00
密云县	140	260.27	346037.19
延庆县	36	67.52	56251.00
北京经济技术开发区	185	528.35	2199016.62

第二节　房屋登记情况

一、房屋所有权登记概况

2011 年，全市共办理房屋所有权登记 373984 件，登记面积 7813.11 万平方米。2011 年各区县住房与城乡建设委（房管局）办理房屋所有权登记数量统计情况（详见表 11-5）。

表 11-5　2011 年度房屋所有权登记情况统计

区县	件数（件）	建筑面积（万平方米）
东城区	14741	358.3
西城区	22733	450.6
朝阳区	107642	2102.84
海淀区	47869	1118.12
丰台区	49643	752.18
石景山区	14153	222.97
门头沟区	4436	82.74
房山区	11557	230.61
通州区	21741	565.8
顺义区	14618	428.72
大兴区	15222	387.92
昌平区	32923	522.42
平谷区	2027	69.49
怀柔区	3216	94.8
密云县	6433	147.74
延庆县	2461	51.15

区县	件数（件）	建筑面积（万平方米）
北京经济技术开发区	2569	226.71
合计	373984	7813.11

1．房屋所有权初始登记情况

2011 年，全市共办理房屋初始登记 2565 件，登记面积 3083.75 万平方米，占所有权登记件数的 0.69%和登记面积的 39.47%。

2011 年各区县住房与城乡建设委（房管局）办理房屋所有权初始登记数量统计情况（详见表 11-6）。

表 11-6　2011 年度房屋所有权初始登记情况统计

区县	件数（件）	建筑面积（万平方米）
东城区	70	126.44
西城区	45	101.02
朝阳区	532	784.68
海淀区	258	443.69
丰台区	251	262.51
石景山区	57	91.69
门头沟区	18	30.81
房山区	268	114.65
通州区	304	330.39
顺义区	78	184.52
大兴区	202	202.11
昌平区	249	148.08
平谷区	58	25.59
怀柔区	74	21.66
密云县	26	48.71
延庆县	35	18.11
北京经济技术开发区	40	149.09
合计	2565	3083.75

2．房屋所有权转移登记情况

2011 年，全市共办理房屋转移登记 356733 件，登记面积 3869.49 万平方米，占所有权登记件数的 95.39%和登记面积的 49.53%。

2011 年各区县住房与城乡建设委（房管局）办理房屋所有权转移登记数量统计情况（详见表 11-7）。

表 11-7　2011 年度房屋所有权转移登记情况统计

区县	件数（件）	建筑面积（万平方米）
东城区	14111	148.09
西城区	21015	252.55
朝阳区	103875	1079.36
海淀区	45331	523.66
丰台区	47524	433.95
石景山区	13414	123.49
门头沟区	4083	33.45
房山区	11116	112.61
通州区	20551	219.31
顺义区	14352	197.82
大兴区	14057	161.5
昌平区	31698	333.39
平谷区	1829	31.1
怀柔区	2842	54.21
密云县	6254	82.84
延庆县	2281	29.86
北京经济技术开发区	2400	52.3
合计	356733	3869.49

3．房屋所有权变更登记情况

2011 年，全市共办理房屋变更登记 14040 件，登记面积 832.93 万平方米，占所有权登记件数的 3.75%和登记面积的 10.66%。

2011 年各区县住房与城乡建设委（房管局）办理房屋所有权变更登记数量统计情况（详见表 11-8）。

表 11-8　2011 年度房屋所有权变更登记情况统计

区县	件数（件）	建筑面积（万平方米）
东城区	549	82.91
西城区	1623	96.79
朝阳区	3212	237.72
海淀区	2233	142.72
丰台区	1505	52.37
石景山区	665	5.69
门头沟区	322	18.41
房山区	169	3.3

通州区	864	15.75
顺义区	180	44.69
大兴区	930	23.33
昌平区	932	38.99
平谷区	136	7.08
怀柔区	298	18.82
密云县	152	15.95
延庆县	143	3.13
北京经济技术开发区	127	25.28
合计	14040	832.93

二、房屋抵押权登记情况

2011 年，全市共办理房屋抵押权登记 241221 件，登记面积 6085.6 万平方米。

2011 年各区县住房与城乡建设委（房管局）办理房屋抵押权登记数量统计情况（详见表 11–9）。

表 11–9 2011 年度房屋抵押权登记情况统计

区县	件数（件）	建筑面积（万平方米）
东城区	7532	470.54
西城区	10032	283.25
朝阳区	70177	1572.8
海淀区	29221	844.88
丰台区	31837	576.68
石景山区	6827	124.53
门头沟区	1802	33.11
房山区	8301	161.24
通州区	16545	406.55
顺义区	10027	349.01
大兴区	11832	376.32
昌平区	23346	451.73
平谷区	2758	113.55
怀柔区	2637	117.71
密云县	3725	96.02
延庆县	2920	71.52
北京经济技术开发区	1702	36.16
合计	241221	6085.6

三、房屋预告登记情况

2011年，全市共办理房屋预告登记3991件，登记面积62.23万平方米。

2011年各区县住房与城乡建设委（房管局）办理房屋预告登记数量统计情况（详见表11-10）。

表11-10　2011年度房屋预告登记情况统计

区县	件数（件）	建筑面积（万平方米）
东城区	21	0.2
西城区	2	0.03
朝阳区	2015	24.45
海淀区	235	16.41
丰台区	0	0
石景山区	11	0.15
门头沟区	0	0
房山区	0	0
通州区	2	0.05
顺义区	51	2.45
大兴区	1290	14.74
昌平区	211	2
平谷区	0	0
怀柔区	6	0.19
密云县	147	1.56
延庆县	0	0
北京经济技术开发区	0	0
合计	3991	62.23

四、其他登记情况

1. 房屋更正登记情况

2011年，全市共办理房屋更正登记2374件，登记面积94.46万平方米。

2011年各区县住房与城乡建设委（房管局）办理房屋更正登记数量统计情况（详见表11-11）。

表11-11　2011年度房屋更正登记情况统计

区县	件数（件）	建筑面积（万平方米）
东城区	97	2.05
西城区	188	12.78
朝阳区	606	37.03
海淀区	305	3.94

区县	件数（件）	建筑面积（万平方米）
丰台区	357	8.04
石景山区	55	1.7
门头沟区	26	0.19
房山区	91	4.9
通州区	104	8.12
顺义区	13	0.4
大兴区	162	4.06
昌平区	264	3.36
平谷区	9	0.89
怀柔区	28	1.2
密云县	56	5.65
延庆县	6	0.06
北京经济技术开发区	7	0.09
合计	2374	94.46

2．房屋异议登记情况

2011 年，全市共办理房屋异议登记 886 件，登记面积 11.13 万平方米。

2011 年各区县住房与城乡建设委（房管局）办理房屋异议登记数量统计情况（详见表 11-12）。

表 11-12　2011 年度房屋异议登记情况统计

区县	件数（件）	建筑面积（万平方米）
东城区	58	1.16
西城区	67	0.53
朝阳区	176	2.13
海淀区	125	1.31
丰台区	129	1.1
石景山区	47	0.38
门头沟区	3	0.03
房山区	23	1.29
通州区	54	0.57
顺义区	16	0.23
大兴区	69	0.66
昌平区	98	1.48
平谷区	5	0.05
怀柔区	0	0

区县	件数（件）	建筑面积（万平方米）
密云县	1	0.02
延庆县	5	0.04
北京经济技术开发区	10	0.15
合计	886	11.13

第十二章
房屋安全管理

第一节 城镇房屋和设备安全检查

一、城镇房屋安全检查工作

依据《城市危险房屋管理规定》(建设部129号令)、《北京市城镇房屋建筑使用安全综合治理办法》(京政发［2010］17号)和《关于开展2012年度北京市城镇房屋安全检查工作的通知》(京建发［2011］508号),为掌握本市城镇房屋安全状况,及时发现和解除危险隐患,合理制订城镇房屋修缮和改造计划,保障房屋住用安全,市住房城乡建设委于2011年11月1日召开了2012年度城镇房屋安全检查工作会。各区县建委、房管局及各管房单位按市住房城乡建设委统一部署,组织实施城镇房屋安全检查。

(一)房屋安全检查情况

从2011年11月至2012年3月,实查城镇房屋48908万平方米,为应查(不包括军产、外事用房及厂矿工业用房等)51685万平方米的94.63%,各区县查房数量详见图12-1(图中所标数值为应查房数)。

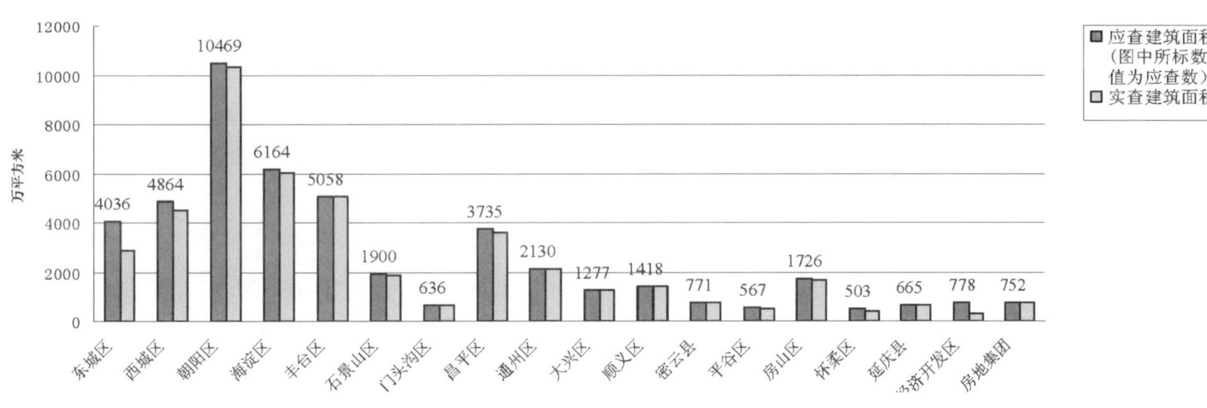

图12-1 2012年度城镇房屋安全检查中各区县应查和实查建筑面积

在实查城镇房屋48908万平方米中,查出疑似危险房屋(未鉴定,以下同)0.74万平方米,占实查房的0.002%;严重破损房屋322万平方米,占实查房的0.66%;一般破损房屋1266万平方米,占实查房的2.59%。按房屋类型划分:疑似危险房屋0.74万平方米均为平房;严重破损平房(含中式旧楼)197万平方米,占严重破损房总量322万平方米的61.18%;一般破损平房(含中式旧楼)322万平方米,占一般破损房总量1266万平方米的25.43%。按房屋区域划分:核心区查出疑似危险房0.48万平方米,占疑似危房总量0.74万平方米的64.86%;核心区严重破损房屋186万平方米,占严重破损房总量322万平方米的57.76%;核心区一般破损房屋494万平方米,占一般破损房屋总量1266万平方米的39.02%(详见表12-1)。

表 12-1 城镇房屋完损状况分析表

		应查房屋建筑面积(万平方米)	实查房屋建筑面积												危旧房小计(三四五类)		危破房小计(四五类)	
			合计		完好房屋		基本完好房		一般破损房		严重破损房		疑似危险房					
			万平方米	占应查%	万平方米	占实查%	万平方米	占实查%	万平方米	占实查%	万平方米	占实查%	万平方米	占实查%	万平方米	占实查%	万平方米	占实查%
合计		51685	48908	94.6	37768	77.2	9551	19.5	1266	2.6	322	0.7	0.74	0.002	1589	3.3	323	0.7
按房屋类型分	楼房	49437	46831	94.7	37012	79.0	8750	18.7	945	2.0	124	0.3			1069	2.3	124	0.3
	平房(含中式旧楼)	2248	2077	92.4	756	36.4	801	38.6	322	15.5	197	9.5	0.74	0.04	520	25.0	198	9.5
按功能区域分	核心区	9268	7801	84.2	4969	63.7	2152	27.6	494	6.3	186	2.4	0.48	0.006	680	8.7	186	2.4
	拓展区	24742	24410	98.7	19012	77.9	4904	20.1	403	1.7	91	0.4			494	2.0	91	0.4
	发展新区	14337	13512	94.3	11344	84.0	1850	13.7	289	2.1	29	0.2	0.26	0.002	318	2.4	29	0.2
	生态涵养区	3338	3185	95.4	2443	76.7	645	20.3	81	2.5	16	0.5			97	3.0	16	0.5

表中"按功能区域划分"的依据是《北京市"十一五"规划纲要》。核心区：新东城区、新西城区；拓展区：朝阳区、海淀区、丰台区、石景山区；发展新区：昌平区、通州区、大兴区、顺义区、房山区、亦庄开发区；生态涵养区：门头沟区、平谷区、怀柔区、密云县、延庆县。房地集团的物业管理查房数据汇总在"核心区"中，直管和自管查房数据汇总在"拓展区"中。

1．直管房屋安全检查分析

直管房屋安全检查从 2011 年 11 月 15 日开始至 2011 年 2 月 10 日结束，历时 87 天。共组织了 266 个查房小组，956 人参加查房，动员工日 3.31 万个，人均实际投入查房 35 天。实查直管房 1882 万平方米，占应查房 1883 万平方米的 99.9%。其中：实查平房 346 万平方米（包括中式旧楼 9.4 万平方米），占实查直管房总量 1882 万平方米的 18.4%；实查楼房 1536 万平方米，占实查直管房总量的 81.6%。

（1）直管房屋完损状况（见图 12-2）

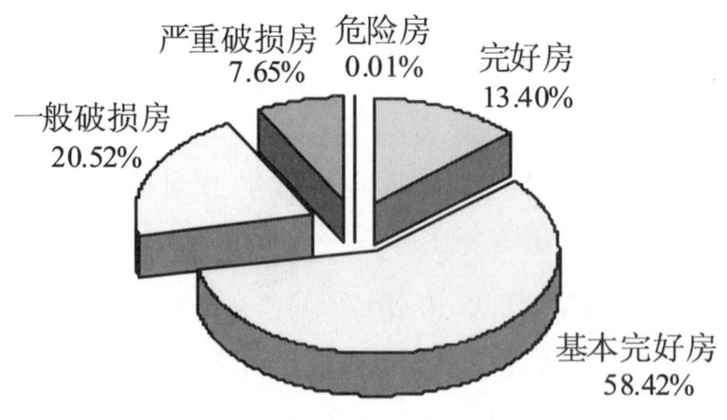

图 12-2 直管房屋完损等级比例图

①直管房屋完好率（完好房和基本完好房）所占的比例由上年的73.07%下降为71.82%，下降1.25个百分点，其中：平房完好率（包括中式旧楼，以下同）由上年的39.72%上升为41.47%，上升1.75个百分点；楼房完好率由上年的80.67%下降为78.64%，下降2.03个百分点。

②直管一般破损房所占的比例由上年的18.72%上升为20.52%，上升1.8个百分点。其中：一般破损平房由上年的31.77%下降为30.85%，下降0.92个百分点；一般破损楼房由上年的15.75%上升为18.2%，上升2.45个百分点。

③直管严重破损和疑似危险房屋所占比例由上年的8.21%下降为7.66%,下降0.55个百分点。其中：平房由上年的28.51%下降为27.67%，下降0.84个百分点；楼房由上年的3.58%下降为3.15%，下降0.43个百分点。

（2）直管房屋应修缮情况

实查直管平房23.49万间（包括中式旧楼0.58万间）,实查直管楼房4622幢24.37万套，1536.43万平方米。应修缮项目见表12-2。

表12-2 直管房屋中查出的应修缮项目

	平房应修缮						楼房应修缮				
	翻挑大修（间）	木结构加固（间）	墙体整修（间）	屋面维修（间）	改善项目（间）	解除院落积水（立方米）	综合维修（万平方米）	屋面大修（万平方米）	上下水更新（万平方米）	整楼外墙板缝漏雨（万平方米）	屋面维修（万平方米）
数量	48606	1220	5610	109926	5365	377	67.42	35.80	136.03	7.15	10.09
占总量%	20.69	0.52	2.39	46.80	2.28	—	4.39	2.33	8.85	0.47	0.66

2．物业和单位自管房屋安全检查分析

（1）实查物业和单位自管房46711万平方米，占应查面积49437万平方米的94.5%。其中：完好和基本完好房占98.08%，比上年上升0.02个百分点；一般破损房占1.69%，比上年上升0.01个百分点；严重破损及危险房占0.23%，比上年下降0.04个百分点（详见图3）。

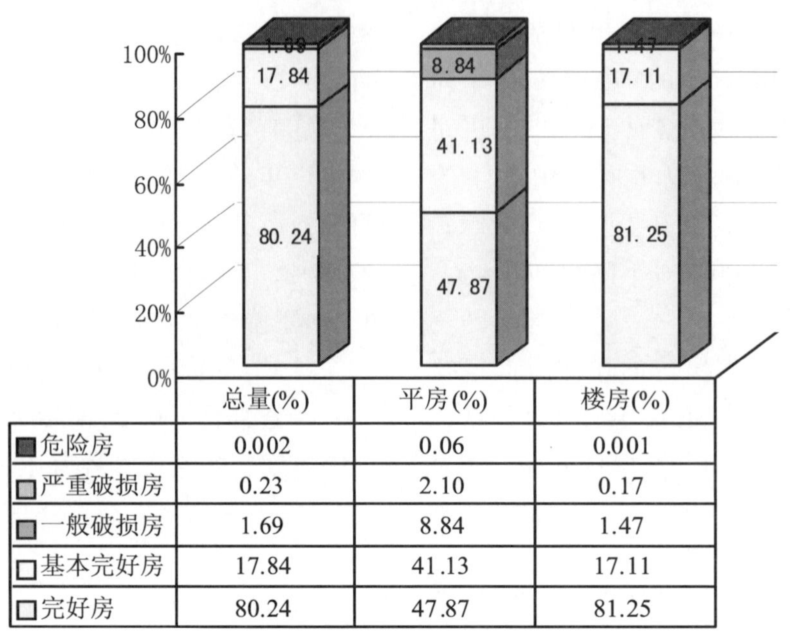

	总量(%)	平房(%)	楼房(%)
危险房	0.002	0.06	0.001
严重破损房	0.23	2.10	0.17
一般破损房	1.69	8.84	1.47
基本完好房	17.84	41.13	17.11
完好房	80.24	47.87	81.25

图 12-3 物业和单位自管房屋完损状况（%）

（2）查出物业和单位自管平房应修 26026 间，占实查平房 51.40 万间的 5.06 %。主要修缮项目：①应挑翻大修 3989 间；②木结构应加固 1304 间；③平房屋面应补漏 12394 间；④应墙体整修 4733 间；⑤房屋严重阴暗、潮湿、掉土，急需做顶棚、地面、改装修 3606 间。

（3）查出物业和单位自管楼房应修 2336.1 万平方米，占实查楼房建筑面积 46711 万平方米的 5.0%。主要修缮项目：①楼房应综合维修 1012.5 万平方米；②外立面应粉饰 262.17 万平方米；③楼房屋面应大修及维修 274.6 万平方米；④上下水应更新 353.01 万平方米；⑤楼内墙公共部分应粉刷 433.82 万平方米。

3. 城镇私有平房安全检查分析

实查城镇私有平房 20.27 万间，占应查 23.65 万间的 85.71%。其中 92.41%为自住私有平房，按其产别分类所占比例见图 12-4。

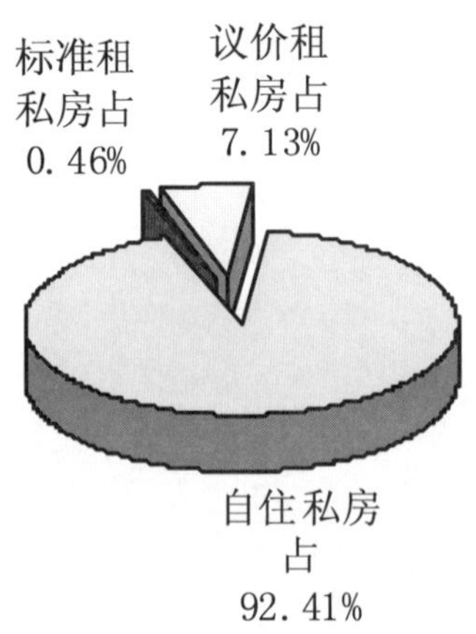

图 12-4 城镇私有平房按产别分类图

（1）标准租出租私房：实查标准租私房1.57万平方米，占应查1.66万平方米的94.58%，其中：完好和基本完好房占5.09%，一般破损房占53.50%，严重破损房占41.40%。查出应修标准租私房283间，占实查937间的30.21%。主要修缮项目：①应翻挑大修122间，占实查间数的13.0%；②木结构应抢修加固90间，占实查间数的9.6%；③应墙体整修24间，占实查间数的2.6%；④严重漏雨47间，占实查间数的5.0%。

（2）自住私房及议价租私房（未规定评定房屋完损等级）：共实查20.18万间，占应查23.65万间的85.33%。查出应修自住私房及议价租私房19748间，占实查20.18万间的9.79%。主要修缮项目：①应翻挑大修12785间，占实查间数的3.82%；②木结构应抢修加固2111间，占实查间数的0.18%；③应墙体整修2603间，占实查间数的0.35%；④严重漏雨2249间，占实查间数的0.21%。

（3）城镇私有平房数量逐年减少。实查城镇私有平房20.27万间，比上年减少1.04万间。其中顺义区、房山区、怀柔区今年上报的应查和实查数量均为零。近几年城镇私有平房检查数量见图12-5。

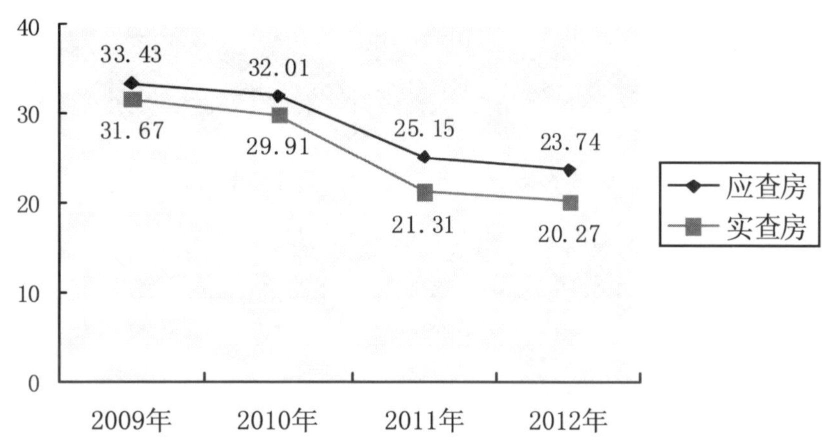

图12-5 近年城镇私有平房查房数量（单位：万间）

（二）房屋设备检查情况

2012年检查电梯47692部，电梯检查率为98.54%。其中检查直管房屋电梯614部，检查率为99.51%；检查物业管理电梯35395部，检查率为98.6%；检查自管房电梯11833部，检查率为99.56%。

2012年检查高层二次供水水泵26686台，检查率为98.86%。其中直管房屋高层二次供水水泵475台，检查率为100%；物业管理高层二次供水水泵17798台，检查率为99.61%；自管房高层二次供水水泵8566台，检查率为98.99%。

2012年检查避雷装置110255个系统，检查率为99.39%。其中直管房屋1601个系统，检查率为100%；物业管理检查避雷装置78415个系统，检查率为99.43%；自管房单位检查避雷装置30280个系统，检查率为99.21%。

从房屋设备检查汇总分析及日常抽查工作看，由于我市城镇房屋数量增加，以及各区县建委、房管局加强了对自管房单位和物业管理单位的管理力度，使房屋设备检查数量逐年增加。近几年房屋设备检查数量分析见图12-6。

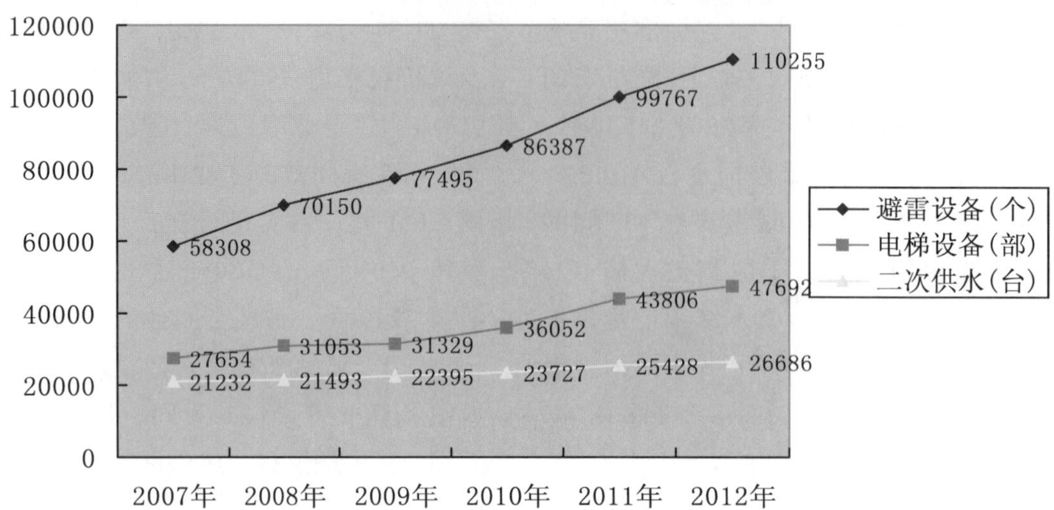

图 12-6　近 6 年房屋设备检查数量分析图

1. 房屋设备完好状况分析：

（1）电梯设备完好状况：检查电梯 47692 部，其中完好电梯 43369 部，完好率 90.94%，比上年上升 0.29 个百分点；电梯状况一般的 3688 部，占 7.73%，与上年持平；电梯状况较差的 635 部，占 1.33%，比上年下降 0.25 个百分点。

表 12-3　2012 年城镇房屋设备完好状况

		应查	实查							
			合计		完好		一般		较差	
			数量	占应查%	数量	占实查%	数量	占实查%	数量	占实查%
		1	2	3=2/1	4	5=4/2	6	7=6/2	8	9=8/2
合计	电梯设备(部)	48400	47692	98.54	43369	90.94	3688	7.73	635	1.33
	二次供水(台)	26995	26686	98.86	24099	90.31	2356	8.83	231	0.87
	避雷设备(个)	110988	110255	99.34	104027	94.35	5774	5.24	454	0.41
直管	电梯设备(部)	617	614	99.51	474	77.20	90	14.66	50	8.14
	二次供水(台)	475	475	100	395	83.16	40	8.42	40	8.42
	避雷设备(个)	1601	1601	100	1223	76.39	279	17.43	99	6.18
自管和物业	电梯设备(部)	47783	47210	98.80	42895	90.86	3694	7.82	621	1.32

		应查	实查							
			合计		完好		一般		较差	
			数量	占应查%	数量	占实查%	数量	占实查%	数量	占实查%
	二次供水(台)	26520	26271	99.06	23704	90.23	2350	8.95	217	0.83
	避雷设备(个)	109387	108759	99.43	102804	94.52	5508	5.06	447	0.41

（2）二次供水设备完好状况：检查二次供水设备 26686 台，其中供水设备完好的 24099 台，完好率为 90.31%，比上年上升 1.13 个百分点；供水设备状况一般的 2356 台，占 8.83%，比上年下降 1.41 个百分点；供水设备状况较差的 231 台，占 0.87%，比上年下降 0.07 个百分点。

（3）避雷设备完好状况：检查避雷设备 110255 个系统，其中避雷完好的 104027 个系统，完好率为 94.35%，比上年上升 0.94 个百分点；避雷设备状况一般的 5774 个系统，占 5.24%，比上年下降 0.93 个百分点；避雷设备状况较差的 454 个系统，占 0.41%，与上年持平。

（4）电梯设备完好状况分析：今年直管电梯设备完好率 77.2%，部分管理单位加强了对电梯设备的日常运行维修管理，加大了维修和更新改造投入，设备运行状况有所改善。

今年自管房和物业管理电梯设备完好率分别为 84.51%和 92.94%，与上年相比变化不大。

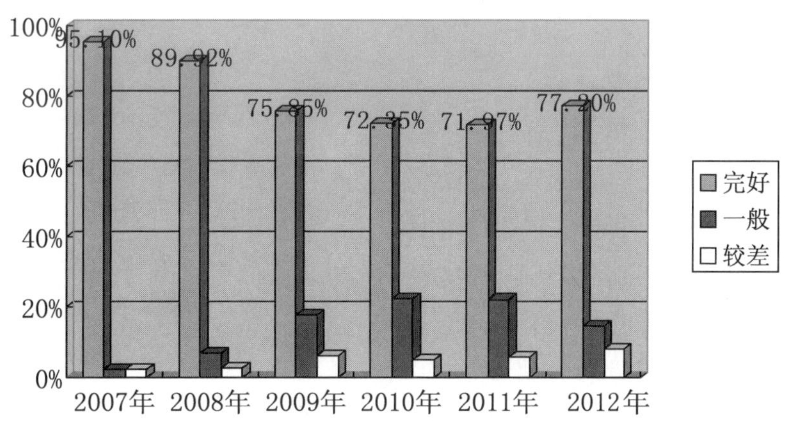

图 12-7　近 5 年直管电梯完好状况分析图

第二节　城镇房屋防汛工作情况

依据《中华人民共和国防洪法》、《中华人民共和国防汛条例》和《北京市实施<中华人民共和国防洪法>办法》，市住房和城乡建设委认真贯彻落实市政府及市防汛指挥部的工作部署和要求，组织区县建委、房管局及管房单位开展房屋防汛工作，采取多种措施努力保障房屋住用安全。

一、汛前防汛准备和落实工作

（一）制定工作要点

按照市政府和市防汛办关于做好安全迎汛工作的部署要求，在深入调研的基础上，3月底制定印发《北京市建设工程和城镇房屋防汛工作要点》。要点紧密结合建设工程和房屋管理工作实际，确立实现目标，明确工作重点，建立基本制度，提出具体要求。

（二）建立健全组织机构

2011年5月28日上午，组织召开防汛工作动员会。会议小结了区县防汛准备和落实工作情况，部署了2011年度建设工程和城镇房屋防汛工作。区县建委房管局、管房单位100多人到会，市防汛办领导到会并讲话。

汛前，按照市政府和市防汛指挥部的要求，及时成立防汛工作指挥部，设立防汛办公室。委主任亲自担任防汛指挥部总指挥，副总指挥由相关分管副主任担任，各区县建委（房管局）主任（局长）和我委相关处长为指挥部成员。各区县建委（房管局）及管房单位也都成立相应的防汛指挥机构。

（三）组织开展专题研究

2011年4月中旬，组织召开防汛工作研讨会，专题研究建设工程和房屋防汛应急工作。区县建委、房管局、市住房城乡建设委直属抢险队主管领导参加会议。有关负责同志和管房单位相关负责人围绕落实防汛责任、完成防汛任务、确保汛期安全等方面进行座谈交流。与会同志就如何加强和改进我市建设工程和城镇房屋防汛工作提出意见建议。

（四）组建抢险队伍落实防汛物资

汛前，全市共成立房屋防汛抢险队伍184支、3165人，其中市住房城乡建设委直属房屋防汛抢险队2支、67人。储备苫盖材料1457捆、木材237立方米、水泵463台、发电机44台、运输车165辆。

（五）组织召开防汛动员会

5月28日上午，组织召开防汛工作动员会。会议小结了区县防汛准备和落实工作情况，部署了2011年度建设工程和城镇房屋防汛工作。区县建委、房管局、管房单位100余人到会，市防汛办领导到会并讲话。

（六）积极组织防汛应急演练

2011年6月13日，市住房城乡建设委在海淀区苏家坨镇管家岭村组织召开房屋防汛演习现场观摩会。海淀区房屋土地经营管理中心组织演示了抢险队集结、漏雨屋面苫盖、室内灰顶棚支顶、危险房墙基础加固抹灰和抽水作业等防汛科目。区县建委、房管局及各管房单位100多人参加会议。

（七）全面开展督查活动

为确保房屋安全检查、危险房屋解危等工作落到实处，加大检查督导工作力度。4月底，市住房城乡建设委给朝阳区、海淀区、丰台区、石景山区政府发函,明确区县房屋解危责任和市政府提出的汛期工作目标,要求采取措施,解危排险,确保城镇房屋安全度汛。5月10日上午,市防汛指挥部副指挥、市水务局副局长番安君和刘和平副主任带领市水务局有关处室负责人到市住房城乡建设委进行防汛工作调研。番安君副局长对市住房城乡建设委工作给予肯定,同时对汛期值班、抢险备勤及抢险等提出建议和要求。5月25日下午,市防汛指挥部举行第一次全体会议。市委副书记、市长郭金龙讲话并签署上汛令。市住房城乡建设委张农科副主任在会上汇报了防汛准备和落实情况。会后郭金龙市长和与会领导到西城区西四北八条37号院视察危房解危。市住房城乡建设委王刚副主任和西城区党政领导陪同视察。郭市长对房屋防汛工作给予肯定,提出工作要求。按照郭市长要求,市住房城乡建设委成立了四个检查组,通过明查和暗访等方式,对全市城镇房屋特别是挂帐整改的危房解危进展等情况进行综合检查和跟踪督导。

二、汛期房屋安全工作

(一)继续开展房屋防汛宣传工作

2011年8月12日,市住房城乡建设委印发《关于统计房屋漏雨情况的通知》。通知要求区县住房城乡建设委、房管局和管房单位认真落实夏占义副市长针对房屋漏雨的批示,对今年入汛以来的房屋漏雨和修缮等情况进行调查摸底,要把房屋漏雨作为当前房屋防汛工作的重点,下大力量给予重视和解决,切实为老百姓做实事。8月下汛,夏占义副市长批示中反映的房屋漏雨问题已全部采取安全措施。8月14日,市住房城乡建设委在北京城市管理服务广播中再次宣传房屋安全和防汛工作。8月16日至18日,市政府综治办(流管办)在怀柔区组织对区县出租房屋服务站站长培训。各区县近150人参加。市住房城乡建设委派人利用2小时,宣讲了房屋安全检查、房屋防汛及应急抢险抢修等法规,交流了工作情况,提出了工作要求。

(二)降雨、备勤和抢修情况

据市汛情统计,2011年6月1日至9月15日全市累计降水量410毫米,是去年同期降水量171毫米的240%。期间多次发生全市范围的大雨或区域暴雨,致使房屋漏雨严重,报修多于常年。市住房城乡建设委对其中6次降雨时的城六区的房屋防汛值班、抢险备勤和房屋漏雨及抢修情况进行了检查和数据汇总。参加值班、抢险备勤人员13997人次,经巡查发现和居民报修的平房漏雨2730间、楼房漏雨1247幢。抢修人员在雨中和雨后苫盖、修缮平房1160间。其它漏雨平房和楼房修缮应在雨后屋面干燥后修缮,截止下汛时基本完成。

(三)做好非汛期安全工作

按照市防汛抗旱指挥部《关于做好非汛期安全迎汛工作的通知》(京政汛办[2011]电传16号),我市从9月15日8时转入非汛期。按照通知要求,市住房城乡建设委印发《关于做好非汛期房屋安全工作的通知》。要求各区县建委、房管局及管房在非汛期遇有降雨天气时,仍执行《北京市防汛应急预案》和《北京市住房和城乡建设委防汛应急预案》《北京市住房和城乡建设委房屋安全应急预案》,根据雨情和本辖区、本单位实际情况及时启动房屋安全应急预案,做好房屋巡查检查、抢险抢修及房屋安全信息报送等工作。

三、房屋防汛工作总结

2011年11月2日,市住房城乡建设委组织召开房屋防汛工作暨2012年房屋安全检查动员会。中直机关管理局和国务院机关事物管理局主管部门负责同志。区县建委、房管局主管领导及部门负责同志，直管房屋管理单位和市属管房单位负责同志、委有关部门负责同志及委直属房屋防汛抢险队负责同志100余人参加会议。房屋安全设备处总结了2011年房屋防汛工作。市房地集团和东城区房地经营管理第二中心交流房屋防汛工作经验。市防汛办副主任刘和平、市住房城乡建设委副主任张农科讲话，要求各单位会后后要及时传达贯彻会议部署，全面抓好落实。

2012年市防汛抗旱指挥部授予市住房城乡建设委优秀集体，吴键、王保青荣获优秀个人。

第三节　房屋安全管理

一、宣传贯彻《北京市房屋建筑使用安全管理办法》（市政府令第229号）

2011年1月26日，市政府正式颁布了《北京市房屋建筑使用安全管理办法》（市政府令第229号），这是我市第一个对既有房屋建筑实施安全管理的政府规章，它标志着我市房屋建筑使用安全管理工作走上了全生命周期管理的轨道。为了做好《北京市房屋建筑使用安全管理办法》（市政府令第229号）宣贯工作，2011年4月份，市住房城乡建设委组织召开了全市建设房管系统房屋安全管理相关负责人参加的电视电话会议，对229号令进行了认真辅导和详细解读；为确保《北京市房屋建筑使用安全管理办法》（市政府令第229号）相关要求能够落实到位，制定了《北京市房屋建筑使用说明书示范文本》，于2011年5月27日正式印发。

二、推进房屋抗震加固工作

在深入调查研究的基础上，经市政府批准颁发了《北京市房屋建筑抗震节能综合改造实施意见》；编制了《抗震鉴定工作技术导则》，建立了抗震鉴定合格承包人制度，修订完善了抗震鉴定工作程序，印发了《抗震鉴定合同内容要求》等配套文件，完成了抗震鉴定全面准备工作；圆满完成了抗震鉴定试点工程的招标和部分房屋建筑的抗震鉴定工作。2011年7月8日，组织召开了市房屋建筑抗震节能综合改造工作领导小组召开第一次全体会议，对城镇房屋建筑抗震鉴定和综合改造试点工作进行了部署，副市长陈刚到会并讲话；为贯彻落实《北京市房屋建筑抗震节能综合改造实施意见》，全面启动综合改造的抗震鉴定工作。2011年7月25日，组织召开了房屋建筑抗震节能综合改造鉴定工作专题会，印发了《关于组织开展城镇房屋建筑抗震鉴定的通知》。

2011年8月7日，组织召开了房屋抗震鉴定部署会。2011年9月6日上午，市住房城乡建设委张农科副主任带领市综合改造工作领导小组成员单位有关同志到海淀区政府，对该区开展房屋建筑抗震节能综合改造工作情况进行督察。截止到2011年9月13日，全市已进场开展抗震鉴定的有九个区，分别是门头沟区、昌平区、顺义区、房山区、海淀区、丰台区、通州区、大兴区和怀柔区，其中第一期抗震鉴定现场工作已基本结束的有二个区，分别是顺义区和房山区；2011年9月22日至

23 日，组织召开了房屋建筑抗震节能综合改造 2011 年第三季度工作会，市政府相关部门和区县综合改造工作领导小组办公室有关同志参加会议，张农科副主任出席会议并讲话；2011 年下半年，综合改造试点工作加快推进。

三、做好危险房屋解危

为做好危险城镇房屋解危工作，有效预防房屋安全事故，依据《城市危险房屋管理规定》（建设部令第 129 号修改）和《北京市实施<城市危险房屋管理规定>的若干规定》（市政府第 150 号令修改），2011 年 5 月底，市住房城乡建设委印发了《关于做好城镇房屋安全度汛工作的函》京建函［2011］163 号，请西城区、海淀区、丰台区、石景山区和通州区组织相关部门，落实房屋安全的主体责任，加大危房解危排险的工作力度，确保城镇房屋安全度汛。经努力汛前修缮完成全年危险房屋解危任务 1.81 万平方米的 58%，未完成的采取临时安全措施。截止 10 月底全部完成解危。

四、加强全市共有普通地下室管理

全市共有普通地下室 20101 处（含中直、国管局、军队、武警），面积为 3604.15 万平方米。共居住人员 179040 人。其中：散租 1004342，旅店 20305 人，员工宿舍 54393 人。2011 年元月，由民防局牵头，市住房城乡建设委配合，委托北京市减灾协会有关专家，对地下空间综合整治工作进行风险评估。按照市委市政府的统一部署，我委研究制定了普通地下室治理工作第一阶段实施方案。为做好普通地下室综合整治的行政执法工作，便于相关委办局及区县综合治理部门统一执法尺度，提高执法效率，我们基于现行普通地下室安全使用管理的相关规定，编制了《执法工作手册》。2011 年我委完成了立法调研报告，为 152 号令的修订提供了有力支持。

市政府于 2011 年 7 月 11 日颁布了新修订的《北京市人民防空工程和普通地下室安全使用管理办法》（市政府 152 号令发布，236 号令修改）。按照 236 号令的要求，为加强普通地下室登记备案工作，市住房城乡建设委印发《关于开展普通地下室重新登记备案工作的通知》（京建发［2011］563 号）。2011 年底，全市共重点排查普通地下室 19261 处，发现各类隐患 13182 处，处理 6256 处，其中：发告知单 3280 处，发协查单 269 处，发整改通知书 2621 处，停业整顿 28 处，关闭 42 处，处罚 28 处，罚金 11 万元，约谈 57 人次

五、开展白蚁蚁情监测和防治工作

（一）房屋白蚁蚁情监测

2011 年 4 月市住房城乡建设委召开了关于北京市白蚁调查和监测工作的动员会。各区县房地产行政主管部门的主要负责人出席会议，会议强调了白蚁调查和监测工作的重要性，对白蚁调查和监测工作进行了部署，印发了 6000 份宣传材料。北京地区白蚁危害情况调查和监测工作于 2011 年 4 月开始，至 11 月底结束，历时 8 个月。调查人员主要由北京市房地产科学技术研究所的部分技术人员和技术工人，以及中国农业大学的三名研究生组成，北京市房屋安全事务管理中心的部分人员也参与了调查工作。调查和监测范围包括北京市 16 个行政区，调查和监测重点是城镇地区木结构老旧平房，同时也对一部分楼房进行了抽样调查。白蚁调查和监测工作得到了各区县房地产行政主管部门、房管中心、房管所及物业公司的大力协助，基本了解掌握了北京地区白蚁分布及危害情况。做调查工作的包括全市 57 个房管所（房管中心），4237 个院落，平房 59844 间，楼房 116 栋。其中发现 83 个院落

1429间房屋有白蚁危害，蚁患房全部为木结构的平房。116栋楼房无白蚁危害，有蚁害房屋占调查平房总量的2.4%。主要分布在西城区新街口地区，共有69个院落1290间房屋；西城区白纸坊地区有9个院落113间房屋。在丰台区长辛店地区有5个院落26间房屋有白蚁危害。原蚁害较严重地区如通州区、海淀区由于拆迁改造，变化较大，经调查未发现白蚁。原蚁害区昌平区、门头沟区、东城区的民房经调查未发现有白蚁危害。在调查过程中，还对圆明园和十三陵的定陵进行了调查，在树木中发现有白蚁危害。

（二）开展房屋白蚁防治工作

2011年2月，受西城区房屋土地管理局委托，北京市房地产科学技术研究所承接了西城区新街口和西四地区的白蚁防治工作。经北京市房地产科学技术研究所从2011年3月5日持续到2011年10月30日对西城区新街口地区进行白蚁防治工作，达到了该地区白蚁逐步减少，控制其蔓延的目标。

白蚁防治工作内容：在册房屋和自建房屋的蚁害治理、房屋周围及院落内杂物的治理、无蚁害房屋和新建房屋的白蚁预防等内容。在2011年3月5日到2011年10月30日期间，对所有蚁害房屋和有蚁害的院落进行了多次药物治理工作。包括69个院落内的在册房屋（包括公房、私房和企业自管房）943间，防治房屋面积14364.7平方米；自建房屋约559间，面积约5067平方米；防治院落69个，主要对院落内堆积的木板、纸箱及杂物中的白蚁进行防治。同时在春季白蚁分飞季节，对平安大街接近西四附近有白蚁分飞的路边及建筑物都进行了药物治理。对地基和新的木质构件进行防白蚁药物处理。在对西四北八条39号院等蚁害房屋进行重新修缮时，也进行了防白蚁的灭治和预防处理工作。

六、超限高层建筑工程抗震设防管理

2011年，依据《超限高层建筑工程抗震设防管理规定》(建设部令第111号)、《超限高层建筑工程抗震设防专项审查技术要点》（建质［2010］109号）等文件的要求，对超出国家现行规范、规程所规定的适用高度和适用结构类型的高层建筑工程，以及有关规范、规程规定应进行抗震专项审查的高层建筑工程，在初步设计阶段委托全国超限高层建筑工程抗震设防审查专家委员会，组织有关专家组成抗震设防审查组，开展超限高层建筑工程抗震设防专项审查，并将审查意见作为施工图审查阶段的依据。共对10项的超限高层建筑工程进行了抗震设防专项审查，包括丰台区贾家花园15号项目，奥林匹克公园瞭望塔，北京轨道交通指挥中心二期工程，通州区新华大街商业、办公、居住项目，望京搜侯中心项目塔3，北京大望京636地块（保利国际广场）18号楼，北京经济技术开发区28C3地块A座，燕翔饭店改扩建项目，东城区文化活动中心等项目。

七、住宅楼房信报箱更新补建工作

为落实市政府《关于进一步提升首都邮政普遍服务水平的意见》(京政发［2011］4号）文件精神，完成“年底前完成5000栋住宅楼房信报箱的更新补建工作”折子工程任务，会同市邮政管理局、市财政局和市邮政公司成立了信报箱建设联合工作组，于2011年6月2日联合印发了《关于北京市已建住宅楼房信报箱更新补建工作的实施意见》(京邮管函［2011］32号)，确定了工作目标、工作流程、实施主体和资金来源，并明确对2012年10月31日前完成补建更新任务的区县，市财政通过“以奖代补”的方式予以奖励支持。

截止2011年11月15日，全市共完成9026

栋住宅楼房信报箱更新补建，惠民586078户（含集体土地上建设的小产权楼房86栋，5542户），提前完成工作任务，其中平谷、丰台、顺义、房山和大兴5个区已基本实现辖区内住宅楼信报箱的全覆盖。市财政落实奖励资金11610720元。更新补建后的住宅楼房已100%通邮，得到了居民的好评。

第十三章 房地产行业信息

第一节 房地产开发企业

一、房地产开发企业基本情况

截至 2011 年底，全市资质证书有效期内的房地产开发企业共计 3106 家。其中，一级企业 104 家,占总数的 3%；二级企业 221 家，占总数的 7%；三级企业 277 家，占总数的 9%；四级企业 1518 家，占总数的 49%；暂定企业 986 家，占总数的 32%；在 3106 家房地产企业中，内资房地产企业 2928 家，占总数的 94%，外资房地产企业 178 家，占总数的 6%。

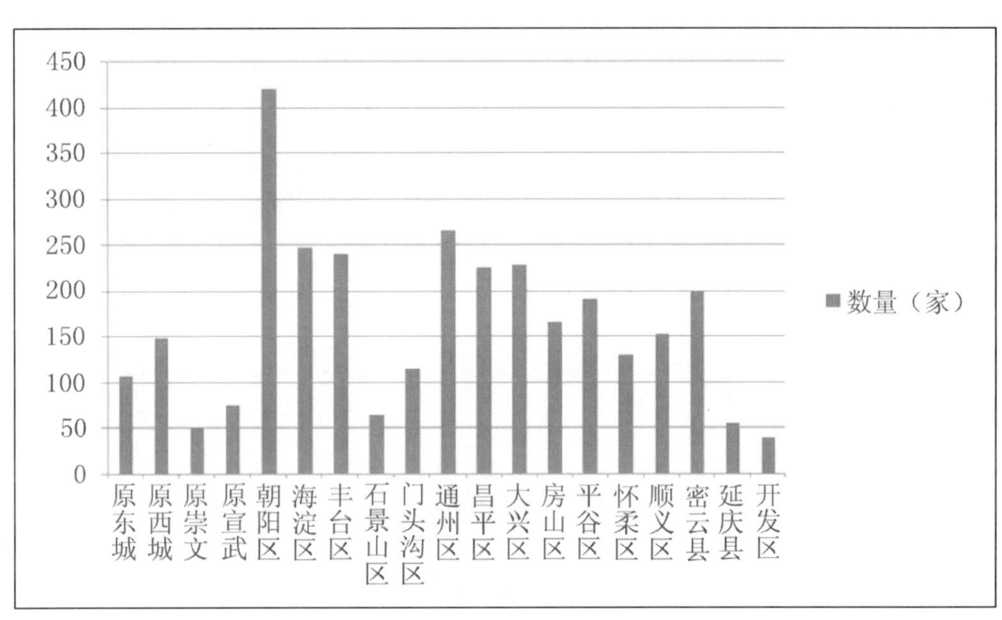

图 13-1 各区县房地产开发企业注册数量分布（单位：家）

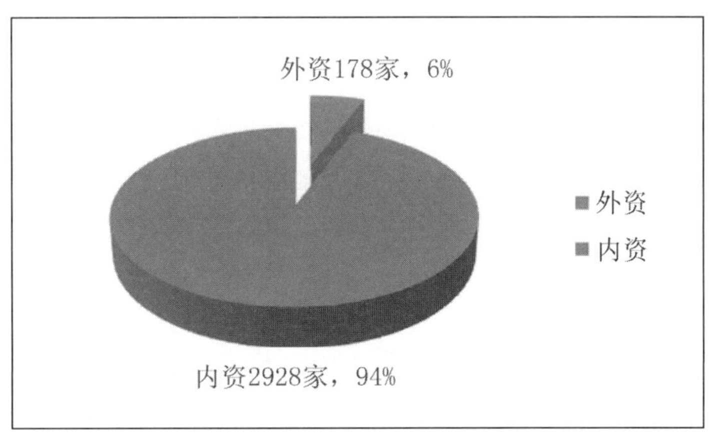

图 13-2 北京市房地产企业性质分类情况

二、2011年北京市房地产开发企业名录见附录四附表35。

第二节　房产测绘管理

2011年，北京市房产测绘工作继续平稳开展，市场运行稳定有序，各项管理工作得到加强。

一、房产测绘管理工作

1. 房产测绘资质管理

2011年，依据《测绘资质管理规定》和《测绘资质分级标准》以及《北京市丙、丁级测绘资质分级标准》的有关规定,开展房产测绘机构资质初审及复审换证工作。本年度审核完成测绘资质申请19件，其中测绘资质复审换证3件，审核通过3件；测绘资质升级6件，审核通过2件；测绘资质新增8件、资质增项3件，均未审核通过。

截至2011年底，本市共有88家单位（公司）在市住建委测绘管理部门备案从事房产测绘工作。其中甲级资质12家，乙级资质18家，丙级资质27家，丁级资质31家。（目录见附件一）

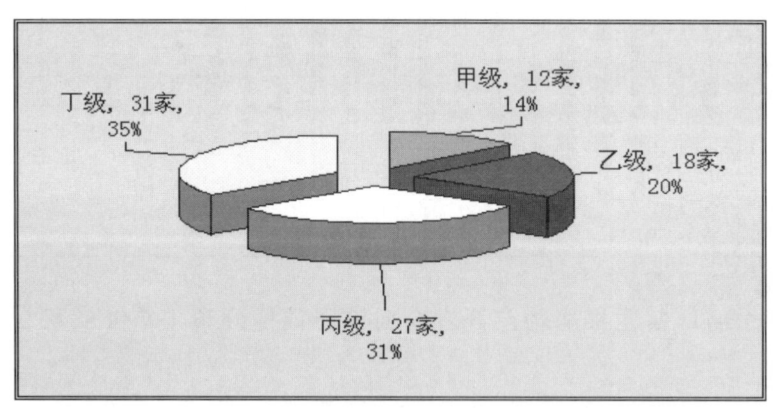

图13-3　房产测绘资质等级统计表（单位：家）

2. 房产测绘人员管理

2011年，依托房产测绘成果管理系统，继续实行测绘成果检查人、项目负责人人员密钥实名制管理。通过培训考核，共有579名作业人员领取人员密钥，其中硕士学历7人占1.2%，本科学历279人占48.2%，大专学历199人占34.4%，其他学历94人占16.2%。

3. 备案管理

为规范房产测绘成果备案行为，提高行政审批服务效能，针对城镇一般建设项目房产测绘成果备案管理的有关问题，印发了《关于加强房产测绘成果备案管理有关问题的通知》（京建发［2011］315号），调整和规范房产测绘成果备案申报材料，明确对已取得预售许可的楼栋，房屋登记测绘成果经核准备案的流程，达到了规范测绘成果的目的。

二、房产测绘成果备案工作统计

2011 年，全市审核通过用于权属登记的实测备案业务共计 1346 笔，建筑面积 3460.6 万平方米，与 2010 年相比，备案面积增加 32 万平方米，同比增长 0.9%；审核通过用于预售许可的预测备案业务共计 500 笔，建筑面积 2456.9 万平方米，与 2010 年相比，备案面积增加 315 万平方米，同比增长 14.7%。

表 13-1　2011 年度各区县实测成果备案情况

序号	区县	业务件数（笔）	备案面积（平方米）	面积所占百分比（%）
1	东城区（含崇文）	35	911381	2.6
2	西城区（含宣武）	22	861556	2.5
3	朝阳区	277	10075324	29.1
4	海淀区	178	5741761	16.6
5	丰台区	78	1757947	5.1
6	石景山区	23	659089	1.9
7	通州区	125	2931782	8.5
8	大兴区	95	1759444	5.1
9	昌平区	84	2099985	6.1
10	顺义区	126	2420751	7.0
11	怀柔区	44	213710	0.6
12	密云县	36	734997	2.1
13	延庆县	21	301199	0.9
14	门头沟区	23	341945	1.0
15	房山区	90	1668468	4.8
16	平谷区	15	112539	0.3
17	开发区	74	2014591	5.8
合计		1346	34606469	100

表 13-2　2011 年度各区县预测成果备案情况

序号	区县	业务件数（笔）	备案面积（平方米）	面积所占百分比（%）
1	东城区（含崇文）	1	43679	0.2
2	西城区（含宣武）	3	200616	0.8
3	朝阳区	74	5009409	20.4
4	海淀区	31	1007482	4.1
5	丰台区	48	2171385	8.8
6	石景山区	26	1052041	4.3
7	通州区	43	2721141	11.1
8	大兴区	47	2607733	10.6

序号	区县	业务件数（笔）	备案面积（平方米）	面积所占百分比（%）
9	昌平区	68	3003446	12.2
10	顺义区	41	1343735	5.5
11	怀柔区	14	340088	1.4
12	密云县	24	920665	3.7
13	延庆县	4	246062	1.0
14	门头沟区	8	249909	1.0
15	房山区	60	2373888	9.7
16	平谷区	1	18064	0.1
17	开发区	7	1259373	5.1
合计		500	24568715	100

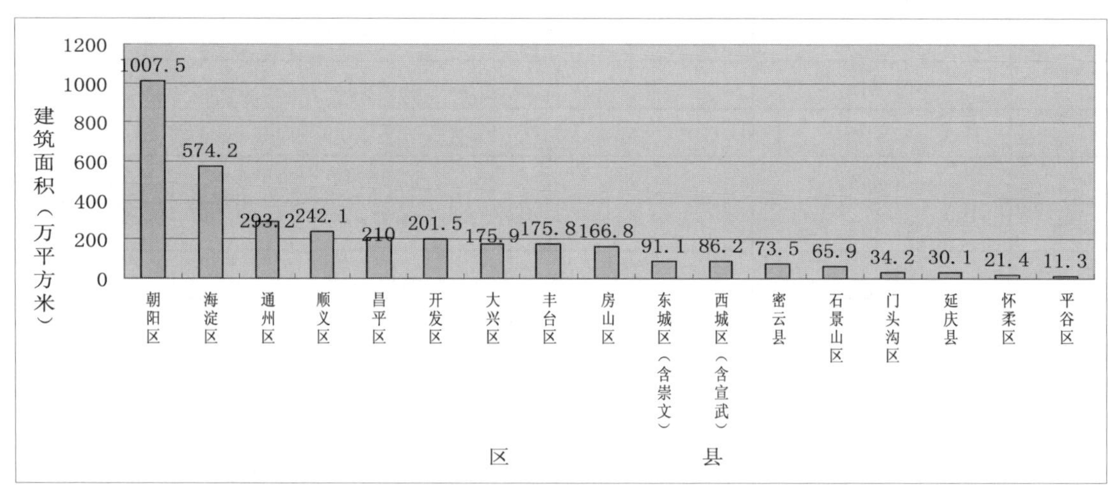

图 13-4 2011年度各区县实测成果备案面积柱形图

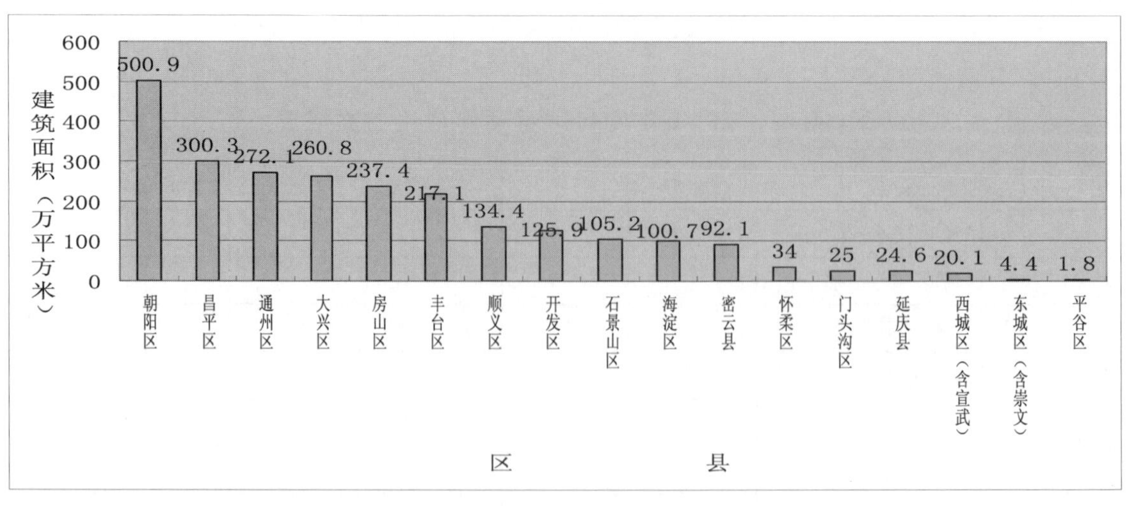

图 13-5 2011年度各区县预测成果备案面积柱形图

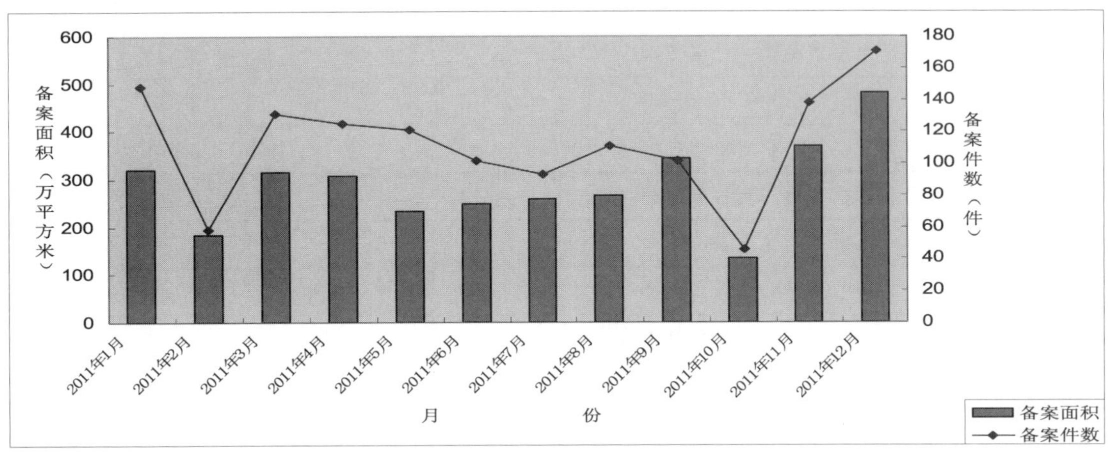

图 13-6　2011 年 1-12 月份实测备案面积及业务件数走势图

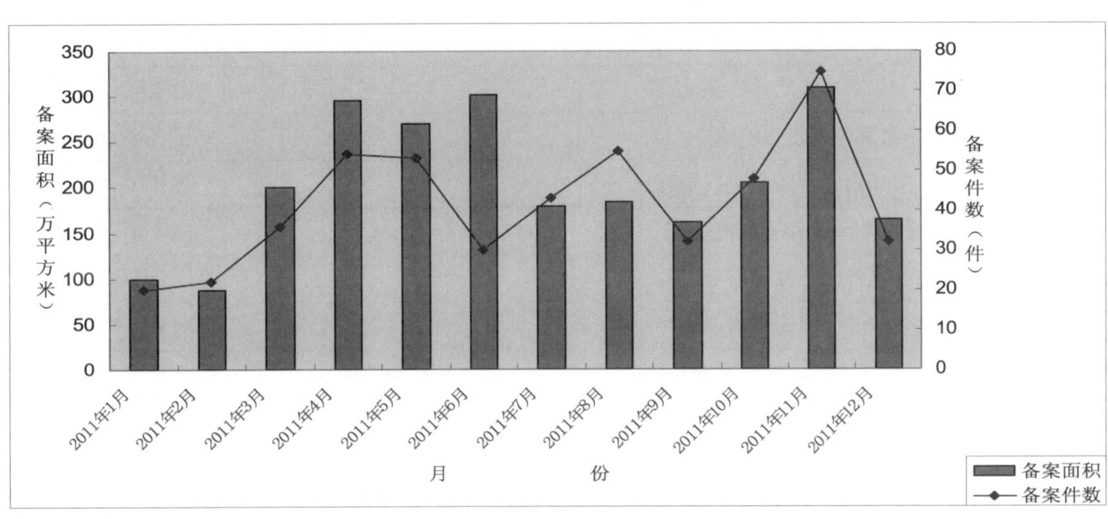

图 13-7　2011 年 1-12 月份预测备案面积及业务件数走势图

附件一　2011 年房产测绘单位名录

序号	单位名称	资质等级	资质证号
1	北京市房地产勘察测绘所	甲	甲测资字 11002001
2	北京华星勘查新技术公司	甲	甲测资字 11001027
3	建设综合勘察研究设计院有限公司	甲	甲测资字 11002032
4	北京苍穹数码测绘有限公司	甲	甲测资字 11001008
5	北京市地质工程勘察院	甲	甲测资字 11001022
6	北京新兴华安测绘有限公司	甲	甲测资字 11001042
7	北京城建勘测设计研究院有限责任公司	甲	甲测资字 11001019
8	中航勘察设计研究院有限公司	甲	甲测资字 11001024
9	中兵勘察设计研究院	甲	甲测资字 11001014
10	北京时正兴测绘工程技术有限公司	甲	甲测资字 11001033

序号	单位名称	资质等级	资质证号
11	北京市测绘设计研究院	甲	甲测资字 11001010
12	北京航天勘察设计研究院	甲	甲测资字 11001031
13	北京金房兴业测绘有限公司	乙	乙测资字 11007017
14	北京京密鸿图测绘有限公司	乙	乙测资字 11016001
15	北京鼎春德正测绘中心	乙	乙测资字 11005008
16	北京龙泰经纬测绘有限公司	乙	乙测资字 11005011
17	北京威远图易数字科技有限公司	乙	乙测资字 11007011
18	北京京昌工程测绘技术有限公司	乙	乙测资字 11013002
19	北京中天路通工程勘测有限公司	乙	乙测资字 11013005
20	北京中瑞嘉业测绘有限公司	乙	乙测资字 11005007
21	北京大地宏图勘测有限公司	乙	乙测资字 11000009
22	北京富地勘察测绘有限公司	乙	乙测资字 11012004
23	北京道济测绘有限公司	乙	乙测资字 11011003
24	北京同创达勘测有限公司	乙	乙测资字 11020003
25	北京市勘察设计研究院有限公司	乙	乙测资字 11005045
26	北京市通州区住房和城乡建设委员会测绘所	乙	乙测资字 11012001
27	北京帝测科技发展有限公司	乙	乙测资字 11013006
28	北京地矿工程建设有限责任公司	乙	乙测资字 11007013
29	北京力佳图测绘有限公司	乙	乙测资字 11007021
30	北京三友宇天测绘有限公司	乙	乙测资字 11009003
31	北京赛博时代测绘有限公司	丙	丙测资字 11010003
32	北京昌房房地产测绘技术服务有限责任公司	丙	丙测资字 11013001
33	北京京恒实测绘技术有限公司	丙	丙测资字 11011002
34	北京首益佳房地产经纪有限公司	丙	丙测资字 11019005
35	北京市丰台区房屋经营管理中心测绘队	丙	丙测资字 11006001
36	北京市石景山区房地产测绘队	丙	丙测资字 11008001
37	北京市顺义区住房和城乡建设委员会测绘所	丙	丙测资字 11014001
38	北京市大兴区房地产测绘所	丙	丙测资字 11011001
39	北京市崇文区房屋土地测绘队	丙	丙测资字 11004001
40	北京市西城区房地产测绘所	丙	丙测资字 11002001
41	北京天地鸿图测绘有限公司	丙	丙测资字 11010001
42	北京京怀信房产测绘有限公司	丙	丙测资字 11017001
43	北京中兴兆业房屋面积测绘有限公司	丙	丙测资字 11007012
44	北京慧智蓝图测绘有限公司	丙	丙测资字 11017004
45	北京日升明辉测绘中心	丙	丙测资字 11007024

序号	单位名称	资质等级	资质证号
46	北京望唐数码测绘有限公司	丙	丙测资字 11017003
47	北京首佳联诚房地产测量有限公司	丙	丙测资字 11019002
48	北京鑫海厦测绘有限公司	丙	丙测资字 11007007
49	北京智环成测绘有限公司	丙	丙测资字 11011008
50	北京浩宇天地测绘科技发展有限公司	丙	丙测资字 11007028
51	北京市海淀区房屋土地经营管理中心测绘队	丙	丙测资字 11007001
52	北京大地万川测绘有限公司	丙	丙测资字 11007030
53	北京华夏经纬测绘技术有限公司	丙	丙测资字 11005002
54	中泽嘉汇（北京）测绘中心	丙	丙测资字 11006004
55	北京泾渭冠宇测绘有限公司	丙	丙测资字 11009004
56	北京粤富华测绘测量有限责任公司	丙	丙测资字 11005015
57	北京经纬久度测绘有限公司	丙	丙测资字 11005034
58	北京市门头沟区房地产测绘所	丁	丁测资字 11009001
59	北京赛杰新时代房屋测绘有限公司	丁	丁测资字 11005005
60	北京市东城区房屋管理局测绘所	丁	丁测资字 11019004
61	北京市宣武区房地产测绘所	丁	丁测资字 11003001
62	北京市朝阳区房屋测绘事务所	丁	丁测资字 11005001
63	北京泰达克房地产测绘咨询有限公司	丁	丁测资字 11013004
64	北京市延庆县房地产勘察测绘所	丁	丁测资字 11018002
65	北京市平谷区房地产测绘所	丁	丁测资字 11015001
66	北京中鼎衡测绘事务所	丁	丁测资字 11007008
67	北京源恒天地测绘有限公司	丁	丁测资字 11006003
68	北京国勘房地产测绘有限公司	丁	丁测资字 11007025
69	北京海天方圆测绘有限公司	丁	丁测资字 11007020
70	北京阳光华翰测绘有限公司	丁	丁测资字 11004002
71	北京天天友联测绘有限公司	丁	丁测资字 11015003
72	北京京海纵横测绘有限公司	丁	丁测资字 11005016
73	北京市房屋面积计量站	丁	丁测资字 11005004
74	北京中海紫途测绘事务所	丁	丁测资字 11006006
75	北京永佳达测绘有限公司	丁	丁测资字 11007042
76	北京荣驰测绘技术有限公司	丁	丁测资字 11007031
77	杜鸣沐城测绘（北京）有限公司	丁	丁测资字 11005017
78	北京欣通佳信测量有限公司	丁	丁测资字 11012003
79	北京丰华方圆测绘工程技术有限责任公司	丁	丁测资字 11005014
80	北京京建恒信房地产测量技术有限公司	丁	丁测资字 11007044

序号	单位名称	资质等级	资质证号
81	北京国政恒信测绘技术服务有限公司	丁	丁测资字 11001002
82	北京米拉测绘有限公司	丁	丁测资字 11009005
83	北京市檀州房地产测绘中心	丁	丁测资字 11016003
84	北京金尺子测绘技术服务有限责任公司	丁	丁测资字 11011009
85	北京世规测量技术咨询有限公司	丁	丁测资字 11007047
86	北京创天烨测绘有限公司	丁	丁测资字 11011013
87	北京百星达测绘工程有限公司	丁	丁测资字 11010005
88	北京新兴宏图测绘有限公司	丁	丁测资字 11005026

第三节　房地产经纪行业

一、北京市房地产经纪行业发展概况

2011 年北京市房地产经纪行业管理主要围绕房地产市场调控中心工作，学习贯彻《房地产经纪管理办法》和《商品房屋租赁管理办法》等项新规，加大了对房地产经纪机构和人员的执法检查力度。集中开展了房地产经纪行业专项整治工作。 2011 年 4 月 1 日，《房地产经纪管理办法》正式施行，为进一步规范房地产经纪活动提供了有力依据。

市住房城乡建设委会同市法制办、市流管办、市公安局等部门修改完善了《北京市房屋租赁管理若干规定》，经市政府常务会议审议通过，于 2011 年 5 月 5 日公布施行。为规范住宅买卖经纪服务收费行为，促进房地产经纪服务行业健康发展，市住房城乡建设委会同市发改委于 2011 年 8 月份下发了《关于降低本市住宅买卖经纪服务收费标准的通知》（京发改［2011］1468 号）和《关于加强本市住宅买卖经纪服务收费管理的通知》（京发改［2011］1469 号），将本市住宅买卖经纪服务收费标准统一下调 0.5%，同时为了提升房地产经纪机构及从业人员的从事住宅买卖经纪服务的水平，推动房地产经纪行业健康、稳定发展，特别对房地产经纪行业的住宅买卖经纪服务和代办房地产登记、代办贷款、代办房屋入住等其他服务事项的标准和收费行为予以规范。

二、北京市房地产经纪机构

1．房地产经纪机构备案情况。自 1996 年开始实施资质证书制度以来，截止到 2011 年 12 月 31 日，符合我市房地产经纪机构及分支机构备案条件，并经区县房屋行政管理部门备案的房地产经纪机构及分支机构共有 3664 家，其中房地产经纪机构 1232 家，分支机构 2432 家。2011 年新备案的房地产经纪机构 371 家，分支机构 845 家，一共为 1216 家。

2．房地产经纪人员注册情况。2011 年在北京市取得《中华人民共和国房地产经纪人协理从业资格证书》的人员共 18151 人，取得《北京市房地产经纪资格考试合格证》的人员共

48251 人，取得《中华人民共和国房地产经纪人执业资格》的 2857 人。从业人员中，经注册取得《北京市房地产经纪人员注册证书》的人员共 19242 人，其中《北京市房地产经纪资格考试合格证》持证人 13504 人，房地产经纪人 1492 人，房地产经纪人协理 4246 人。

第四节　房地产评估行业

一、房地产估价机构情况

截止 2011 年，北京市具备房地产价格评估资质的机构共 155 家(含外地在京分支机构 7 家)，其中一级机构 43 家，二级机构 35 家，三级及三级（暂定）机构 74 家，仅在军队系统内执业的机构 3 家， 2011 年新批准成立的估价机构 5 家。

二、房地产评估机构名录

表 13-3　2011 年北京市新成立房地产评估机构

序号	机构名称	资质证书编号	办公地址
1	北京中创伟业房地产评估有限责任公司	京建房估资准字（2011）第 0187 号	海淀区远大路 39-1 号 413 室
2	北京永信达泽房地产估价有限责任公司	京建房估资准字（2011）第 0188 号	门头沟雁翅镇田庄办事处院内 67 号
3	北京富川房地产土地评估有限公司	京建房估资准字（2011）第 0189 号	崇文区新怡家园甲 3 号楼 A 座 808 室
4	北京国土永业房地产土地评估有限公司	京建房估资准字（2011）第 0190 号	海淀区西直门北大街 32 号院 2 号楼 1803B
5	北京宇恒土地房地产评估有限公司	京建房估资准字（2011）第 0191 号	朝阳区立清路 7 号院 8 号楼 2 单元 102 室

2011 年，建设部批准了北京市 3 家房地产评估机构升级为一级资质，我市具备建设部一级资质的房地产估价机构（含外地一级机构在京分支机构）共计 43 家。

表 13-4　2011 年批准的建设部一级房地产估价机构列表

公司名称	资质证书编号	办公地址
北京宏成房地产价格评估有限公司	建房估证字［2011］019 号	瀛海镇太和东村学校路 16 号
北京中建华房地产土地评估有限责任公司	建房估证字［2011］024 号	海淀区广源匣路 5 号广源大厦 3 层 302. 303
北京大地盛业房地产土地评估有限公司	建房估证字［2011］033 号	海淀区阜成路 115 号北京印象 7 号写字楼 1303A 室

表 13-5　2011 年北京市批准外省市在我市备案分支机构

公司名称	办公地址
深圳市国策房地产土地估价有限公司北京分公司	北京市朝阳区东三环中路 9 号富尔大厦 2708 室
广东美佳联房地产与土地评估咨询有限公司北京分公司	朝阳区东三环中路 9 号 2304（富尔大厦）
湖北永业行房地产评估咨询有限公司北京分公司	西城区莲花池东路 106 号 1 单元 506 室

表 13-6　北京市一级房地产估价机构列表

序号	机构名称	资质证书编号	办公地址
1	北京东华天业房地产评估有限公司	建房估证字［2011］007 号	宣武区右安门内大街 65 号弘棉商务大厦 408 室
2	北京华信房地产评估有限公司	建房估证字［2010］071 号	朝阳区东四环中路 39 号华业国际 A215
3	北京仁达房地产评估有限公司	建房估证字［2010］065 号	西城区车公庄大街 9 号院五栋大楼 B 座 1-401 室
4	北京市金利安房地产咨询评估有限责任公司	建房估证字［2010］069 号	海淀区蓝靛厂南路 25 号嘉友国际大厦 801 室
5	北京中大行房地产评估有限公司	建房估证字［2010］068 号	海淀区阜成路北三街轻苑大厦 903-907 室
6	北京市中恒业房地产评估有限责任公司	建房估证字［2010］066 号	西城区东煤厂胡同 24 号
7	北京宝孚房地产评估事务所有限公司	建房估证字［2010］072 号	朝阳区东土城路 4 号金泰五环宾馆二层

序号	机构名称	资质证书编号	办公地址
8	北京龙泰房地产评估有限责任公司	建房估证字［2010］088号	海淀区首体南路22号国兴大厦19层
9	北京银房兆华房地产土地评估有限责任公司	建房估证字［2010］073号	宣武门外大街6号庄胜广场北办公楼1113－1116号
10	北京首佳房地产评估有限公司	建房估证字［2010］064号	海淀区紫竹院路116号嘉豪国际中心B座七层
11	北京银地联合房地产土地评估有限公司	建房估证字［2009］027号	海淀区西三环北路50号豪柏大厦C1
12	北京北方房地产咨询评估有限责任公司	建房估证字［2010］087号	西城区金融大街27号投资广场A601室
13	北京百成首信房地产评估有限公司	建房估证字［2010］083号	朝阳区团结湖路甲3号
14	北京圣元房地产评估咨询有限公司	建房估证字［2009］064号	海淀区彩和坊路10号1+1大厦1218室
15	北京国地房地产土地评估有限公司	建房估证字［2010］067号	海淀区中关村南大街17号韦伯时代中心3号楼1401室
16	杜鸣联合房地产评估(北京)有限公司	建房估证字［2010］063号	东城区建国门内大街18号恒基中心办二915室
17	北京康正宏基房地产评估有限公司	建房估证字［2010］070号	朝阳区裕民路12号中国国际科技会展中心B座1003室
18	北京中资房地产土地评估有限公司	建房估证字［2009］034号	海淀区首体南路22号国兴大厦17层A2
19	北京建亚恒泰房地产评估有限公司	建房估证字［2012］010号	朝阳区向军南里甲5号雨霖大厦9层
20	北京国泰大正天平行土地房地产评估顾问有限公司	建房估证字［2009］077号	朝阳八里庄西里100号住邦2000，1号楼A座705
21	北京京城捷信房地产评估有限公司	建房估证字［2009］002号	朝阳区芍药居甲2号内1楼南楼三层
22	北京海创房地产土地评估有限公司	建房估证字［2009］018号	海淀区温泉镇东阜头村北国实电器对面院内
23	北京高地经典房地产评估有限责任公司	建房估证字［2009］035号	西城区太平桥大街98号院5号楼1门101室
24	北京银通安泰房地产评估有限公司	建房估证字［2009］001号	朝阳区朝阳北路199号摩码大厦1811室
25	北京中地华夏房地产评估有限公司	建房估证字［2009］025号	西城区闹市口大街1号长安兴融中心2号楼5A
26	北京华天通房地产评估有限公司	建房估证字［2012］005号	海淀区甘家口21号楼七层

序号	机构名称	资质证书编号	办公地址
27	北京京港房地产估价有限公司	建房估证字［2011］017号	海淀区西三环北路100号金玉大厦1101室
28	北京中企华房地产估价有限公司	建房估证字［2009］026号	朝阳区朝外大街22号泛利大厦916室
29	中鸿广厦房地产评估顾问(北京)有限公司	建房估证字［2011］006号	朝阳区朝外大街甲6号万通中心C座1409室
30	北京市国盛房地产评估有限责任公司	建房估证字［2008］017号	东城区东直门外大街48号东方银座D座23C
31	北京潞通房地产土地评估有限公司	建房估证字［2009］071号	通州区漷县镇漷兴一街610号
32	北京华源房地产土地评估有限公司	建房估证字［2010］022号	朝阳区北四环东路108号千鹤家园一号楼602
33	北京宏成房地产价格评估有限公司	建房估证字［2011］019号	瀛海镇太和东村学校路16号
34	中财国政（北京）房地产土地评估有限公司	建房估证字［2009］101号	北京市朝阳区新源南路6号1号楼3408
35	北京中建华房地产土地评估有限责任公司	建房估证字［2011］024号	海淀区广源匣路5号广源大厦3层302.303
36	北京大地盛业房地产土地评估有限公司	建房估证字［2011］033号	海淀区阜成路115号北京印象7号写字楼1303A室
37	深圳世联土地房地产评估有限公司北京分公司	建房估证字［2009］059号	朝阳区建国门外大街甲6号中环世贸C座7层
38	深圳戴德梁行土地房地产评估有限公司北京分公司	建房估证字［2009］043号	东城区建国门内大街7号光华长安大厦2座1 5 2
39	深圳市天健国众联资产评估土地房地产估价有限公司北京分公司	建房估证字［2009］061号	北京市朝阳区建国路29号兴隆家园24号楼803
40	深圳市国策房地产土地估价有限公司北京分公司	建房估证字［2009］076号	北京市朝阳区东三环中路9号富尔大厦2708室
41	青岛青房房地产评估事务所有限公司北京分公司	建房估证字［2009］074号	北京市海淀区海淀中街16号3单元1401
42	广东美佳联房地产与土地评估咨询有限公司北京分公司	建房估证字［2010］018号	朝阳区东三环中路9号2304（富尔大厦）
43	湖北永业行房地产评估咨询有限公司北京分公司	建房估证字［2010］059号	西城区莲花池东路106号1单元506室

2011年，北京市三级暂定资质升三级的估价机构如下表：

表13-7　2011年批准的三级房地产估价机构列表

序号	机构名称	资质证书编号	办公地址
1	中安盛世（北京）土地房地产评估有限责任公司	京建房估资准字（2010）第0182号	朝阳区东三环南路58号1号楼2207室
2	北京易人房地产土地评估有限责任公司	京建房估资准字（2008）第0189号	房山区吴店村南1号楼

2011年，北京市三级资质升二级的估价机构如下表：

表13-8　2011年批准的二级房地产估价机构列表

序号	机构名称	资质证书编号	办公地址
1	北京瑞欧房地产评估咨询有限责任公司	京建房估资准字（2002）第0077号	房山区良乡长虹西路翠柳东街1-329号
2	北京世纪方廉房地产评估事务所	京建房估资准字（2003）第0098号	丰台区大成路6号院2号楼8层B802
3	北京中锐行房地产评估有限公司	京建房估资准字（2003）第0101号	东城区安定门东滨河路3号院1.2.3号楼6层2号楼602
4	北京世诚嘉业房地产土地评估有限公司	京建房估资准字（2003）第0115号	东城区东土城路甲6号308室
5	北京瑞华腾房地产评估有限公司	京建房估资准字（2004）第0124	通州区北小园1号楼211室
6	北京华城房地产土地评估有限公司	京建房估资准字（2003）第0105号	朝阳区东土城路13号金孔雀艺术大厦828号
7	北京岳华中天房地产评估有限公司	京建房估资准字（2004）第0135号	朝阳区霄云路26号鹏润大厦B1201-1203
8	北京鼎春德房地产评估有限公司	京建房估资准字（2003）第0099号	朝阳区惠新南里6号天建大厦705室
9	北京明鉴同创房地产评估有限责任公司	京建房估资准字（2002）第0088号	顺义区石园南区32号楼3门101室

三、注册房地产估价师情况

2011年，经建设部批准予以初始注册的有96名房地产估价师，予以变更注册的135名房地产估价师，予以延续注册的674名房地产估价师。截止2011年，北京市房地产估价师考试合格共有2755人，注册的合计2673人，其中专职注册房地产估价师1452人。自1993年以来历年考试通过及注册的人数见表13-9。

表 13-9 北京市房地产估价师历年考试通过及注册人数

年度	1993	1994	1995	1996	1998	1999	2001	2002	2003	2004	2005	2006	2007	2008	2009	2010	2011
考取数	16	54	275	326	334	242	206	159	294	89	169	139	77	46	84	122	123
注册数	16	54	275	321	301	250	180	197	156	245	130	139	136	69	50	58	96

四、召开商品房交易政策培训工作会

3 月 23 日，市住房城乡建设委房屋市场管理处在北京凯悦莱温泉会议中心组织召开了全市商品房交易政策培训工作会 。房屋市场管理处、城研中心和各区县主管领导、科长及工作人员人参加了会议。会上，分别讲解了北京市商品房预售方案、商品房预售资金监管、商品房限购口径等相关内容；解答了区县提出的疑难问题。房屋市场管理处刘刚处长通报了全市房地产市场形势，就全市房地产市场监管工作提出了具体要求。

五、实地调研房地产新政落实情况

3 月 2 日，市住房城乡建设委王荣武委员带领房屋市场管理处、城研中心有关同志到房山区长阳镇实地调研了万科紫云家园、首创芭蕾雨、绿地新都会、北京城建徜徉集 4 个在售项目，调研房地产新政执行情况及新政后项目的销售情况。王荣武委员调研中强调，各在售楼盘还要在现有基础上，进一步加强房地产新政告知和说明，要求购房人提交真实无误的资格审核材料，确保政策严格执行。

第五节 房屋安全鉴定行业

一、房屋安全鉴定机构情况

截至 2011 年底，全市共有 23 个房屋安全鉴定机构，其中一级鉴定机构 10 个，二级鉴定机构 13 个（见 13-10）。一级鉴定机构可以受理各类房屋的安全鉴定业务，二级鉴定机构只可受理平房（文物古建筑房屋除外），砖木结构楼房及跨度小于 12 米的单层房屋的安全鉴定业务。（原东城区、崇文区房屋安全鉴定站因北京行政区重新规划，合并为东城区房屋安全鉴定站）

表 13-10 北京市房屋安全鉴定机构一览表

序号	单位	等级	负责人	地址
1	北京市房屋安全鉴定总站	一级	杨　威	朝阳区华威北里 18 号
2	东城区房屋安全鉴定站	二级	安宏杰	东城区东四什锦花园 53 号
3	西城区房屋安全鉴定站	一级	杨宝森	西城区皇城根石板房 34 号

序号	单位	等级	负责人	地址
4	西城区宣武房屋安全鉴定站	二级	芦玉华	宣武区贾家胡同34号
5	朝阳区房屋安全鉴定站	一级	张 杰	朝阳区三里屯南56号楼
6	海淀区房屋安全鉴定站	一级	张 莹	海淀区东北旺南路27号
7	丰台区房屋安全鉴定站	一级	刘 进	丰台区大井东里甲2号
8	石景山区房屋安全鉴定站	二级	王文君	石景山古城东街103号
9	门头沟区房屋安全鉴定站	二级	郑宝文	门头沟区新桥大街48号
10	昌平区房屋安全鉴定站	二级	张福芝	昌平区南环东路10号
11	通州区房屋安全鉴定站	二级	王连波	通州区玉桥南里24号
12	大兴区房屋安全鉴定站	二级	周宝留	大兴区黄村镇兴政街29号
13	房山区房屋安全鉴定站	二级	王学军	房山区良乡苏庄东街2号
14	平谷区房屋安全鉴定站	二级	韩建勋	平谷区金乡路西7号
15	顺义区房屋安全鉴定站	二级	吴建民	顺义区光明北街
16	怀柔区房屋安全鉴定站	二级	刘智慧	怀柔区青春路48号
17	密云县房屋安全鉴定站	二级	李振金	密云县水源东路339号
18	延庆县房屋安全鉴定站	二级	李顺新	延庆县东外大街89号
19	首华公司房屋安全鉴定室	一级	赵庆友	朝阳区芍药居2号楼
20	修建一公司房屋安全鉴定室	一级	龚瑞林	西城区太平湖东里甲5号
21	天岳恒公司房屋安全鉴定室	一级	陈 磊	丰台区右安门外西三条甲2号
22	房地集团房屋安全鉴定室	一级	马福玲	朝阳区芍药居甲2号院内1号楼
23	清华大学房屋安全鉴定室	一级	张天申	清华大学土木工程系

二、2011年房屋安全鉴定项目的完成情况

2011年23个鉴定机构中，除房修一、天岳恒鉴定室无鉴定项目外，其余21个鉴定机构均开展了房屋安全鉴定工作，全年共完成房屋安全鉴定3582项，鉴定面积555.31万平方米，鉴定收费1011.1万元，较2010年度的373.8万平方米和610.5万元分别增长48.6%和65.6%。2011年房屋安全鉴定项目详细情况见表13-11。

表13-11　2011年房屋安全鉴定项目情况

分类	类型	建筑面积	占总建筑面积百分比
1. 按建筑分类	高层建筑	246.78	44.44%
	多层建筑	251.20	45.24 %
	单层建筑	57.33	10.32 %
2. 按结构类型分类	钢砼结构	326.63	58.82 %
	混合结构	197.44	35.55%
	木结构	17.06	3.07%
	其他结构	14.18	2.56%

分类	类型	建筑面积	占总建筑面积百分比
3. 按使用功能分类	公共建筑	134.34	24.19 %
	民用建筑	413.42	74.45 %
	工业厂房	7.55	1.36 %
4. 按鉴定结论分类	A级房屋	379.87	68.41%
	B级房屋	62.93	11.33%
	C级房屋	72.36	13.03%
	D级房屋	40.15	7.23%

2011 年我市房屋安全鉴定的规模（建筑面积）和鉴定费收入出现大幅度增长，尤其是高层建筑的鉴定规模增长幅度最大(约为前些年的 10 倍)，这与《北京市房屋安全管理办法出台》、老旧房屋改造和抗震加固等政府工程的开展密切相关。

2011 年，全市共有 15 个鉴定机构开展了廉租房鉴定，完成廉租房鉴定项目 2046 项，占全年总鉴定项目的 57.1%。廉租房鉴定面积 4.85 万平方米，鉴定收费 20.51 万元。其中，东城、西城、宣武、朝阳、丰台和门头沟鉴定站廉租房鉴定项目较多。

三、制定配套政策措施，开展鉴定机构登记备案工作

完成了《北京市房屋建筑安全评估与鉴定管理办法》、《北京市房屋建筑安全鉴定机构信用信息管理办法》、《北京市房屋建筑安全评估技术导则》、《北京市房屋建筑安全鉴定工作导则》、《北京市房屋建筑安全评估合同》和《北京市房屋建筑安全评估合同》等配套政策措施文件。这些配套政策措施文件加强了对房屋安全鉴定机构及其进行房屋安全评估和鉴定活动的指导及监管。

根据《北京市房屋建筑使用安全管理办法》(市政府令第 229 号)，编制了鉴定机构备案程序文件；协助市住建委信息中心构建在线申报和信息公示系统；完成房屋安全评估和鉴定报告备案管理信息子模块建设；开始了房屋安全鉴定机构的登记备案工作，目前已有 8 个单位完成了备案。

第六节　物业服务企业

一、物业服务企业概况

截至 2011 年底，全市共有物业服务企业 3085 家（见图 13-8)，比上年减少 65 家。其中，一级企业 117 家，新增 2 家；二级企业 305 家，新增 25 家；三级企业 2537 家，新增 55 家；三级暂定企业 126 家，减少 148 家。其中，海淀区注册登记的物业服务企业居全市首位，共 620 家,其次为朝阳区 496 家、西城区 389 家、东城区 272 家、丰台区 249 家。

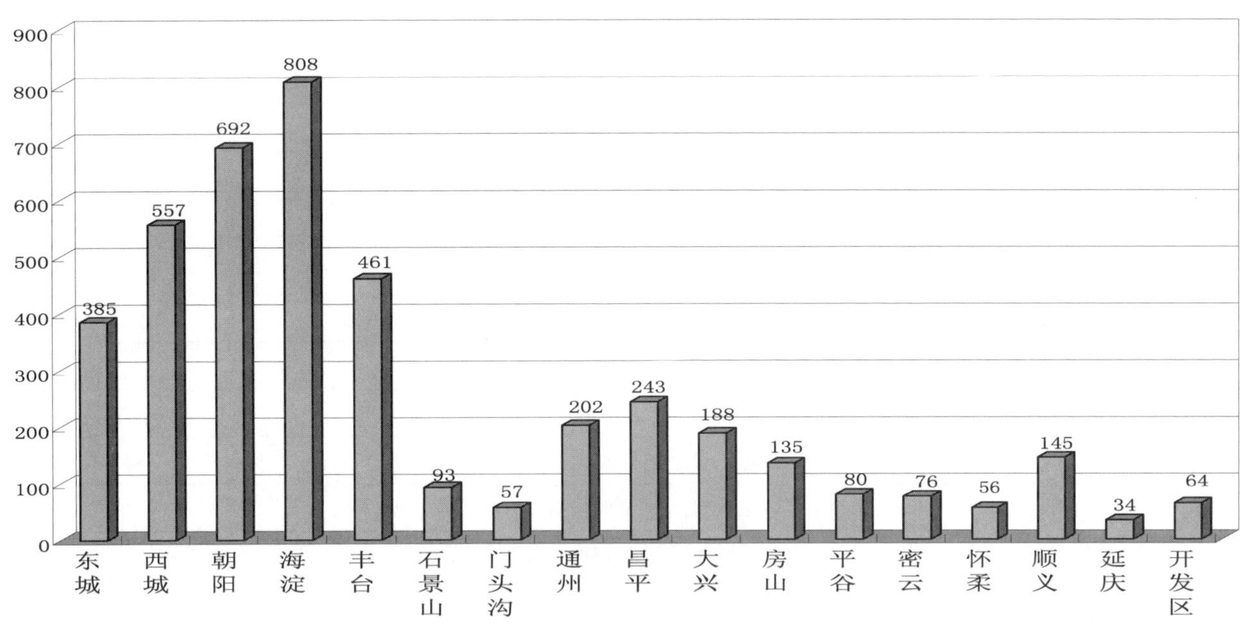

图 13–8　北京市各区县物业服务企业分布情况（单位：家）

二、北京市 2011 年具有国家一级资质的物业服务企业名录

表 13–12　北京市 2011 年具有国家物业管理一级资质企业名录表

序号	物业服务企业名称
1	北京天鸿宝地物业管理经营有限公司
2	北京亿方物业管理有限责任公司
3	北京方庄物业管理有限责任公司
4	北京燕侨物业管理有限公司
5	北京北辰信诚物业管理有限责任公司
6	北京市北宇物业服务公司
7	北京房修一物业管理有限公司
8	北京顺天通物业管理有限公司
9	北京首华物业管理有限公司
10	北京市望京实业总公司
11	北京天竺空港物业管理有限公司
12	北京宝景物业管理有限公司
13	北京万通鼎安国际物业服务有限公司
14	北京银达物业管理有限责任公司
15	北京中兴物业管理有限公司
16	中房集团北京物业公司
17	北京育新物业管理公司

序号	物业服务企业名称
18	北京华特物业管理发展有限公司
19	北京达文物业管理有限公司
20	北京金融街物业管理有限责任公司
21	北京国兴三吉利物业管理有限责任公司
22	北京国广物业管理有限公司
23	北京城建物业管理有限责任公司
24	北京大成物业管理有限公司
25	北京东光物业管理有限公司
26	北京中海物业管理有限公司
27	北京碧水物业管理有限责任公司
28	国贸物业酒店管理有限公司
29	北京鲁能物业服务有限责任公司
30	中远酒店物业管理有限公司
31	北京华腾世纪物业管理有限公司
32	泛海物业管理有限公司
33	中建物业管理公司
34	北京安信行物业管理有限公司
35	北京城承物业管理有限责任公司
36	北京金隅物业管理有限责任公司
37	北京市均豪物业管理有限责任公司
38	北京中际北视物业管理有限公司
39	北京万科物业服务有限公司
40	北京中实杰肯道夫物业管理有限公司
41	北京高腾物业管理有限公司
42	赛特国际物业管理有限公司
43	北京大唐物业管理有限公司
44	北京世纪城物业管理有限公司
45	北京东方容和物业管理有限责任公司
46	北京首欣物业管理有限责任公司
47	北京中移物业管理有限公司
48	北京中咨时代资产管理有限公司
49	北京天岳恒房屋经营管理有限公司
50	北京建工物业服务有限公司
51	中化国际物业酒店管理有限公司
52	北京悦豪物业管理有限公司

序号	物业服务企业名称
53	北京科住物业管理有限公司
54	北京亿展资产管理有限公司
55	北京金罗马物业管理有限公司
56	北京戴德梁行物业管理有限公司
57	北京裕展物业管理有限公司
58	北京远洋基业物业管理有限公司
59	北京中湾智地物业管理有限公司
60	第一太平戴维斯物业顾问(北京)有限公司
61	北京盛利达物业管理有限公司
62	北京市圣瑞物业服务有限公司
63	北京燕科物业管理有限责任公司
64	北京城建福安楼寓物业管理有限公司
65	北京达尔文酒店物业管理有限公司
66	北京中航大北物业管理有限公司
67	北京市鼎泽物业管理有限责任公司
68	北京丰汇物业管理有限责任公司
69	北京冠城酒店物业管理有限公司
70	北京市天龙达置业有限责任公司
71	北京瑞思特物业管理有限公司
72	北京房地集团有限公司
73	北京经中太联物业管理有限公司
74	北京新龙天宇物业管理有限公司
75	北京诚智慧中物业管理有限公司
76	北京网信物业管理有限公司
77	北京燕山星城物业管理公司
78	北京招商局物业管理有限公司
79	华润置地（北京）物业管理有限责任公司
80	北京航天万源物业管理有限公司
81	北京恒富物业服务有限公司
82	北京方佳物业管理有限公司
83	北京金泰物业管理有限公司
84	北京世邦魏理仕物业管理服务有限公司
85	北京仲量联行物业管理服务有限公司
86	北京创新物业管理有限责任公司
87	北京北辰信和物业管理有限责任公司

序号	物业服务企业名称
88	北京盛世物业管理有限公司
89	北京凯莱物业管理有限公司
90	新中物业管理（中国）有限公司
91	北京金地格林物业管理有限公司
92	北京兴邦物业管理有限责任公司
93	北京奥和物业管理有限公司
94	北京燕京都物业管理有限公司
95	北京中铁第一太平物业服务有限公司
96	北京亿城物业管理有限公司
97	北京金融街第一太平戴维斯物业管理有限公司
98	北京市嘉宝物业管理有限公司
99	北京华体世纪物业管理有限公司
100	北京航腾物业管理有限责任公司
101	北京和泓物业服务有限公司
102	北京神舟天辰物业服务有限公司
103	北京博宇嘉物业管理有限公司
104	北京利天物业管理有限公司
105	北京国基伟业物业管理有限公司
106	北京道丰总部基地物业管理有限公司
107	北京昊远隆基物业管理有限公司
108	北京锦融物业管理有限公司
109	北京龙城兴业物业管理有限公司
110	北京首佳物业管理有限公司
111	北京新世界物业管理有限公司
112	光大物业管理有限公司
113	北京博大经开物业管理有限公司
114	北京闻达敏斯物业管理服务有限公司
115	北京中工资产经营管理有限公司
116	第一太平融科物业管理(北京)有限公司
117	勤好(北京)物业管理有限公司

第七节　拆迁行业

国务院《城市房屋拆迁管理条例》和建设部《城市房屋拆迁管理规定》，1995年本市制定了《北京市城市房屋拆迁单位管理暂行办法》，2003年4月又修改公布了《北京市城市房屋拆迁单位管理办法》。

《北京市城市房屋拆迁管理办法》规定："本市对城市房屋拆迁单位实行资格管理、资质等级评审和资质年审制度。"凡在本市从事房屋拆迁服务的单位，都必须取得本市房屋拆迁资质；本市房屋拆迁单位分为自行拆迁单位和受扩迁单位两种；受托房屋拆迁单位资质分为一、二、三级；本市对房屋拆迁单位的资质实行年度审核制度；拆迁工作人员必须经培训考核、持证上岗。

2011年度，全市共有房屋拆迁单位214个，其中自行拆迁单位21个，一级受托拆迁单位50个，二级受托拆迁单位43个，三级受托拆迁单位100个。持有拆迁人员岗位证书的拆迁从业人员共计10900余人。

附 录

附录一　业界观点

2012 年年报

首佳地产顾问机构研究中心

第一部分　2011 年北京市经营性用地市场分析及趋势预测

一、2011 年北京经营性用地市场分析

1. 总体情况：北京经营性用地市场总体成交量及成交金额大幅下降

根据《北京市 2011 年度国有建设用地供应计划》，2011 年全年计划完成供地总量 6500 公顷，其中经营性用地 3100 公顷，包括住宅用地 2550 公顷（其中保障性住房用地 1330 公顷）、商服用地 550 公顷。2011 年，北京市土地招拍挂市场共成交经营性土地 121 宗，成交土地总面积 1053 公顷，也就是说：通过招拍挂市场完成了年度供地计划的三分之一；建设用地面积约 719 公顷，同比下降 35%；成交规划建筑总面积约为 1585 万平方米，同比下降 27%；成交金额约为 989 亿元，同比下降 36%（详见附表 1）。

从地块用途看，2011 年商业、居住、综合类用地分别成交 48 宗、55 宗、18 宗，成交建设用地面积分别为 220 公顷、431 公顷、68 公顷，其中商业用地建设用地面积同比增加 73%，居住、综合用地建设用地面积同比下降 44%、69%（详见附图 1）。

附表 1　2011 年北京市经营性用地成交情况统计表

统计指标	总计	商业用地	居住用地	综合用地
土地宗数（宗）	121	48	55	18
土地总面积（公顷）	1053	317	634	102
建设用地面积（公顷）	719	220	431	68
规划建筑面积（万平方米）	1585	588	847	149
成交价（亿元）	989	473	448	68
楼面单价（元/平方米）	6243	8040	5289	4564

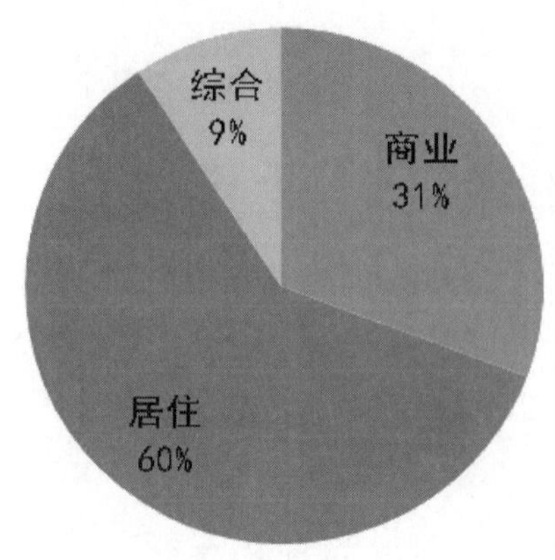

附图 1　2011 年北京市成交地块规划用途比例图（以建设用地面积为依据）

2．交易情况：成交量大幅减少

（1）成交量同比大幅减少

2011 年，北京土地市场共成交经营性用地 121 宗，成交建设用地总面积约为 719 公顷，同比减少 35%；成交规划建筑总面积约为 1585 万平方米，同比减少 27%。土地市场交易从 2010 年的高位骤然回落，其原因主要是受楼市调控政策的影响。2011 年成交的土地平均容积率约为 2.2，同比大幅上升，土地集约利用度有所提高。

附表 2　2007-2011 年经营性用地成交情况

年份	宗地数量	土地总面积（公顷）	建设用地面积（公顷）	代征地面积（公顷）	规划建筑面积（万平方米）	容积率	成交价（亿元）	楼面单价（元/平方米）
2007 年	85	898	601	294	1233	2.05	438	3553
2008 年	74	973	653	319	1255	1.92	472	3765
2009 年	129	1280	830	450	1686	2.03	946	5611
2010 年	142	1809	1112	697	2177	1.96	1551	7124
2011 年	121	1053	719	334	1585	2.20	989	6243

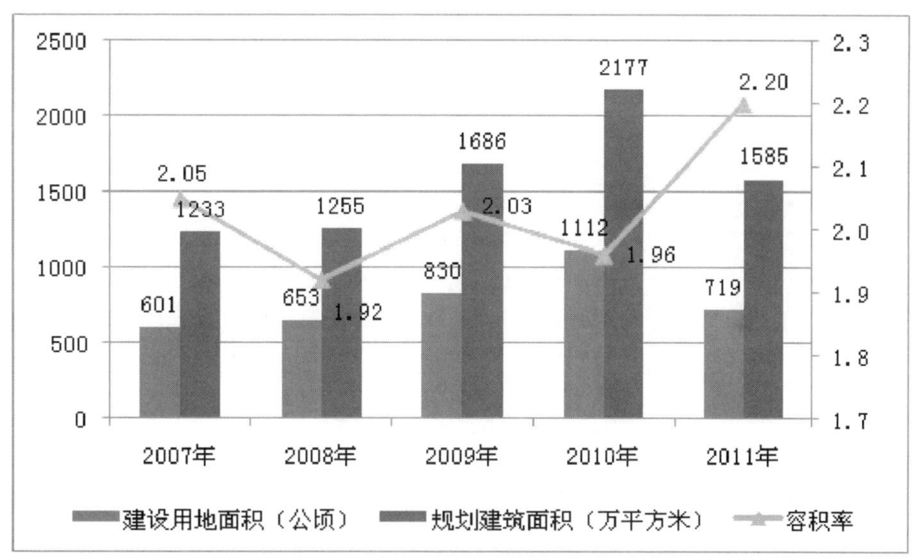

附图 2　2007 年-2011 年北京经营性用地成交量情况图

（2）居住类用地规划建筑面积所占比重约五成

从土地用途来看，2011 年北京居住用地成交量最大，成交的建设用地总面积为 431 公顷，规划建筑总面积为 847 万平方米，所占比重约为 53%；其次是商业用地，成交的建设用地总面积为 220 公顷，规划建筑总面积为 588 万平方米，所占比重约为 37%（详见附表 3）。

附表 3　2011 年经营性用地成交情况汇总表

块地用途	宗数	建设用地面积（公顷）	规划建筑面积（万平方米）	规划建筑面积占比（%）
居住	55	431	847	53%
商业	48	220	588	37%
综合	18	68	149	9%
总计	121	719	1585	100%

（3）供地郊区化趋势明显

按照《北京 2011 年度国有建设用地供应计划》（以下简称《供地计划》）要求，在供地空间布局上，今年重点保障城市功能拓展区和城市发展新区的土地供应。2011 年北京市城市功能拓展区（朝阳、海淀、丰台、石景山）经营性用地供应宗地 38 宗，供应量约占全市供应总量 31%，城市发展新区和生态涵养发展区土地供应量约占 67%。

居住用地供应主要集中在大兴、房山、丰台、密云、顺义及通州区，六个区共供应居住用地 41 宗，占全部居住类土地的 75%。

商服用地供应主要集中在朝阳、丰台、顺义以及北京经济技术开发区，四个区县供应商服用地 43 宗，占全部商服类用地的 65%。

附表4　2011年经营性用地区域分布情况汇总表（按土地宗数）

	区县	商业	居住	综合	合计
首都功能核心区	东城区	2	0	0	2
城市功能拓展区	朝阳区	10	3	1	14
	海淀区	0	2	0	2
	丰台区	13	7	1	21
	石景山区	0	0	1	1
	小计	**23**	**12**	**3**	**38**
城市发展新区	通州区	0	7	5	12
	顺义区	6	6	7	19
	昌平区	1	1	1	3
	大兴区	2	10	1	13
	房山区	3	7	0	10
	北京经济技术开发区	5	0	0	5
	小计	**17**	**31**	**14**	**62**
生态涵养发展区	门头沟	1	3	0	4
	平谷区	2	2	1	5
	怀柔区	1	1	0	2
	密云县	2	4	0	6
	延庆县	0	2	0	2
	小计	**6**	**12**	**1**	**19**
总计		**48**	**55**	**18**	**121**

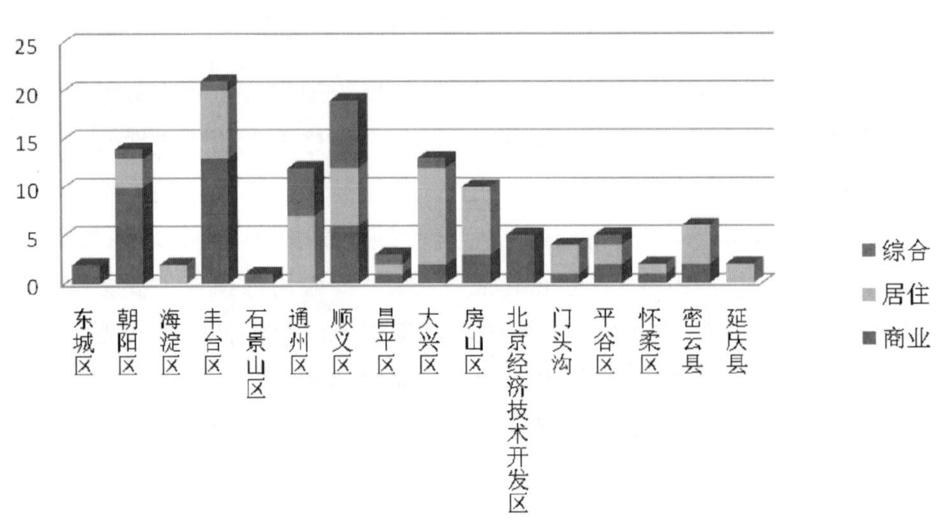

附图3　2011年经营性用地区域分布情况图（按土地宗数）

（4）通过招拍挂方式供应的住宅用地、保障性住房用地供应分别占年度供应计划的17%、11%。

根据《北京市2011年度国有建设用地供应计划》，2011年本市计划供应2550公顷住宅用地中，保障性住房用地将达到1330公顷，占住宅用地52%。5月11日，国土资源部发布了《国土资源部关于坚持和完善土地招标拍卖挂牌出让制度的意见》，政策发布之前，居住类土地主要以招标方式出让，发布之后以“新挂牌”方式为主，“新挂牌”采用限定地价上限，超过上限后竞保障房的方式进行，既可防止地王的产生，也有利于推动保障房的建设。

2011年通过招拍挂方式出让了55宗住宅用地，建设用地面积431公顷，占年度住宅用地供应计划的17%；需配建限价商品房或者公共租赁住房的约19宗，总建设用地面积144公顷，占年度保障性住房用地供应计划的11%（注：本统计数据未包括通过划拨及协议出让方式供应的保障性住房用地）。

3．成交价格：成交均价明显下降，出让收益大幅减少

（1）土地成交均价明显下降，出让收益大幅减少

2011年，北京市土地招拍挂市场共成交121宗经营性用地，土地成交总价989亿元，同比下降36%；楼面均价6243元，同比下降12%。随着房地产市场调控的继续深入，特别是受国土部出台的《关于严格落实房地产用地调控政策促进土地市场健康发展有关问题的通知》对“土地交易异常情况”的规定压力下，北京市国土局采取了一定出现高地价的土地不供，可能出现高地价的土地以限地价竞保障房面积的方式出让，有效控制了土地价格。

（2）商业用地“冰火两重天”，单价地王再出现

2011年成交48宗商业用地，土地总面积317公顷，建设用地面积220公顷，地上规划建筑面积588万平方米，同比上涨57%，楼面均价8040元/平方米，同比下降16%。

随着政府出台一系列针对住宅市场的调控政策，开发商开始转战商业地产市场，因商业地产受地段影响巨大，成交价格差异较大。部分商服用地竞争激烈，溢价超过50%的地块有7块，分布在东城、丰台、顺义和大兴区，其中东城区崇文门菜市场（含西侧地）商业金融用地成交楼面单价约4.3万元/平方米，刷新了近年来单价地王纪录，而约15宗郊区商服用地则以近乎底价成交。

（3）居住用地市场整体平淡，价格降幅显著

2011年成交55宗居住用地，土地总面积634公顷，建设用地面积431公顷，地上规划建筑面积847万平方米，楼面均价5289元/平方米，同比下降28%。

虽然北京现有土地储备规模较大，但大多集中在顺义、通州、大兴、房山等新城，中心城区土地储备不足，北京市国土局未大批量供应优质居住用地，土地市场较为平淡，加之目前房地产市场形势不好，导致开发企业拿地热情不高，大多被开发商以低溢价取得。

（4）综合类用地市场价格大幅上升

2011年成交18宗综合类用地，土地总面积102公顷，建设用地面积68公顷，地上规划建筑面积149万平方米，楼面均价4564元/平方米，同比上升24%。

二、2012年北京市经营性用地市场预测

11月30日，中国人民银行决定从2011年12月5日起下调存款类金融机构人民币存

款准备金率 0.5 个百分点，释放资金近 4000 亿元，银根开始出现松动迹象；12 月 10 日，中央经济工作会议要求明年实施积极财政政策和稳健货币政策，根据形势变化做出预调、微调，但同时坚持房价调控政策不动摇，促进房价合理回归，促进房地产市场健康发展。由此预见，2012 年房地产开发企业资金状况将有所好转，但如果房价调控政策不动摇，购房需求被抑制，房价仍将合理回归，开发商出于资金链的担心拿地将更加审慎，土地市场仍将持续低迷。

首先，供应方面，北京市将继续加大普通商品住房用地、保障性住房用地供应，但由于北京市土地资源的稀缺性，以及拆迁难度加大，增加供应的难度较大。

其次，需求方面，如果房地产调控政策不动摇，房屋销售不畅，开发商资金压力不会改善，出于对资金链的担忧，开发商拿地将更为谨慎。

再次，价格方面，随着北京拆迁成本及难度的加大，房地产开发成本持续增加，土地价格也不会有明显松动。

第二部分　2011 年北京新建商品住宅市场分析报告

2011 年，“双限”即“限购”与“限贷”影响下的北京楼市陷入近五年来的低谷，新建商品住宅市场“量价齐降”，住宅库存压力增大，资金、业绩压力下的房产企业找寻新的出路，购房者继续淡定观望价格回落。展望 2012 年，北京楼市将何去何从？

回顾篇

一、销供比连年走低，2011 年仅 0.89，月度低至 0.58

2011 政策年，在限购、限贷等各项收紧政策的影响下，北京楼市历经 2009-2010 年的过度繁荣后，陷入低迷。从附图 4 中数据可以看出，2007 至 2011 年的近五年来，北京商品住宅（不含保障房，下同）的销售量与供应量均波动回落，销供比呈倒“U”形。2007 年楼市繁荣，成交活跃，销供比为 1.13；2008 年受紧缩政策及金融危机的影响，楼市低迷，销供比回落至 0.75；2009 年行政、金融等各项救市政策出台，北京楼市繁荣，成交量大增，销供比达到近五年的顶峰，即 1.84；随后 2010 年 4 月首次提出“限购令”，北京楼市开始渐入低迷，2010年销供基本持平，销供比为 1.03；2011 年以来，愈收愈紧的“限购政策”配以金融等收紧政策，京城楼市成交低迷，销供比回落至 0.89，仅略高于 2008 年。

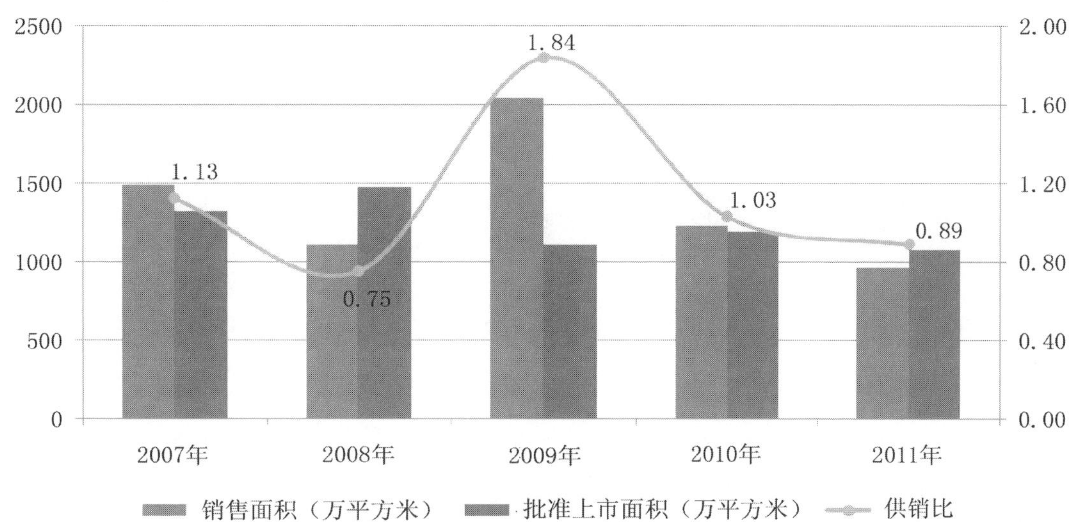

附图 4　2007-2011 年北京商品住宅（不含保障房）销供比走势

就 2011 年北京楼市的成交走势来看，除 1 月、2 月和 7 月因政策末班车效应、远郊区县个别楼盘低价开盘促交易量大涨，销供比大于 1.5 以外，从 3 月开始，北京商品住宅月度销供比逐月回落，11 月达到 0.58 的低点，12 月受二手房最低计税价标准正式执行的影响，不少购房者集中签约，促交易量出现暂时的回升，销供比为 1.19，但也是昙花一现。

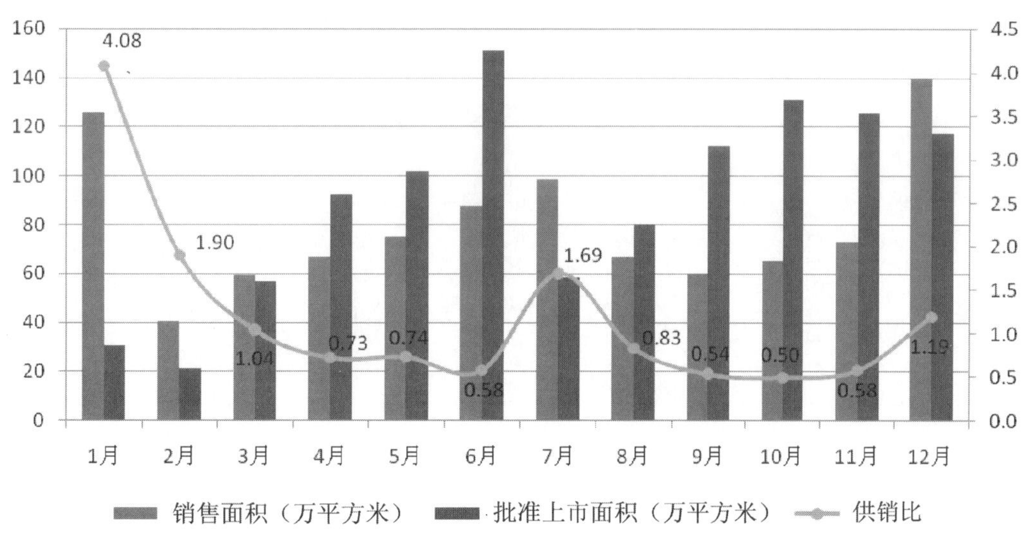

附图 5　2011 年 1-12 月份北京商品住宅销供比走势

二、新建住宅“供 > 求”，可售房源出清周期增至 18 个月

低迷的楼市中，买卖双方的观望情绪高涨，商品住宅的去化量明显降低，新建商品住宅的新增及累积量仍在增加，导致可售房源的出清周期大幅增加，2011 年 12 月新建商品住宅的出清周期增加至 18 个月。而 2007 年、2009 年及 2010 年末的出清周期基本都维持在 10 个月左右，可见目前北京新建商品住宅市场明显处于供大于求的局面，开发商的库存、资金、业绩压力凸显。

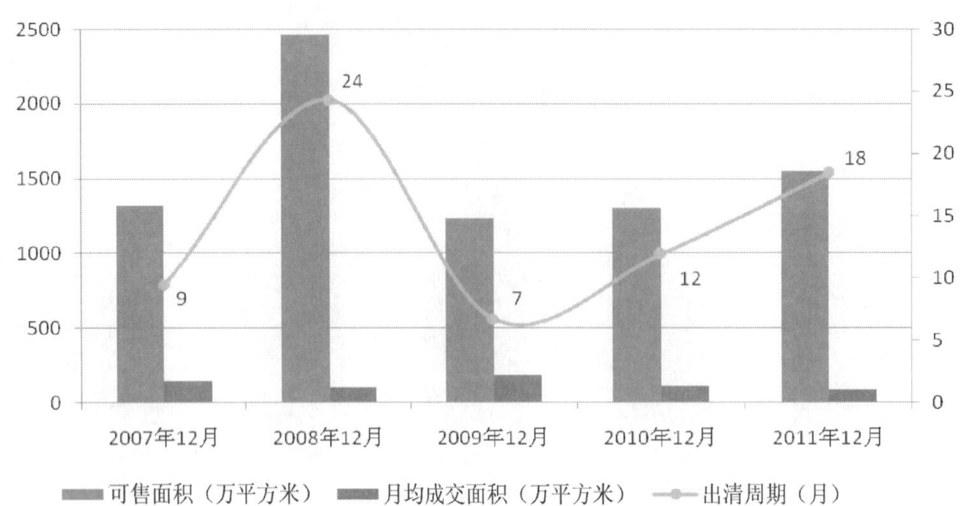

附图 6　2007-2011 年各年末新建住宅出清周期变化

三、2011 年成交仅 9 万套，跌至 5 年来谷底

买卖双方观望、僵持态势由胶着到白热化，北京新建商品住宅市场交易更显萧条，2011 年北京新建商品住宅成交量仅 9 万套有余，同比下降 17.9%，为近 5 年来的最低点。除 2009 年楼市过度繁荣时的成交量达到近 18 万套以外，2007、2008 及 2010 年的北京新建商品住宅年度成交量均在 10～12 万套，2011 年北京新建商品住宅成交量降至谷底。

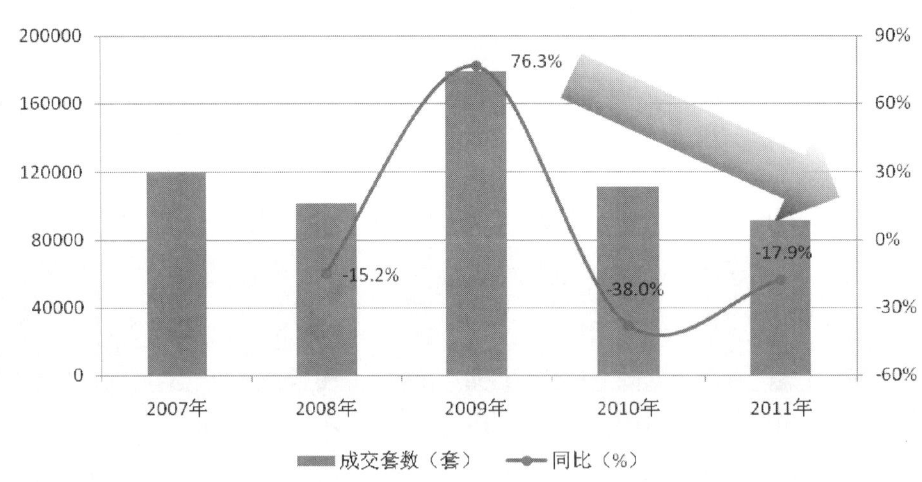

附图 7　2007-2011 年北京新建商品住宅年度成交量走势

就 2011 年北京新建商品住宅的月度成交走势来看，自 2 月 16 日北京正式公布关于贯彻“国八条”的通知并配以多次加息的金融政策后，北京的楼市彻底陷入谷底，具体可以分为两个阶段，2～7 月成交低位增长期和 8-11 月回落走稳复苏期。从附图 8 曲线走势可以看出，2～7 月份的月度成交量虽表现为增长，但月成交量始终维持在 9000 套以下的低位；从 8 月开始交易量持续走低，“金九银十”也并未出现往年的繁荣，8～10 月的月度成交量不足 6000 套。进入 11 月，受资金、业绩等压力而低价开盘的项目增多，促成交量有一定回升，但全月成交也仅为 6681 套，同比下降 40%。

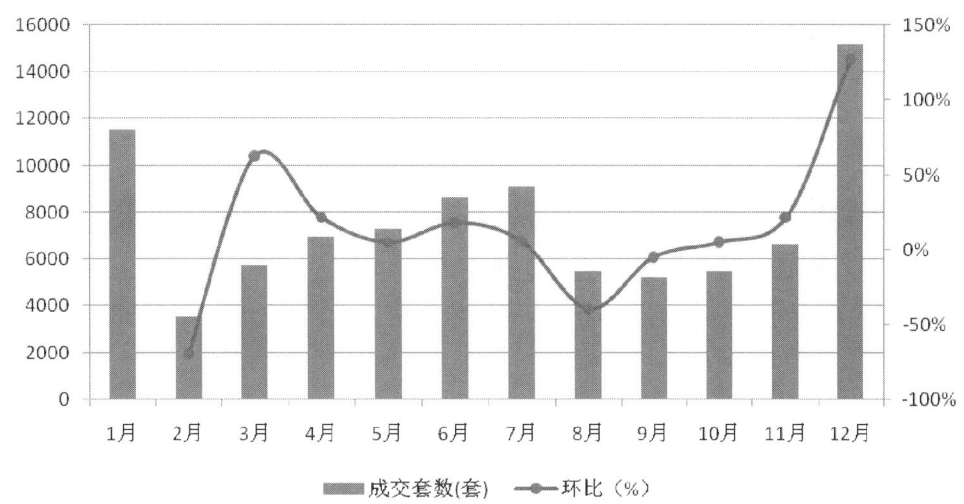

附图 8　2011 年北京新建商品住宅月度成交走势

四、2011 年新建商品住宅价格由滞涨至回落，同比涨幅由最高 44%降至 7%

2010 年 4 月限购令出台，观望情绪笼罩下的 5 月北京商品住宅价格回落 18.78%,随后有所回升，但至 12 月基本都维持在 20000 元/平方米左右的低位（见附图 9）。进入 2011 年，受限购令是否会有松动的质疑影响，价格在 1-2 月出现一定反弹，随二月北京正式公布了关于贯彻“国八条”的通知，北京商品住宅月度成交价格开始步入滞涨的状态，而金九银十的惨淡收场，促北京商品住宅交易价格步步回落，12 月北京新建商品住宅交易价格降至 22080 元/平方米，同比增幅由 2 月的 44%回落至 7%。

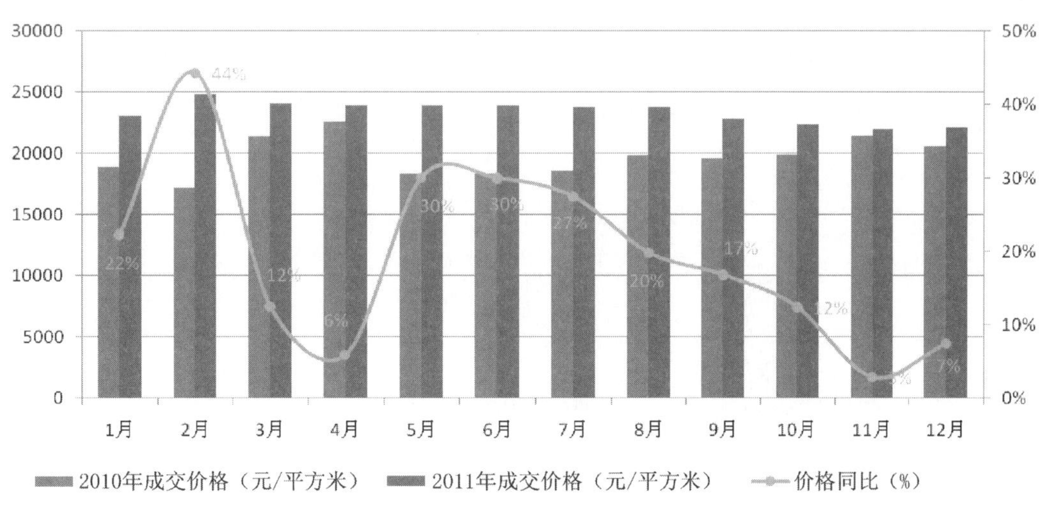

附图 9　2010-2011 年北京新建商品住宅月度成交价格及同比走势图

从 2011 年北京商品住宅月度价格同比的走势来看，1～12 月北京商品住宅价格仍始终高于 2010 年同期。但就环比走势来看，1～3 月价格环比波动幅度较大，4 月价格进入滞涨阶段，7 月后价格开始持续回落，11 月价格回落至 21980 元/平方米，环比下降 1.43%，12 月集中成交，价格出现 0.45%的微量回升，但仍处低位，与 2 月价格最高点相比回落 11%。

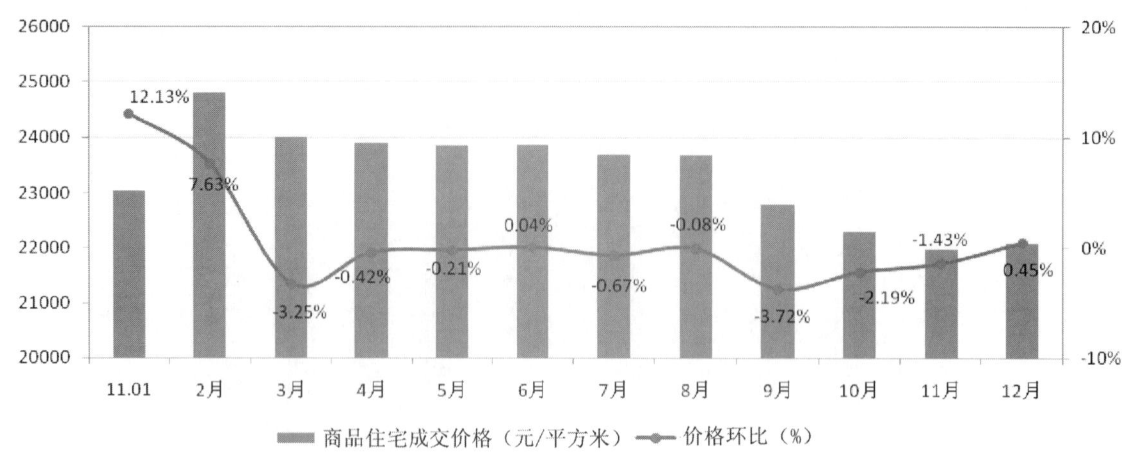

附图10　2011年1-12月北京商品住宅成交价格及环比走势

五、2011年北京新建商品住宅成交特点

1. 北京市居民购房占比激增至75.7%，限购政策效果明显

2月16日北京正式公布了关于贯彻“国八条”的通知，文件要求，自发布之日起，对已经拥有一套住房的户籍居民家庭，对持有有效暂住证，在本市没有住房的购房人，且连续五年缴纳社会保险和个人所得税的非本市户籍家庭，限购一套住房。该通知出台后，投资、投机购房需求得到极大的抑制，但同时非本市户籍家庭不符合购房条件的人群也大增。

从2010和2011年北京商品住宅购买者性质的成交占比（附图10、附图11）可以看出，2010年本市居民成交占比6成，外省居民占34.8%，港澳台、企事业单位及其他购买共占5.16%。而2011限购令不断收紧后，本市居民购买占比达到75.7%，同比上升15.6个百分点；外省居民购买占比跌至15.7%，同比下降19.1个百分点；港澳台、企事业单位及其他购买占8.6%，同比上升3.5个百分点，其中主要是企事业单位购买量增加明显所致。

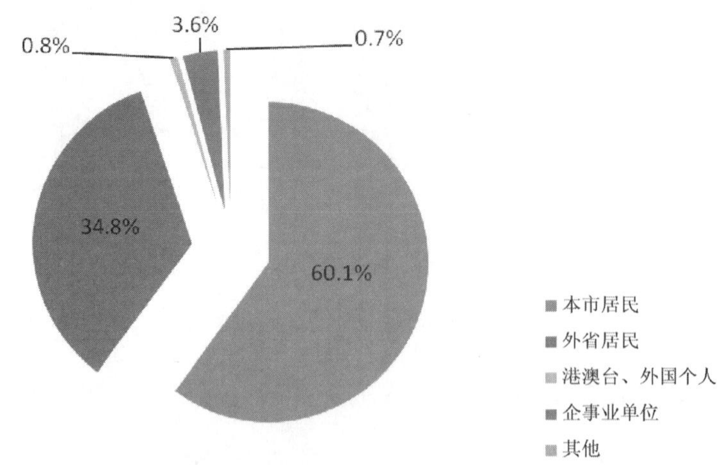

附图11　2010年新建商品住宅购买者性质成交占比

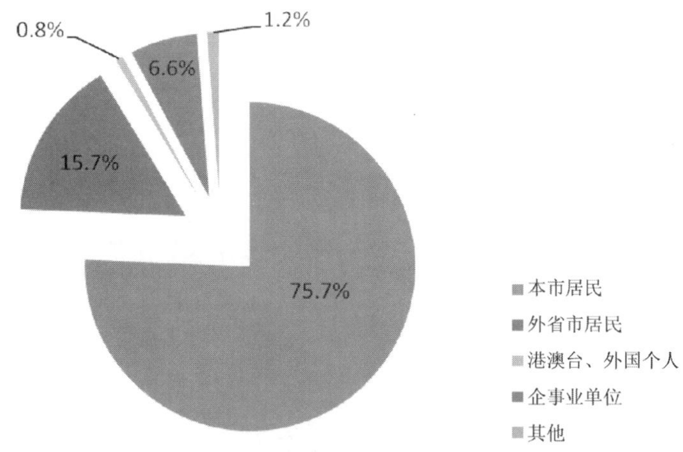

附图 12　2011 年新建商品住宅购买者性质成交占比

2. 2011 北京新建住宅成交郊区化明显，五环外成交占七成

城区内新建商品住宅数量有限且价格较高，同时限购影响下，通州、大兴等远郊区县楼市价格最先开始松动，促 2011 北京新建商品住宅成交郊区化明显。从如下 2010 和 2011 年北京新建商品住宅成交区域占比（附图 12、附图 13）可看出，2011 年北京新建商品住宅五环外的成交占比达到 70.72%，与 2010 年同期相比上涨 1.57 个百分点。五环内除二环内新建住宅成交占比持平外，其他各环路的成交占比均表现为回落。

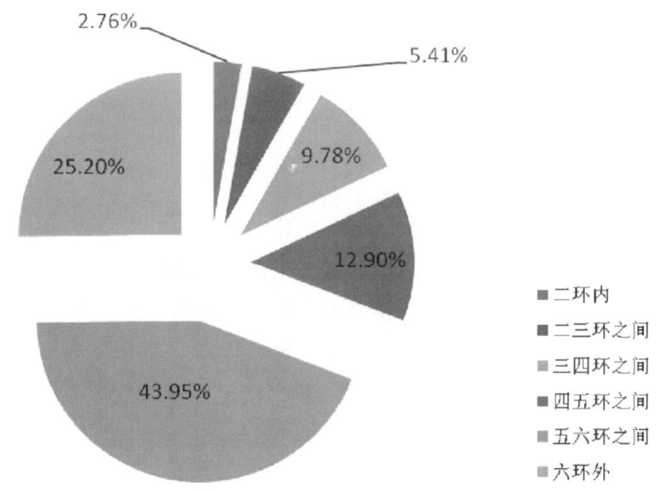

附图 13　2010 年北京新建商品住宅成交区域占比

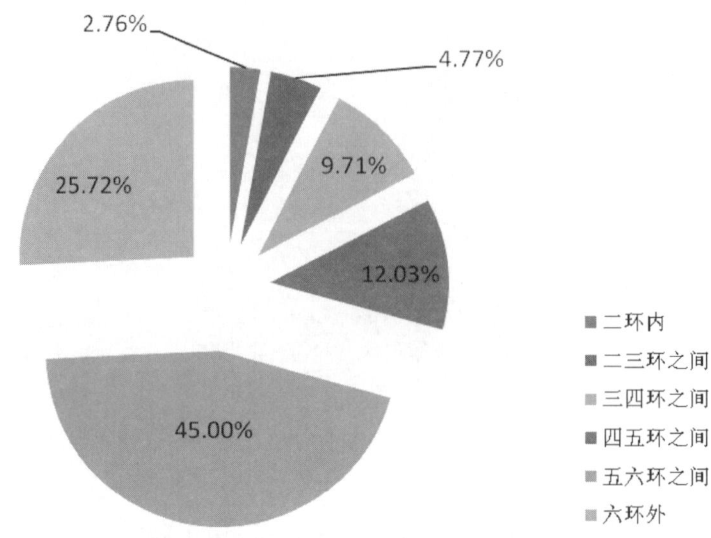

附图 14　2011 年北京新建商品住宅成交区域占比

3. 二-三居室仍是成交主力，160-200 平方米产品成交占比上涨明显

从 2011 年的新建商品住宅面积段划分的成交占比来看，80-120 平方米的商品住宅成交占比四成以上，基本与 2010 年持平，仍是市场成交的主力产品；80 平方米以下的成交占比为 7.7%，较 2010 年同期的 8.3%回落 0.6%，可见投资、投机型小户型产品交易量开始回落；120-160 平方米的商品住宅成交占比回落 1.4%，相邻产品 160-200 平方米的商品住宅成交占比上涨 1.6%，可见在限购政策的影响下，购买大面积户型产品的购房者占比有所增加。200 平方米及以上面积的商品住宅成交占比与 2010 年基本持平。

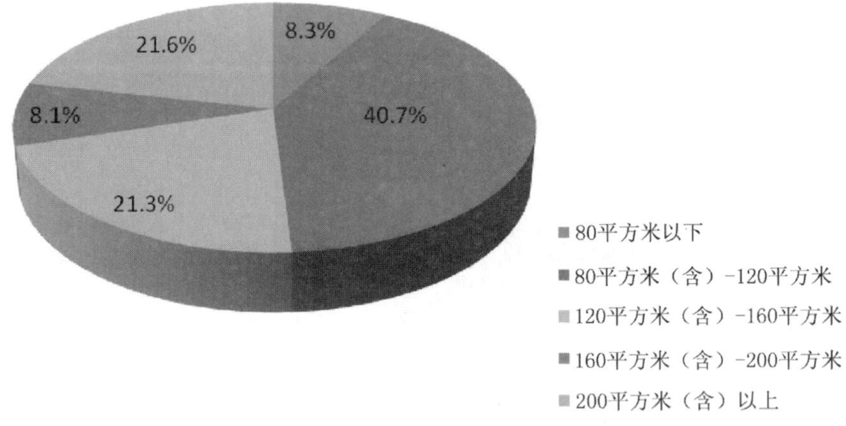

附图 15　2010 年北京新建商品住宅成交面积占比

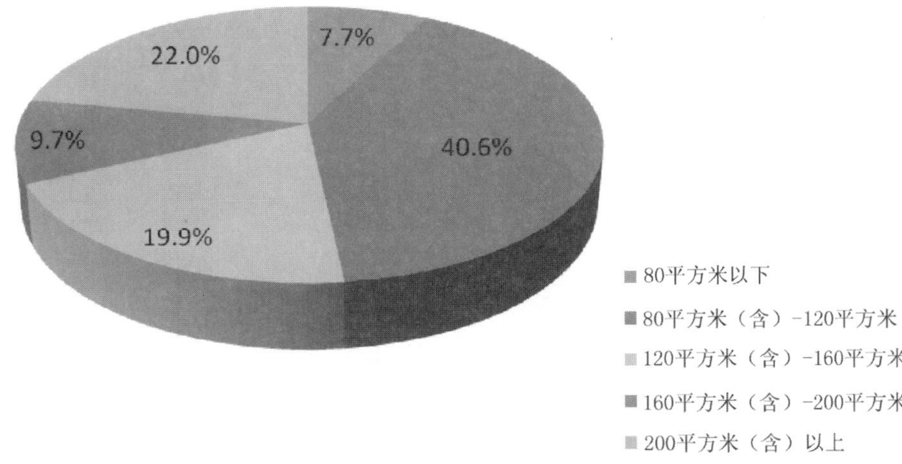

附图 16　2011 年北京新建商品住宅成交面积占比

展望篇

回顾 2011 年宏观调控下的房地产市场，投资、投机等非良性购买需求基本已被挤出，住宅的居住属性逐渐回归，北京楼市的价格在理性回归，但也有不少被政策“误伤”的购房者的需求等待释放。在现时环境下，首佳顾问机构研究中心对 2012 年的房产市场预测如下：

1. 2012 年北京新建商品住宅成交量小幅回升。2011 年的北京商品住宅市场在政策走势未明与买卖双方的博弈中落下帷幕，成交量跌至谷底，但随着各地楼市政策放松的夭折及政府的公开表态，2012 年限购政策将继续执行，在此调控的预期下，开发商需寻求出路，而降价无疑是最直接、最有效的。价格的回落，将促使部分有效需求逐渐入市，促交易量低位回升。

2. 新建商品住宅价格进一步回落 10%左右。在 2011 年年末，受资金周转、业绩、库存压力等影响，大兴、通州等新建商品住宅的价格已经出现了回落。相反，靠近城区及城区内的新建商品住宅价格回落有限，价格相对仍旧较高，因此，预计北京的楼市价格仍有 10%的下降空间。

3. 从房地产行业的角度来看，经过此轮洗牌，资金实力相对雄厚的企业在危机中找寻新的机会，“网上售房”、“中国房产电商竞价联盟”的成立等成为房产市场电商发展的开始。同时，被淘汰的盲目投资房地产市场的中小企业将逐渐的回归到其他实体经济中去，与房产暴利时代告别。

4. 从宏观经济的发展来看，曾经促进经济快速发展、是 GDP、税收等保证和来源的房地产业，目前在限购令的影响下，不仅本行业低迷，也影响其上下游相关产业的发展，但该阶段必不可少，房产市场的理性回归、健康发展，才能更好的促近产业的健康发展。

5. 从宏观调控政策来看，“限购令”执行的期限，取决于其他合理有效的促进房地产业健康发展的手段的出现并发挥效用，比如大力建设的保障房、处于试点阶段的房产税，预计未来会与限购令相辅相成地发挥效用，从而逐渐的让限购令这支宏观的手放开，用经济手段代替行政手段。

2011·大“限”之下·北京楼市报告

北京中原市场研究部

引　言

2011 年作为“十二五”的开局之年，中国经济在各种内外压力下不断发展、创新。国际金融环境恶化，美国量化宽松政策进一步推动美元贬值和全球大宗商品价格上扬，导致热钱冲击，并干扰我国的宏观经济运行机制。为了规避这一风险，实行货币紧缩政策，在热钱青睐的房地产行业，以防房产泡沫破裂，2011 年政府出台系列深入的调控政策，“限购令”扩展至二三线城市，限贷政策又进一步挤出部分有效购房需求，促使房地产市场陡转下行，投机、投资需求被挤出，改善性和刚性自住需求有限度被满足。2011 年可以说是政策出台最集中、最严厉、持久性最长的一年。

中国的房地产市场属于“政策市”，2011 年针对房市深入调控从 2 月份的 “限购”政策，再到限贷、年内三次加息、六次上调存款准备金率等政策的贯彻执行，对北京房地产市场发展带来深远影响，住宅市场和商业地产呈现冰火两重天。商品房住宅市场成交量大幅萎缩，开发商流动性资金减少，在巨大资金压力下，纷纷打折促销，价格出现松动。存量房市场消费者观望氛围浓重，期待房价大幅跳水，成交低迷，全年存量房过户成交不足 10 万套，不及 2009 年的一半，呈现 2008 年极度低迷之势。与住宅市场低迷形成显明对比的是商业地产活跃发展，住宅被限的投资需求，转投商业地产，刺激市场发展，商业市场量稳价涨，供不应求，迎来商业地产发展黄金时期。

为了更深入探究 2011 年北京房地产发展特征、原因，北京中原市场研究部从政策入手，围绕“限”令，总结出 2011 年北京房地产 40 宗“最”，“最”包含两重含义，一是极值，即最高、最大、最低、最快等，二是最有特色的意思。

一、“限”字当头　给力保障房

1. 政策出台“最频繁”

2011 北京房地产属于典型“政策市”，平均每月都有重磅政策出台。2011 年上半年央行以每月一次的频率上调 6 次准备金率，调整后的大型金融机构存款准备金率最终达到 21.5%。政府收紧银根、抑制通胀信号非常强烈，影响开发商的融资进程，影响其对未来投资的预期，加速部分住宅开发企业采取低价出售的方式尽快回笼资金。2011 年 12 月 5 日起年内首次下调准备金率 0.5 个百分点。释放出 4000 亿流动资金，给市场传递出积极信号。

2011 年央行加息三次，五年以上贷款利率上调为 7.05%。增加购房者买房成本，减缓其入市的步伐，给开发商带来销售压力，加大开发商本身获得资金的压力，融资成本更高。

2011 年针对房市深入调控的“国八条”，“京十五条”，土地招拍挂制度以及 12 月 10 日开始执行的放宽普通住宅标准和上调最低计税价格等政策的贯彻执行，对北京房地产市场发展带来深远影响。

2．政策执行“最严厉”

2011 年“国八条”、“京十五条”中限购和限贷的两限政策，严厉程度史无前例。本地两套以上限购及严格条件的异地限购把投资客户、投机客户、资源占有型客户、终极改善型客户、度假型客户等购房群体挤出北京房地产市场。大约 2 成的北京户籍家庭（80 万户）不得再买房。

北京市政协进行的“人口与资源环境协调发展”专题调研发现，2009 年底，北京市实际常住人口已达 1972 万人，其中户籍人口为 1246 万人，居住半年以上的流动人口达 726 万人。2010 年第四季度，人民银行营业管理部对北京市城镇居民购房状况的问卷调查显示：北京市居民完全产权自有住房率为 72.4%，多套住房拥有率达到 18.3%。按照这一调查数据显示，北京户籍人口 1246 万人，大约户数在 450 万左右，影响家庭大概在 80 万户。

非本市户籍可提供连续 5 年以上社保或纳税证明，只能新购一套房，影响家庭 100 万左右。

按照 3 人家庭计算， 726 万流动人口大约为 250 万家庭。北京中原统计抽样调查数据显示：2009 年全年北京购置房产的户籍比例中，外地户籍达到 55%，在 2 年中购房家庭总户数在 40 万左右，叠加 2009 年之前估算在北京有房产的外地户籍家庭已经超过百万。而这部分家庭都将不得再新购房产。

附表 5　调控政策对本市和非本市户籍家庭影响程度

	本市户籍家庭（新购房套数）			非本市户籍家庭（新购房套数）		
北京落实第三轮调控前后对比	无房户	有房		无纳税、社保证明	有连续 5 年以上纳税、社保证明	
		1 套	2 套及以上		无房户	有 1 套及以上
京 15 条后可买	两套	一套	禁购	禁购	一套	禁购
影响人群	约 80 万家庭			100 万以上家庭		

数据来源：北京中原市场研究部

3．信贷收紧，购房支出变相增多

从 2004 年 10 月 30 日开始调整贷款利率以来，截至目前共调整 20 次，或涨或降，并辅以不同程度优惠利率进行操作。2011 年在限购和限贷两大政策叠加作用下，房价出现松动，购房支出本应减少，但由于不断收紧货币政策，取消以往的 7 折、8.5 折等优惠利率，普遍执行基准利率或 1.1 倍基本利率，对于购房者来说，房价下降减少的支出又流入银行利息中去，大多数情况还不够填补利息支出。

据北京中原市场研究部统计数据显示：以一套 200 万房产计算，在 2010 年 10 月贷款 100 万，按照当时的 7 折利率计算，20 年需要支付的利息款为 47.5 万左右，即使考虑到后期基准利率上浮，但是因为执行 7 折利率，实际 20 年内的利息款依然比较低。而目前购房者如果仍购买一套 200 万的房产贷款 100 万，按基准利率计算则需要支付接近 87 万利息，贷款 20 年增加利息支出接近 40 万，即接近房价的 20%左右。房价下调 20%以内，消费者购房支出变相增多。

4．普宅标准放宽，“惠及范围最广”

自 2008 年 11 月 24 日调整普宅标准至 2011 年 4 年时间内，经历房地产市场 2009 年疯狂发展、10年冷静发展，再到11年有限制发展，以往的普通住宅很多“被豪宅化”，交易中成为非普宅，税负增加。2011年12月10日起执行新的普通住宅标准，惠及面进一步加大，80%以上住宅划到普宅行列，五环外则有90%住宅属于普通住宅。

政策一方面鼓励自住需求，降低购房者负担；另一方面，引导开发商增加开发中小户型自住需求房源。

附表6　普通住宅执行标准

环线区域 \ 系数 \ 方位	北部（乘1.2倍后）	南部（乘1.2倍后）
四环以内	1.8（38880）	1.6（34560）
四环至五环之间	1.5（32400）	1.3（28080）
五环至六环之间	1.2（25920）	1.0（21600）
六环以外	0.8（17280）	

注：超过括号单价住宅即为非普宅（单位：元/平方米）。

数据来源：北京中原市场研究部

5．最低计税价，“最不确定价”

2006年10月1日后调整最低计税价格至今5年时间内，北京住房和城乡建设委员会和北京市地税局下发通知，自2011年12月10日起全市执行新的二手房交易最低计税价。但各区域、各房屋的具体执行标准并未公布，一改以往各区域明码标价现象。但据北京中原市场研究部统计现有数据预测区域最低过户指导价的上调幅度在1-2倍左右。北京市地税局将按照房屋所在区域、楼盘建筑年代等信息实行一房一审核的原则，对交易房屋征缴税款。

从全市来看，之前的最低计税价，平均在6000元/平方米左右，北京中原市场研究部预测目前全市的最低计税价约为1.5-1.6万元/平方米。（根据2011年12月10日执行的普通住宅认定标准规定，2010年全市商品房均价为1.8万元/平方米，二手房均价应该比商品房价格低10-20%，估算得出。）这一价格相比之前更加反映了市场实际成交价格。

6．建设井喷，政策给力保障房

1998年房改虽然提出了“经济适用房为主体的多层次的住房供应体系”，但是在随后的数十年房地产快速发展的大潮中，虽然2006年“国六条”重提“建设住房保障体系”，但房地产市场仍以商品房为主，保障房这一块几乎等于是空白，而市场经济下商品房的体系是根本无法顾及中低收入者的。

2011年重新提出保障房的建设，且执行力度空前强大，政府主要通过社会责任角度入手，调控市场，用保障房建设来满足中低收入者的住房需求。2011年我国保障性住房建设的目标为1000万套,相比2010年的580万套增长了近一倍。根据估算，这1000万套保障房的建设资金将突破1.3万亿元。其中，2011年北京计划建设量在20万套以上。

2011年保障性住房政策出台最密集和力度最大的一年，“国八条”和“京十五条”中都提出要加大保障性住房建设。据国土资源部2011年5月13日下发《关于坚持和完善土地招标拍卖挂牌出让制度的意见》中规定：限定配建保障性住房建设面积，以挂牌或拍卖方式出让商品住房用地。据北京市土地整理储备中心数据显示，2011 年 80%住宅用地需配建保障性住房。

二、行业震荡，思变创新是关键

1. 房地产股权交易“最红火”

2011 年房地产市场在限购、限贷等系列政策组合拳重压下，交易持续低迷，与之相反，股权交易所中房地产并购、转让等交易异常红火， 2011 年 1-12 月上旬股权交易市场共出现 491 宗房地产行业股权及资产交易（不包含关联交易），涉及金额超过 1300 亿元。其中，房地产为主业企业的产权交易多达 253 宗，约为去年全年同业并购宗数的 2 倍，并购金额超过 900 亿元，约为去年全年并购金额的 6 倍。此外，从股权交易比例来看，房地产平均股权交易比例已高达 54%，100%股权交易占 20%。

房地产股权交易市场的红火发展进一步折射出开发商资金链的深度紧张，深陷重围中凭借降价、抛售房产、金融市场、民间投资等等手段来吸纳资金，想冲出重围显然力不从心，在这个房地产寒冷冬天，唯有股权转让成为部分开发商抵御寒冷的迫不得已的痛心选择。另外，非房地产主业企业剥离房地产业务加速推进了房企并购浪潮，几乎支撑起此轮房企并购潮的半边江山。2011 年 1 月至 12 月上旬，非房地产主业企业涉及的房地产产权交易达 238 宗，总金额超过 400 亿元。

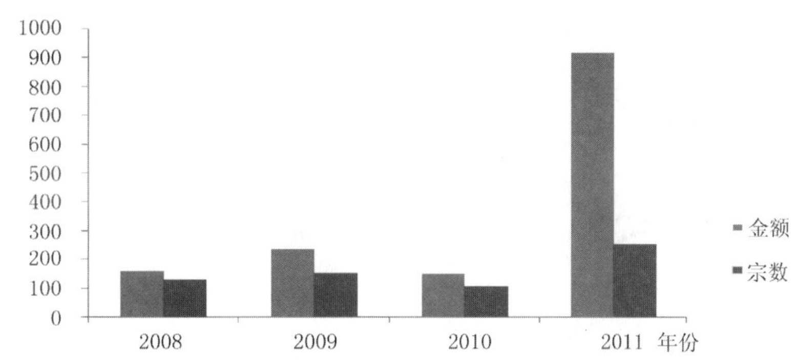

附图 17 近年来房企同业并购金额和宗数（2008-2011 年）

注：2011 年数据为 1 月截至 12 月上旬；并购金额单位：亿元

数据来源：中原行业监测系统，中原集团研究中心

2. 开发商拿地“最谨慎”

2011 年住宅市场大幅萎缩，开发商资金链紧绷，对房地产未来发展走势看空，导致开发商对住宅市场拿地热情不高，据中原集团研究中心数据统计，2011 年 1-12 月北京住宅用地供应面积为 674 万平方米，同比下降 24.4%，成交面积为 475 万平方米，同比下降 38.9%，1-12 月住宅用地供应与成交比例为 1.42：1。2011 年开发商合作拿地增多，1-12 月 16 日成交 236 宗土地，其中含住类为 53 宗，住宅类开发商合作拿地占 30.19%，为历年最高。

开发商拿地谨慎主要是受目前政策环境影响，以往地价或房价的上涨率远超过开发商金融渠道的融资成本，这是其财务杠杆形成一支驱动力，另外，经营杠杆中房地产成为被“超配”资产，驱使开发商热衷拿地循环进入开发领域，但2011年国际和国内市场格局震荡发展，企业发展“经营杠杆”和“财务杠杆”的“双高”时代面临根本性转变，制约开发商拿地的积极性。

3．2011房企“集中度最高”

2011年1～11月北京十大房企共预售21173套房源，占同期全市住宅供应总套数的34.3%；北京十大房企预售房源面积和金额分别为242.1万平方米和629亿元，分别占到全市住宅预售量的30.7%和30.8%。

2011年在房地产深度调整下，交易低迷，开发商阵线出现格局性变化，强者更强，大鱼吃小鱼情况显现增多，消费者购房对于品牌开发商认可度大幅上升，中小房企前景堪优，股权转让交易红火，品牌开发商开拓战线，布局二三线城市，多层面提升企业份额。

据北京中原市场研究部统计2011年1-10月排名前60的开发商中，其中前10名开发商成交金额占到42.8%，而2010年这一占比数据则为37.7%。

附表7　北京十大房企预售住宅与全市预售住宅量数据（2011年1～11月）

预售统计	套数	房源面积（万平方米）	房源总价（亿元）
十大房企合计	21173	242.1	629
全市住宅	61783	788.1	2040
占比	34.3%	30.7%	30.8%

数据来源：北京中原市场研究部根据北京市住房和城乡建设委员会公开数据整理

备注：北京十大标杆房企指万科、招商、保利、富力、华润、远洋、首创、首开、城建、金隅

4．中介公司“关店最多”

2011年对于中介行业来说，是最难熬的一年，全年二手住宅成交量不足10万套，同比萎缩接近一半。中介公司赖以生存的水源接近枯竭，找不到更好的开源机会，大多中介公司处于亏损状态，“关店潮”再次袭击北京。据北京市住房和城乡建设委员会网站数据统计：2011年北京有备案的中介机构关店数量接近700家，而考虑到部分中小中介门店可能没有按规定进行备案，因此实际“关店数”还要大于700家。

但这次与2008年不同，风暴比2008年来得更猛烈一些，要更持久一些。2008年二手交易低迷，住宅成交量不足7万套，市场也有关店情况，主要是经济危机原因，随后2009年系列刺激政策的出台，打破交易低迷这一僵局，市场重回快行道上。2011年局势有所不同，限购和限贷等系列行政约束类政策制约市场发展，2012年政策并无松动迹象，月均不足8000套，难以保证目前5000余家中介门店盈利。

三、土地——拿地谨慎，商业成交独占鳌头

1．土地出让金破千亿，降四成

据北京市土地储备中心数据显示，2011年北京市土地市场共成交地块249宗，土地出让金额共计1055.14亿元，全年土地出让金突破千亿元。2010年北京市土地市场共成交地块278宗，土地出让金额共计1642.40亿元，其中突破千亿在2010年11月19日，2009年土地出让金为928亿。今年土地出让金创造了历史第二个千亿年成交，但同比减少了约四成。

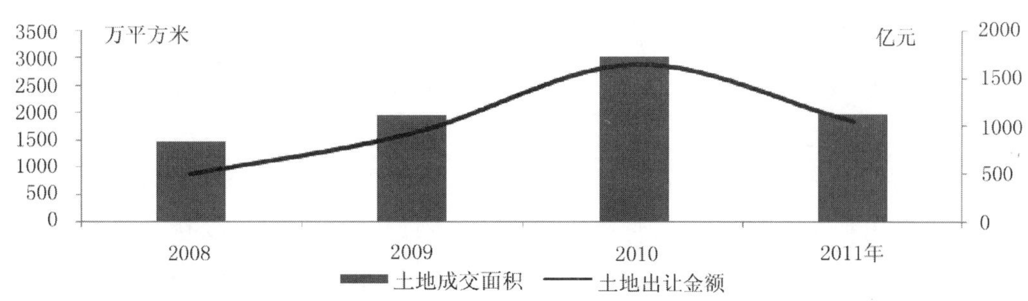

附图 18　北京市历年土地出让面积及金额（2008-2011 年）

数据来源：北京中原市场研究部

2．商业成交金额比重最高

2011 年，在“限购”“限贷”等宏观调控因素影响下，土地市场呈现明显分化，居住用地成交量大幅萎缩的同时，商办用地成交表现活跃。“十二五”规划的重点发展商务区在 2011 年出让中大获丰收，商办用地出让金同比大增，在 2011 年的土地出让金结构中占比大幅提升。

2011 年北京市土地市场商业地块成交占比增加，从成交块数情况来看，2011 年共计成交商业地块 51 宗，占比为 20.48%；成交面积 394.78 亿元，占比 20.09%；成交金额 544.77 亿元，占比 51.63%。成交金额占比过半，2011 年北京市住宅市场限购、信贷的调整，收紧政策不断加码，从另一方面促进商业地产开始走火，部分企业开始关注商业地产用地，住宅用地多低价成交，商业金融用地成交金额上涨明显，为历年来最高。

附表 8　商业地块成交及占比（2008-2011）

商业地块情况	2008 年		2009 年		2010 年		2011 年	
	成交	占比	成交	占比	成交	占比	成交	占比
地块数	32	21.62%	47	19.30%	53	19.10%	51	20.48%
成交面积(万平方米)	378.37	25.74%	419.95	21.60%	576.47	19.20%	394.78	20.09%
出让金额（亿元）	190.92	37.98%	336.12	36.20%	621.80	19.00%	544.77	51.63%

数据来源：北京中原市场研究部

3．供应外延，郊区成交扩散

随着城区地块的越来越稀缺，北京城市总体规划向新城的外延，郊县新城区域的土地供应增加。2011 年北京市全年成交土地 249 宗，土地成交面积 1965.49 万平方米，其中中心城区成交 2 宗，成交面积 3.32 万平方米，占比 0.17%；次中心城区成交 39 宗，成交面积 265.44 万平方米，成交占比为 13.51%；城市边缘区成交 208 宗，成交面积 1696.73 万平方米，成交占比为 86.33%。从成交占比数据可以看出，由于中心城区地块的稀缺，目前土地的开发主要集中的郊县区域，顺义、大兴、房山、通州、密云等城区成为土地供应热点区域。预计未来这些区域随着城市的加速发展，土地会加速供应。

4. 市场低迷，地王延缓上市

因2011年宏观调控政策的持续加强，需求方持续观望，楼市成交持续低迷，部分“地王”项目拿地后开工和销售的情况并不十分理想。据北京中原市场研究部统计显示，从2009年到2010年上半年出让的住宅地块，其中溢价率超过100%的一共有33块，大部分已经进入开发环节，已销售的合计仅16块。地王项目销售难逐渐显现，大部分地王项目的签约情况并不理想，已开售的项目签约率也明显低于市场平均销售水平。此外，仍有许多地王项目因周边住宅价格下调，遭遇定价难题，迟迟未能开工。

2010年大家关注度比较高的三大地王项目：大望京1号“地王”、东升乡“地王”、亦庄“地王”，分别为当时的轰动市场的成交地块，刷新北京市土地成交记录，然而2011年这些地块却都黯然失色。北京中原市场研究部认为，目前北京在售的“地王”项目大部分成交价格都在下降，随着限购等调控政策持续，买方观望，成交低迷，开发商采取实质性降价换量已成为必然。

附表9　2010年三大“地王”项目近况

2010年三大“地王”	当时拿地情况	2011年近况
大望京1号“地王”	2010年3月15日上午，经过84轮现场竞价，远洋地产旗下的远豪置业以40.8亿元夺得大望京1号地，扣除教育、医疗用地等，该地块折合楼面价超过2.7万元/平方米，创下当时北京成交地块单价之最	“地王”拍出后，整个“大望京板块”闻风而动，一夜间房价从每平方米2.5万元升至3万元以上。但随着今年楼市调控措施出台，大望京1号地周边房价迅速回落。目前其开发进展十分缓慢，而且遭遇定价难，当前大望京1号地周边房价仍在持续跌落，已接近拿地价格水平
东升乡“地王”	2010年3月15日，在与绿地集团等“房产大鳄”竞逐中，名不见经传的北京世博宏业房地产公司脱颖而出，以17.6亿元的价格经过58轮竞价夺得东升乡地块，这比底价6亿元超出11.6亿元，溢价193%	今年随着政策和市场形势剧变，开发商一直没有开发，该昔日“地王”始终处于闲置状态。之后，保利地产发布公告称通过收购北京世博宏业房地产公司100%股权的方式，获取该地块项目。尽管保利地产“财大气粗”，但这个“地王”能否顺利入市仍是难题
亦庄“地王”	2010年3月15日，在64轮现场竞价后，由中信地产以52.4亿元的总价最终夺得，刷新北京总价“地王”的成交纪录	目前，该“地王”项目遭遇销售难题，因为卖难利微，该项目收入前景很不确定。目前该项目销售均价仅有2.4万元/平方米，利润空间很小。加上目前北京该区域房价正明显下滑，这一“地王”项目势难独善其身

数据来源：北京中原市场研究部

5. 资金压力，出让条件由“紧”到“松”

2011政府加大保障房建设，从政策上给予大力支持，出让条件规定，限定配建保障房面积，在前三季度起到很好效果，80%住宅类土地配建保障房。但四季度在市场交投持续低迷下，房企资金压力骤增，拿地速度明显放缓，针对土地无人竞拍、流拍等情况，政府在2011年年末逐渐开始放宽土地出让条件，用取消配建房、调低出让起始价等方式刺激促土地成交。

北京采取下调土地竞买保证金并放宽交款时限的措施。竞买保证金的收取比例下调，住宅用地原则上减至 20%，商服用地控制在 10%～15%，同时放宽付款时限。11 月 9 日，北京市土地整理储备中心挂出公告表示，经市政府批准，原需配建“限价商品住房”的北京市丰台区郭公庄车辆段项目四期 F2 公建混合住宅用地，其居住用途建筑规模现全部为普通商品房。同时将该宗地的竞买报价开始时间推迟至 11 月 21 日，这是北京土地出让首次取消配建保障房。

6．谨慎拿地，标杆房企购地占销售款最低

由于销售回款速度放缓，全国十大标杆房企购地也愈发谨慎。与历年数据相比，2011 年标杆房企在土地市场上的投入明显减少。今年前 10 个月，标杆房企累计拿地金额与累计合约销售金额的比例约为 21%，这一比例甚至低于处于金融危机漩涡中的 2008 年。

全国十大标杆房企（保利、富力、恒大、华润、金地、绿城、万科、雅居乐、招商、中海）明显放慢了拿地的节奏。一方面是由于政府土地供应量偏少，优质地块不多，地价并未出现明显下降；另一方面是由于调控趋严，销售回款增速放缓，开发商为保证持有较充裕的现金，拿地态度比较谨慎。今年 7-10 月，10 家标杆房企仅花费购地款 212 亿元，前十月购地金额相比销售款，仅占 21%，创造了历史最低，甚至低于 2008 年创造的 31%的低值。

附表 10　十家标杆房企在全国历年购地金额和销售金额对比（2007-2011.10）

年份	购地金额（亿元）	销售金额（亿元）	购地/销售
2007	1515	1532	99%
2008	511	1655	31%
2009	2023	3319	61%
2010	2206	4677	47%
2011.1-10	974	4560	21%

数据来源：中原行业监测系统，中原集团研究中心

7．抱团取暖，房企合作住宅拿地最多

2011 年北京市住宅市场成交平淡，许多开发商受到资金压力及调控政策打压的影响，谨慎拿地。从 2008 年以来北京土地市场成交来看，不论从成交地块总数、成交总面积以及成交金额，2011 年住宅用地的成交情况都为历年最低，甚至比金融危机时的 2008 年成交都惨淡。而其中今年开发商合作拿住宅用地情况之多又为历年之最，北京共成交含住类土地共 59 宗，成交面积 685.15 万平方米，土地出让金额共计 472.97 亿元，其中开发商合作拿地 17 宗，成交面积 248.95 万平方米，成交金额 217.05 亿元，三项占比分别为 28.81%、36.33%、45.89%，成交面积及金额均为历年最高。

从今年住宅用地成交最少及开发商合作拿地情况最多的情况，可以看出今年房企资金紧张，多抱团取暖，由于调控预期时间长，为避免不确定的经营风险，各家企业新增土地储备意愿不足，一线城市住宅土地市场明显冷清，遇到拿地合适时机也都联合拿地，降低资金风险。

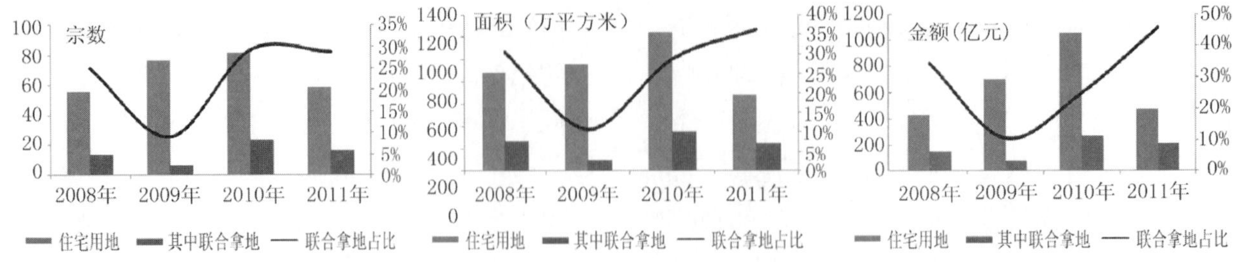

数据来源：北京中原市场研究部

附图 19　住宅用地中合作拿地情况（2008-2011）

8. 政策调控，住宅楼面价下行

2010 年土地市场土地高价成交创近几年新高，尤其是在上半年，一些热门地块地王的产生，在市场中引起的影响较大，最终加速政府对土地市场的调控。2011 年受严厉限购政策的影响，大型开发企业资金紧张，拿地选择性更强，更热衷一些热门地块。但由于政府推出的地块在郊区比重较大，地理位置相对较偏，因此土地的角逐也相对平和。2011 年住宅类用地整体楼面价在 5072 元/平方米，比 2010 年下降了 30.74%。近两年朝阳区住宅用地楼面价都为最高，2011 年楼面地价 8701 元/平方米，同比下降了 41.83%。海淀区 2011 年楼面地价 6023 元/平方米，同比下降 48.95%，为同比下降幅度最大的区域。除怀柔区楼面价微有上涨外，各城区楼面价在 2011 年均出现走低。

附表 11　北京市各城区住宅用地楼面价列表（2010-2011 年）

区域	2010 年楼面地价（元/平方米）	2011 年楼面地价（元/平方米）	同比下降（%）
朝阳	14957	8701	-41.83%
海淀	11798	6023	-48.95%
丰台	11418	7038	-38.36%
石景山	7062	——	——
通州	6907	4273	-38.14%
昌平	7213	5185	-28.12%
大兴	8050	6924	-13.99%
房山	5053	4345	-14.01%
平谷	5404	3488	-35.46%
顺义	5001	3870	-22.62%
延庆	1190	872	-26.72%
密云	3225	2082	-35.44%
怀柔	2559	2916	13.95%
开发区	5828	2495	-57.19%

区域	2010年楼面地价（元/平方米）	2011年楼面地价（元/平方米）	同比下降（%）
门头沟	——	6168	——
总计	7323	5072	-30.74%

数据来源：北京中原市场研究部

2011 年北京市住宅市场调控更加严厉，政策出台紧密，尤其是住宅市场的限购，极大的影响了市场的成交量，同时，也影响了开发商们拿地的热情。2-8 月份，土地成交量迅速下降。土地成交价格下降明显。2010 年 2-8 月住宅地块平均楼面价为 8364 元/平方米，而 2011 年同期楼面地价仅为 5498 元/平方米，同比下降了 34.27%。主要原因是限购政策后楼市持续的低迷，造成开发企业回笼资金放缓，造成资金链紧张，拿地速度放慢，大型房企向二三线城市转移。

四、交投低迷，库存压力骤增

注：文中新房指新建商品住宅。

1．新房销售面积 9 年内再创新低

新建商品住宅关系国计民生，在房地产市场占主导地位，是楼市调控的重要组成部分。北京市统计局公布北京市房地产市场运行情况数据显示，2011 年新建商品住宅销售面积 1035 万平方米，同比下降 13.9%，降幅继续扩大。这是继 2008 年销售的 1031.4 万平方米之后，再创 9 年内新建商品住宅面积新低。

新建商品住宅成交下降的主要原因是 2011 年“两限”即限购、限贷政策导致购房需求不足。“京十五条”明确规定本市户籍居民家庭限购 2 套住房（含新建商品住房和二手住房）、连续 5 年（含）以上在本市缴纳社会保险或个人所得税缴纳证明的非本市户籍居民家庭限购 1 套住房。信贷政策收紧，央行年内 6 次上调存款准备金率和 3 次上调贷款利率，取消房贷优惠利率，进一步加剧购房者观望情绪，购房者举棋不定，拉长了成交周期，新建商品住宅市场低迷。

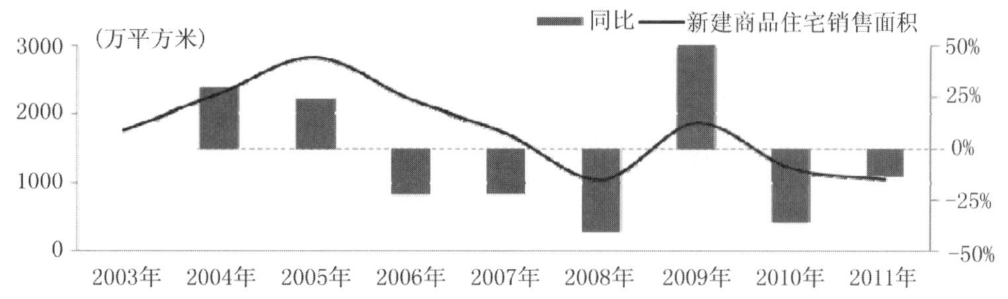

附图 20　2003-2011 年北京市新建商品住宅销售面积

数据来源：北京中原市场研究部

2．新房价格同比涨幅新低

2011 年北京市新建商品住宅成交价格为 21534 元/平方米，同比上涨 9.32%，仅次于 2009 年的 8.33%，价格涨幅创新低。同时，从国家统计局公布 70 个大中城市住宅销售价格变动情况来看，9 月份北京市新建商品住宅价格环比下降 0.2%，下降幅度高于全国平均水平。

2011 年住宅的购买主体是首次置业和首次改善需求者，北京市城市发展新区和生态涵养区低价楼盘成为刚性需求置业的重要区域，新建商品住宅成交 65%以上位于五环外。

2011 年北京楼市，降价、团购价、特价房、买赠、半折、起价房等成房价的关键词，而新建住宅放量持续加速冲高，降价预期增强，楼盘不断出现降价，以价换量。据北京中原市场研究部新建住宅月报显示，11 月北京新建商品住宅均价已跌破 2 万元/平方米，北京新建住宅房价理性回归。

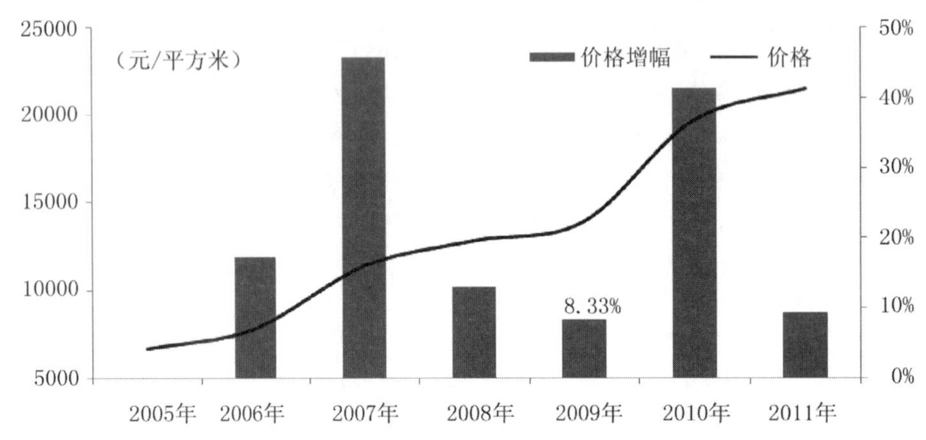

附图 21　2005-2011 年北京新建商品住宅价格走势

数据来源：北京中原市场研究部

3．新房库存涨速最快

北京住宅市场低迷，给房企造成巨大的资金压力，为了尽快回笼资金，下半年，北京新建商品住宅放盘提速。据北京市住房和城乡建设委员会 12 月 7 日数据显示，北京新建住宅库存达到了 130049 套，创造了最近 971 天的新高，距离上次突破 120000 套仅花费了 29 天，限购后突破万套上涨速度最快，商品住宅库存面临巨大挑战。

库存上涨速度加快，一是迫于有效购买力被消化，新建商品住宅放量增加，下半年的住宅预售批准量占到全年的 67.5%；二是全年预售项目平均去化率在 40%左右，比去年下降近 10% ；三是“十二五”期间，北京建设 100 万套保障性住房，分流商品住房需求，这进一步加大新建住宅库存压力。

4．新房降价项目最多、范围最广

2011 年北京新建商品住宅项目取得预售许可 211 个，新增 6.54 万套新建商品住宅，供应面积 825.26 万平方米。目前，北京在售新建住宅项目 730 个，其中，98.8%的在售新盘价格停止上涨，明显降价的至少有 116 个项目，今年降价项目最多、范围最广。

降价现象由个别项目影响到整个区域，由郊区向市区逐步扩散，这就是项目降价的传导性。今年 4 月份，位于管庄的远洋一方宣布降价 4000 元/平方米，通州区的东方华业玫瑰、珠江国际公馆等项目随后宣布优惠策略，房价逐步进入实降阶段。到 8 月底，以通州区、大兴区、顺义区、房山区、朝阳区为代表的住宅项目降价明显增多。

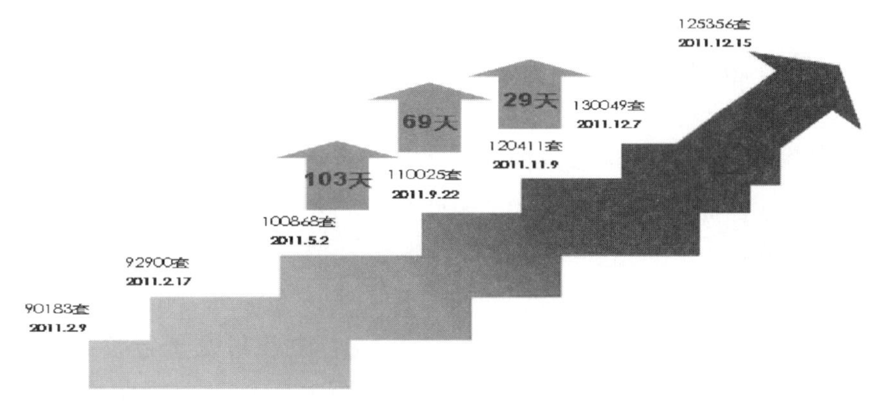

附图 22　北京新建住宅库存变化对比图

数据来源：北京中原市场研究部

附表 12　北京各行政区降价楼盘个数统计情况

城区	东城区	西城区	朝阳区	海淀区	丰台区	石景山区	通州区	大兴区	顺义区	房山区	昌平区	怀柔区	密云区
降价楼盘个数	4	3	27	11	9	1	15	13	13	9	7	2	2

数据来源：北京中原市场研究部

5．一、二手房价倒挂时间最长

北京一、二手价格倒挂现象从 4～12 月持续出现。从 4 月份开始北京住宅楼盘出现降价，朝阳区东坝地区出现住宅价格倒挂现象，8～9 月份倒挂项目增加明显，降幅最大达到 25%，新建住宅成交均价低于二手房价格近 4000-5000 元/平方米，二手房业主惜售情绪严重，使个别区域、楼盘价格倒挂周期为 3、4 个月，倒挂延续时间最长。

北京一、二手房价格倒挂原因主要是由于新建楼盘开发商大幅降价，出现价格跳崖，而二手房业主博弈性较大，二手房成交价格下降缓慢，导致倒挂出现。另外，2011 年系列宏观调控政策持续加码，并无松动迹象，推动这一波降价潮不断深入持续下去，延长倒挂时间。

附表 13　北京一、二手房价格倒挂楼盘情况

项目名称	区域	出现倒挂时间	二手成交均价（元/平方米）	新建商品住宅成交均价（元/平方米）	相差幅度
华业东方玫瑰	通州区	4 月	17581	13186	-25%
首开常青藤家园	朝阳区	5 月	24121	22223	-7.9%
学府树家园	海淀区	7 月	34500	33083	-4.1%
中信新城	亦庄	8 月	24137（周边）	23000	-4.7%
顺驰领海	大兴区	8 月	18500	17896	-3.3%
领秀慧谷	昌平区	8 月	19700	19600	-0.5%
逸翠园	朝阳区	12 月	32000	27892	-12.8%

数据来源：北京中原市场研究部

6. 房价下行，郊县先行

国务院1月26日发布“国八条”部署2011年楼市调控工作，2月份北京市通州区新建商品住宅价格环比首先出现8.58%的下降，3月份全市住宅价格开始下滑，降价以通州为首的郊县向市区扩散。北京2011年10个郊县新建住宅成交均价13922元/平方米，低于今年2月最高点15447元/平方米9.87%。郊县商品住宅价格在13000-14000元/平方米波动，基本上回落到去年4月份的13320元/平方米水平。

2011年北京楼市在“两限”背景下，郊县最先、最易降价，这主要受三方面因素影响，首先，郊县区域住宅总量过多，容易造成价格竞争，近4年北京住宅类供地86.7%位于五环外，其中通州、大兴、昌平、房山，商品住宅库存量最大，占到47%以上，容易成为房产降价的主战场；其次，郊县楼盘开发成本整体较低，降价空间大。对于占开发成本最大的土地而言，以通州为例，土地平均成本在5000元/平方米左右，仅占目前房价的1/3，压缩利润依然有一定空间；最后，郊县低价盘易被购买者接受，促进成交量增加。

7. 政策重压，投机绝迹

房价上涨过快的重要原因之一是房产投资投机过热，2010年年初北京市投资购买占比最高达到40%，2011年系列楼市限制政策显现，据北京房协公布的北京市房地产市场运行情况报告显示，首次购房人数占购房总量的九成以上，投资投机购房几近绝迹。

北京市投资投机绝迹的根本原因一是楼市限购政策中对限购住宅套数和资格的限制，抑制购房需求，即本市家庭限购2套住房，提供连续五年及以上社保或纳税证明的外地家庭限购1套，杜绝2套以上的住房购买。二是信贷收紧，北京投资购房者占比下降到了10%以内。三是房产税已经在上海、重庆试点执行，物业持有成本增加，对北京市场消费者购房心理产生一定影响。

五、成交暴跌，购房预期降冰点

注：文中二手指二手住宅。

1. 二手成交量降幅最大

北京自1999年10月开放二手房市场以来，成交量逐年攀升，截至今年，在二手房市场发展的12年中，仅有三年成交量同比下跌，其中2008年楼市成交量下降的原因是全球金融危机的宏观环境所致，即客观“被”调整的成分更多一些，而2010、2011年的下调更多是政府主动调控楼市的结果，属于主观调控的过程，为了抑制因成交过快上涨，热钱不断涌进导致的房价急速大幅上涨，2011年的调控可谓空前严厉，使得今年二手住宅成交量萎缩明显，全年成交量（过户套数）为98779套，同比去年17万套下降了42%。创下自二手房市场开放以来成交量降幅最大的记录。

2. 二手房价连降月份最多

从二手住宅价格变化趋势的比较可以看出，二手房价格在2008年以前一直呈现或大或小的上涨，但自2008年金融危机以来，二手房价格出现了明显的波动，价格出现有涨有跌，波动起伏较大。而即使在2008年下半年因奥运会和金融危机的双重影响，导致房价下探时也仅连续下跌了7个月，而2011年房价连续下跌了9个月，下降的势头超过2008年。在下降幅度方面，2008年二手房价创下全年最大跌幅记录7.9%（2008年12月与1月相比）。而今年楼市受到政策严控，房价也是先高后缓之后急速下降，下降幅度也达到了5.8%，仅次于2008年最大降幅，显现出政策调控效果。

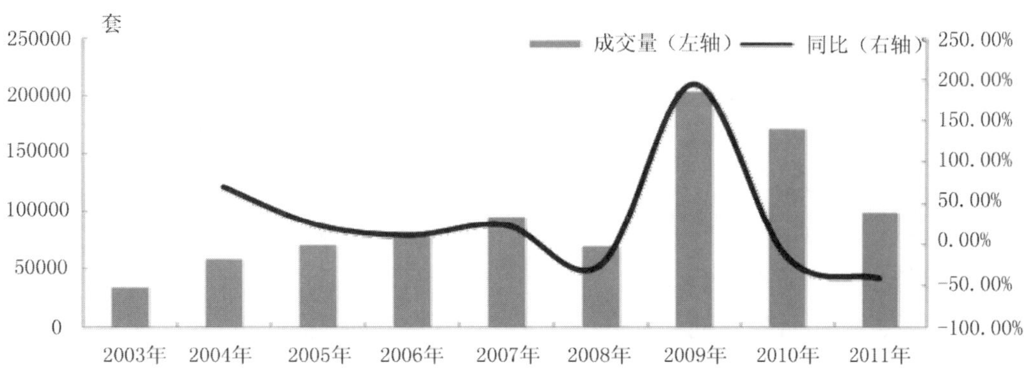

附图 23　北京市二手住宅成交量走势图（2003 年-2011 年）

数据来源：北京中原市场研究部

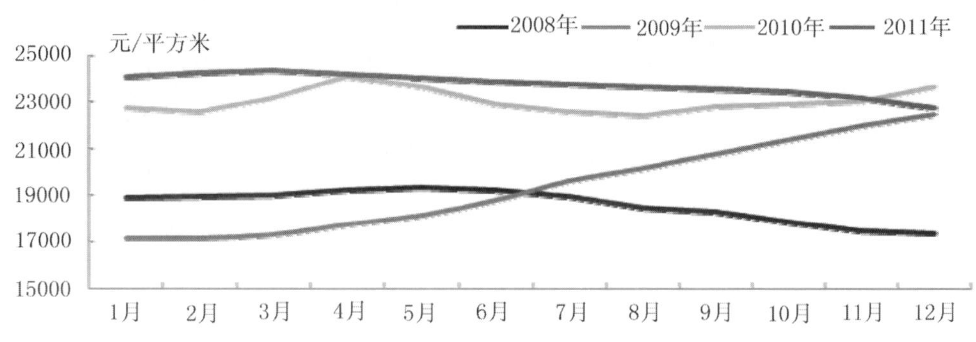

附图 24　北京市 2008 -2011 年二手住宅成交价格走势图

数据来源：北京中原市场研究部

3. 政策调控，业主预期降冰点

从三年来的北京二手住宅报价指数可以看出，随着国家对楼市的调控或松或紧，导致业主预期也随之波动，房屋报价水平上下起伏不定，从附图 27 可以明显看出相应变动，其中各年度较低的节点分别出现在2009年1月，2010 年 5 月和 2011 年 12 月，报价指数分别为 20%、29%和 10%，这表明在当时业主对楼市的看空态度达到极致。三者相比，北京中原市场研究部认为今年楼市的悲观指数最高，12 月达到了最低值 10%。

4. 成交周期史上最长

楼市低迷会出现很多现象，如房价下降、成交量走低、投资客减少等，还有一个重要特点就是成交周期拉长，在 2008 年金融危机到来的时候，因经济低迷导致楼市萎靡不振，潜在购房者转为观望，部分投资型业主出现了抛售现象，“卖家积极，买家不急”的一边热现象导致了当时二手住宅的交易周期被拉长，楼市繁荣的时候一套房子一到两周即可成交，而 08 年平均 1 套房子成交需要 1 个月到 2 个月的时间。2011 年这一现象更加突出，成交周期超过 2008 年。

究其原因是“限购”这一调控政策的抑制作用在买卖双方同时起效，“买卖双方，不急不慌”形象的概括出了 2011 年楼市的现状。因为政策限制导致拥有 2 套以上房产的投资者或富裕家庭卖出房产后将没有资格再买新房，不愿意卖和不愿意降价卖的两类人群占主流导致今年抛售现象并不明显。而客户看到房价回落，了解到明年楼市调控持续不放松的中央精神，更加坚定了观望的决心，导致买卖双方僵持不下，成交周期大大拉长，3 个月以上达不成交易也是常有之事。

5. 郊区房价跌幅远超城区

随着调控政策的效应逐渐显现，2011 年三、四季度房价开始出现明显松动。受到新房率先降价且多分布于郊区的特点，使得郊区降价新盘吸引了大量的潜在购房者，导致郊区二手房需求明显不足，再加上部分新盘 4 季度开始大幅降价走量，促使郊区二手房降价幅度放大，而与郊区房价跳水相比，城区房价因无新增供应且业主惜售等因素影响，房价下降幅度比较有限，全年降幅在 5%-6%，而近郊区如石景山、亦庄、通州地区的降幅在 8%-10%。

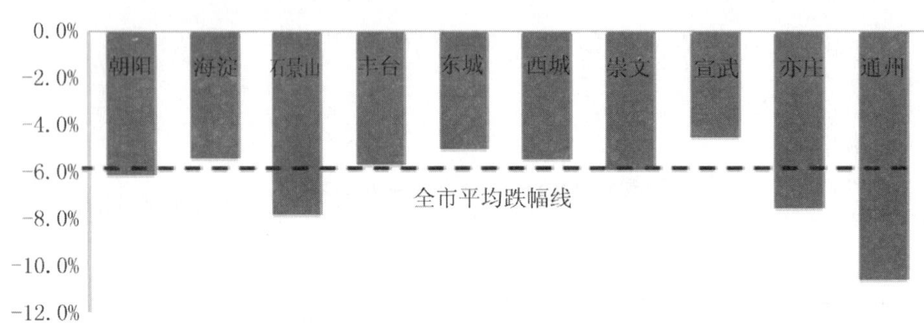

附图 25 2011 年北京市各城区房价变动幅度对比图

数据来源：北京中原市场研究部

6. 一、二手房成交之比 9 年首回升

从 9 年来一二手房成交量可以看出，一二手房成交量之比在 2003 年至 2010 年一直处于下降状态，从 2003 年的 6.3:1 下降到 2010 年的 0.5:1，即二手住宅逐渐成为市场交易的主力，2008 年二手成交首次超过一手，成为住宅成交市场真正的转折点。而 2011 年的一、二手之比 9 年首次出现回升，变为 0.6:1。

这一变化的原因主要是由于"限购"政策对投资热钱的挤出作用，二手房因位置优势、选择余地大、回报快（可立即有租金收益）而受到投资者的青睐，因此政策对二手市场的冲击更大；其次，今年新房市场保障房供应力度加大，成交也明显上升，再加上新房三、四季度陆续开始大幅降价，导致低价盘的成交情况较好，两点原因导致 2011 年二手房成交降幅大于一手房，这种非对称下调导致一二手成交量之比出现了反弹。

7. 租赁火爆，成交史上之最

随着城市化进程不断加速，外来人口数量不断增大，而作为首都的北京，更是吸引了众多有志之士前来寻找自我价值的最大实现，在这样的大背景下，北京的限购政策又直接和间接的使得更多已具备购房实力（资金上的准备）的潜在购房者选择观望，总量与结构上的客观原因，使得北京的租赁市场需求更加膨胀，2011 年租赁成交量首次突破 200 万套，较 2010 年和 2009 年分别上涨了 24.5%和 79.7%。租赁市场发展迅速，2011 年的成交量创下了历年之最。

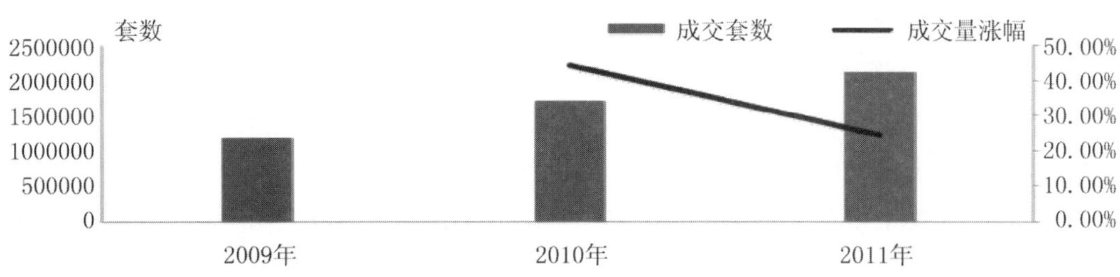

附图 26 租赁成交量走势图（2009-2011 年）

数据来源：北京中原市场研究部

8．区域外延，租金涨幅趋缓

据中原领先指数（北京二手住宅租金指数）显示，北京租赁价格 5 年来总体呈现稳中上涨的趋势，2011 年全年商品住宅平均单位租金约为 52.4 元/（平方米·月），同比上涨 4%，涨幅比 2010 年缩小 9.3 个百分点，上涨趋势受到明显控制。

2011 年租金上涨原因：一是传统租赁高峰带动如春节后外地务工进京和 6、7 月高校毕业生离校租房热，助推成交量猛增；二是《商品房屋租赁管理办法》实施，明确规定禁止出租房屋分割，挤出部分新的租赁需求；同时，“调控年”住房买卖市场低迷，居住需求集中向租赁市场转移，也造成租赁需求增加，租金上扬；三是消费价格水平增加，物价上涨，居民收入水平提高等作用，集体助推租金价格水涨船高。

2011 租赁区域由城市中心向外延展，通州、亦庄等生活圈随着交通、配套升级，出现新的租赁热点区域。如京通快速公交专用道开通，租赁向快速公交沿线区域转移，这些区域租金较低，拉低了整体租金价格水平；其次，换租增多，而换租租金上涨并不高。在租赁高峰期，换租租金普遍涨 100-300 元，而往年上涨在 200-500 元之间，上涨空间明显被压缩。

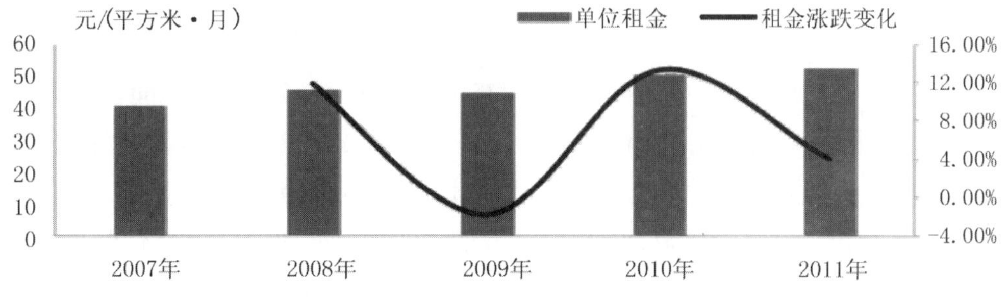

附图 27 2007-2011 年租金价格走势图

数据来源：北京中原市场研究部

9．租售比逐月回落，波动最小

北京住宅的租售比水平一直较高，从国际公认的标准来看，租售比在 1：200-1：300 之间是较为合理的区间，低于 200 表示房价较低，适合投资；高于 300，表示房价偏高，且越高表示房价偏离合理数值越多，泡沫越大。

而北京自 2008 年以来租售比一直位于 300-500 之间，偏高于合理区间。纵观这几年的租售比变化，最高值出现在 2009 年 12 月，比值为 1：480.5，最低值出现在 2008 年 10 月，比值为 1：389.7，而从每年最高值与最低值的波动情况来看，2009 年波动最大，差值为 87.1 点，而 2011 年波动最小，差值为 32.8 点。2011 年也是租售比回落的年份，原因是房价回落且变化幅度平稳，同时租金上涨所致。

六、租售两旺，供应井喷区域分散

注：文中商业地产指写字楼和商铺。

1. 写字楼供应爆发，同比涨三成

自 2009 年以来，北京商业地产投资需求不断增加，市场出现供不应求的局面。2011 年，北京商业地产市场新增供应量持续放大，呈现稳步增长态势。受写字楼市场向好的影响，越来越多的发展商将目标转向写字楼市场，地方政府也不失时机的增加了商办用地的供应力度，写字楼投资建设与前几年相比出现了大规模的增长，2011 年北京新增办公物业 31419 套，写字楼供应量已达 319.93 万平方米，同比 2010 年写字楼物业大幅增长，涨幅达 32.33%。

除写字楼市场供应量不断上涨外，北京商铺市场供应量也在持续增加，2011 年北京新增商铺房源 6106 套，新增供应面积达 141.70 万平方米，同比增长 23.50%，北京商铺市场供应量呈现大幅上调的趋势。

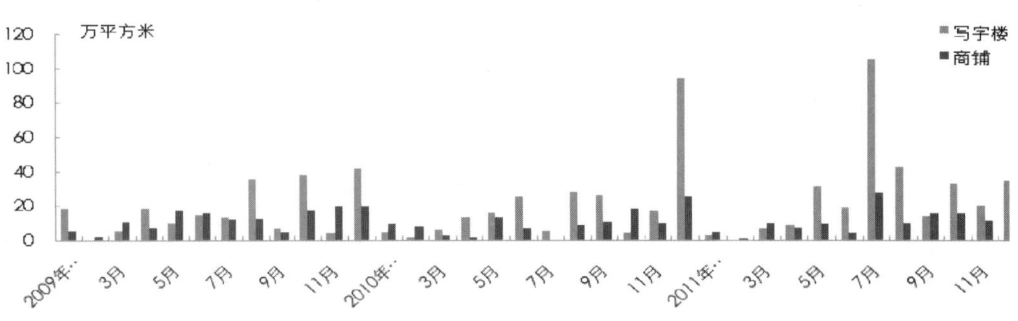

附图 28　北京写字楼、商铺供应面积走势（2009-2011）

数据来源：北京中原市场研究部

2. 成交活跃，均价稳步攀升

由于受到政策限制，2011 年北京市住宅市场不复去年的火爆景象，限购政策的持续深入使得投资需求被大量挤出。许多投资者改把目光投向了不受限制的商业地产市场。2011 年全年北京写字楼和商业成交面积同比虽有所下滑，但降幅同新建住宅市场相比要小很多。对比住宅市场，商业地产较为活跃。据统计，2011 年全年北京写字楼成交面积为 219.68 万平方米，同比下降 14.4%;商铺成交面积为 180.82 万平方米，同比下降 21.74%，而新建住宅成交面积为 705.58 万平方米，同比下降 32.5%。

2011 年北京写字楼及商铺市场成交价格同比 2010 年均有所上涨，从月度统计来看，虽然有所波动，但总体价格同比稳步攀升。12 月写字楼成交均价在 24923 元/平方米左右，同比大幅增长，涨幅达 42.36%。从 2011 全年整体来看，写字楼成交价格不同于去年的大幅波动，呈现平稳增长的趋势。北京商铺市场 2011 年成交均价为 23018 元/平方米左右，同比上涨 8.10%，其中 12 月份商铺成交均价为 24018 元/平方米，同比上涨 15.72%。

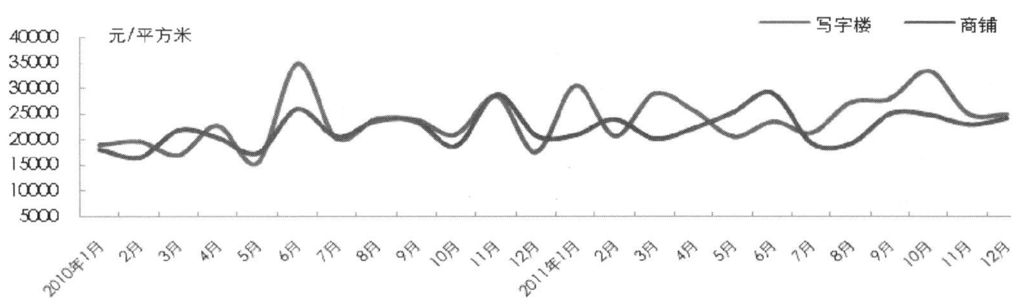

附图 29　北京商业地产成交均价走势（2010-2011）

数据来源：北京中原市场研究部

3. 住宅惨淡，商业占比递增

受“限购”、“限贷”政策影响，2011 年北京新建商品住宅成交面积大幅下降，截至 11 月，仅成交 819.53 万平方米，同比下降 22.83%。住宅市场调控对资金的挤出效果十分明显，大量资金开始转向商业地产，与住宅市场一片愁云惨淡景象不同的是，商业地产在这个楼市的寒冬中表现的较为坚挺，商办物业成交面积占比自 2010 年开始回升。在承担了一部分来自住宅市场的投资需求后，北京商业地产在成交量方面呈现出相对稳定的态势，2011 年商业地产成交面积达 400.50 万平方米，占总成交面积的 35.21%，商业地产成交面积占有比重不断增加。

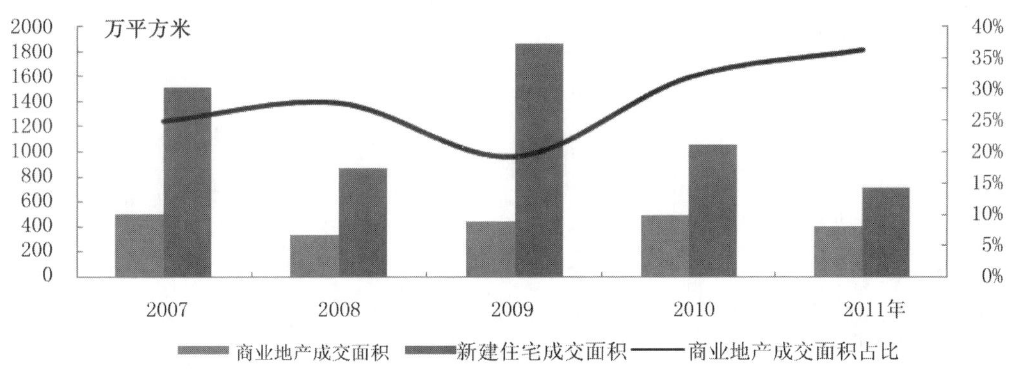

附图 30　北京市商业地产成交面积、占比走势（2007-2011）

数据来源：北京中原市场研究部

4. 供需失衡，写字楼租金高涨

2011 年北京写字楼市场始终处于供小于求的趋势，标准型写字楼租赁市场火爆，租金水平始终保持高位并持续稳步上涨。自 1 月起，甲级写字楼租金持续大幅上扬，12 月北京甲级写字楼租金价格达 396.21 元/（平方米 · 月），同比涨幅达 42.65%，国贸、建国门等热门商圈写字楼租金价格更是已达 532.52 元/（平方米 · 月）和 445.30 元/（平方米 · 月）。

同样，准甲级写字楼租金也同样保持稳步增长的趋势，截至 12 月，北京准甲级写字楼租金价格达 225 元/（平方米 · 月），同比上涨 25.26%。热门商圈准甲级写字楼租金价格基本已达 200 元/（平方米 · 月）以上，国贸、建国门同样占据准甲级写字楼租金价格的前两名，分别为 280 元/（平方米 · 月）和 260.18

元/（平方米·月）。

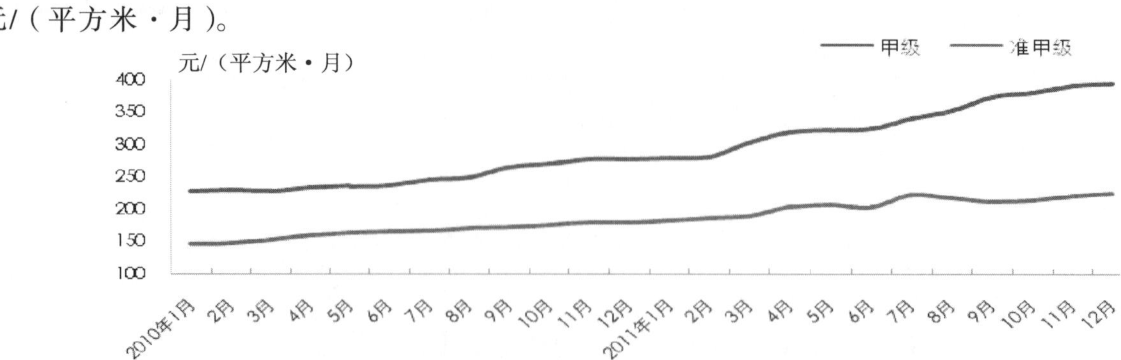

附图 31　北京热点商圈写字楼租金价格走势（2010-2011）

数据来源：北京中原市场研究部

5．空置率新低，热点商圈近饱和

2010 年以来，经济形势保持快速稳定增长，各类企业发展迅速，北京标准型写字楼市场持续呈现供应紧张态势。2011 年北京甲级写字楼空置率创历史新低，写字楼租赁市场火爆，市场持续呈现供不应求的态势，核心区域优质写字楼项目倍受青睐，基本处于满租状态，为有价无市的卖方市场。2011 年 12 月北京甲级写字楼入住率为 95.83%，准甲级写字楼的入住率为 98.01%。

北京热门商圈如金融街、中关村、燕莎等，甲级写字楼入住率均达到 97%以上，普遍呈现满租状态，热门商圈中只有亚奥区域由于新增供应较其他热门商圈较大，目前入住率较低，但也达到 89.73%左右。

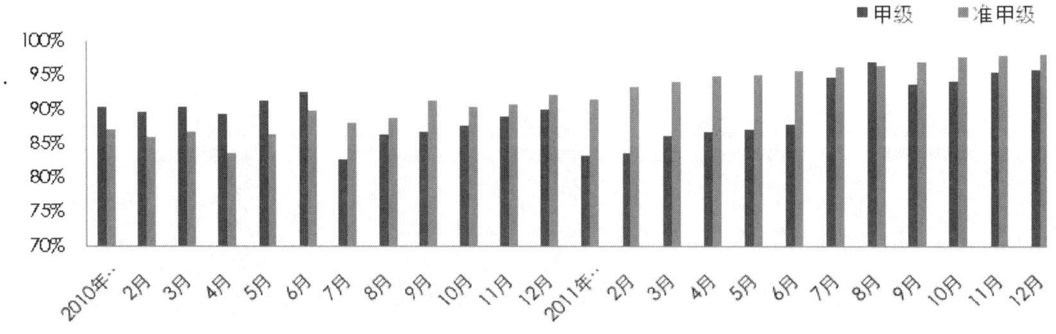

附图 32　北京热点商圈写字楼入住率走势（2010.01-2011）

数据来源：北京中原市场研究部

6．热点分散，边缘区成交猛增

伴随着居住人口的外扩、消费能力的聚集与增强，交通发展更为便捷，以及消费理念与模式的更新，城市副中心商业将继续发展，商业地产供应将由区域集中式供应转变为分散式供应。2007 年起，城市边缘区商业地产成交面积占比逐年增加，而中心城区及次中心城区成交占比却逐渐下降。从 2011 年北京商业地产成交情况来看，成交区域较为分散，且成交热点有向城市边缘区扩散的趋势，除了传统的热点区域朝阳、海淀之外，丰台、通州等区也异军突起，成为本年度商业地产成交热点区域。

写字楼：次中心城区2011年写字楼成交仅占48%，为五年来首次跌破50%；中心城区写字楼成交占比也不断下调，占比仅21%，同比下降5%；而城市边缘区成交量占比持续上扬，今年更创近五年来历史新高，成交量占比达31%，同比上涨达9%。

商铺：次中心城区，尤其是朝阳区依旧是最热门的区域，城市边缘区成交量占比大幅增长，已达27%，而中心城区由于商铺市场接近饱和，今年成交量占比仅为9%。

昌平、大兴、亦庄开发区等城市近郊区成交表现更是不俗，也已成为今年北京商业地产成交热点区域。

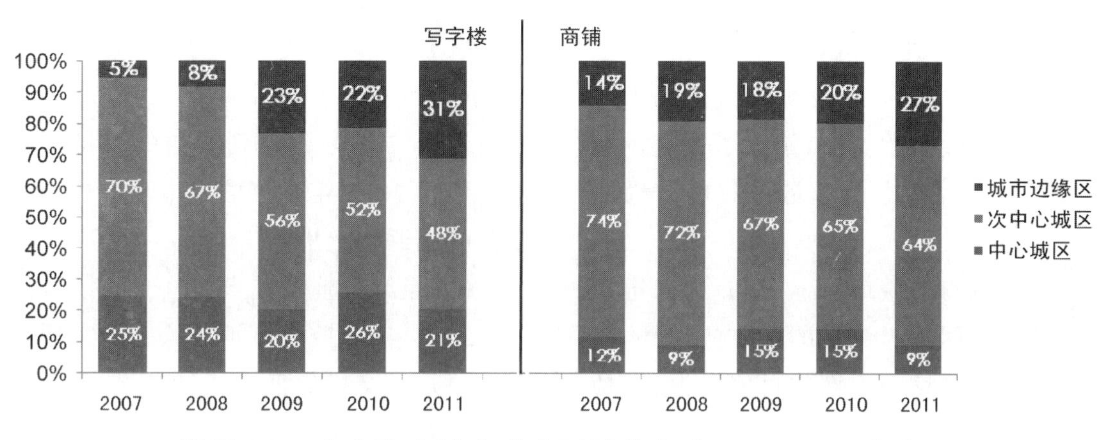

附图33 北京商业地产成交区域分布（2007-2011年）

数据来源：北京中原市场研究部

七、2012·楼市预测

1. 调控继续不放松

2011年调控拐点和效果刚出现，一旦放松可能面临大幅反弹，目前楼市已经逐渐出现下行拐点，但是因为地方土地财政的建设，加上国外经济恶化，放松调控的呼声很高，但是本次调控可能说是最后一个经济转型的机会，一旦放松，房地产很可能面临硬着陆的风险。

调控政策执行还有下半场，政策不动摇，中央强化宏观调控政策的意图一直并未改变。中央领导2011年底强调，当前房地产市场调控已取得一定成效，但仍处于关键时期，要坚持实施遏制房价过快上涨的政策措施，进一步巩固调控成果。楼市暴利时代已经过去，2011年经济工作会议定调续调后，期待因为实体经济出现萎缩风险而放松楼市调控拉动经济上涨的部分开发商和地方政府，能够重新认识市场，明显下调价格的现象将会更加普遍。

2. 继续加大保障房投入

统计局数据显示，在1999年全国供应的经济适用房在商品住宅中所占比例为24.9%，而发展到了2008年，该比例则明显下降为7.2%，很多城市甚至不足5%。保障房的缺失迫使广大中低收入人群在商品住房市场释放需求，不仅加剧了商品房市场供求紧张的局面，也明显拉高了房价。

但最近两年，保障房建设力度被提升到政治高度，2010年全国各类保障性住房和棚户区改造住房开工590万套，基本建成370万套，在2011年更是提出全国要建设保障性住房和棚户区改造1000万套，十二五期间更是预期开工3600万套，保障房占比将超过20%。

保障房建设力度的加强将减少中低收入

人群对商品房市场的刚性需求。假定2010年370万套保障房全部推入2011-2012年市场，2012年的保障房供应将分流商品房8-10%的购买需求。

预计2012年，保障房的建设总量将依然维持在一个高位，而且在商品房市场销售萎缩的情况下，部分开发商可能会加大保障房建设的积极性。

3．房产税改革增试点城市

房产税试点扩散在2012年将成为趋势，而最近以北京为代表的城市，修改了普通住宅的认定标准也有可能是为区分征收房产税的类别而做准备。

目前已经试点的城市有上海和重庆，房产税可能是后期全国楼市调控的新方向。限购政策虽然目前来看短期内取消的可能不大，但是限购政策毕竟是完全的行政手段，强制的抑制了需求。但是从长远来看，作为房地产试点的重庆房产税征收范围逐渐扩大，可能会影响到所有非自住房产，这可能标志着后限购时代的调控方向。

一旦房产税试点增加，对多套房拥有者的心理影响将非常大，也有可能给市场带来大量的存量供给。

4．首套购房优惠利率或定向宽松

从目前市场来看，保障房的大量建设已经缓解了部分低收入人群的居住需求，但是对于夹心层和中等收入人群来说，目前受制于贷款紧缩等政策，入市艰难。

预计在2012年，政策可能会对首套房的购房者做出定向宽松，从中小套型的普通商品房加快建设供给到增加首套房购房者入市的比例，都将降低刚需置业人群的置业难度。以2011年1-11月全国数据为例，住宅新开工13.49亿平方米，而竣工仅仅4.77亿平方米，调控明显延缓了有效供应。

2012年信贷政策或有所放宽，进一步下调存款准备金率，释放流动性资金，另外，针对首套房利率或下调，趋于合理。通过增加大量中低价普通商品房供应、相对合理的首套房利率，促使刚性需求者进入市场实现居住梦想。

5．房企集中度将继续提升

中小房企受到2011年限购调控影响更大，从统计数据来看，销售额超过10亿的企业锐减8家，而十大房企的销售业绩则明显上涨。目前北京市场集中度明显提高，大企业因为项目分布均匀，受到调控的直接影响比较小。预计2012年北京楼市市场大房企占比份额有可能继续上涨。

6．经纪行业加速调整

2012年调控政策不放松，一二手房市场缓慢回升，交投仍低迷。2012年也是经纪行业最难熬的一年，如何能维持企业正常运营是第一要务，在业绩下滑下，经纪行业内部调整速度会加快，调整局面会放宽。

7．加大新城土地供应

因近年来北京市的整体规划侧重于新城的开发建设，为此规划中的十一个新城，将会是北京的重点发展区域，这些区域的土地市场也会变的比较活跃。其中，由于北京经济发展向南城倾斜的政策导向：大兴、房山这些区域已经逐渐成为土地供应的热点。

8．增加保障房土地供应

2011年，北京已经完成了保障房建设任务，但是最近几年的保障房任务依然比较重。国土部出台了《关于加强房地产用地供应和监管有关问题的通知》，《通知》要求确保保障性住房、棚户改造和自住性中小套型商品房建房用地不低于住房建设用地供应总量的70%。随着政策的逐步落实，未来政策性住房用地供应将会继续增大。

9．商业地块交投活跃

商业类土地供应依然会占有较大份额，从目前北京市场来看，住宅入冬已成定局。在目前情况下，开发商对住宅地块的购入将在2012年特别是上半年继续持谨慎态度。预期在2012年，全年商业类土地依然会占据主导。

10．出让金继续低千亿

2012年调控政策仍将不放松，开发商销售压力不减，资金回笼乏力，房企拿地仍将比较谨慎，低价合作拿地将会进一步延伸。截至2011年12月19日，年内土地出让金已经达到了1001.384亿。

预期2012年北京土地市场的出让金收入很可能会继续下调，难以突破千亿。预计住宅类地块将可能会出现限价房等地块，而郊区化依然是一个明显的趋势。

11．成交量缓慢回升

2011年北京销售商品住宅备案面积为705.6万平方米，这一数值创造了最近十年来的最低成交记录。

2012年限购政策持续，使得符合购房资格且有购买意愿的购房总量在逐渐成交中消耗，而且预计需求将越来越少。北京限购政策全国最严厉，使得自住需求占比9成以上，投资离场。贷款政策继续维持一定力度，刚需难以入市。而且随着调控政策的延续，市场需求对价格下调的幅度期待值越来越高。买涨不买跌很可能使得价格下调难以换来成交量大幅回升。

12．房价下调幅度加大

2012年，房价继续大幅下调已经成为一个大概率事件。北京市按照中央的决策部署坚持房地产市场的调控，包括限购政策不放松不动摇，房地产市场健康发展需要政策持续。

促进房价合理回归，从去年的抑制过快上涨，到现在的合理回归，说明了调控的目的已经改变。在目前下调部分不合理区域房价已经成为政策主要目的。

北京作为调控政策执行力度最大的城市，房价下调的项目和幅度也领先全国，目前来看拐点可以说已经明显出现，预期在6-12个月内房价还有可能有10-20%的下调空间。

13．新城降价项目增多

地铁不仅缩短了城市的空间距离，改变了人们的生活方式，也改变了城市的发展格局。今年年底之前，打通北京城市中心区与郊区的交通瓶颈、总里程达108公里的5条地铁线(房山线、大兴线、昌平线、顺义线、亦庄线)将相继开通，北京郊区进入城市副中心的蓝图由此展开。

不仅如此，预计在2012年，郊区供应量也将大涨，在全市占比份额也将继续达到历史新高，在已经库存积压的情况下，潜在供应量将影响在售项目，推动价格进一步下调。

14．二手房价下调范围扩大

目前二手房市场的有价无市以及同一区域的一二手房价格倒挂现象均属于短期的非平衡状态，市场将通过其自身的调节来回归平衡。但由于调控影响的持续性，价格下调以重建平衡的过程将会较为缓慢。预计2012年二手住宅价格下降范围将扩大。

分区域来看，在新房供应为主的郊区，二手房价格降价压力倍增；在新房供应和二手房供应并重的次中心区，二手房降价幅度相对较小；而在城市中心区，新房供应稀少，二手房价格相对坚挺。价格下降有望换来成交量的回升，但在限购和限贷的影响下，二手市场的流通性大大降低，因此复苏的过程将会曲折而漫长。

预计2012年二手房成交量缓升，价格进一步下调。从成交结构看，市场需求仍将以首次置业者为主，中低价普通住宅依然会占据成交量的主体。

15. 租赁市场回归平稳

2010 年开始的租金上涨高峰已经过去，虽然 2011 年同比涨幅依然比较大，但是环比逐渐下调，2012 年北京租赁市场回归平稳。但是需要注意的是在春节后出现的租赁需求上涨，以及楼市买卖市场萎缩，房产投资者对租金收益的看重，租赁市场的短期活跃将会再次影响租金上涨。

16. 商业地产快速发展

短期来看，由于两个衡量市场健康情况的指标入住率和租金回报率依然比较合理，因此短期写字楼市场仍将保持稳定的上升。一方面，2010 年和 2011 年均出现了写字楼新开工面积的大幅增加，这些新增供应将在 2012 年之后陆续进入市场；另一方面来看，写字楼的需求与国民经济的增长速度、第三产业的发展速度息息相关，未来写字楼市场也存在一定的风险。

17. 需求强劲租售两旺

从目前商业地产供应的区域分布及周边市场情况来看，预计 2012 年北京市商业地产的租金和售价均将继续上涨。原因分析，一方面市场需求强劲，另一方面商业地产受调控冲击力度较小，受到一些投资者的关注，较松的环境将促商业地产租金、售价继续上涨。

18. 居住区商业成新热点

随着北京大规模居住片区的日益壮大，对商业配套发展提出了新的挑战。一方面是巨大的消费需求带来的机遇，另一方面，是区别于传统的商业中心、商务型商业设施的新型商业模式带来的风险。这种大型居住区的形成所带来的商业催化效应正开始逐步释放，望京商业的蓬勃发展可能仅仅是第一个开始。这种新型的居住区商业模式有别于传统商业，将会成为未来很长时间内的主流开发模式。因此区域特色商业是商业地产的一个发展方向。

2011年北京市二手住宅年报

北京链家地产

一、全市换手率走势分析

2011年全市二手房换手率仅为1.9%，市场流动性较低。

从2007年至今整体二手房市场换手率波动较为明显，其中2009年换手率超过5%，2011年，全市二手房换手率不足2%，为2009年最低值，与2007年基本相当。从近几年北京市二手住宅成交趋势来看，换手率在3%-4%，基本属于市场正常的阶段，价格稳定微涨。2011年换手率偏低。

造成2011年换手率明显走低的主要原因是调控环境之下，市场观望浓厚，成交周期明显拉长，流动性减慢，市场活跃性低。一方面，二手房住宅市场流动性减少有利于市场的稳定。成交量在低位维持稳定，市场中明显的供需不平衡现象得到缓解，促使2011年价格调控后开始回落。但另一方面，购房需求未得到释放，滞留在租赁市场，增加租金调控难度，未来需求一旦集中释放将会导致供需失衡严重，稳定价格难度增大。

2012年调控政策不变，预计2012年二手住宅市场仍将维持2011年现状，全市换手率仍然维持在2%左右。

楼盘的换手率与楼盘的存量，出售房源有很大的关系。目前换手率前十的楼盘主要是分为两类：一是存量少，投资性人群较为集中，以别墅项目为例，其存量少，但是可售房源较大，促使换手率位于前列。其次，存量大的普通住宅楼盘，性价比较高，刚需集中，换手率偏高。2012年，调控继续、房价走低，部分业主或将由售转租，部分楼盘的换手率格局有所改变，尤其是位置优势突出，价格降幅将大的楼盘。

附表14　2011年二手房市场换手率前十楼盘

楼盘	楼盘性质	成交量（套）	换手率
龙湖香醍漫步三区	别墅	45	11.5%
龙锦苑二区	普通住宅	83	11.3%
龙锦苑一区	普通住宅	68	8.9%
模式口北里	普通住宅	14	8.2%
龙跃苑三区	普通住宅	140	8.1%
天通苑北三区	普通住宅	421	7.9%
世爵源墅	别墅	24	7.9%
天鹅堡	别墅	11	7.5%
双锦园	普通住宅	45	7.2%

楼盘	楼盘性质	成交量（套）	换手率
兴海家园星苑	普通住宅	71	6.5%

以上数据统计来源于链家地产市场研究部

二、2011年北京市二手住宅成交量特点

1．二手住宅成交现“L”型，成交量环比下降38%

2011年受调控政策的干预和影响，北京市二手住宅成交全面走低，呈现以下四个特点。

首先，2011年全市二手住宅成交为121515套，环比去年下降了38%，与2009年成交峰值相比下降了50%左右。

其次，2011年全年成交呈现“L”型。即1月成交达23000套相对高位，2月份后成交量骤减，2～12月11个月期间单月成交量均在8000套上下徘徊，降幅达60%以上。

第三，2011年10月二手住宅成交量为7262套，创2009年有网签以来的最低值，在连续8个月低成交之后，所谓传统成交旺季的10月成交量跌入谷底。

第四，12月底受最低计税价政策影响，消费集中网签心态促使成交量呈现“假性回暖”，全月成交量超过了12000套，而最低计税价标准正式之行之后，市场成交骤然跌入冰点，12月份中下旬，日均成交仅为133套。

2011年二手房住宅成交是完全受限于各类调控政策之下，导致购房需求明显缩水，成交量跌入谷底。2012年全年将会延续这种成交状态。

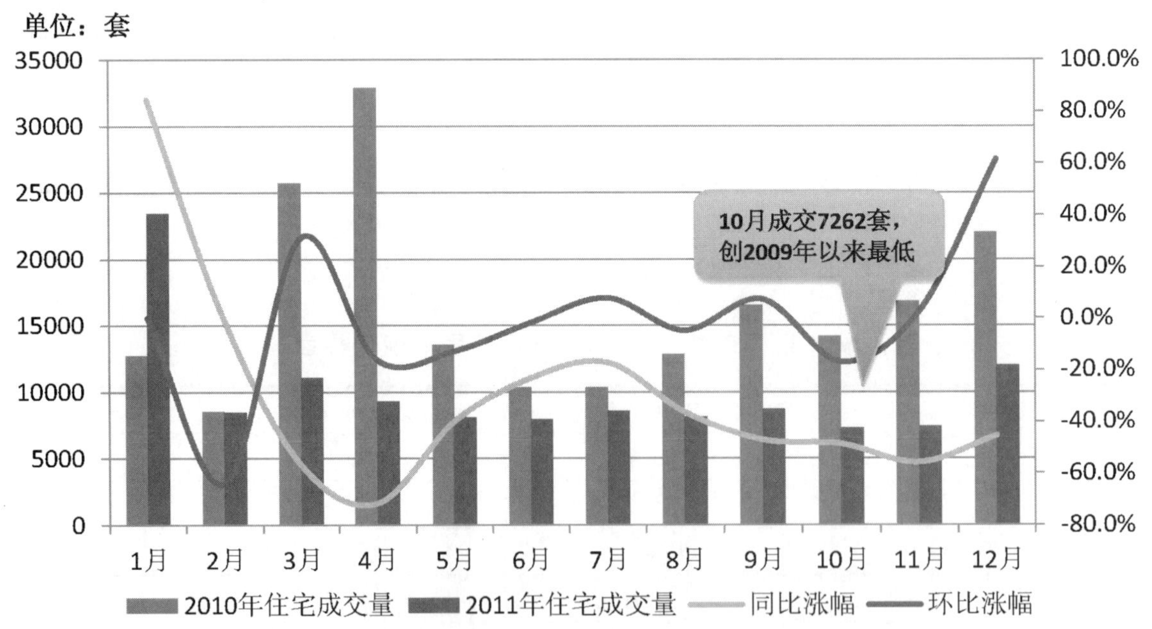

附图34　2011年北京市二手房住宅成交走势图示

以上数据统计来源于链家地产市场研究部

2. 外地人成交占比仅 16%，创 2009 年来最低

2011 年 2 月份“京 15 条”政策出台，其中规定“在京外地人必须有连续 5 年以上纳税或者社保证明才具有购房资格”，导致大量外地人失去购房资格。2011 年创下了 2009 年以来外地人成交占比最少，成交量最少的一年。2011 年外地人购买二手住宅仅 1.38 万套，比 2010 年缩水 3.68 万套，外地人占比为 16%，与 2010 年相比下降 16 个百分点，年底外地人占比基本稳定在 10%左右。

全年不足 1.4 万套的成交很难满足外地人的庞大的购房需求。调控后，虽然考虑到调控一年后，部分外地人具备购房资格，加之房价稳定下观望或将缓解。此外部分满足购房资格的外地改善性购房者或将逐渐进入市场，预计 2012 年外地人占比或将略有上涨，维持 10%～15%之间。成交量将维持在 1～1.5 万套。在外地人购房难度加大后，外地人出售意愿降低。出售房屋的外地人占比减少了约 7 个百分点左右。关于北京市居住证的政策 2012 年政府或将有新的政策出台，或将对部分外地人购房有所影响。

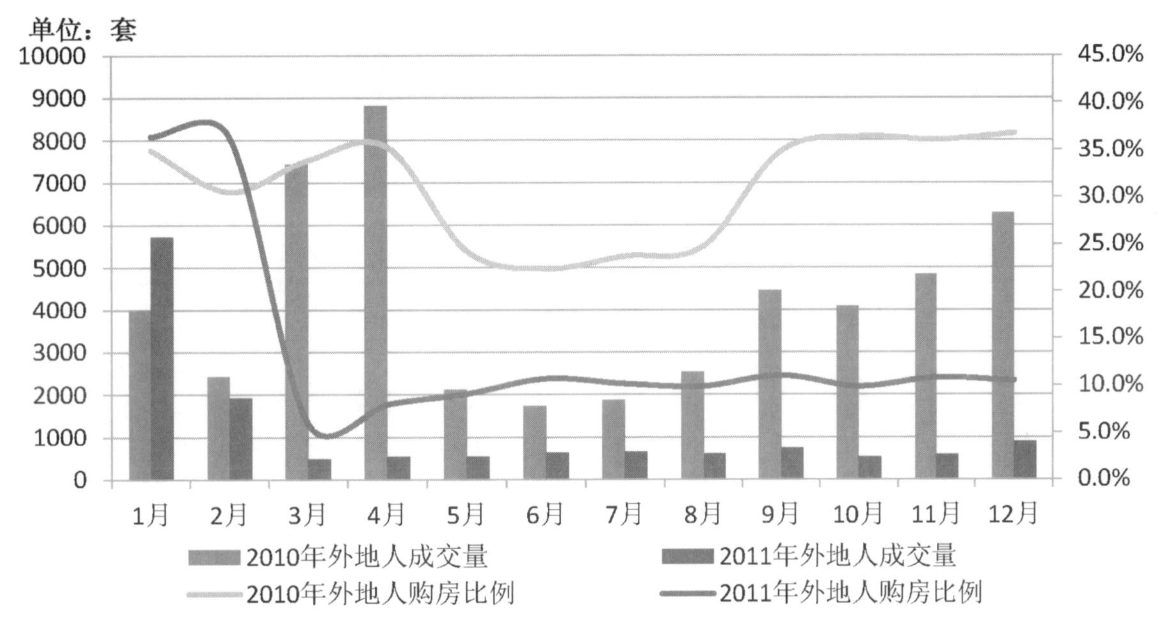

附图 35　2011 年北京市外地人购买二手住宅走势图示

以上数据统计来源于链家地产市场研究部

附表 15　2011 年外地人购房占比变化

时间	外地人购房		外地人出售	
	成交量（套）	成交占比	成交量（套）	成交占比
2010 年	50623	32.5%	40669	26.1%
2011 年	13841	16.0%	16359	19.0%
差值	-36782	-16.5%	-24310	-7.2%

以上数据统计来源于链家地产市场研究部

3. 全款购房比例达7成，高支付能力消费者成主力

2011年多次加息和上调存款准备金率后，信贷紧缩，银行对于消费者的贷款购房条件审核严格，导致消费者贷款难度增加、额度减少。消费者实际首付成数与政策规定相比大约增加了1成左右，相当于增加了约20万的首付。对于消费者尤其是刚需人群来说，是一笔不小的支出，部分消费者因无法支付被迫退出市场。促使购房者贷款购房占比减少，全款购房增加。2011年全款购房比例达65%，接近7成，与全年相比增加了1成，考虑到贷款中公积金和商贷占比情况，2011年商贷购房比例大约是15%。与2009年贷款购房盛行时相比，占比减少10个百分点。可见当前成交主体多为首付能力较高，或者融资能力较好的消费者。

此外，2011年二手住宅成交中，贷款购房成交量减少了4万套左右。信贷政策同时抑制了部分潜在的刚需求消费者。2011年年底央行首次下调存款准备金率，加之年后银行将有新贷款额度，贷款购房相对容易。2012年整体来看信贷政策难有本质松动，但是不排除针对首套刚需人群有适当放松。

附表16　2011年贷款购房比例变化

时间	贷款成交量（套）	贷款购房比例
2010年	68051	43.8%
2011年	30306	35.1%
差值	-37745	-8.6%

以上数据统计来源于链家地产市场研究部

4. 郊区成交占比减少明显，二手房城区成交主体未变

2011年区县成交特点为，二手房成交仍然以城区为主体，成交量全面下降两个主要的特点。

首先，城区二手房成交占比超过60%，仍然处于市场的主导地位。2012年房价继续下行，郊区价格维持低位，在刚需和改善为主的市场下，郊区成交的占比将略有上涨。

其次，成交量全面下降，其中降幅大的区域主要集中在郊区。下降最明显的是门头沟区、通州区、大兴区、经济技术开发区。降幅均超过50%。各区域占比回落明显的是通州区、大兴区。主要原因是这些区域外地人购房和投资性人群较为集中，在限购的环境之下，成交降幅明显。预计2012年各区域占比变化将趋于稳定。

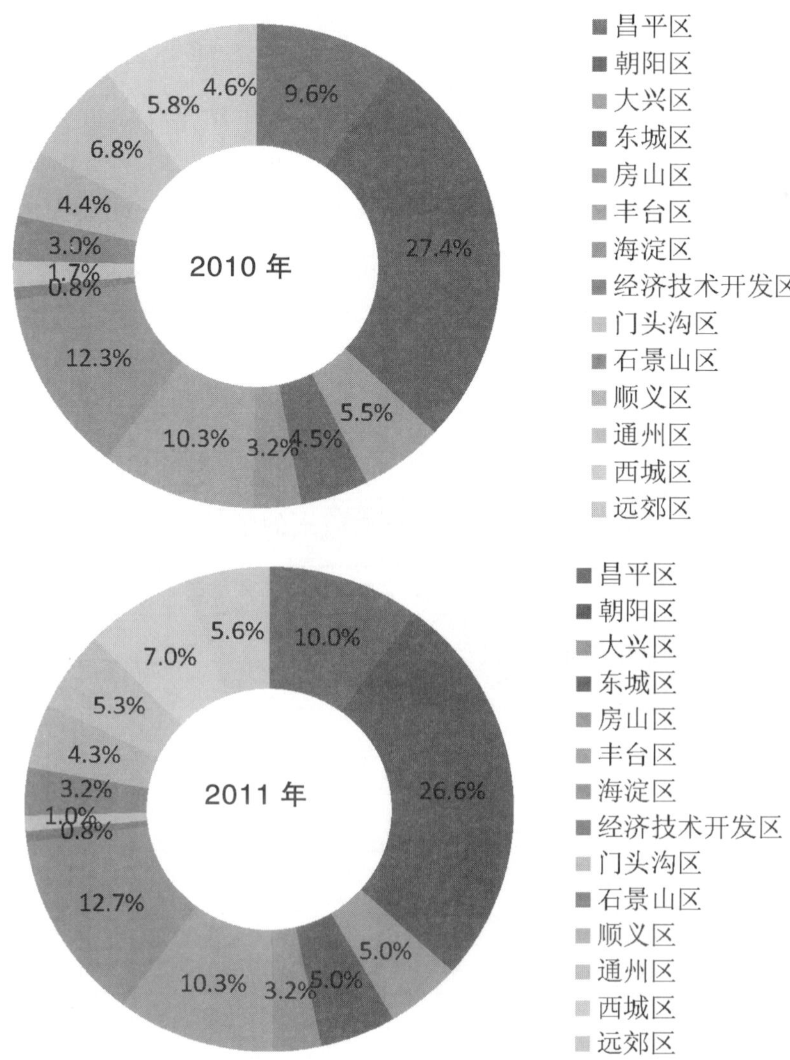

附图 36　2011 年北京市各区域二手住宅成交占比图示

以上数据统计来源于链家地产市场研究部

附表 17　2011 年各城区占比变化

区域	2010 年	2011 年	占比变化
内城区	10.3%	12.0%	1.7%
外城区	53.0%	52.2%	-0.8%
郊区	32.1%	30.2%	-1.9%
远郊区	4.6%	5.6%	1.0%

备注：远郊区：怀柔、密云、平谷、延庆

以上数据统计来源于链家地产市场研究部

5．排名前十商圈成交缩水 44%，多为郊区区域

在成交全面走低的情况之下，各商圈的成交普遍下降，成交难度均明显增加。整体呈现出以下的特点：2010 年外地购房者和投资性人群集中区域降幅明显。受 2011 年限购政策影响，投资性需求被迫退出市场，外地人购房受限，成交降幅在 30%～40%，整体降幅偏高。

2011 年成交前列的区域与 2010 年相比，变化较为明显，超过一半的区域为 2010 年成交 15 名以后的区域。这些区域 2011 年的成交量与 2010 年相比降幅约为 44%，高于全市平均 38%的降幅。但是这些区域由于性价比方面较好，其多为刚需购房主要区域，多分布在郊区区域。此外，在限购环境下，成交前列的区域下降明显，市场中部分区域成交过高的趋势有明显改善。有利于区域价格的稳定。预计这种趋势将延续至 2012 年。

附表 18　2011 年成交前十的区域

区域	2010 年成交量（套）	2011 年成交量（套）	同比变化（套）
天通北苑区	1210	1266	4.6%
东直门区	2309	846	-63.4%
洋桥区	1696	752	-55.7%
西罗园区	1135	704	-38.0%
玉海园区	1146	698	-39.1%
大兴东区	1526	692	-54.7%
劲松区	1149	691	-39.9%
管庄区	1235	665	-46.2%
草桥区	1140	665	-41.7%
金融街区	1058	657	-37.9%

以上数据统计来源于链家地产市场研究部

6．整体成交格局稳定，140 平方米以上房屋占比微涨

与 2010 年相比，2011 年成交结构基本维持稳定，全年成交均面积为 92.4 平方米，微涨 1.4 平方米。90 平方米以下房屋仍然是成交主力，占比达 60%以上。140 平方米以上成交占比微涨 0.4 个百分点，其平均购房面积与去年相比增加了 3 平方米。

调控环境下，降价明显的大面积户型受消费者青睐，加之其购房平均面积上涨了 3 平方米，从而拉高了平均成交面积。其他各面积档位的平均成交面积几乎没有变化。此外，因 12 月份消费者加急网签导致成交面积结构失衡。预计 2012 年，各面积档位的变化仍将维持稳定，小户型房屋成交占比将增加。

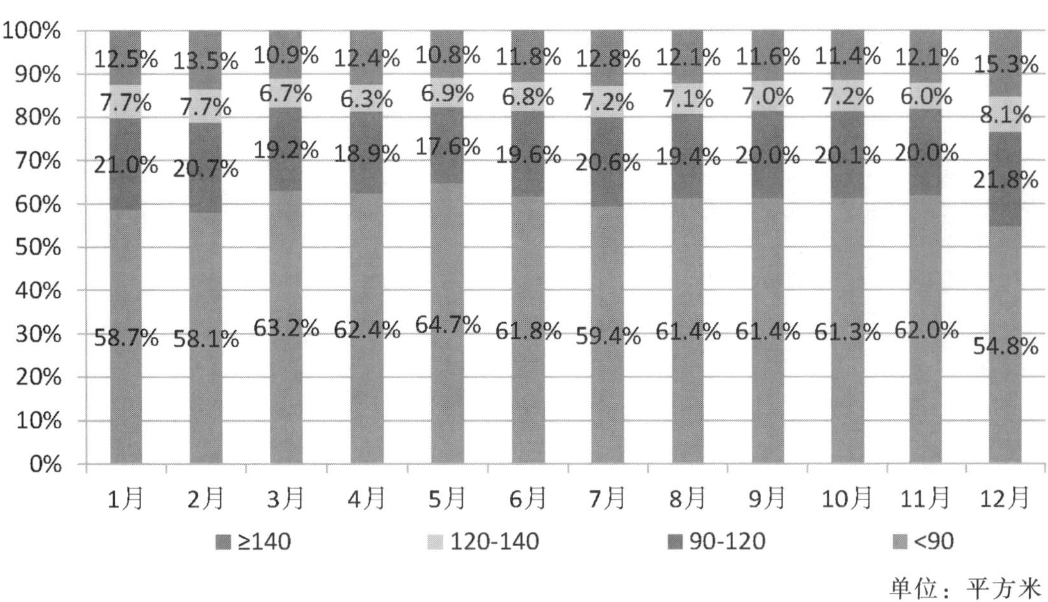

附图 37　2011 年北京市各面积档位二手住宅成交占比图示

以上数据统计来源于链家地产市场研究部

附表 19　2011 年成交面积变化

时间	<90（平方米）	90-120（平方米）	120-140（平方米）	≥140（平方米）	平均成交面积（平方米）
2009 年	58.1%	22.3%	8.4%	11.3%	91.2
2010 年	60.8%	20.1%	7.2%	11.9%	91.0
2011 年	60.4%	20.1%	7.2%	12.3%	92.4

以上数据统计来源于链家地产市场研究部

7．30–39 岁人群购房占比增加 3.3 个百分点，平均购房年龄 36 岁

据“链家地产”市场研究部统计，2011 年，二手住宅的平均成交年龄为 36.1 岁，与去年相比微涨。整体来看，经过 2010 年至今的调控之后，整体的购房年龄变化的趋势是平均成交年龄上涨至 35 岁以上， 中年人购房地位凸显，年轻人更偏弱势。2011 年各成交年龄档位占比变化较为明显，其中 25 ~ 29 岁购房者占比减少约 2.5 个百分点，而 30 ~ 39 岁购房者占比增加了 3.3 个百分点。

“链家地产”市场研究部认为，由于当前对外地人购房要求 5 年以上纳税或者社保证明，基本 30 岁以上的外地人购房者才有可能具备购房资格，无形中拉高了外地人购房年龄。此外，由于信贷紧缩，贷款购房成本增加，低龄刚需人群被迫退出市场。而相比之下改善性购房人群增加，投资性人群退出市场，购房群体稳定。促使年龄分段中，30 ~ 39 岁购房者增加明显。预计未来平均成交年龄将会缓慢增加，中年人购房主体成趋势。

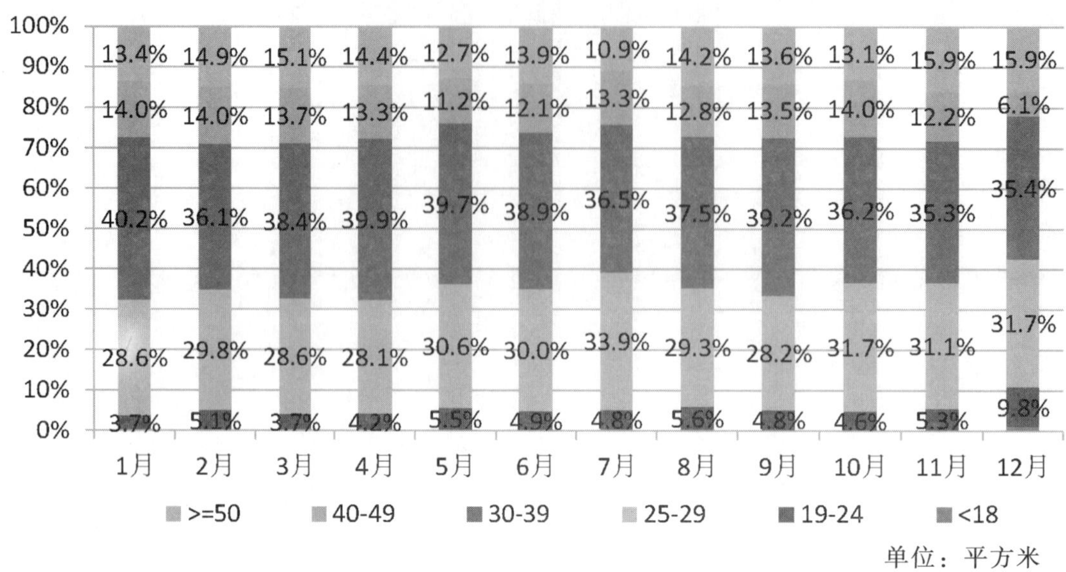

附图 38　2011 年北京市各年龄档位二手住宅成交占比图示

以上数据统计来源于链家地产市场研究部

附表 20　2009 年至今成交平均年龄变化

时间	<18（平方米）	19～24（平方米）	25～29（平方米）	30～9（平方米）	40～49（平方米）	>=50（平方米）	成交平均年龄（岁）
2009 年	0.2%	2.6%	26.9%	41.1%	15.8%	13.4%	31.3
2010 年	0.3%	5.4%	32.1%	35.1%	14.3%	12.8%	35.8
2011 年	0.3%	4.6%	29.6%	38.4%	13.2%	13.9%	36.1

以上数据统计来源于链家地产市场研究部

8．新增房源量整体走低，年底呈现上涨的趋势

2011 年整体市场业主的出售意愿与 2010 年相比明显下降，主要体现在新增房源挂牌量明显减少，降幅达 30%以上。整体来看，业主的销售意愿与市场的未来预期和走势有很大关系。2010 年第一次调控后，出现了部分业主恐慌性抛售的情况，挂牌房源量大增，但是在 2010 年后两次调控后，业主的销售意愿变化并不明显。2011 年整体业主销售意愿偏低，主要的原因是成交难度大，价格走低，业主不愿降价出售，可见当前业主心态仍然较为坚挺。

但是从年内的业主销售意愿变化来看，10 月份后业主的销售意愿开始有所回温，销售意愿开始增加却仍低于 2、3 月份水平。在长达半年的成交低迷情况之下，业主对后市信心不足，出售意愿增加，年底这种趋势更加明显，主要原因是从当前的成交趋势来看，2012 年 1 季度至少维持低成交的状态，成交难度有改变。在低成交的状态之下，房源累计增加的效应开始体现，买方市场特征明显体现。（备注：新增房源指数：以 1 月份为定基，换算其余各月指数）

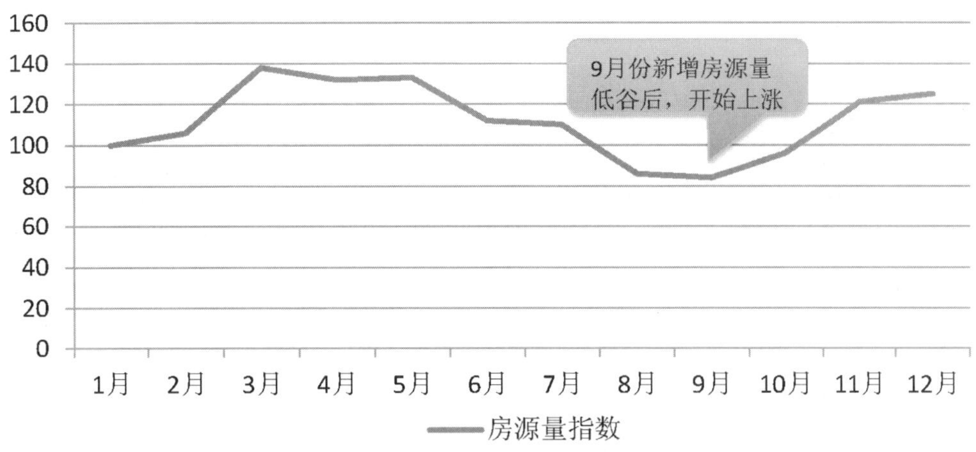

附图 39　2011 年月度北京市新增房源量变化图示

以上数据统计来源于链家地产市场研究部

三、2011 年二手住宅价格走势分析

引语：严格调控政策下，年底价格回落至去年 8 月份水平

2011 年，在房地产市场调控政策影响之下，全国房价开始出现回落，尤其是限购的全面执行，从一线城市率先表态，到逐渐波及到二三线城市，干预范围逐渐扩大。作为限购最为严厉的城市，北京因量跌导致的房价降幅明显大于其余三个一线城市。其中，二手住宅成交均价在 2011 年年底回落至去年 8 月份水平。此外，全年房价年度涨幅 12%，远低于去年 41%的上涨程度。与此同时，在成交的各个方面都可以看出二手住宅价格的涨势回落。2011 年二手住宅成交均价主要呈现以下几个特点：

1. 年内价格降幅达 10%，12 月份价格回落至 22000 元/平方米左右

由于 2011 年年初市场回温，价格再次呈现较快上涨趋势，为此 2011 年 2 月份政府出台更严格的限购政策。在全年的限购政策之下，价格上涨趋势得到抑制，尤其是下半年价格加速回落，预计未来价格仍将继续走低。整体价格走势呈现以下几个特点。

首先，价格长期高涨状态回落。2009 年 1 月至 2011 年 1 月价格连续 25 个月的波动性上涨，即使在 2011 年 2 月份调控后，成交均价仍然呈现惯性的波动性微涨。直到 2011 年 8 月，房价才从失控轨道逐渐有所回归。2011 年全年成交均价为 24318 元/平方米，相比去年均价 21712 元/平方米上涨了 12%，与 2010 年 41%的年度涨幅相比大幅回落。

其次，年内价格下降明显。从 2011 年的月度成交走势来看，价格衰落现象更为明显。在 2 月底调控政策后连续 5 个月低成交状态之下，8 月份房价开始明显回落，12 月份价格下降至 22027 元/平方米，同比 2010 年 12 月房价下降了 6%，与 2011 年 1 月份相比下降了 10.4%。

第三，成交量难再刺激价格上涨。2011 年 12 月份受最低计税价政策影响，出现了消费者恐慌性购房网签，12 月份成交量环比 11 月上涨了 70%，而成交价格仍继续以 2%的幅度下降，未出现反弹。可见当前消费者对房价下降的信心强烈。

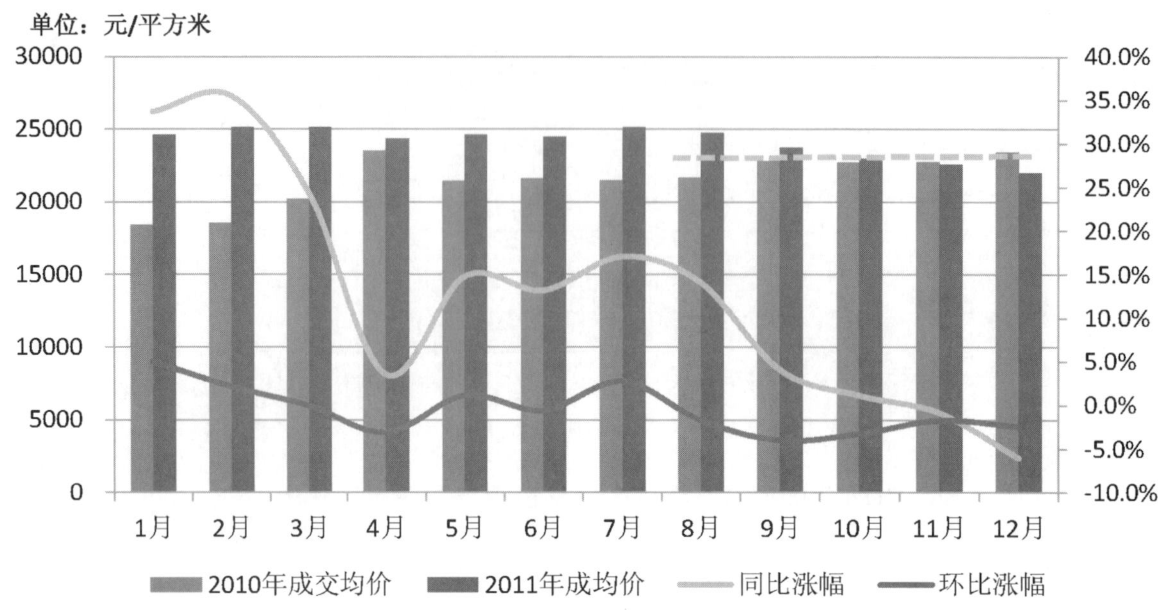

附图40　2011年二手住宅成交价格走势图示

以上数据统计来源于链家地产市场研究部

2．各区县成交均价同比涨幅全面回落，年底8个行政区价格同比下降

2011年各个区县成交均价年度都呈上涨态势，其中年度涨幅最明显的是东城区，达15.8%。而通州、大兴、顺义价格成交均价年度涨幅基本在5%左右。2011年调控后区域价格下降呈现三个特点：首先，郊区率先降价，如通州、大兴、昌平等区域。其次，连续6个月低成交后，郊区降价逐渐向城区蔓延，10月份内城区价格开始缓慢下降。第三，在过去投资性购房者和外地人购房者集中的区域目前降价速度明显，如通州和大兴2010年全年外地人占比在50%左右，高出全市平均水平20个百分点，其12月份均价同比2010年同期降幅达10%以上，回落至2010年调控前3月份水平。

整体来看，各个区域的涨幅均有不同程度的回落，城区价格仍然处于高位，较为坚挺。此外2011年降幅最明显的区域正是在2009年以来尤其是2010年价格过快上涨的区域，可见当前这些区域价格虚高的情况有所改善。2011年年底，8个行政区价格同比下降，价格回落至2010年8月份水平。由于当前价格仍处于下行阶段，因此各区域价格将面临进一步回落，郊区区域由于在2011年底价格回落幅度较为明显，价格已经基本下降至2010年调控前水平，预计2012年其价格将会逐渐回落探低，而城区价格走势将会继续缓慢回落，整体区域均价将会回落至2010年调控时期的价格水平。

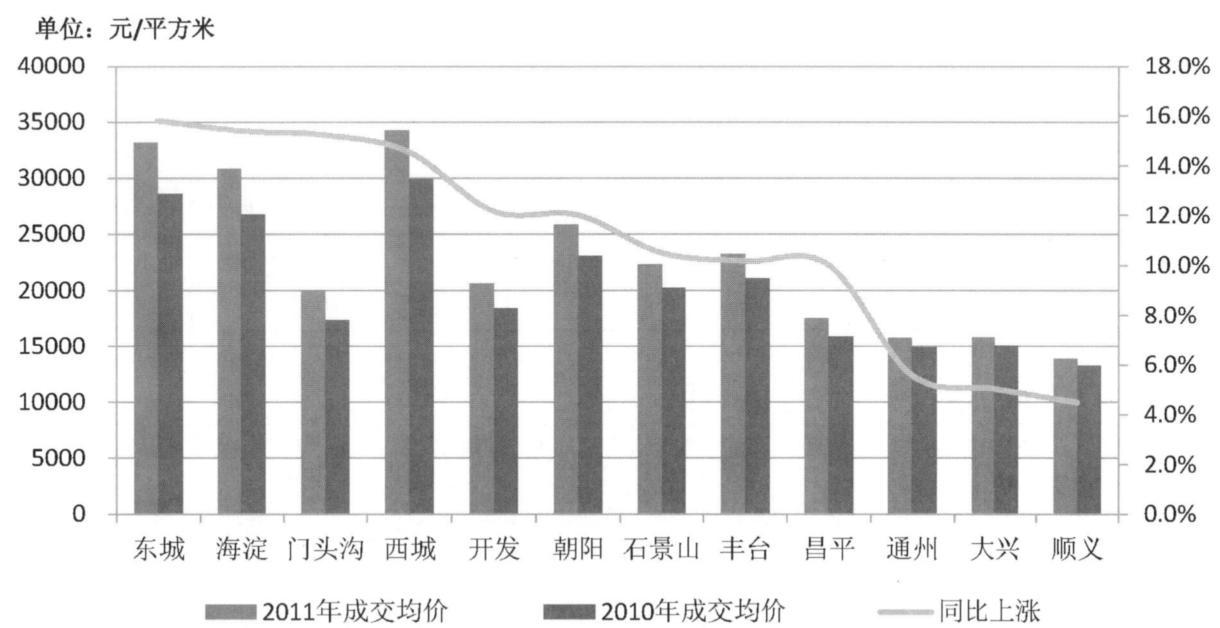

附图 41　2011 年各区县全年成交均价同比走势图示

以上数据统计来源于链家地产市场研究部

附表 21　2010 年-2011 年各区县每月价格变化表格

单位：元/平方米

时间		昌平	朝阳	大兴	丰台	海淀	开发	石景山	顺义	通州	西城	东城
1月	2010	13130	19080	13396	18163	21686	15027	16201	11928	12464	25869	24435
	2011	17880	26477	16766	23759	30501	22399	22837	14240	16534	34201	32993
2月	2010	13546	19607	13394	18020	23163	15689	16512	11254	12516	25155	25692
	2011	17911	26329	16402	24994	31668	22872	23344	13995	16771	37454	32346
3月	2010	14758	21354	14593	19990	24845	17242	19074	12136	14171	28095	26623
	2011	18514	26621	16569	23812	30887	24373	23934	14107	16408	33803	32291
4月	2010	16734	24579	15915	22581	28299	17258	21918	13232	17993	32146	30733
	2011	17980	25795	15678	23641	30381	21617	23675	14176	16217	34649	35432
5月	2010	15564	22369	15145	20858	26284	20101	19198	15678	15030	29482	27963
	2011	17681	26421	16495	23535	31575	20143	22380	13823	15892	33604	32749
6月	2010	15370	22599	14806	20419	26149	21244	18893	12910	14851	30341	29332
	2011	17409	25663	16427	23443	30265	16534	23507	14199	15777	34528	33697
7月	2010	15791	22584	14520	20549	26778	25839	19928	13345	14710	28545	27898
	2011	17835	26862	16071	23436	30984	16577	21950	14097	14982	33561	33234
8月	2010	15940	23403	14943	21791	26451	21531	19838	13143	15128	29598	29522
	2011	17858	25594	15601	23153	33338	20537	23003	13840	15960	35553	34349

时间		昌平	朝阳	大兴	丰台	海淀	开发	石景山	顺义	通州	西城	东城
9 月	2010	16800	24133	15368	21826	28167	18244	20986	13624	15515	30741	30043
	2011	16925	25214	15944	22544	31686	18727	23344	13533	14620	34546	32592
10 月	2010	16282	24178	15644	21829	29139	21934	20792	13746	15460	29681	29285
	2011	16818	24678	14495	22401	30209	23070	20360	13237	14510	33544	31404
11 月	2010	16819	24947	15338	21833	28364	20489	21190	13657	15209	32600	28715
	2011	16487	24539	14179	21886	30622	19324	19995	13637	14014	33633	33514
12 月	2010	17376	25297	15626	22621	29108	19358	22293	13917	15818	32397	31600
	2011	15891	23113	14055	21027	29028	20462	20132	12753	13895	32457	32914

备注：2011 年 12 月，各区县中八个区县成交均价低于去年同期水平，开发区、东城、西城三个区县高于去年同期水平。开发区指北京亦庄经济技术开发区。

以上数据统计来源于链家地产市场研究部

3．年底 60%区域成交均价同比回落，区域面临进一步降价

在链家地产监测的 110 个区域中，各区域 2011 年成交均价同比 2010 年全面上涨，涨幅多集中在 8%–15%之间。其中涨幅最慢的前十区域同比涨幅均低于 8%。虽然年度成交均价同比全面上涨，但是 2011 年年内受调控影响价格下降明显。各区域 12 月份成交均价超 80%低于年初价格，60%以上同比 2010 年 12 月均价下降。价格降幅前列的区域主要集中在郊区如回龙观、果园等。预计 2012 年低成交的状态之下，各区域价格仍然面临较大的下降压力，和尤其是部分在 2010 年价格涨幅过快以及过多投资性人群集中区域，价格虚高现象明显，随着销售压力不断增加，这些区域价格在经历了 2011 年的下降之后，2012 年面临更大的下降压力。根据当前的价格走势来看，预计 2012 年各区域价格整体将会下降至 2010 年二季度价格水平，甚至部分区域将出现较大幅度下降至 2010 年调控前水平。

附表 22　2011 年成交均价涨幅最慢前十区域排名

单位：元/平方米

区域	2010 年成交均价	2011 年成交均价					年度价格变化
		1～5 月	6～8 月	9～11 月	12 月	全年均价	
武夷	15369	16000～17000	14500～15500	14000～15000	14945	15705	2.2%
大兴南区	14745	15500～17000	14500～15500	13500～14500	11474	15268	3.5%
石佛营	23116	24000～25500	23000～250000	22000～23500	19132	23955	3.6%
管庄	17301	16500～19000	17500～18500	16500～18000	16106	17956	3.8%
旧宫	15848	18000～19500	16000～17000	15000～15500	14682	16598	4.7%
洋桥	21100	22000～23000	22000～23000	21500～23000	21289	22246	5.4%
梨园	14808	15500～17000	14500～16000	14000～14500	14442	15688	5.9%
朝阳公园	26868	27000～30000	27000～29000	28500～32000	32354	28139	4.7%
果园	15797	17000～17500	15500～16500	14500～16000	14838	16867	6.8%

区域	2010年成交均价	2011年成交均价					年度价格变化
		1～5月	6～8月	9～11月	12月	全年均价	
通州北苑	13913	15000～15500	15000～15500	13000～14000	14492	14901	7.1%

以上数据统计来源于链家地产市场研究部

4．年内价格降幅“由远及近“，5环外均价降幅达20%以上

2011年，各环线二手住宅年度成交均价全面上涨，上涨最明显的是2环内区域，涨幅达16%，5环外成交均价涨幅不足8%。整体来看，各环线年度价格变化趋势呈现出全面上涨、内城区涨幅最明显、环线之间价格差距拉大，价格优势对比明显。从2011年年内价格变化情况来看，主要是，调控后，5环外率先下降。10月份成交创新低后，2环内开始降价。2011年12月份各环线成交均价相比2010年同期均下降，其中降幅最明显的是5环外区域，价格降幅达20%以上。

低成交状态下，3环内房屋价格的抗跌性强。一方面受地理位置优势影响，另一方面，在改善性人群为成交主体之一的市场中，“由远换近”的购房方式，促使城区内需求量小幅减少。因此核心区域房产的追捧还会在一定程度上存在。而4环外房屋虽然价格已经明显回落，但是从市场成交来看，价格回落未能有效促进成交，预计未来将有进一步下降。如此综合来看，接下来核心区域价格下降会更加缓慢，而边缘区域将有所加快。

附表23　2011年环线成交均价变化趋势

单位：元/平方米

环线	2010年成交均价	2011年成交均价					年度价格变化
		1～5月	6～8月	9～11月	12月	全年均价	
2环内	27678	32000-32500	31000-32500	30000-31500	32519	32150	16.2%
2¯3环	27453	31500-34000	31000-32000	29000-30000	28708	30941	12.7%
3¯4环	24688	28000-29500	28500-29000	27500-28500	25996	28166	14.1%
4¯5环	22647	25500-26000	245000-25500	23000-24000	22111	25098	10.8%
5环外	16623	18000-18500	17500-18500	16500-17500	16386	17825	7.2%

以上数据统计来源于链家地产市场研究部

5．成交总价达196万元，高支付能力消费者为市场主体

2011年全市二手住宅平均成交总价为196万元，与2010年相比上涨20万。各总价档位中，成交均价上涨最明显是总价250-300万的房屋。从2011年年内价格走势来看，200万以下房屋的房屋价格下降幅度最明显，12月比1月下降了约2000元/平方米～3000元/平方米。

由于2011年全年均价与2010年相比处于高位，导致整体成交总价上涨20万，相比之下，消费者的购房成本增加，加之今年信贷紧缩，因此消费者的购房难度进一步增加，成交主体为高支付能力消费者。2011年年底下调存款准备金率后，年初信贷额度相对充裕，预计2012年信贷政策相对宽松，可能体现在消费者的贷款周期略有缩短。2011年12月份全市二手住宅成交总价为180万左右,根据当前市场走势来看,2012年套均成交总价将会有所下降。

附表24 2011年各总价档位成交均价价格变化趋势

单位:元/平方米

总价档位	2010年成交均价	2011年成交均价					年度价格变化
		1~5月	6~8月	9~11月	12月	全年均价	
100万以下	16026	17000~17500	15500~16000	15000~15500	15047	16251	1.4%
100-150万	19167	20000~21000	19500~20000	18000~19000	18498	20303	5.9%
150-200万	21258	23500~24000	22500~23000	21500~22500	20814	22635	6.5%
200-250万	22882	24500~25500	25000~25500	23500~24500	23030	24285	6.1%
250-300万	24147	26000~27500	27000~28000	26500~27500	26268	26330	9.0%
300-400万	25903	30000~35000	23500~28000	24000~28000	27291	27474	6.1%
400万以上	30632	31000~32000	31500~33000	31500~32500	34708	31505	2.8%

以上数据统计来源于链家地产市场研究部

6. 年内小户型均价降幅最大,未来仍具有下降空间

2011年各面积档位中,仅120平方米~140平方米的房屋成交均价同比下降0.6%,其余各面积档位均呈现上涨趋势。2011年年内价格变化来看,各面积档位成交均价在8月份后开始加速下降,2011年12月份各面积档位价格同比均下降,回落至2010年9月份价格水平,其中回落最明显的是90平方米以下的房屋,年内降幅达10%。随着面积档位上涨价格回落的速度也依次放缓。该降价特点与市场旺市各面积档位价格上涨的趋势截然相反。在过去两年,小户型是价格最高同时上涨最快的房产。预计,在刚需低价需求明确的情况下,2012年初期小户型价格相对更低、降幅更快或将进一步体现,这种“突破式”演变到一定程度,会引发购买力不足的刚需再次具备入市条件,形成小户型热销的局面,也就是说实质上以小户型为成交主体和价格风向标的意义并不会改变。

附表25 2011年各面积档位成交均价变化

单位:元/平方米

面积档位	2010年成交均价	2011年成交均价					年度价格变化
		1~5月	6~8月	9~11月	12月	全年均价	
<90	22172	25000-25500	24500-25000	23500-24000	22440	22656	2.2%
90-120	20420	23000-23500	22500-23000	21000-22000	20605	21082	3.2%
120-140	20927	23500-24500	23000-23500	22000-23000	20245	20803	-0.6%
>140	22555	25000-25500	27000-28000	24500-26000	24141	24114	6.9%

以上数据统计来源于链家地产市场研究部

7. 房源出售难度增加，业主多次调价促成交

2011 年新增房源挂牌价走势基本与成交均价走势相同，但是整体来看，挂牌价波动变化更大，基本上挂牌价和成交均价差价大约在 4000 元/平方米左右，年底挂牌价与成交均价差距扩大，接近 5000 元/平方米。

由于业主预期价格下降总是慢于成交均价下降速度，因此在 2011 年年底，成交均价与挂牌价之间价差越来越大，与购房者心理价位明显不符，加之在长期的低成交状态之下，房源的累积效应开始体现，房源整体的出售难度明显增加。业主必须经过多次调低价后才能促成交，目前成交中大约有 80%以上房屋业主降价次数高出 5 次。根据 2011 年年底市场心态来看，短期内业主主动大幅降价销售的情况出现的可能性不大。而在价格下降趋势明朗的状态之下，未来业主调价的次数将会继续增加，而且，业主主动适当调低挂牌价情况将增加，新增房源挂牌均价将继续下降，这也拉动未来价格进一步走低。

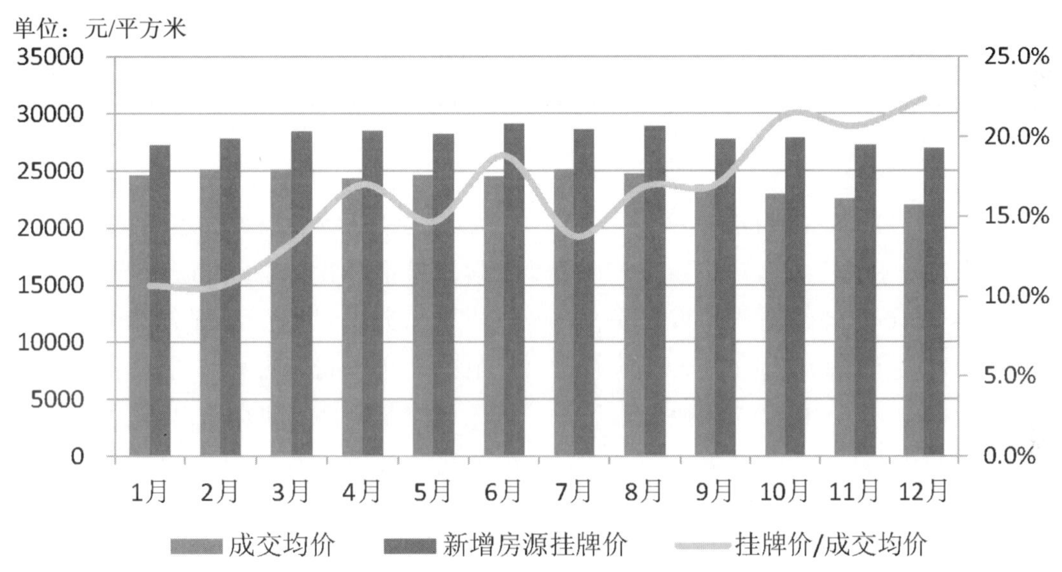

附图 42　2011 年成交均价与新增房源挂牌价对比图示

以上数据统计来源于链家地产市场研究部

四、2011 年北京经纪行业格局变化

引语：2011 年二手经纪机构成交缩水一半，全行业缩水 30 亿

随着二手房成交量历年来不断上涨，一线城市二手房成交主导地位明确，二三线城市二手房市场成交逐渐活跃，以二手房成交为主导的经纪机构快速发展。但是 2011 年限购开始向全国蔓延，主要城市的二手房成交量都遭遇骤减，总体降幅达 50%以上。全国目前大约有 6 万个二手经纪门店，根据成交量缩水程度以及正常的运营成本，保守估计当前全年店均亏损 5 万元，预计整个行业共亏损 30 亿元现金流，可谓面临严峻的生存考验。而北京市二手房由于在 2009 年快速增长，经纪机构门店一度扩张至 6000 家以上，今年成交大幅下降后，整个行业陷入生存困境。

1. 经纪机构市场份额、绝对成交量“双降”，面临更艰难生存环境

受2011年调控影响，全年北京市二手房成交量大幅缩水，导致经纪机构成交量骤减，形成市场份额和成交量双降情况。2011年二手房经纪行业的份额下降至72.4%，与2010年相比降幅达3个百分点，绝对成交量与2010年相比大约下降了50%，与2009年成交相比减少9万套左右。

从2010年以来，长达两年的调控环境下，经纪机构的生存环境每况愈下，而相比于2008年经纪机构的生存困境来看，今年面临的生存困境更加艰难。主要在于2008年低迷期过后，2009年市场成交量大增，但是从当前的趋势来看，明年限购仍将继续，成交量难再现2009年时期的反弹力度。

附表26　2009年至今北京经纪机构市场份额

时间	经纪机构成交		自行成交	
	成交占比	成交量（套）	成交占比	成交量（套）
2009年	68.7%	166327	31.3%	72097
2010年	75.3%	140452	24.7%	44806
2011年	72.4%	75954	27.6%	28942

以上数据统计来源于链家地产市场研究部

2. 前10家经纪机构市场份额超一半，中小机构生存更艰难

2011年排名前10的经纪公司的市场份额为58.4%，接近60%。而成交前50名经纪公司市场份额为80.3%，与2010年相比上涨了5个百分点。其他的一线城市中，如上海，前10名二手房经纪机构占比不足市场的35%。与其他城市相比，北京市经纪行业品牌集中化特征更加突出一些。而排名50名之后的中小经纪公司市场份额缩水5个百分点，加之当前整体成交量减少，单套获利能力降低，中小经纪公司。面临生存状况更为艰难。

附表27　2011年经纪公司市场份额

排名	2009年市场份额	2010年市场份额	2011年市场份额
前10名	66.3%	60.4%	58.4%
前50名	81.8%	75.3%	80.3%
其他公司	18.2%	24.7%	19.7%

以上数据统计来源于链家地产市场研究部

3. 2011年再现2008年“关店潮”，7成以上为中小经纪机构

全年低迷成交状态之下，2011年单店月均成交不足1.5套，按照当前平均成交总价200万计算，费率按照当前全市实际水平2%计算，每月买卖成交仅能获利5.6万元。此外，今年8月底，买卖代理收费费率下调。对于二手房经纪机构可谓是雪上加霜。在当前盈利明显减少的状态之下，相比于大品牌经纪机构，中小经纪机构的生存压力更大而被迫关店止亏，市场再现2008年“关店潮”。2011年北京经纪机构共关店约1400家，超7成为中小经纪机构。此外，不仅是北京，其他一线城市也同样出现“关店潮”，甚至出现部分大品牌

经纪机构关店，或者全国性品牌直接完全撤出某个城市所有门店。

部分大经纪机构也选择关店，可见当前艰难的生存状态。而明年调控继续，低成交状态将难有改变，经纪行业或将面临进一步的调整。同时将出现类似开发商似的企业之间的收购、并购情况，行业洗牌真正到来。

4. 逆市下，经纪机构的多种方式谋发展

在艰难的生存环境之下，各二手房经纪机构开始拓展自身业务，寻找其他的方式来促进企业的发展。如“一二手房联动”，不少二手房经纪机构将公司的业务范围拓展至一手房代理业务，希望能够通过一手房代理业务来实现增收。

今年新建商品房的成交量也同样缩水，有限的市场空间很难容纳二手房经纪机构。部分运作能力较强的经纪公司，能够通过新建商品房代理业务创收，但从整体来看，并不是经纪行业止亏的有效方式。此外，部分经纪机构将重点业务转向租赁市场，而将二手房交易市场放在次要位置。对于一些小中介来说，不失为一种增收方式。

与这类拓展业务方式相比，部分企业选择继续深度优化二手房交易服务，改变战略，拓展营销等方式。如选择逆市扩张等、提升服务质量等吸引客户，为未来发展奠定基础。

低迷的市场对于二手房经纪行业有利有弊，能够给企业提供充分的时间和空间去弥补自身服务的不足之处，重新思考企业的发展战略。也能够对行业资源进行整合，优化行业发展。

五、2012 年二手住宅市场预测

引语：调控基调不变，成交量将达 9-11 万套

2011 年北京市二手房住宅市场在严格的调控下，呈现“量价齐跌”趋势。2012 年整体的调控基调不变，在经历了一年的调控低迷时期，2012 年的房地产市场是否会出现反弹，价格的继续下行空间是否存在？整体二手房走势如何？“链家地产”市场研究部认为，根据历年房地产的走势以及 2011 年调控的效力，预计未来将呈现以下的特点：

1. 2012 年成交量将创低值，预估成交量将在 9-11 万套

2011 年 2 月份出台调控政策后，3-12 月份月度平均成交量为 8956 套（含 12 月份集中网签成交量）。2012 年调控政策不变的情况之下，将延续 2011 年成交状态。

从 2011 年 12 月底市场走势来看，考虑到 1 月份受元旦和春节假期影响，预计 2012 年 1 月份成交量将在 3500 套以下，将创 2007 年以来连续 61 个月最低值。整个 1 季度成交将会维持低位。在没有政策外力的影响之下，成交将会逐渐趋于稳定，部分消费者结束观望进入市场，加之在调控满 1 年后，部分消费者已经预备购房资格，成交量或将会平稳回升。整体来看由于限购政策不取消，信贷政策紧缩的状态，成交很难有本质改变，根据 2011 年调控后月均成交来看，预计明年全年的成交量将会维持在 9-11 万套之间，比 2011 年下降 10%-25%，创 2009 年以来年度成交最低值。

（1）“限购继续”外地人成交占比将维持 10%左右

受“京 15 条”限购影响，2011 年全年外地人购房占比为 16%，调控后，外地人占比约为 10%。2012 年限购政策仍继续执行，由于限购政策已经执行一年，部分外地人购房开始具备购房资格，未来将有部分人群逐渐进入市场，同时部分观望购房者在 2012 年价格稳定后观望情绪趋缓。预计 2012 年外地人购房占比大约在 10%-15%左右，其成交量将会在

1-1.5万套之间。与2011年相比进一步缩水。

（2）信贷紧缩继续，全款购房为主要购房方式

2011年受信贷紧缩政策的影响，全款购房消费者占比达到了70%左右。2012年，信贷紧缩将会继续，但是不排除银行或将采取部分措施适度支持首套刚需购房者，或将促使商贷购房比例略有上涨。预计全款购房仍然是消费者的主要选择方式，其占比将在60%左右。而在贷款购房者中，公积金贷款购房占比基本维持不变。商贷购房将会呈现略有增加的趋势。

（3）保障性住房入市分流市场需求

根据北京市政府公布，2012年北京市预计新开工建设和收购各类保障性住房16万套，其中公开配租配售9万套，全年竣工各类保障性住房7万套。7万套保障性住房包含棚区改造、重点工程建设拆迁等定向安置用房。从2011年至2012年政府明显加快了保障性住房的建设，但是保障性住房是否能有对二手房市场产生影响？首先，保障性住房主要的群体针对的是低收入人群，而当前二手房成交主体主要为支付能力较高的人群，因此即使这部分人群退出市场，短期很难对市场供需产生明显影响。因此保障性住房的入市对于实际市场的短期成交影响不大。但是从长远的市场变化来看，保障性住房的大量入市，将会促使二手房市场需求分流。

2．成交均价整体趋势会落后平稳，同比2011年或下降5%-10%

据“链家地产”市场研究部统计，2011年年底成交均价维稳在22000-23000元/平方米之间。回落至去年8月份价格水平。市场低迷的情况之下，消费者“愈降价，愈观望”的心态开始在年底明显体现。2012年1季度低成交状态将会更加拉动成交价回落。根据当前量价之间的关系来看，1季度价格将继续下降，维持在21000元/平方米左右。随着成交的趋稳，价格波动空间小。整体2012年二手房住宅成交趋势为“先下降、后平稳”的状态。从年度价格来看，预计2012年全年成交均价与2011年价格相比将会有明显的下降，降幅或将达5%-10%左右，为2008年以来年度均价首次下降。在经历了2011年的价格回落之后，当前郊区并未出现所谓抄底购房的现象，消费者仍以观望为主，可见当前价格并未降至消费者的心理预期价位。加之当前部分郊区尤其是远郊区，一二手房价格倒挂，郊区价格优势并不明显，因此2012年郊区价格将会继续回落。

3．经纪行业将面临深度调整，关店潮或延续至大中型经纪公司

2011年成交跌入低谷，导致整个二手房经纪行业缩水，陷入生存困境，再现“2008年关店潮”。虽然经过“关店潮”之后，经纪公司之间的竞争压力变小，但2012年低成交状态继续，加之佣金下调，经纪公司单套获利能力同时降低，整体市场利润缩水。在仍要面临1年的低利润或者亏损的压力之下，大中型经纪公司或将也被迫关店，这种趋势在2011年4季度已经略有端倪，或将在2012年上半年有明显体现，一些中小经纪公司可能面临并购的风险。整体来看经纪公司面临更大的行业洗牌，这种情况将主要集中在2012年上半年。预计2012年下半年市场稳定后，市场中扛过了连续17个月的低成交的经纪公司能够继续维持生存，经纪行业不会再有太大调整。

2011年北京住宅租赁市场总结及展望

北京我爱我家房地产经纪有限公司

一、市场总况

（一）市场供需总况："供不应求"加剧

2011年北京住宅租赁市场供需比是1:2.4，相比较2010年供需比1:1.5有大幅提升。2011年北京住宅租赁市场相比较2010年来说呈现供不应求态势。

2010年，北京住宅租赁市场供需比除春节前后有小幅上涨以外，全年走势下行，而2011年，特别是4月以后与2010年走势相悖而行，住宅租赁市场呈递进式上升的趋势。出现这种原因主要是受房源减少、客源集中性更为明显的影响。

房源减少：自二手房买卖市场限购以来，购房需求中首次置业及改善型需求等自住类需求比重明显加大，这部分买卖成交量对北京核心功能区和发展新区租赁房源重大且持续的稀释作用不容忽略。买卖数据显示，2011年核心功能区和发展新城北京买卖成交量为80689套。因此，尽管这些区域从供需比来看仍保持着较高活跃度，但是从房源供给的前景来看，不稳定因素或将进一步加大。

客源集中性更为明显：2月1日，《商品房屋管理办法》（以下简称《办法》）开始执行，由于首都功能区范围内的房屋多为1980年以后建设的老房子，人防设备及非车位用途的地下室相对集中，成为政策集中清查的重点区域。因此，该《办法》间接影响首都功能区租赁客源被动释放。另外，首都功能区内大型医疗及商业等生活配套必要设施完善，公交、地铁等可选出行方式充足，交通通达性优势明显，使得租赁市场上的需求稳定增长。因此，供给下降间接使客源集中性更为突出。

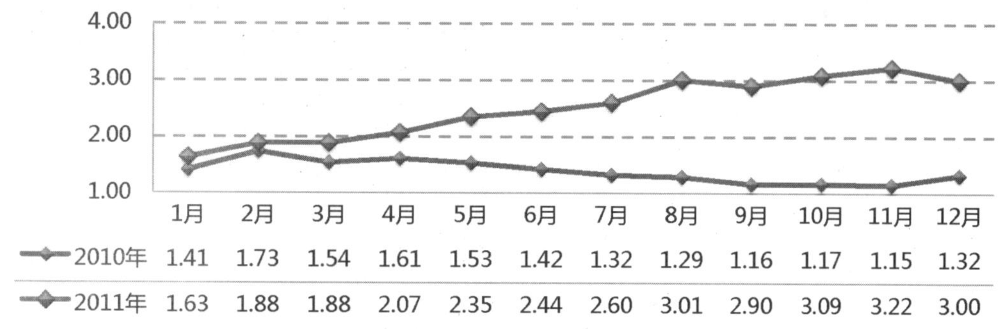

附图43　2011年住宅租赁市场月度供需变化情况

数据来源：我爱我家ERP系统

（二）实际成交量价走势

2011 年的租赁单数较 2010 年的涨幅达 46.8%。与此同时，2011 年租金整体上浮，价格波动基本沿袭传统的住宅租赁市场规律。2011 年 9 月之后，租金开始回落，与 2010 年的租金持平。

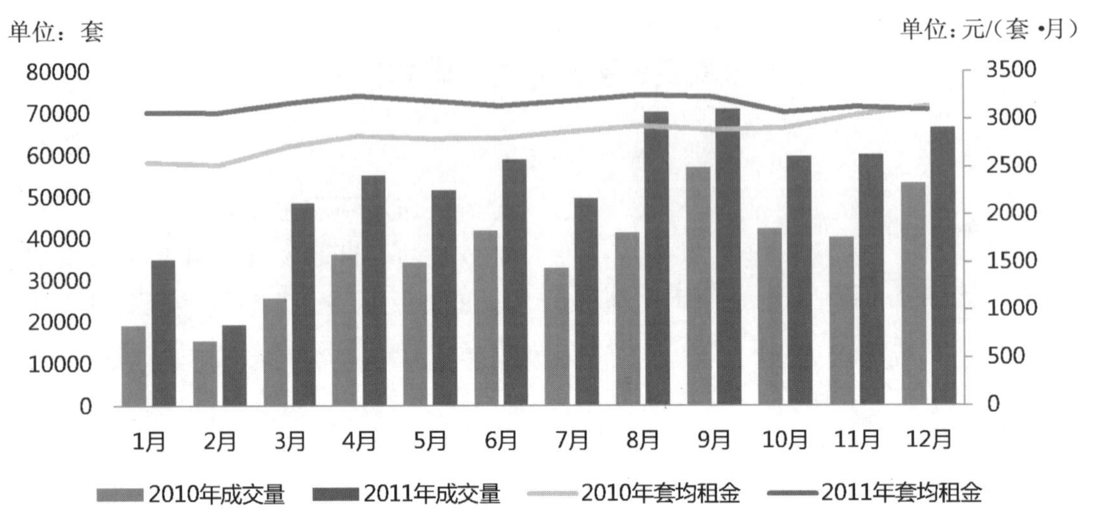

附图 44　2011 年住宅租赁市场月度量价变化情况

数据来源：建委月度租赁备案数据

二、细分租赁市场特征

（一）各功能规划区量价变化情况

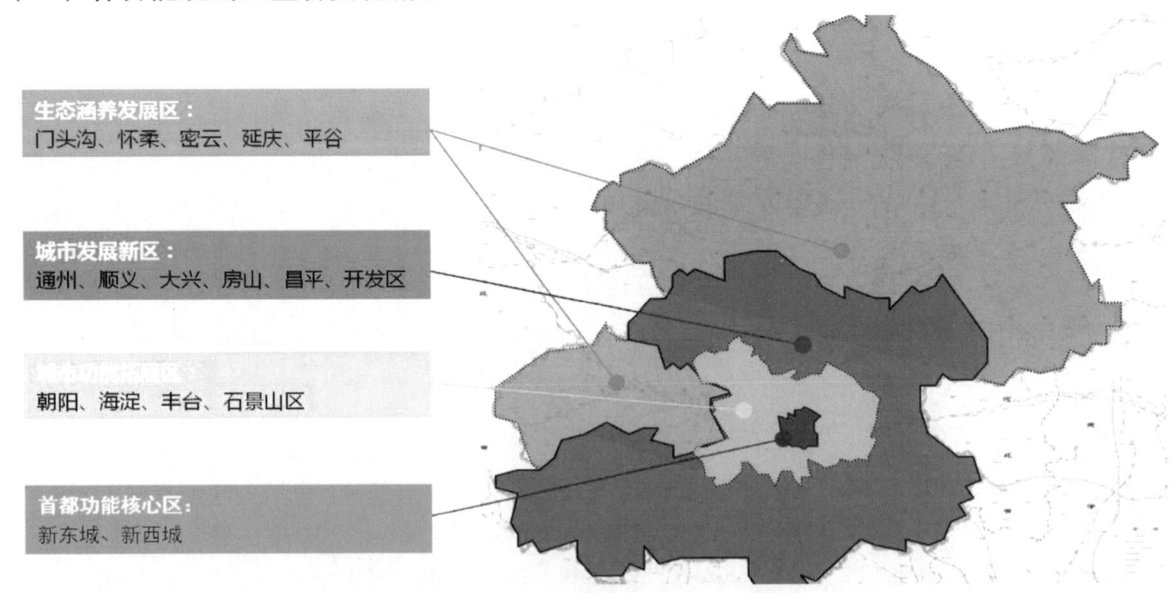

附图 45　各功能规划区量价变化情况

从各功能规划区的成交比重来看，朝阳区的成交比重最高，达到 33.9%，相比较 2010 年有小幅上涨，涨幅为 3.9%。其次是海淀区，比重达 20.3%。朝阳区、海淀区和丰台区依旧是租赁市场上的主体区域。而通州区，大兴区和昌平区的成交比重均有小幅的上涨，新型轨道交通的发展促使城市发展新区日益成熟。加上众多新房的上市，未来城市发展新区的租赁市场前景可观。

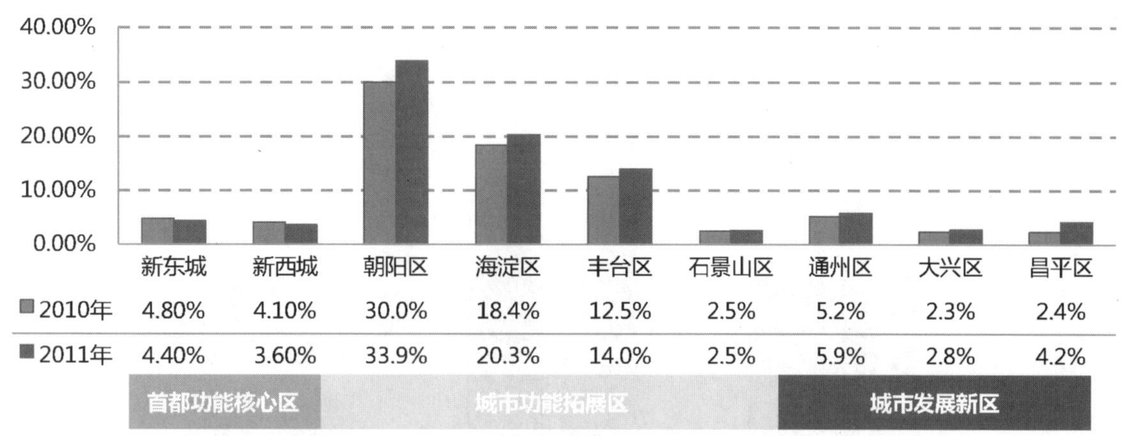

附图 46　2011 各功能规划区成交比重变化情况

数据来源：我爱我家 ERP 系统

从各功能规划区住宅租赁市场的租金变化情况来看，2011 年首都功能核心区与城市功能拓展区的套均租金为 3100 元/（套·月），与 2010 年的 3056 元/（套·月）基本持平。

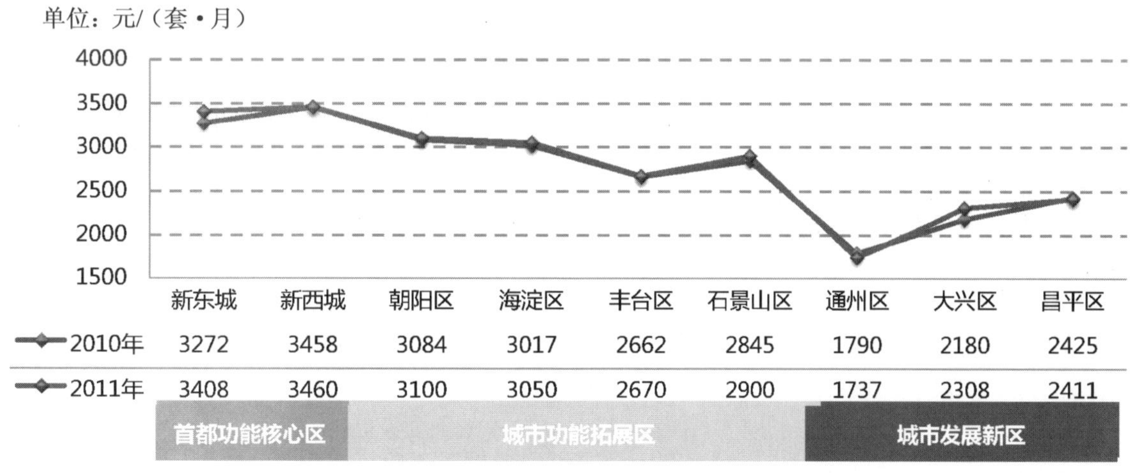

附图 47　2011 各功能规划区套均租金变化情况

数据来源：我爱我家 ERP 系统

（二）成交户型变化情况

2011 年北京住宅租赁市场各户型成交比重较去年发生小幅调整，其中，二居的成交比重虽然较去年出现微幅下滑，但由于二居供应量一直占据较大份额，其成交比重仍居首位；一居在满足私密性的同时，租金适中，在上班族及具有支付能力的家庭租户中，保持着相对稳定的客源支撑，因此与 2010 年相比，其成交比重基本持平；三居及以上的户型成交占比微涨 1.1%，大户型房源有望受到更多中低端客源青睐。

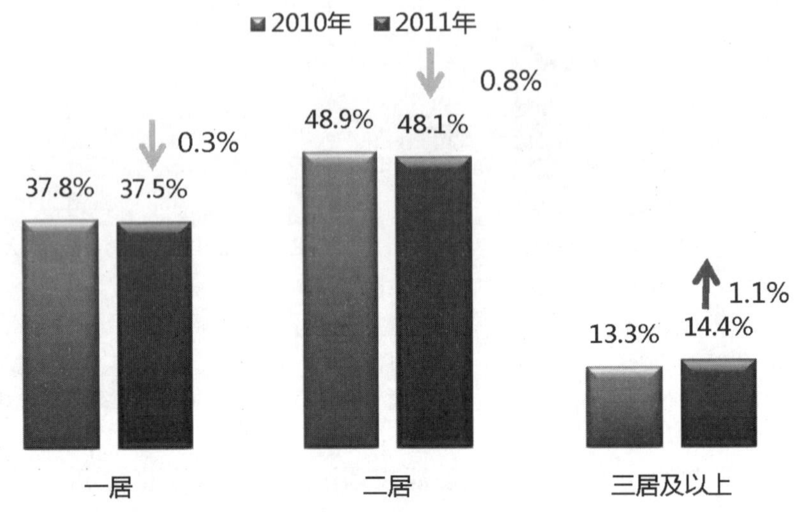

附图 48　2011 年我司各大区成交户型情况

数据来源：我爱我家 ERP 系统

三、市场展望

供需走势预测：整租客群依然是未来的主流客群。但是“拼租”一族的比例也在逐年加大。

规划功能区域发展预测：朝阳区、海淀区、丰台区成交比重均有所增加，价格也有所上涨。尚未达到饱和状态，未来将会有提升空间。通州区、大兴区和昌平区的成交比重日益增加。

户型成交趋势预测：一居、二居依然是市场上的主流户型，三居及以上的大户型的需求量会持续上升，受到“拼租一族”的大力欢迎。

住宅市场年报

美联物业全国研究中心

第一部分　政策解读

政策导述 1： 2011 年 1 月 26 日，国务院常务会议再度推出八条房地产市场调控措施（新国八条），要求强化差别化住房信贷政策，对贷款购买第二套住房的家庭，首付款比例不低于 60%，贷款利率不低于基准利率的 1.1 倍。（政策评分💣💣💣💣💣）

政策解读：新国八条的出台奠定了 2011 楼市调控的从紧基调，史上最严励限购政策出台，后续的限价，一房一价，保障房监督问责等一系列政策配套出台，楼市进入寒冬。

政策导述 2： 2011 年 1 月 14 日，央行上调存款准备金率 0.5 个百分点。2011 年 12 月 5 日，央行启动下调存款准备金率 0.5 个百分点。（政策评分★★★）

政策解读：2011 年元月中旬，央行启动上调存款准备金率。标志着央行采取数量型调控手段的开始，而央行出台货币收紧政策的初衷重点在抑制通胀水平的持续走高。2011 年度，央行共上调了 6 次存款准备金率，并创出存款准备金率历史最高值 21.5%。在通胀水平得到有效控制后，2011 年 12 月 5 日，央行启动下调存款准备金率 0.5 个百分点，货币政策微调启动。

政策导述 3： 深圳市地税局发布通知，2011 年 7 月 11 日起，对存量房（二手房）实行按计税参考价格核定计征各项税款，即按照政策有关部门共同制定的评估价征税。评估价征税方案改变了征税基准，但营业税、契税的征税税率并未改变。税率发生改变的为“个人所得税”，方案中个人所得税的核定征收税率具体为：普通住房计税价格的 1%，非普通住房则为 1.5%，拍卖房为 3%。（政策评分💣💣💣💣💣）

政策解读：深圳二手房按评估价征税政策实施后，本由二手成交主导的深圳二手市场开始步入寒冬，成交量大幅萎缩，月度成交下滑幅度最大达 90%，深圳多数中介公司月度成交出现连续为零现象，中介出现关铺潮。

政策导述 4： 2011 年 8 月 23 日，中共中央政治局就完善我国土地管理制度问题研究进行第三十一次集体学习。中共中央总书记胡锦涛在主持学习时强调，要落实节约优先战略，进一步完善最严格土地管理制度。（政策评分💣💣💣）

政策解读：中央明确表态要进一步完善最严格土地管理制度，将楼市调控之手伸向了土地市场，对 2011 年土地出让产生了利空影响，同时开发商拿地积极性大减。

政策导述 5： 2012 年 1 月 7 日，在召开的住建部机关工作会议上，住建部部长姜伟新表示，今年要继续加快个人住房信息系统建设，保证在 6 月底前实现 40 个主要城市的联网。（政策评分★★★）

政策解读：建立个人住房信息系统联网是

中央为代替限购政策采取的措施之一，住建部部长姜伟新表态表明目前采取行政干预楼市的手段对楼市影响较大，加快个人住房信息系统联网是为限购政策的松绑做好提前准备。

附表28　2011年中央及重点城市楼市政策动向

区域	类别	时间	内容
中央	产业政策	1月26日	国务院常务会议再度推出八条房地产市场调控措施，要求强化差别化住房信贷政策，对贷款购买第二套住房的家庭，首付款比例不低于60%，贷款利率不低于基准利率的1.1倍，即　“新国八条”
		5月11日	国家发改委发出通知，开展商品房销售明码标价专项检查
		6月7日	住建部发布《国有土地上房屋征收评估办法》
		8月17日	住建部公布《新增限购城市建议标准》
		8月23日	中共中央政治局就完善我国土地管理制度问题研究进行第三十一次集体学习。中共中央总书记胡锦涛在主持学习时强调，要落实节约优先战略，进一步完善最严格土地管理制度
		9月01日	《财政部、国家税务总局关于房屋土地权属由夫妻一方所有变更为夫妻双方共有契税政策的通知》，由该两部门于8月31日联合印发，并规定自印发之日起执行。其中明确夫妻共有房产加名免征契税
		11月10日	《关于农村集体土地确权登记发证的若干意见》发布，其中明确小产权房不得登记发证
		12月21日	国土资源部对外发布《闲置土地处置办法(修订草案)》征求意见稿，这将是12年来首次对该办法进行修订
	金融政策	1月14日	央行决定上调金融机构存款准备金率0.5个百分点，由现行的18.5%上调到19%
		8月28日	央行下发通知，拟将商业银行的信用证保证金存款、保函保证金存款以及银行承兑汇票保证金存款等三类保证金存款纳入存款准备金的缴存范围
		10月14日	中国建设银行北京分行已将首套房贷最低利率由原来的基准利率上浮到基准利率的1.05倍，成为北京首家上调首套房首付的银行
		11月30日	央行决定下调金融机构存款准备金率0.5个百分、点，由现行的21.5%下调到20%
北京	产业政策	5月16日	北京出台《关于加强部门联动，完善商业、办公类项目管理的通知》，严禁“商改住”等违规行为，6月1日起执行
		9月10日	《北京市国有土地上房屋征收与补偿实施意见》三个配套文件开始面向公众征求意见，居民不满补偿可要求听证
		11月08日	《北京市“十二五”时期土地资源保护与开发利用规划》发布，明确　“十二五”期间北京保障性住房建设用地要占全市住宅供地50%以上，确保完成100万套保障性住房用地供应，做到应保尽保
		11月28日	北京制定了《关于加强本市公共租赁住房建设和管理的通知》，将于今年12月1日起施行
	行业规范	8月28日	北京市发布《关于降低本市住宅买卖经纪服务收费标准的通知》，宣布自2011年8月31日起，北京市二手房中介费标准统一下调0.5%

区域	类别	时间	内容
上海	城市规划	5月6日	长宁区虹桥地区获批为“上海市低碳发展实践区”
	行业规范	5月25日	上海市房管局发布公告，从26日起施行新的购房合同示范文本
	金融政策	6月29日	上海市公积金管理中心发布《上海市住房公积金个人购买经济适用住房贷款实施细则》
	产业政策	9月21日	上海市人民政府法制办公室发表公告，就《上海市国有土地上房屋征收与补偿实施细则（草案）》公开征求市民和有关单位意见
		11月09日	《上海市国有土地上房屋征收与补偿实施细则》公布实施。《实施细则》规定了上海市房屋征收补偿标准
		11月11日	上海房管局出台《上海市廉租住房申请对象住房面积核查办法》。廉租住房申请对象住房面积核查与认定工作有了详细“标尺”。《办法》自颁布之日起执行，到2012年12月31日止
广州	行业规范	8月15日	广州省十一届人大常委会第二十八次会议将于9月下旬召开，会议将审议多部法规，其中《广东省流动人员租赁房屋治安管理规定（修订草案）》将首次提交审议
		11月25日	广州市国土房管局拟定的《广州市成立业主大会、选举业主委员会程序指导规则（征求意见稿）》，日前在广州市国土房管局网站公示并公开征求意见
	产业政策	5月11日	广州市物价局发出《关于开展商品房销售明码标价检查的通告》
		9月06日	《广州市国有土地上房屋征收与补偿实施意见（试行）》从9月6日起正式实施，行政强拆成为历史，明确旧城拆迁半数以上被征收人不同意补偿方案时要召开听证会
		10月28日	广州市国土房管局披露，《广州市集体建设用地使用权流转管理试行办法》正式颁布实施
深圳	行业规范	10月10日	广州市物业服务企业退出物业项目管理办法（征求意见稿）
		11月21日	《深圳市查处违法用地和违法建筑工作共同责任考核办法（试行）》审议并或通过
	城市规划	10月28日	深圳市委、市政府研究决定，近期将启动在宝安和龙岗新增两个功能新区，暂定为“龙华新区”和“大鹏新区”
		11月16日	深圳市坪山中心区发展单元规划大纲(草案)审核通过并公示
	产业政策	7月11日	深圳市二手房按评估价征税正式开始执行
重庆	产业政策	5月09日	重庆印发《重庆市国有土地上房屋征收与补偿办法（暂行）》等有关办法的通知
成都	产业政策	6月02日	成都市地税局决定对个人房屋租赁税收采取综合征收率，定为4%、6%、10%三档，个人出租房应缴纳税额为租金收入乘以综合征收率

资料来源：美联物业全国研究中心

第二部分　北京市行业数据

土地市场

附图 49、50：12 月，北京市共有 14 宗居住类用地成功出让，总出让面积 93.6 万平方米，环比减少 0.84%。14 宗宗地全部为综合性用地。出让土地分别位于朝阳、丰台、房山、顺义、门头沟、大兴、密云、昌平、经开区九区县，其中大兴区供地最多，出让宗地面积达 240418 平方米，占出让总量的 25.68%。楼面价方面，位于朝阳区的［2011］129 号宗地以 10807 元/平方米楼面价成交，成为 12 月最高楼面地价。1-12 月份，北京土地累计出让宗地 709.6 万平方米，其中丰台、通州、顺义、密云四区累计出让面积位居前四，四区出让面积占 1-12 月各区出让总面积的 55.42%；西城、崇文、宣武、石景山四区 2011 年度无出让记录。

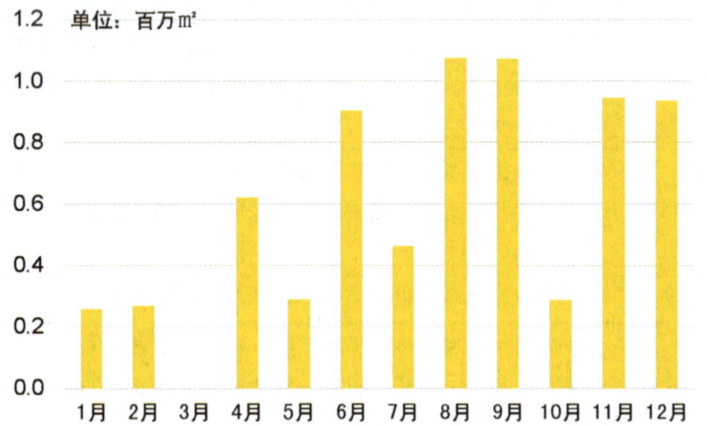

附图 49　1-12 月北京居住用地出让月度数据统计

数据来源：北京土地整理储备中心、美联物业全国研究中心

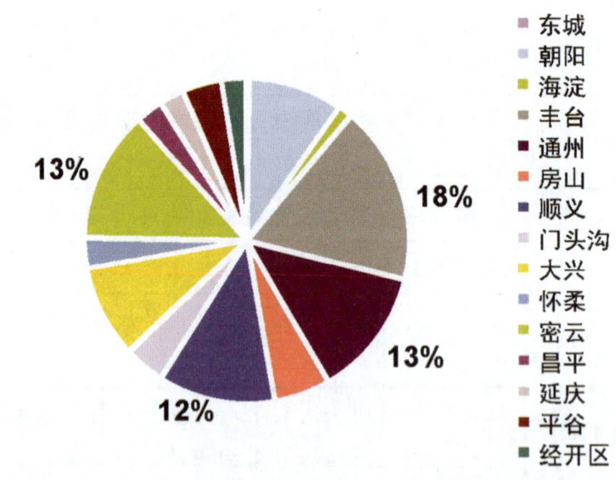

附图 50　1-12 月北京居住用地出让区域分布

数据来源：北京土地整理储备中心、美联物业全国研究中心

附表 29　十二月北京居住用地出让一览表

宗地号	区域	土地面积（平方米）	建面（平方米）	总价（万元）	竞得人	交易日期
[2011] 143 号	丰台区	43808	232182.4	232745	北京通用时代房地产开发有限公司	2011-12-01
[2011] 106 号	大兴区	36536	91340	27183	北京华商置业有限公司	2011-12-08
[2011] 134 号	开发区	10869	27172.5	3550	中国国机重工集团有限公司	2011-12-12
[2011] 130 号	密云县	121262	242524	63600	北京城建投资发展股份有限公司	2011-12-14
[2011] 129 号	朝阳区	139168	278336	306715	上海拓丰投资、天津融创奥城投资与北京融创恒基地产有限公司联合体	2011-12-16
[2011] 137 号	昌平区	143386	315449.2	160000	泰康之家（北京）投资与北京昌科航星科技开发有限公司联合体	2011-12-16
[2011] 141 号	房山区	27687	77523.6	34750	北京房开控股集团有限公司和北京韩建房地产开发有限公司联合体	2011-12-19
[2011] 139 号	大兴区	65013	110522.1	95000	中国葛洲坝集团	2011-12-21
[2011] 145 号	房山区	34116	85290	35850	北京房开控股集团有限公司	2011-12-21
[2011] 110 号	丰台区	50663	151989	91700	北京金隅大成开发有限公司	2011-12-28
[2011] 146 号	大兴区	138869	236077.3	69800	北京富源盛达房地产开发有限公司	2011-12-28
[2011] 152 号	门头沟	49372	138241.6	110100	北京昊泰房地产开发有限公司	2011-12-29
[2011] 155 号	朝阳区	45384	95306.4	72000	北京市利锦荣房地产开发有限公司	2011-12-29
[2011] 150 号	顺义区	29906	74765	14812	北京汽车城投资管理有限公司	2011-12-30
合计		936039	2156719			

数据来源：北京土地整理储备中心、美联物业全国研究中心

住宅市场

附图 51：2011 年度，北京一手住宅成交 932 万平方米，同比减少 23.83%，二手住宅成交 1235 万平方米，同比减少 43.06%。其中 12 月份，北京一手住宅成交 114.27 万平方米，环比增长 57.89%；二手住宅成交 137.87 万平方米，环比增长 98.09%；价格方面，12 月，一手住宅成交均价 19600 元/平方米，环比下跌 0.51%，二手住宅成交均价 30291 元/平方米，环比下降 1.42%。12 月，北京一、二手住宅市延续上月表现，均呈现量增价跌行情。

附图 52：供需方面，2011 年度，北京累计批售面积为 1111.89 万平方米，同比增长 35.42%。其中，12 月份，北京一手住宅批售面积 117.39 万平方米，环比减少 6.29%。

附图 53：12 月，北京各区二手成交方面，昌平区成交 44.57 万平方米，环比增长 282%，环比增幅居各区之首。密云区成交 3.15 万平

方米，环比减少26.8%，环比跌幅居各区之首。北京十九个区县当中环比上涨区县共14个，环比下跌区县共3个，未现成交区县2个。二手成交量较大的区县主要集中于朝阳、昌平、丰台、海淀。

附图54、55：12月份，北京二手住宅成交大幅攀升，从面积分布来看，140平方米以上物业成交面积最大，共成交71.61万平方米，环比增长119.54%，120-140平方米物业成交20.51万平方米，环比增长158.47，环比增幅居各物业类型之首。二手成交按金额分布方面，60万元以下物业共成交72.5万平方米，环比增长104.3%，环比增幅居各物业类型之首。此外，其他各物业类型全面上涨。

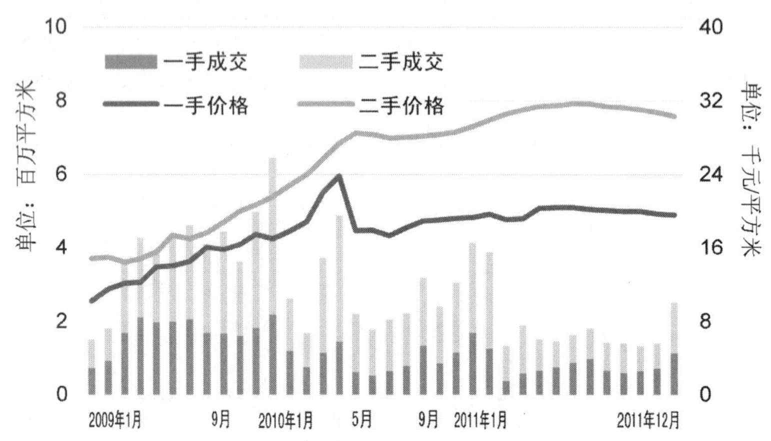

附图51　北京住宅月度成交量及价格走势

数据来源：北京房地产交易管理网、美联物业全国研究中心

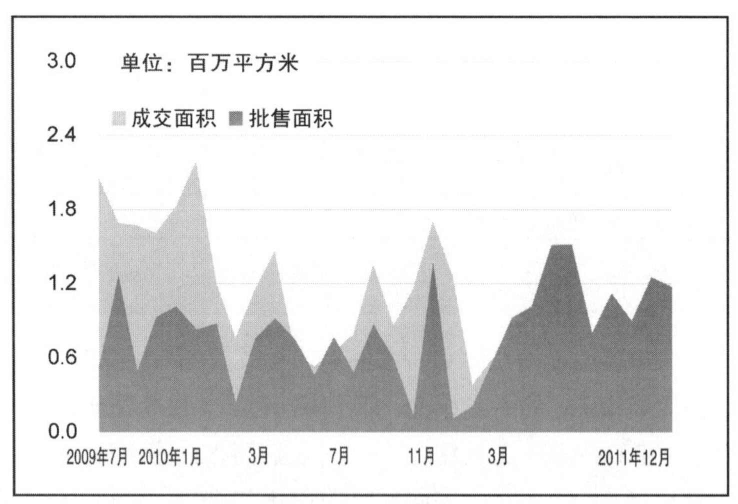

附图52　北京一手住宅月度批售与销售量数据

数据来源：北京房地产交易管理网、美联物业全国研究中心

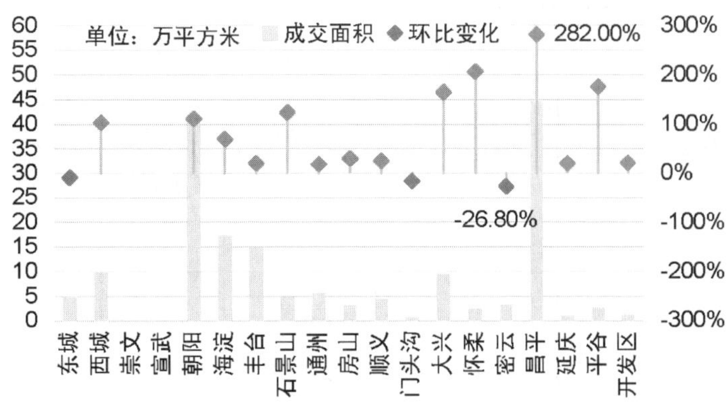

附图 53　北京 12 月份各区二手住宅成交量

数据来源：北京房地产交易管理网、美联物业全国研究中心。

备注：图表中"◆◆◆"三色刻度线标识分别表示环比正增长、环比零增长和环比负增长，下同。

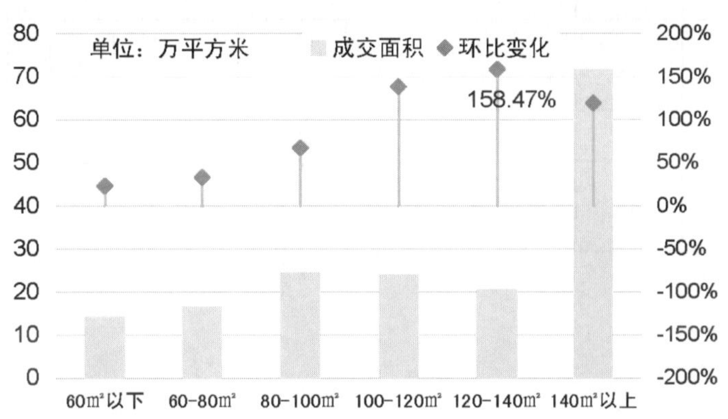

附图 54　北京 12 月各区二手住宅成交量按面积分布

数据来源：北京房地产交易管理网、美联物业全国研究中心

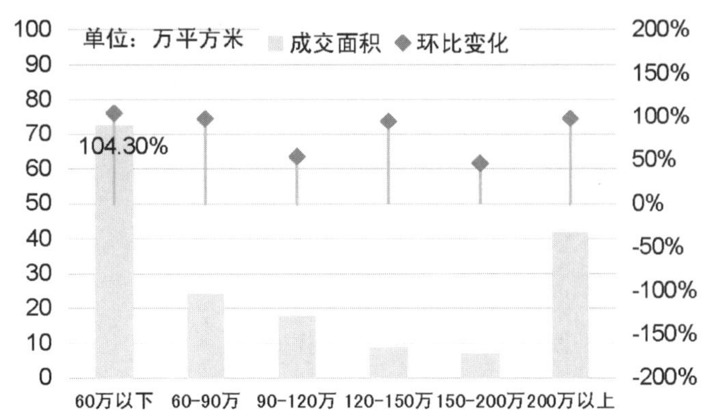

附图 55　北京 12 月各区二手住宅成交量按金额分布

数据来源：北京房地产交易管理网、美联物业全国研究中心

附表30 重点房企销售数据

企业名称	12月份销售面积（万平方米）	环比（+/-）	同比（+/-）	12月份销售金额（亿元）	环比（+/-）	同比（+/-）	1-12月累计销售面积（万平方米）	同比（+/-）	1-12月累计销售金额（亿元）	同比（+/-）	销售金额完成率（%）
万科	59.9	-18.90%	-13.10%	58.2	29.80%	-30.30%	1075.3	12.40%	1215.4	19.80%	86.86
保利地产	51.96	23.42%	-16.47%	56.21	14.11%	37.68%	650.29	-5.54%	732.42	10.69%	91.52
金地集团	25.15	-9.21%	NA	39.92	4.78%	NA	229.05	21.60%	283.38	34.60%	29.94
碧桂园	60	42.86%	NA	38	52.00%	NA	687	15.00%	432	31.00%	100.46
花样年	5.98	11%	NA	5.11	21.00%	NA	74.61	80.00%	70.05	95.00%	117
中骏置业	1.28	13.00%	NA	1.1	-35.00%	NA	51.39	5.00%	45.7	27.00%	91.40
佳兆业	14.79	12.30%	0.39	18.4	47.08%	24%	217.76	149.00%	152.9	52.00%	102.3
龙湖地产	NA	NA	NA	26.52	-11.89%	NA	328.6	33.90%	382.65	14.80%	95.66

2012年报告

中国高纬环球研究部

第一部分　零售市场行情

经济因素

社会消费品零售总额增长，消费者信心增强

当欧债危机在全球产生负面影响的时候，2011 年中国国内生产总值仍然达到了 9.2%的增长。这种稳定的增长使中国成为了吸引国际投资的热点区域。从消费层面看，中国城市人口的快速增长和人均收入的迅速上升促进了零售业的发展。据统计，2011 年全国社会消费品零售总额达到人民币 18.1 万亿元，同比名义增长 17.1%，从而使中国的零售市场规模超过了美国的二分之一，并且预计未来 5 年或将超越美国的整体零售市场规模。在过去 10 年中，中国社会消费品零售总额年平均增长率一直保持在 13%的水平。整体城市化率预计于 2015 年达到 52%，2030 年将升至 65%。社会消费品零售总额受到工资水平上升和大规模城市化进程的影响，将强劲增长，预计这种增长态势未来几年将会持续。另外，随着中国通货膨胀得到有效控制，消费者信心也有所回升，尼尔森最新的调查结果显示，2011 年第四季度中国消费者信心指数环比增长了 4 个百分点，在全球参与排名的 56 个国家中位居第 6 位。

2011年主要城市社会消费品零售总额

城市	社会消费品零售总额（十亿元人民币）	增长率
北京	690.03	10.8%
上海	677.71	12.8%
广州	524.30	17.1%
深圳	352.09	17.8%
重庆	341.59	18.7%
天津	339.51	18.7%
成都	286.13	18.4%
苏州	282.96	17.8%
杭州	254.84	18.7%
青岛	223.29	17.3%
长沙	212.59	18.0%
无锡	212.27	17.3%
宁波	201.89	18.4%
武汉（1-9月）	212.58	17.8%
南京（1-9月）	196.13	17.9%
沈阳（1-9月）	176.13	17.2%
哈尔滨（1-9月）	144.01	17.2%
大连（1-9月）	140.51	17.2%

来源：高纬环球研究部，地方统计局

主要城市优质零售物业存量 截止2011年第四季度

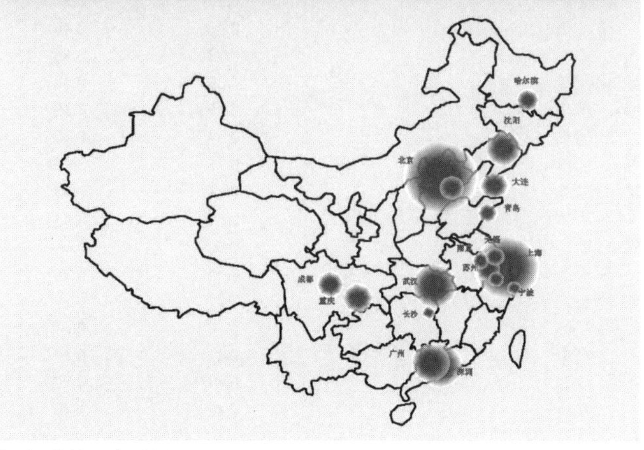

来源：高纬环球研究部

北京继续保持中国最大零售市场的地位，上海紧跟其后，合计占全国社会消费品零售总额的 5%以上，而排名前 10 位的城市其零售总额占全国零售总额的 22%。

零售市场概览

上海优质零售物业租金领跑全国市场

高纬环球研究部数据显示，2011 年全年中国 18 大城市核心商圈优质零售物业租金呈现出稳中有升的趋势。上海南京西路（优质零售物业租金以每月每使用平方米 2400 元）稳居全国首位，而成都，杭州，大连，苏州优质零售物业的租金则位居二线城市的前列。空置率方面，全国 18 大城市核心商圈优质零售物业的空置率整体均处于可控水平，无一超过 10%。

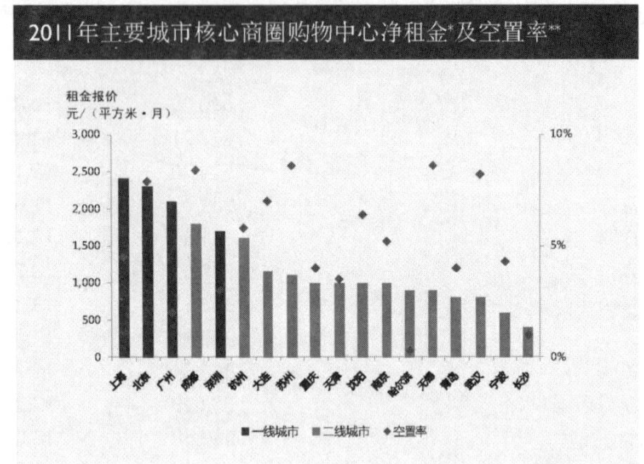

来源：高纬环球研究部 *各城市租金报价选自该城市最具代表性的商圈，报价基于主要的购物中心地上首层并处于最佳位置的租金报价。净租金是指基于使用面积的租金，不含其他支出，如物业管理费、推广费等。**空置率为核心商圈整体空置率。

主要城市未来供应

城市	2012年未来供应（百万平方米）	2013年未来供应（百万平方米）
北京	1.56	0.46
上海	0.66	0.38
沈阳	0.99	0.27
广州	0.46	0.46
重庆	0.17	0.64
武汉	0.39	0.43
苏州	0.29	0.38
深圳	0.40	0.40
成都	0.76	2.15
青岛	0.71	0.43
大连	0.69	0.43
哈尔滨	0.00	0.84
天津	0.64	0.96
无锡	0.27	0.29
长沙	0.23	0.14
南京	0.41	0.23
宁波	0.12	0.20
杭州	0.43	0.40

来源：高纬环球研究部

市场供应快速增长势头持续

纵观各大城市优质零售物业，北京以 410 万平方米的核心商圈存量位居榜首，上海的核心商圈优质零售物业存量接近 390 万平方米。二线城市购物中心和百货商场的存量普遍在 1 百万至 2 百万平方米之间。同时，几乎所有城市都将面临大量的未来供应，部分城市总体市场存量在未来 2–3 年将增长一倍。

过去的两三年里，由于住宅市场受到限制，很多开发商转向商业市场

商业市场发展，这也是零售物业供应量快速增加的部分原因。根据高纬环球研究部数据监测，中国 18 大城市核心商圈优质零售物业存量共计超过 3600 万平方米。2012 年，约 920 万平方米的零售物业新增供应量将投放市场，2013 年，预计将有 950 万平方米的未来供应量相继入市。这一数字不包括大部分郊区新兴商圈和很多城市正在开发的邻里中心型商业。

这些高体量的未来供应，预示着开发商的开发风险系数也在逐渐增加，并在短期内，一些城市将会出现局部供应过剩，特别是在新兴商圈。缺乏经验的零售物业开发商将面临极大的风险，预计在未来 2 ~ 3 年内，部分城市的知名项目会遭遇滑铁卢。在很多城市，我们已经开始看到，由于供应量过大导致争抢主力租户的竞争激烈，一些新项目招商困难，一些老项目要么被淘汰要么彻底进行重新定位。

品牌快速扩张

2011 年，中国同逐渐兴起的亚洲一道成为全球零售市场为数不多的亮点之一，由于西方经济体不景气的贸易现状，诸多国际奢侈品牌和快速时尚品牌都比以往更加关注中国市场。主要奢侈品集团如巴黎春天和路易威登在亚洲销售增长强劲，在中国尤为明显。2011年，中国奢侈品消费增长率达到25%-30%，远超社会消费品零售总额增长率。根据贝恩公司数据显示，大中国区域现在已成为世界第三大奢侈品市场。快速时尚品牌也在中国积极拓展其已有品牌的市场份额，如ZARA和H&M相继开出了20-30家门店；而一些新近进入市场的品牌如GAP也雄心勃勃的展开了扩张计划。几个近期流行于欧洲的大型时尚品牌目前正在进行中国市场调研，而备受瞩目的品牌如A&F, Forever 21和Disney将在未来12个月内在中国开设门店，为中国消费者带来更多的期待。

除了令人振奋的新品牌入市，一些管理更为完善的精品购物中心也十分值得消费者期待，如上海的嘉里中心2期和北京太古的颐堤港等项目的相继入市，将为消费者带来新的购物体验。纵观中国整体市场，开发商越来越意识到消费者体验式购物的重要性，并且认识到购物是一种休闲方式。很多百货公司也看到要与购物中心式运营模式相结合，很多百货运营商如崇光百货，仁和春天，老佛爷，他们寻求让自己的品牌外露，并纳入了综合性娱乐及餐饮等元素。

市场展望

国际零售品牌对中国零售市场的潜力充满信心，而欧洲市场增长的前景仍不乐观，因此中国正在成为许多全球零售商市场发展策略的关键。由于零售商对旗舰店选址的大量需求，地处城市中心繁华地段的主要商业街和具有代表性的购物中心，其租金将继续大幅增长。而其他不具备优越地理位置的区域则租金涨幅极为有限。尽管零售商整体需求十分旺盛，随着郊区供应量的不断增加，未来两年某些购物中心等零售物业的招租将面临巨大挑战，并且有可能看到失败案例。

第二部分　写字楼市场行情

经济概览

中国经济保持稳定增长

在欧洲债务危机和全球经济下滑的影响下，中国的国内生产总值(GDP)在2011年第四季度仍然保持8.9%的增长，较第三季度9.1%的增速略有下降。2011年国内生产总值达人民币47万亿、其中第三产业占比达43%。2011年中国全年国内生产总值增速达9.2%，超过美国，欧洲和亚洲其他国家，成为在世界上增长最快的经济体之一。

总体经济前景保持乐观

2011年中国经济表现良好，其中，消费支出、就业、消费信心、以及社会消费品零售总额均出现不同程度增长。同时，房地产开发的增长在城市化的飞速发展中起到巨大推动作用。截至2011年第四季度，全国房地产开发投资额达到人民币6.2万亿，其中写字楼开发投资达到人民币2540亿元，较去年同比增长40.7%。与此同时，人民银行2011年6次上调存款准备金表明中央政府正在大力遏制住宅价格飙升。

写字楼市场概览

北京写字楼租金增长全球第一

2011 年北京写字楼租金连创新高，并且在第三季度超越上海市场，成为中国大陆最昂贵的写字楼市场。2011 年第四季度北京甲级写字楼的租金（有效净租金）同比增涨 73%，达到的人民币 507 元/（平方米·月），成为整个亚洲租金仅次于香港和东京的写字楼市场。日益增加的需求使北京写字楼市场保持业主市场。同时，2.7%的空置率已经成为过去 12 年中的最低水平。上海同样处于业主市场，内资公司的写字楼需求稳步增加使得第四季度的空置率下降至 4.8%的低位。

二线市场面临大量新增供应

高纬环球 2011 全球土地成交报告显示，在全球土地投资排行前 25 位的城市中，中国占据 23 席，反映出活跃的投资开发。由于年内一系列限购令及紧缩银根等政策影响，房地产开发已由传统的住宅开发转向商业领域。一方面，虽然大量投资涌入商业地产，但大部分楼宇产权分散，高品质供应有限；另一方面，一些主要城市也出现因为大量供应集中入市加之缺乏产业支撑，供应在短期内无法被市场消化的局面。以成都、苏州、南京为例，2011 年底超过 13%的空置率加之 2012 年过百万平方米的写字楼供应量对其市场的消化能力及租金水平将造成巨大压力。另外，由于地方政府的政策导向，很多城市出现大量开发区及产业园。例如：成都南沿线及杭州钱江新城。伴随大量的新增供应以及集中入市等问题，市场泡沫隐现。

内资需求增长显著

相比外资租户，内资租户较强的支付能力对写字楼需求表现强劲。以北京为例，2011 年第四季度内资公司在北京写字楼成交占比中占 47%， 在仅仅五年中增长超过 22%。需

经济指标

	国内生产总值增长率 (2010)	第三产业占比 (2010)
中国	10.3%	43.0%
北京	10.2%	75.0%
上海	9.9%	57.0%
广州	13.0%	61.2%
深圳	12.0%	52.4%
天津	17.4%	45.3%
大连	15.2%	42.0%
青岛	12.9%	46.4%
沈阳	14.1%	44.7%
哈尔滨	14.0%	50.9%
杭州	12.0%	48.7%
宁波	12.4%	40.2%
长沙	15.5%	42.0%
武汉	14.7%	51.0%
无锡	13.1%	42.5%
南京	13.0%	50.7%
苏州	13.2%	40.6%
成都	15.0%	50.2%
重庆	17.1%	36.1%

来源： 国家统计局

主要城市甲级写字楼存量 截止2011年第四季度

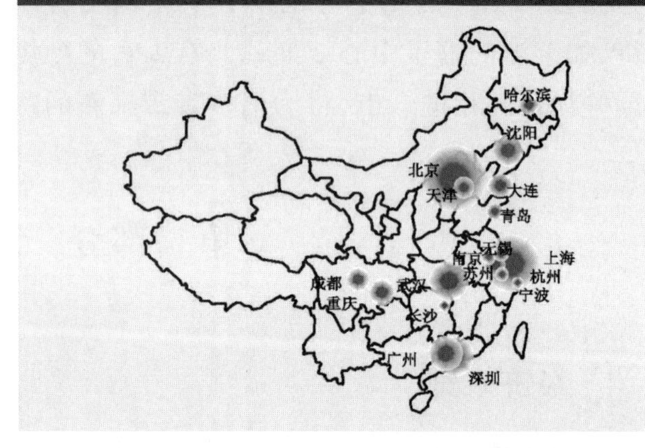

主要城市甲级写字楼租金排名 截止2011年第四季度

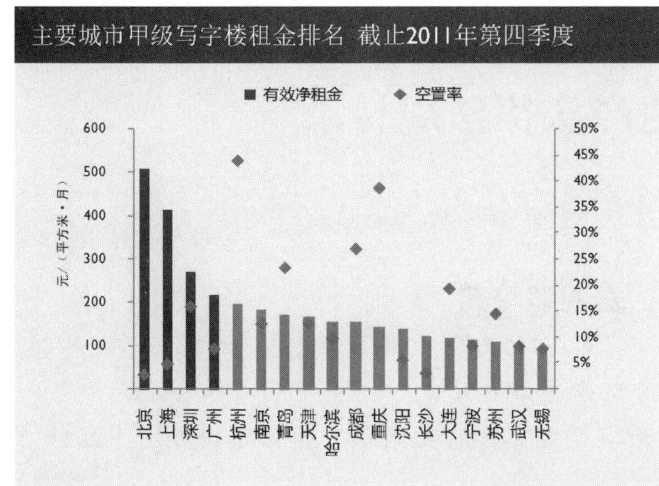

来源：高纬环球研究部

2012上半年主要在建项目

城市	楼宇名称	办公面积（平方米）
北京	博瑞大厦	43,037
上海	上海中心	250,000
广州	珠江城	191,700
深圳	深圳证券交易所	203,800
成都	华润大厦	73,660
重庆	嘉陵帆影国际经贸中心	94,000
杭州	汉嘉国际	63,864
南京	德基三期	57,000
青岛	永新国际广场	50,400
天津	凯德国贸	69,663
哈尔滨	创新创业大厦	104,091
沈阳	沈阳国际金融中心	221,200
长沙	泊富国际广场	97000
大连	大连中心裕景	50,000
宁波	AUX 大厦	69,100
苏州	苏州高新广场	68,000
武汉	浙商银行大厦	130,000
无锡	云幅大厦	86,000

来源：高纬环球研究部

求主要来自于高科技，通讯及金融类行业。上海写字楼市场成交仍然以外资占主导，表明上海始终是最受外资青睐的中国城市。在成交占比中金融、医药及高科技行业占据交易主体。在其他一些主要写字楼市场中，内资公司和当地中小型企业占据写字楼需求的主体。行业扶持及政策性优惠成为一些二线城市引领写字楼需求的源动力，而跨国公司及其分公司只占当地市场需求中的一小部分。

市场展望，机会与风险并存

首先，中国有能力抵御全球经济放缓带来的影响，经济将保持稳健增长。稳定的经济确保了市场需求稳定，并且使用户有能力吸收增长的物业占用成本。第二，北京、上海由于市场需求旺盛业主市场格局将持续，租金依旧上涨但增速放缓。第三，一些城市过度开发集中放量，大批住宅地产转向商业面临潜在风险。一些城市写字楼市场面临集中消化大量供应的压力。另外，未来需求主要来自六大行业：资讯科技、能源、专业服务、医药和生命科学、金融以及文化创意等行业。 产业地产蓄势待发。随着中央确立大力发展实体经济为 2012 年的经济工作重点，基于实体经济发展的产业地产将持续升温。

附录二　房地产法律法规目录

一、宏观调控篇

1. 国有土地上房屋征收与补偿条例（国务院令第590号）

2. 国务院办公厅关于进一步做好房地产市场调控工作有关问题的通知（国办发［2011］1号）

3. 国务院办公厅关于保障房建设和管理的指导意见（国办发［2011］45号）

4. 北京市人民政府办公厅关于贯彻落实国务院办公厅文件精神进一步加强本市房地产市场调控工作的通知（京政办发［2011］8号）

5. 北京市人民政府办公厅关于公布本市2011年度新建住房价格控制目标的通知（京政办发［2011］16号）

二、房地产税费篇

1. 关于加强和改进住房公积金服务工作的通知（建金［2011］9号）

2. 关于调整住房公积金存贷款利率的通知（建金［2011］15号）

3. 关于调整住房公积金存贷款利率的通知（建金［2011］44号）

4. 关于调整住房公积金存贷款利率的通知（建金［2011］94号）

5. 关于房屋土地权属由夫妻一方所有变更为夫妻双方共有契税政策的通知（财税［2011］82号）

6. 北京市地方税务局 北京市住房和城乡建设委员会关于进一步加强房地产市场调控有关税收问题的公告（北京市地方税务局公告［2011］第5号）

7. 北京市地方税务局关于完善拆迁补偿减免税管理工作的公告（北京市地方税务局公告［2011］第7号）

8. 北京市地方税务局关于酬金制物业管理服务有关营业税政策问题的公告（北京市地方税务局公告［2011］第8号）

9. 关于加强存量房交易税收征管工作的通知（京财税［2011］418号）

10. 关于贯彻落实公共租赁住房税收优惠政策有关问题的通知（京建发［2011］227号）

三、房地产一级市场篇

1. 北京市人民政府办公厅关于建立健全共同查处利用集体土地违法建设销售住宅行为责

任机制的通知（京政办发［2011］50号）

2．北京市住房和城乡建设委员会关于落实本市住房限购政策有关问题的通知（京建发［2011］65号）

3．北京市住房和城乡建设委员会关于商品房预售方案执行中有关问题的补充通知（京建发［2011］106号）

4．关于加强部门联动 完善商业、办公类项目管理的通知（京建发［2011］192号）

5．关于公布本市享受优惠政策普通住房平均交易价格的通知（京建法［2011］22号）

6．北京市发展和改革委员会关于印发《北京市<商品房销售明码标价规定>实施细则》的通知（京发改［2011］554号）

四、房地产二级市场及租赁市场篇

1．房地产经纪管理办法（住房和城乡建设部令第8号）

2．北京市人民政府关于修改《北京市房屋租赁管理若干规定》的决定（北京市人民政府令第231号）

3．关于加强房地产经纪管理进一步规范房地产交易秩序的通知（建房［2011］68号）

4．关于开展存量房交易服务平台试点工作的通知（京建发［2011］276号）

5．关于降低本市住宅买卖经纪服务收费标准的通知（京发改［2011］1468号）

6．关于加强本市住宅买卖经纪服务收费管理的通知（京发改［2011］1469号）

五、房屋登记篇

1．关于落实我市住房限购政策做好房屋登记有关问题的通知（京建发［2011］140号）

2．北京市关于加强房产测绘成果备案管理有关问题的通知（京建发［2011］315号）

3．关于加强对《北京市工作居住证》审核的紧急通知（京建发［2011］354号）

六、房屋安全篇

1．北京市房屋建筑使用安全管理办法（北京市人民政府令第229号）

2．北京市人民防空工程和普通地下室安全使用管理办法（北京市人民政府令第236号）

3．北京市人民政府关于印发《北京市房屋建筑抗震节能综合改造工作实施意见》的通知（京政发［2011］32号）

4．北京市住房和城乡建设委员会关于印发《北京市房屋建筑安全评估与鉴定管理办法》的通知（京建发［2011］207号）

5．关于印发北京市《房屋建筑使用说明书》示范文本的通知（京建发［2011］268号）

6．北京市住房和城乡建设委员会关于印发《北京市房屋建筑安全鉴定工作导则》的通知（京建发［2011］277号）

7. 北京市住房和城乡建设委员会关于印发《北京市房屋建筑安全评估技术导则》的通知（京建发［2011］316号）

8. 关于印发《北京市房屋建筑抗震节能综合改造住宅试点项目管理指导意见》的通知（京建法［2011］10号）

9. 关于房屋建筑抗震节能综合改造住宅试点项目规划手续办理意见的通知（京建法［2011］13号）

10. 关于房屋建筑抗震节能综合改造增层及增加面积有关问题的通知（京建法［2011］15号）

11. 关于开展普通地下室重新登记备案工作的通知（京建发［2011］563号）

12. 北京市邮政管理局 北京市住房和城乡建设委员会 北京市财政局 关于北京市已建住宅楼房信报箱更新补建工作的实施意见（京邮管函［2011］32号）

13. 北京市工商行政管理局 北京市住房和城乡建设委员会关于推行北京市房屋建筑安全评估合同 北京市房屋建筑安全鉴定合同示范文本的通知（京工商发［2011］115号）

14. 关于印发《北京市宗教团体自管房产解危排险专项工作实施方案》的通知（京宗字［2011］62号）

七、房屋征收篇

1. 关于印发《国有土地上房屋征收评估办法》的通知（建房［2011］77号）

2. 北京市人民政府关于印发《北京市国有土地上房屋征收与补偿实施意见》的通知（京政发［2011］27号）

3. 关于印发《北京市国有土地上房屋征收房地产价格评估机构选定办法》的通知（京建法［2011］16号）

4. 关于印发《北京市国有土地上房屋征收与补偿中住房保障优先配租配售管理办法》的通知（京建法［2011］17号）

5. 关于印发《北京市国有土地上房屋征收停产停业损失补偿暂行办法》的通知（京建法［2011］18号）

6. 关于开展2010年度房屋拆迁单位拆迁资质年审工作有关事项的通知（京建发［2011］89号）

7. 北京市高级人民法院关于印发《关于<国有土地上房屋征收与补偿条例>施行前已取得拆迁许可证项目所涉案件有关审判、执行工作的若干意见（试行）》的通知（京高法发［2011］194号）

8. 关于明确区县政府房屋征收部门和房屋征收实施单位的通知（京编办发［2011］9号）

八、物业管理篇

1. 关于发布北京市地方标准《新建物业项目交接查验标准》的通知（京建发［2011］16号）

2. 关于印发《物业项目收支情况公示及物业服务合同备案专项执法检查工作方案》的通知（京建发［2011］123号）

3. 关于进一步规范物业服务评估监理活动有关问题的通知（京建法［2011］2号）

4. 印发《关于推进住宅区业主大会建设的意见》的通知（京建法［2011］11号）

5. 关于制止、报告物业管理区域内违法建设和违法经营行为的通知（京建发［2011］186号）

6. 关于物业项目收支情况公示有关问题的通知（京建发［2011］592号）

7. 关于进一步加强居民住宅电梯安全使用管理工作的通知（京质监特设发［2011］153号）

8. 关于印发《北京市写字楼内部治安保卫工作规定》的通知（京公内保字［2011］579号）

9. 关于将燃气安全管理服务纳入社区管理和服务内容的若干意见（京政容发［2011］79号）

九、住房制度改革和住房保障篇

1. 关于公开城镇保障性安居工程建设信息的通知（建保［2011］64号）

2. 关于建立保障性住房建设材料、部品采购信息平台的通知（建办保［2011］44号）

3. 北京市人民政府关于加强本市公共租赁住房建设和管理的通知（京政发［2011］61号）

4. 关于北京市机关事业单位补报职工住房补贴等有关问题的通知（京房改办［2011］3号）

5. 关于北京市市级机关事业单位职工住房补贴申报等有关问题的通知（京房改办［2011］91号）

6. 关于加快推进本市保障性住房项目开工建设的通知（京建法［2011］7号）

7. 关于首都功能核心区人口疏解对接安置房有关问题的通知（京建法［2011］9号）

8. 关于印发《北京市公共租赁住房申请、审核及配租管理办法》的通知（京建法［2011］25号）

9. 关于本市经济适用住房价格有关问题的通知（京发改［2011］1198号）

10. 北京市发展和改革委员会转发国家发展改革委办公厅关于利用债券融资支持保障性住房建设有关问题文件的通知（京发改［2011］1437号）

十、行政审批改革

1. 北京市人民政府关于优化完善本市固定资产投资项目办理流程及相关工作机制的通知（京政发［2011］34号）

2. 关于进一步下放施工许可等审批权限的通知（京建发［2011］606号）

3. 北京市发展和改革委员会关于做好外商投资项目下放核准权限工作的通知（京发改规［2011］1号）

十一、其他

1．国务院批转住房城乡建设部等部门关于进一步加强城市生活垃圾处理工作意见的通知（国发［2011］9 号）

2．国家质量监督检验检疫总局关于修改《特种设备作业人员监督管理办法》的决定（国家质量监督检验检疫总局令第 140 号）

3．北京市消防条例（北京市第十三届人民代表大会常务委员会公告第 17 号）

4．北京市生活垃圾管理条例（北京市第十三届人民代表大会常务委员会公告第 20 号）

5．北京市禁止违法建设若干规定（北京市人民政府令第 228 号）

6．北京市南水北调工程保护办法（北京市人民政府令第 230 号）

7．北京市行政问责办法（北京市人民政府令第 233 号）

8．北京市价格监测办法（北京市人民政府令第 240 号）

9．北京市实施《工伤保险条例》若干规定（北京市人民政府令第 242 号）

10．北京市人民政府关于开展新型农村社区试点建设的意见（京政发［2011］22 号）

11．北京市人民政府关于印发北京市加快培育和发展战略性新兴产业实施意见的通知（京政发［2011］38 号）

12．关于调整本市社会救助相关标准的通知（京民社救发［2011］242 号）

13．关于加强人民调解工作的意见（京司发［2011］208 号）

14．关于扩大地下有限空间作业现场监护人员特种作业范围的通告（京安监发［2011］59 号）

15．关于高处悬挂作业建筑物表面清洗特种作业人员必须持证上岗的通告（京安监发［2011］34 号）

16．北京市信访办关于信访事项听证的相关规定（试行）（京信［2011］154 号）

附录三　房地产调控文件

国务院办公厅关于进一步做好房地产市场调控工作有关问题的通知

国办发［2011］1号

各省、自治区、直辖市人民政府，国务院各部委、各直属机构：

《国务院关于坚决遏制部分城市房价过快上涨的通知》（国发［2010］10号，以下简称国发10号文件）印发后，房地产市场出现了积极的变化，房价过快上涨的势头得到初步遏制。为巩固和扩大调控成果，进一步做好房地产市场调控工作，逐步解决城镇居民住房问题，促进房地产市场平稳健康发展，经国务院同意，现就有关问题通知如下：

一、进一步落实地方政府责任

地方政府要切实承担起促进房地产市场平稳健康发展的责任，严格执行国发10号文件及其相关配套政策，切实将房价控制在合理水平。2011年各城市人民政府要根据当地经济发展目标、人均可支配收入增长速度和居民住房支付能力，合理确定本地区年度新建住房价格控制目标，并于一季度向社会公布。各地要继续增加土地有效供应，进一步加大普通住房建设力度；继续完善严格的差别化住房信贷和税收政策，进一步有效遏制投机投资性购房；加快个人住房信息系统建设，逐步完善房地产统计基础数据；继续做好住房保障工作，全面落实好年内开工建设保障性住房和棚户区改造住房的目标任务。

二、加大保障性安居工程建设力度

2011年，全国建设保障性住房和棚户区改造住房1000万套。各地要通过新建、改建、购买、长期租赁等方式，多渠道筹集保障性住房房源，逐步扩大住房保障制度覆盖面。中央将加大对保障性安居工程建设的支持力度。地方人民政府要切实落实土地供应、资金投入和税费优惠等政策，引导房地产开发企业积极参与保障性住房建设和棚户区改造，确保完成计划任务。加强保障性住房管理，健全准入退出机制，切实做到公开、公平、公正。有条件的地区，可以把建制镇纳入住房保障工作范围。

要努力增加公共租赁住房供应。各地要在加大政府投入的同时，完善体制机制，运用土地供应、投资补助、财政贴息或注入资本金、税费优惠等政策措施，合理确定租金水平，吸引机构投资者参与公共租赁住房建设和运营。鼓励金融机构发放公共租赁住房建设和运营中长期贷款。要研究制定优惠政策，鼓励房地产开发企业在普通商品住房建设项目中配建一定比例的公共租赁住房，并持有、经营，或由政府回购。

三、调整完善相关税收政策，加强税收征管

调整个人转让住房营业税政策，对个人购买住房不足 5 年转手交易的，统一按其销售收入全额征税。税务部门要进一步采取措施，确保政策执行到位。加强对土地增值税征管情况的监督和检查，重点对定价明显超过周边房价水平的房地产开发项目，进行土地增值税清算和稽查。加大应用房地产价格评估技术加强存量房交易税收征管工作的试点和推广力度，坚决堵塞“阴阳合同”产生的税收漏洞。严格执行个人转让房地产所得税征收政策。

四、强化差别化住房信贷政策

对贷款购买第二套住房的家庭，首付款比例不低于 60%，贷款利率不低于基准利率的 1.1 倍。人民银行各分支机构可根据当地人民政府新建住房价格控制目标和政策要求，在国家统一信贷政策的基础上，提高第二套住房贷款的首付款比例和利率。银行业监管部门要加强对商业银行执行差别化住房信贷政策情况的监督检查，对违规行为要严肃处理。

五、严格住房用地供应管理

各地要增加土地有效供应，认真落实保障性住房、棚户区改造住房和中小套型普通商品住房用地不低于住房建设用地供应总量的 70%的要求。在新增建设用地年度计划中，要单列保障性住房用地，做到应保尽保。今年的商品住房用地供应计划总量原则上不得低于前 2 年年均实际供应量。进一步完善土地出让方式，大力推广“限房价、竞地价”方式供应中低价位普通商品住房用地。房价高的城市要增加限价商品住房用地计划供应量。

加强对企业土地市场准入资格和资金来源的审查。参加土地竞买的单位或个人，必须说明资金来源并提供相应证明。对擅自改变保障性住房用地性质的，要坚决纠正和严肃查处。对已供房地产用地，超过两年没有取得施工许可证进行开工建设的，必须及时收回土地使用权，并处以闲置一年以上罚款。要依法查处非法转让土地使用权的行为，对房地产开发建设投资达不到 25%以上的（不含土地价款），不得以任何方式转让土地及合同约定的土地开发项目。

六、合理引导住房需求

各直辖市、计划单列市、省会城市和房价过高、上涨过快的城市，在一定时期内，要从严制定和执行住房限购措施。原则上对已拥有 1 套住房的当地户籍居民家庭、能够提供当地一定年限纳税证明或社会保险缴纳证明的非当地户籍居民家庭，限购 1 套住房（含新建商品住房和二手住房）；对已拥有 2 套及以上住房的当地户籍居民家庭、拥有 1 套及以上住房的非当地户籍居民家庭、无法提供一定年限当地纳税证明或社会保险缴纳证明的非当地户籍居民家庭，要暂停在本行政区域内向其售房。

已采取住房限购措施的城市，凡与本通知要求不符的，要立即调整完善相关实施细则，并加强对购房人资格的审核工作，确保政策落实到位。尚未采取住房限购措施的直辖市、计划单

列市、省会城市和房价过高、上涨过快的城市，要在2月中旬之前，出台住房限购实施细则。其他城市也要根据本地房地产市场出现的新情况，适时出台住房限购措施。

七、落实住房保障和稳定房价工作的约谈问责机制

国务院有关部门要加强对城市人民政府住房保障和稳定房价工作的监督和检查。对于新建住房价格出现过快上涨势头、土地出让中连续出现楼面地价超过同类地块历史最高价，以及保障性安居工程建设进度缓慢、租售管理和后期使用监管不力的，住房城乡建设部、国土资源部、监察部要会同有关部门，约谈省级及有关城市人民政府负责人。对未如期确定并公布本地区年度新建住房价格控制目标、新建住房价格上涨幅度超过年度控制目标、没有完成保障性安居工程目标任务的，相关省（区、市）人民政府要向国务院作出报告。监察部、住房城乡建设部等部门要视情况，根据有关规定对相关负责人进行问责。对于执行差别化住房信贷、税收政策不到位，房地产相关税收征管不力，以及个人住房信息系统建设滞后等问题，也要纳入约谈和问责范围。

省级人民政府及其有关部门，要参照上述规定，建立健全对辖区内城市落实住房保障和稳定房价工作的约谈问责机制。

八、坚持和强化舆论引导

新闻媒体要对各地稳定房价和住房保障工作好的做法和经验加大宣传力度，深入解读政策措施，引导居民从国情出发理性消费，为促进房地产市场平稳健康发展和加快推进住房保障体系建设提供有力的舆论支持，防止虚假信息或不负责任的猜测、评论误导消费预期。对制造、散布虚假消息的，要追究有关当事人的责任。

国务院办公厅

二〇一一年一月二十六日

北京市人民政府办公厅关于贯彻落实国务院办公厅文件精神进一步加强本市房地产市场调控工作的通知

京政办发［2011］8号

各区、县人民政府，市政府各委、办、局，各市属机构：

《国务院关于坚决遏制部分城市房价过快上涨的通知》（国发［2010］10号）和《北京市人民政府贯彻落实国务院关于坚决遏制部分城市房价过快上涨文件的通知》（京政发［2010］13号）印发后，本市房地产市场出现积极变化，房价过快上涨的势头得到初步遏制。为巩固和扩大调控成果，坚决贯彻落实《国务院办公厅关于进一步做好房地产市场调控工作有关问题的通知》（国办发［2011］1号）精神，进一步做好本市房地产市场调控工作，逐步解决城镇居民住房问题，促进房地产市场平稳健康发展，结合本市实际，经市政府同意，现就有关问题通知如下：

一、认真落实促进房地产市场平稳健康发展的责任

（一）进一步贯彻落实国家和本市房地产市场调控政策，切实将房价控制在合理水平。各区县政府和市有关部门要切实承担起住房保障和稳定房价的责任，积极采取措施，继续增加土地有效供应，进一步加大保障性住房和普通商品住房建设力度，严格执行差别化住房信贷和税收政策，进一步有效遏制投机投资性购房，加强监管，促进房地产市场平稳健康发展。

二、全力做好住房保障工作

（二）建立和完善基本住房制度，逐步形成符合首都实际的保障性住房体系和商品住房体系。加快实施保障性安居工程，“十二五”期间全市计划建设、收购各类保障性住房100万套，比“十一五”翻一番，全面实现住有所居目标。坚决完成2011年本市保障性安居工程目标任务，通过新建、改建、购买、长期租赁等方式筹集保障性住房20万套以上，发放租赁补贴2万户，竣工保障性住房10万套。全面推进旧城保护性修缮和人口疏解工程，基本完成门头沟采空棚户区等“三区三片”棚户区改造任务，启动京煤集团房山矿区等五片棚户区改造工作。继续实施无城镇危房户和老旧住宅抗震节能综合改造工程，改善群众住房条件。

（三）大力发展公共租赁住房。在加大政府投入的同时，完善体制机制，运用土地供应、投资补助、财政贴息或注入资本金、税费优惠等政策措施，合理确定租金水平，吸引机构投资者参与公共租赁住房的建设和运营。继续鼓励房地产开发企业在普通商品住房建设项目中配建一定比例的公共租赁住房，并持有、经营，或由政府回购，扩大公共租赁住房供应规模。全面启动公共租赁住房申请、审核、配租工作，2011年年底前实现配租入住1万户以上。积极与金

融机构合作，落实公共租赁住房建设和运营中长期贷款。

三、加强税收征管

（四）**严格执行国家关于个人转让住房的营业税、个人所得税征收政策。**财政部门会同税务、住房城乡建设等部门根据市场情况及时动态调整存量房交易最低计税价格，坚决堵塞“阴阳合同”产生的税收漏洞。

（五）**实行差别化土地增值税预征率。**房地产开发企业应当在新开盘项目销售前，将项目的土地成本、建安成本和销售价格等报送住房城乡建设部门备案，经税务部门核定，对定价过高、预计增值额过大的房地产开发项目提高土地增值税预征率，具体办法由税务部门会同住房城乡建设部门制定公布。

（六）**加强对土地增值税清算情况的监督和检查。**对已经达到土地增值税清算标准但不申请清算、定价明显超过周边房价水平的房地产开发项目，进行重点清算和稽查。

四、切实执行差别化住房信贷政策

（七）**各金融机构和北京住房公积金管理中心对贷款购买第二套住房的家庭，要切实执行“首付款比例不低于60%，贷款利率不低于基准利率的1.1倍”的政策。**中国人民银行营业管理部可根据房地产市场情况，在国家统一信贷政策基础上，研究提高本市第二套住房贷款首付款比例和利率。银行业监管部门要加强对商业银行执行差别化住房信贷政策情况的监督检查，对违规行为要严肃处理。

五、严格住房用地供应管理

（八）**增加住房用地有效供应。**全面落实本市2011年国有建设用地供应计划，优先保证保障性住房建设用地，确保保障性住房建设用地占全市住房供地的50%以上，各类保障性住房和中小套型普通商品住房用地不低于住房建设用地年度供应总量的70%。商品住房用地计划供应量不低于前2年年均实际供应量。总结本市“限房价、竞地价”的经验，并在中低价位普通商品住房用地供应中全面施行。

（九）**加强对企业土地市场准入资格和资金来源的审查。**参加本市土地竞买的单位或个人，必须说明资金来源并提供相应证明。对擅自改变保障性住房用地性质的，要坚决纠正和严肃查处。开展商品住房用地使用情况专项检查，对超过2年没有取得施工许可证进行开工建设的，必须及时收回土地使用权，并处以闲置1年以上罚款。依法查处非法转让土地使用权的行为，对房地产开发建设投资达不到25%以上的（不含土地价款），不得以任何方式转让土地及合同约定的土地开发项目。

六、合理引导住房需求

（十）**继续巩固限购政策成果。**自本通知发布次日起，对已拥有1套住房的本市户籍居民家庭（含驻京部队现役军人和现役武警家庭、持有有效《北京市工作居住证》的家庭，下同）、持有本市有效暂住证在本市没拥有住房且连续5年（含）以上在本市缴纳社会保险或个人所得税的非本市户籍居民家庭，限购1套住房（含新建商品住房和二手住房）；对已拥有2套及以上住房的本市户籍居民家庭、拥有1套及以上住房的非本市户籍居民家庭、无法提供本市有效暂住证和连续5年（含）以上在本市缴纳社会保险或个人所得税缴纳证明的非本市户籍居民家庭，暂停在本市向其售房。

（十一）加强对购房人资格的审核，确保限购政策落实到位。住房城乡建设部门会同公安、税务、民政、人力社保等部门要进一步完善信息共享和购房人资格核查机制。对提供虚假证明文件的购房人，不予办理产权登记手续，并由其承担相应的经济和法律责任。对未严格核实购房人购买资格、违规签订商品住房销售合同或代理合同的房地产开发企业、房地产经纪机构，依法严肃处理。

七、建立健全约谈问责机制

（十二）各区县政府要按照本通知要求，认真落实房地产市场调控各项政策措施，确保完成住房保障目标责任书规定的各项任务。优先保证保障性住房供地，加快建设进度，按期完成开工和竣工任务，并确保工程质量和安全。加快配租配售工作进度，严格房源分配使用管理，全面落实保障性住房全过程“阳光工程”。保证普通商品住房供应，加强房地产市场监管，完善个人住房信息系统。

（十三）发展改革、国土、规划、住房城乡建设、财政、税务、公安、民政、统计、人力社保、监察等部门要密切配合，健全机制，确保各项政策措施落实到位。国土部门要确保住房用地供应，并严格依法查处闲置用地，盘活存量土地资源，杜绝土地出让中连续出现楼面地价超过同类地块历史最高价的情况发生。住房城乡建设部门要进一步加强统筹协调，不断完善政策，抓好保障性住房建设管理工作；加强房地产市场监测分析，完善监管长效机制，巩固房地产市场秩序整治成果；完善个人住房信息系统，为落实房地产调控政策提供基础数据。税务部门要进一步加强个人转让住房税收征管，认真做好土地增值税的征收管理工作。财政、税务、住房城乡建设等部门要相互配合，积极开展应用房地产价格评估技术加强存量房交易税收征管工作，坚决堵塞税收漏洞。统计部门要按照《住宅销售价格统计调查方案》，进一步做好房价分类统计和发布工作。

（十四）进一步加强对各区县政府、市有关部门住房保障和稳定房价工作的监督、检查和考核。对没有完成住房保障工作目标任务，房地产市场调控政策落实不到位，工作不得力的，进行约谈和问责。

八、坚持和强化舆论引导

（十五）新闻媒体要强化舆论宣传和正面引导。要大力宣传本市住房保障和房地产市场调控工作取得的进展与成效，深入解读政策措施，引导居民理性消费，为促进房地产市场平稳健康发展和加快推进住房保障体系建设提供有力的舆论支持，防止虚假信息或不负责任的猜测、评论误导消费预期。对制造、散布虚假消息的，要追究有关当事人的责任。

二〇一一年二月十五日

北京市人民政府办公厅关于公布本市 2011 年度新建住房价格控制目标的通知

京政办发［2011］16 号

各区、县人民政府，市政府各委、办、局，各市属机构：

按照《国务院办公厅关于进一步做好房地产市场调控工作有关问题的通知》(国办发［2011］1 号)要求，经市政府研究并听取社会意见，现将 2011 年度本市新建住房价格控制目标公布如下：

加大住房保障力度，廉租住房应保尽保，公共租赁住房保障能力明显提高；新建普通住房价格与 2010 年相比稳中有降。

各地区、各部门和各单位要认真贯彻落实国务院和本市各项房地产市场调控措施，实现调控目标。

特此通知。

北京市人民政府办公厅

二〇一一年三月二十九日

关于落实本市住房限购政策有关问题的通知

京建发［2011］65号

各区县建委、房管局，开发区国土房管局，各房地产开发企业，各房地产经纪机构，各有关单位：

为深入贯彻落实《国务院办公厅关于进一步做好房地产市场调控工作有关问题的通知》(国办发［2011］1号）和《北京市人民政府办公厅关于贯彻落实国务院办公厅文件精神进一步加强本市房地产市场调控工作的通知》(京政办发［2011］8号）精神，合理引导住房需求，落实各项限购措施，现就有关问题通知如下：

一、自2011年2月17日起，对已拥有1套住房的本市户籍居民家庭（含驻京部队现役军人和现役武警家庭、持有有效《北京市工作居住证》的家庭，下同)、持有本市有效暂住证在本市没有住房且连续5年(含)以上在本市缴纳社会保险或个人所得税的非本市户籍居民家庭，限购1套住房（含新建商品住房和二手住房)；对已拥有2套及以上住房的本市户籍居民家庭、拥有1套及以上住房的非本市户籍居民家庭、无法提供本市有效暂住证和连续5年（含）以上在本市缴纳社会保险或个人所得税缴纳证明的非本市户籍居民家庭，暂停在本市向其售房。

二、各部门、各单位要按照《北京市人民政府办公厅关于贯彻落实国务院办公厅文件精神进一步加强本市房地产市场调控工作的通知》要求，严格执行住房限购政策，加强对居民家庭（含夫妻双方及未成年子女，下同）购房资格的审查。

三、居民家庭在购买住房前，应当向房地产开发企业、经纪机构或存量房网签服务窗口，提交下列材料：

（一）本市户籍居民家庭提交家庭成员身份证、婚姻证明、户籍证明的原件和复印件，拟购房人签字的《家庭购房申请表》、《购房承诺书》(详见附件)。

驻京部队现役军人和现役武警家庭还应提供军(警)身份证件原件和复印件；持有有效《北京市工作居住证》的家庭，还应提交《北京市工作居住证》的原件和复印件。

（二）非本市户籍居民家庭提交家庭成员身份证明、婚姻证明的原件和复印件，拟购房人签字的《家庭购房申请表》、《购房承诺书》，有效暂住证，以及提交在本市缴纳个人所得税完税证明原件、复印件或提供已缴纳社会保险的家庭成员姓名、身份证信息备查。

四、房地产开发企业、经纪机构和存量房网签服务窗口对上述材料进行初步核查。对符合条件的，在北京市房地产交易系统中填报认购核验信息，并留存购房家庭提交的《家庭购房申请表》、《购房承诺书》原件及其他材料复印件。对不符合条件的，不予办理购房手续。

五、住房城乡建设部门会同相关部门在5个工作日内，对购房家庭资格进行核验。通过核验的购房家庭，方可办理网上签约手续。

网上签约完成后，房地产开发企业、经纪机构和存量房网签服务窗口应将《家庭购房申请表》、《购房承诺书》原件及其他材料复印件作为合同附件，并在申请办理房屋产权登记时一并提交。

六、房屋登记部门办理房屋产权登记手续时，应对购房家庭的资格证明材料和购房家庭已拥有住房状况进行核对，发现提供虚假材料、隐瞒住房状况的，不予办理产权登记。

七、市和区县住房城乡建设部门会同相关部门，加强对房地产开发企业、经纪机构执行限购政策情况的检查，发现未严格执行限购政策、未严格核查购房家庭有关材料的，依法严肃处理。

八、居民家庭已拥有住房包括已经完成房屋产权登记的住房和已进行网上签约但尚未完成产权登记的住房。

九、居民家庭成员中至少有一人具有本市户籍的，视为本市户籍居民家庭。

十、本通知自发布之日起执行。

附件：1. 家庭购房申请表

2. 承诺书

二〇一一年二月十六日

（附件略）

北京市财政局、北京市地方税务局、北京市住房和城乡建设委员会关于加强存量房交易税收征管工作的通知

京财税［2011］418号

各区县财政局、地方税务局、建委、房管局，市地方税务局直属分局，开发区国土房管局：

为贯彻落实《北京市人民政府办公厅关于贯彻落实国务院办公厅文件精神进一步加强本市房地产市场调控工作的通知》（京政办发［2011］8号），按照《财政部 国家税务总局关于推进应用房地产评估技术加强存量房交易税收征管工作的通知》（财税［2010］105号）、《财政部、国家税务总局关于推广应用房地产估价技术加强存量房交易税收征管工作的通知》（财税［2011］61号）和有关工作要求，经市政府批准，现就严格规范房地产市场交易税收秩序，堵塞税收漏洞，做好我市应用房地产估价技术加强存量房交易税收征管工作通知如下：

一、存量房交易双方当事人应当在申请权属转移登记前，遵循依法、自愿、公平、诚信原则，进行存量房买卖合同网上签约并如实申报房屋成交价格。

二、在存量房交易税收征管工作中，对于纳税人报送资料齐全、符合受理条件的，主管税务机关受理后，对纳税人申报的存量房成交价格（以下简称“申报价格”）符合存量房交易价格评估值的，按照申报价格征收税款；对于申报价格明显偏低且无正当理由的，按核定计税价格征收税款，有正当理由的，按申报价格征收税款。

核定计税价格参照存量房交易价格评估值确定。

三、存量房交易价格评估值由北京市财政局、北京市地方税务局、北京市住房和城乡建设委员会应用房地产批量估价技术确定，并根据北京市房地产市场交易情况进行动态更新。

四、对于交易双方签定的不需网上签约的房屋权属转移合同、协议等，按照上述第二条规定执行。

五、加强对房地产经纪机构的管理。房地产经纪机构应当严格执行房地产经纪相关法律、法规，公正、公平地组织实施经纪业务，加强对经纪从业人员的管理、教育。房地产经纪机构违反房地产经纪规范和标准，诱导、协助交易双方出具“阴阳合同”等行为，一经发现将按照有关法律、法规规定严肃查处。

六、本通知自2011年12月10日起执行。以存量房交易双方当事人办理存量房买卖合同（网上）签约的时间为准。《北京市地方税务局关于调整二手房交易计税价格的通知》（京地税地［2006］302号）同时废止。

北京市财政局　北京市地方税务局　北京市住房和城乡建设委员会

二〇一一年十一月二十二日

北京市住房和城乡建设委员会、北京市地方税务局关于公布本市享受优惠政策普通住房平均交易价格的通知

京建法［2011］22号

各有关单位：

为合理引导住房消费，根据《国务院办公厅转发关于做好稳定住房价格工作意见的通知》（国办发［2005］26号）相关规定，结合北京实际，自2011年12月10日起，本市享受优惠政策普通住房平均交易价格调整为按照全市住房平均交易价格结合区位调整系数确定。其中，全市住房平均交易价格为2010年成交均价每平方米建筑面积18000元，区位调整系数按照《北京市享受优惠政策普通住房平均交易价格区位调整系数表》（见附件）确定。全市住房平均交易价格和区位调整系数将根据本市住房市场变化等情况适时调整和公布。

享受优惠政策的普通住房，应同时满足以下三个条件：住宅小区建筑容积率在1.0（含）以上；单套建筑面积在140（含）平方米以下；实际成交价格低于按本通知标准确定的所在区域普通住房平均交易价格1.2倍以下。

购买新建商品住房的纳税人在2011年12月10日（含）以后申报缴纳契税的，以及存量住房交易的纳税人在2011年12月10日（含）以后办理存量房买卖合同（网上）签约的，按照本通知规定标准认定是否享受相关税收优惠政策。

特此通知。

附件：北京市享受优惠政策普通住房平均交易价格区位调整系数表

二〇一一年十一月二十二日

附件：

北京市享受优惠政策普通住房平均交易价格区位调整系数表

方位 / 系数 / 环线区域	北部	南部
四环路以内	1.8	1.6
四环路至五环路之间	1.5	1.3
五环路至六环路之间	1.2	1.0
六环路以外	0.8	

注：北部与南部六环内分界线自西向东为：六环路（卧龙岗桥）—莲石西路—五环路（衙门口桥）—莲石东路—西四环中路（南沙窝桥）—莲花池西路—莲花池东路—（天宁寺桥）—广安门北滨河路—（广安门桥）—广安门内大街—骡马市大街—珠市口西大街—珠市口东大街—广渠门内大街—广渠门外大街—广渠路—东四环中路（大郊亭桥）—东四环中路—东四环中路（四惠桥）—京通快速路—五环路（远通桥）—京通快速路—（双会桥）—双桥东路—京哈高速公路—六环路（施园桥）。

附录四　附表

附表 31　2011 年发放商品房预售许可证项目

序号	项目名称	销售证号	开发商	地址
1	诗礼庭	京房售证字(2011)开 1 号	北京力宝世纪置业有限公司	4 号街区
2	力宝广场	京房售证字(2011)开 2 号	北京力宝世纪置业有限公司	4 号街区
3	和裕商业中心	京房售证字(2011)开 3 号	北京和裕房地产开发有限公司	北侧绿化带 A 街区
4	和裕商业中心	京房售证字(2011)开 4 号	北京和裕房地产开发有限公司	北侧绿化带 B 街区
5	和裕商业中心	京房售证字(2011)开 5 号	北京和裕房地产开发有限公司	北侧绿化带 C 街区
6	和裕商业中心	京房售证字(2011)开 6 号	北京和裕房地产开发有限公司	北侧绿化带 B 街区
7	和裕商业中心	京房售证字(2011)开 7 号	北京和裕房地产开发有限公司	北侧绿化带 B 街区
8	时代荣华酒店	京房售证字(2011)开 8 号	北京义会嘉置业有限公司	3 号街区
9	荣华鑫泰大厦	京房售证字(2011)开 9 号	北京中伽顺景置业有限公司	43 号街区
10	华府庄园	京房售证字(2011)100 号	北京东方天成房地产开发有限公司	青龙湖镇焦各庄村
11	香海园	京房售证字(2011)101 号	北京顺驰置地达兴房地产开发有限公司	黄村卫星城北区 1 号地三、四、五期及六期部分
12	文合苑	京房售证字(2011)102 号	北京第六大洲房地产开发有限公司	来广营乡清河营村(1 号地)1-2 地块
13	观澜时代花园	京房售证字(2011)103 号	北京金隅嘉业房地产开发有限公司	老城东沙河西侧局部地块居住项目
14	中信悦海苑	京房售证字(2011)104 号	北京中信新城房地产有限公司	亦庄住宅及商业项目(X1-1B)地块
15	绿地花都嘉园	京房售证字(2011)105 号	北京绿地京宏置业有限公司	果园街道城后街南侧
16	阳光绿景嘉园	京房售证字(2011)106 号	恒盛合天和信(北京)房地产开发有限公司	采育镇西组团 01-0118 居住项目用地
17	懿品府小区	京房售证字(2011)107 号	恒盛合天和信(北京)房地产开发有限公司	果园街道西大桥路 38 号(北院)

序号	项目名称	销售证号	开 发 商	地 址
18	香悦四季花园	京房售证字(2011)108号	北京合景房地产开发有限公司	马坡镇顺恒大街北合景地产地块2
19	理想家园	京房售证字(2011)109号	北京鸿坤伟业房地产开发有限公司	西红门镇中心规划区0801-0402-1号
20	保利花园小区	京房售证字(2011)10号	保利（北京）房地产开发有限公司	鼓楼街道阳光街北侧、檀西路西侧
21	尚品嘉园	京房售证字(2011)110号	北京锦绣大地农业股份有限公司	阜石路69号院内
22	颐景花园	京房售证字(2011)111号	北京景旭房地产开发有限公司	后沙峪镇裕华路东侧
23	泰华龙旗广场	京房售证字(2011)112号	北京市泰华房地产开发集团有限公司	回龙观镇黄土店
24	望京搜候中心	京房售证字(2011)113号	北京望京搜候房地产有限公司	望京B29商业金融项目
25	富力金禧家园	京房售证字(2011)114号	富力（北京）地产开发有限公司	新城南街
26	美唐花园	京房售证字(2011)115号	北京城市开发集团有限责任公司	回龙观住宅及代建公建项目（F06）
27	嘉泽生态小区	京房售证字(2011)116号	北京香江盛富房地产开发有限公司	马池镇“嘉泽生态住宅小区”2号地二期
28	御东园小区	京房售证字(2011)117号	北京市天鸿基业房地产开发有限公司	密云镇新北路南、行宫街东侧
29	永丰嘉园	京房售证字(2011)118号	北京德成兴业房地产开发有限公司	永丰乡永丰产业基地V-1号地永丰嘉园1、2组团住宅
30	倚山庭苑	京房售证字(2011)119号	北京首钢融创置地有限公司	西北旺新村东南部（Ⅰ期地块）
31	中海九浩苑	京房售证字(2011)11号	北京中海豪景房地产开发有限公司	花乡六圈（B地块）
32	华润九里	京房售证字(2011)120号	华润置地开发（北京）有限公司	黄村镇卫星城北区17号地
33	金融街园中园	京房售证字(2011)121号	金融街（北京）商务园置业有限公司	永顺镇（商务园B2-4地块）商业金融项目用地
34	金融街园中园	京房售证字(2011)122号	金融街（北京）商务园置业有限公司	永顺镇（商务园B1-6地块）商业金融项目用地
35	双井福园	京房售证字(2011)123号	北京中加伟业房地产开发有限公司	十里堡镇双井村
36	香麓雅庭	京房售证字(2011)124号	北京北辰实业股份有限公司	温泉镇中心区D1-D02地块

序号	项目名称	销售证号	开 发 商	地 址
37	颐景润园	京房售证字(2011)125号	北京顺义新城建设开发有限公司	马坡镇
38	瑞旗家园	京房售证字(2011)126号	北京住总房地产开发有限责任公司	西三旗（原北京轮胎厂）住宅及配套项目（D23地块）
39	龙熙顺景	京房售证字(2011)127号	北京龙熙顺景房地产开发有限责任公司	庞各庄镇工业区西侧京南绿色生态社区(D区)
40	国赫官大厦	京房售证字(2011)128号	北京正和鸿远置业有限责任公司	东四南大街（东四电信综合业务楼）
41	百合湾嘉园	京房售证字(2011)129号	北京麦金利房地产开发有限公司	通胡大街70号居住、商业项目
42	香海园	京房售证字(2011)12号	北京顺驰置地达兴房地产开发有限公司	黄村卫星城北区1号地三、四、五期及六期部分
43	学府树家园	京房售证字(2011)130号	北京华润新镇置业有限责任公司	清河镇住宅及配套H-22地块
44	创新园	京房售证字(2011)131号	北京金隅万科房地产开发有限公司	昌平科技园（振兴路北侧）居住及配套（A-1）
45	东方华庭	京房售证字(2011)132号	北京通瑞万华置业有限公司	常营乡（A-001地块）
46	建邦嘉园	京房售证字(2011)133号	北京建工长阳房地产开发有限公司	房山线长阳站8号地西侧
47	琥珀郡广场	京房售证字(2011)134号	北京盛世原华房地产开发有限公司	西关环岛东侧
48	兴业嘉园	京房售证字(2011)135号	北京新城兴业房地产开发有限公司	黄村地铁大兴线枣园路站居住（二期)项目
49	半岛家园	京房售证字(2011)136号	北京中粮万科房地产开发有限公司	长阳镇（长阳镇起步区1号地）C地块
50	首开常青藤家园	京房售证字(2011)137号	北京首开天成房地产开发有限公司	东坝乡单店住宅二期E地块
51	方糖大厦	京房售证字(2011)138号	北京春晖园投资有限责任公司	天竺空港工业区B区
52	富力星光家园	京房售证字(2011)139号	北京富力城房地产开发有限公司	广渠门外10号
53	悦都苑	京房售证字(2011)13号	北京首创奥特莱斯房山置业有限公司	长阳镇长阳西站1、2号地
54	阳光绿景嘉园	京房售证字(2011)140号	恒盛合天和信（北京）房地产开发有限公司	采育镇西组团01-0118居住项目用地
55	富力盛悦家园	京房售证字(2011)141号	北京富源盛达房地产开发有限公司	旧宫镇

序号	项目名称	销售证号	开 发 商	地　　址
56	乐汇家园	京房售证字(2011)142号	北京田家园新城房地产开发有限公司	窦店镇03-0013等地块
57	华纺商业中心	京房售证字(2011)143号	北京华纺旺泰房地产开发有限公司	姚家园114号商业金融用地
58	当代节能大厦	京房售证字(2011)144号	北京万国城酒店运营管理有限公司	香河园路商业金融用地
59	观唐云鼎小区	京房售证字(2011)145号	北京世纪光华房地产开发有限公司	溪翁庄镇密溪路西侧
60	保利望京苑	京房售证字(2011)146号	北京保利营房地产开发有限公司	崔各庄乡大望京村5号地（632地块）、（635地块）
61	百合湾嘉园	京房售证字(2011)147号	北京麦金利房地产开发有限公司	通胡大街70号居住、商业项目
62	保利东郡苑	京房售证字(2011)148号	北京保利营房地产开发有限公司	东风乡高井村
63	腾龙家园	京房售证字(2011)149号	北京华风腾龙房地产开发有限公司	窦店镇下坡店村
64	远洋一方润园	京房售证字(2011)14号	北京中联置地房地产开发有限公司	管庄乡（地块2）
65	宇达创意中心	京房售证字(2011)150号	北京宇达房地产开发有限公司	豆各庄乡（豆各庄商品交易中心）
66	富力又一家园	京房售证字(2011)151号	北京华恩房地产开发有限公司	豆各庄乡鲁店北路北侧豆各庄住宅小区三期
67	中信悦海苑	京房售证字(2011)152号	北京中信新城房地产有限公司	亦庄住宅及商业项目（X1-1B）地块
68	瑞雪春堂	京房售证字(2011)153号	北京瑞雪春堂房地产有限公司	良乡卫星城东南侧
69	远洋傲北嘉园	京房售证字(2011)154号	北京远联置地房地产开发有限公司	小汤山镇马坊村东南
70	东镇欣园	京房售证字(2011)155号	北京将台房地产开发有限公司	将台乡驼房营村将府家园二期（AC组团）
71	京基嘉苑	京房售证字(2011)156号	北京京基房地产开发有限公司	北七家镇东二旗村（I-2地块）
72	悦都苑	京房售证字(2011)157号	北京首创奥特莱斯房山置业有限公司	长阳镇长阳西站1、2号地
73	江南山水园	京房售证字(2011)158号	北京江南投资集团有限公司	小红门乡牌坊村小红门乡新村一期E组团(7-19号楼)
74	翠林湾嘉园	京房售证字(2011)159号	北京鸿润成业房地产开发有限责任公司	拱辰街道黄辛庄村北

序号	项目名称	销售证号	开发商	地址
75	假日风景家园	京房售证字(2011)15号	北京中粮万科假日风景房地产开发有限公司	小屯路108号
76	中体奥园	京房售证字(2011)160号	北京创世愿景房地产开发有限公司	长辛店镇新区崔村居住区B区
77	金色漫香苑	京房售证字(2011)161号	金融街控股股份有限公司	北七家镇八仙庄村北七家工业区配套住宅项目
78	东湖湾名苑	京房售证字(2011)162号	北京市东湖房地产有限公司	望京25-26#地块
79	云凤庄园	京房售证字(2011)163号	北京新博城房地产开发有限公司	密溪路东侧双龙水泥厂
80	远洋一方嘉园	京房售证字(2011)164号	北京中联置地房地产开发有限公司	管庄乡塔营村（通惠上河嘉园一期3地块）
81	香悦四季花园	京房售证字(2011)165号	北京合景房地产开发有限公司	马坡镇顺恒大街北合景地产地块1
82	首邑溪谷嘉园	京房售证字(2011)166号	北京昊坤嘉业房地产开发有限公司	新城北区22号地-1地块
83	纳帕澜郡小区	京房售证字(2011)167号	北京翰宏基业房地产开发有限公司	小汤山镇居住、多功能用地（配建公共租赁住房）
84	熙园大厦	京房售证字(2011)168号	北京金隅大成开发有限公司	卢沟桥乡青塔二期西组团
85	青秀雅苑	京房售证字(2011)169号	中铁房地产集团北京丰基置业有限公司	黄土岗
86	东方华庭	京房售证字(2011)16号	北京通瑞万华置业有限公司	常营乡（A-004地块）
87	远洋天著景园	京房售证字(2011)170号	北京远盛置业有限公司	亦庄新城Ⅲ-1街区F地块
88	天恒别墅山小区	京房售证字(2011)171号	北京山天置业有限公司	红螺镇村南
89	康惠园	京房售证字(2011)172号	北京金隅嘉业房地产开发有限公司	双桥路双柳巷1号(A1地块)，A3、B3地块，A4地块(20号楼)
90	绿地花都嘉园	京房售证字(2011)173号	北京绿地京宏置业有限公司	果园街道新西路东侧、城后街北侧
91	金茂家园	京房售证字(2011)174号	中化方兴置业（北京）有限公司	广渠路15号居住及公共服务设施项目（A4-10地块）
92	珠江摩尔大厦	京房售证字(2011)175号	北京中关村国际商城发展有限公司	北清路与八达岭高速公路交叉口处中关村国际商城综合购物中心用地（北区）
93	水岸庄园	京房售证字(2011)176号	北京润泽庄苑房地产开发有限公司	来广营乡清河营村润泽庄苑住宅小区B6B7地块

序号	项目名称	销售证号	开 发 商	地 址
94	万象新天家园（三期）	京房售证字(2011)177号	北京天鸿置业有限公司	常营乡（常营居住区一期工程三区301-306号楼）
95	金贸大厦	京房售证字(2011)178号	北京华正房地产开发有限公司	西直门外大街德宝二期5号地
96	世嘉光织苑	京房售证字(2011)179号	北京军建育龙房地产开发有限责任公司	雁栖镇陈各庄村西
97	紫云家园	京房售证字(2011)17号	北京中粮万科房地产开发有限公司	长阳镇（长阳镇起步区）5号地
98	朗悦嘉园	京房售证字(2011)180号	北京金地惠达房地产开发有限公司	长阳镇房山线理工大学站3号地及5号地局部地块
99	枫树家园	京房售证字(2011)181号	北京枫树置业有限公司	北七家镇枫树家园（B区）
100	新燕都家园	京房售证字(2011)182号	北京新京润房地产有限公司	霄云路京润水上花园二期A区（II地块）
101	祥云东方苑	京房售证字(2011)183号	中粮地产投资（北京）有限公司	空港工业区B区安祥大街北侧
102	祥云东方苑	京房售证字(2011)184号	中粮地产投资（北京）有限公司	空港工业区B区安祥大街北侧
103	永欣嘉园	京房售证字(2011)185号	北京正华永兴房地产开发有限公司	顺义站前西街南侧
104	德胜雅苑	京房售证字(2011)186号	北京恒远基业房地产开发有限公司	安德路77号
105	大成青塔商厦	京房售证字(2011)187号	北京金隅大成开发有限公司	青塔二期东区公建
106	顶秀美泉家园	京房售证字(2011)188号	北京顶秀置业有限公司	雁栖镇范各庄村北
107	浅山香逸花园	京房售证字(2011)189号	北京天正华特房地产开发有限公司	张镇张各庄村
108	中海九浩苑	京房售证字(2011)18号	北京中海豪景房地产开发有限公司	花乡六圈（D地块）
109	远洋璟湖园	京房售证字(2011)190号	北京东隆房地产开发有限公司	孙河乡东隆住宅C、D区
110	御东园小区	京房售证字(2011)191号	北京市天鸿基业房地产开发有限公司	密云镇新北路南、行宫街东侧
111	文合苑	京房售证字(2011)192号	北京第六大洲房地产开发有限公司	来广营乡清河营村
112	燕西华府家园	京房售证字(2011)193号	北京西海龙湖置业有限公司	王佐镇（怪村村北D地块）
113	悦泽苑	京房售证字(2011)194号	北京天润诚泽房地产开发有限公司	延庆镇东关村

序号	项目名称	销售证号	开发商	地址
114	徜徉嘉园	京房售证字(2011)195号	北京城建兴泰房地产开发有限公司	长阳镇(长阳起步区4号地01地块)
115	百合湾嘉园	京房售证字(2011)196号	北京麦金利房地产开发有限公司	通胡大街70号居住、商业项目
116	国投方诚中心	京房售证字(2011)197号	北京国投方诚资产管理有限公司	西客站南广场东区A、B、C座楼
117	延秋园	京房售证字(2011)198号	北京华世柏利房地产开发有限公司	沙河镇北沙河
118	鼎轩创意中心	京房售证字(2011)199号	北京鼎轩基业科技发展有限公司	中关村科技园区石景山园北II区
119	中海风情苑	京房售证字(2011)19号	北京嘉益德房地产开发有限公司	小红门乡小红门居住北区一期B地块
120	果岭华舍	京房售证字(2011)1号	北京亚奥先科房地产开发有限公司	黄村镇宋庄村
121	漫香郡北、南里	京房售证字(2011)200号	北京奕环天和置业有限公司	黄村镇孙村组团A-13、14地块
122	盛嘉华苑	京房售证字(2011)201号	北京诚通圣邦房地产开发有限公司	团河03地块
123	东方玫瑰家园	京房售证字(2011)202号	北京君合百年房地产开发有限公司	梨园镇小街村(自由小镇北区1号)
124	攀云中心	京房售证字(2011)203号	北京福泉投资有限公司	温泉镇辛庄村东
125	朝新嘉园	京房售证字(2011)204号	北京金隅嘉业房地产开发有限公司	东坝乡朝阳新城E组团用地
126	朝新嘉园	京房售证字(2011)205号	北京金隅嘉业房地产开发有限公司	东坝乡朝阳新城F组团用地
127	美唐花园	京房售证字(2011)206号	北京城市开发集团有限责任公司	回龙观住宅及代建公建项目(F06)
128	开行大厦	京房售证字(2011)207号	金融街长安(北京)置业有限公司	复兴门内危改区4-2号地
129	酒店	京房售证字(2011)208号	北京夏都融侨贸易有限公司	妫水南街8号
130	观澜时代花园	京房售证字(2011)209号	北京金隅嘉业房地产开发有限公司	老城东沙河西侧局部地块居住项目
131	仰山嘉园	京房售证字(2011)20号	北京金地融侨房地产开发有限公司	黄村镇新城北区16号地
132	长滩庭苑	京房售证字(2011)210号	北京融创基业地产有限公司	南邵镇
133	金科纳帕庄园	京房售证字(2011)211号	北京金科纳帕置业有限公司	常兴庄组团北部地区B地块居住项目

序号	项目名称	销售证号	开 发 商	地 址
134	金科纳帕庄园	京房售证字(2011)212号	北京金科纳帕置业有限公司	常兴庄组团北部地区B地块居住项目
135	运河湾家园	京房售证字(2011)213号	北京新华联伟业房地产有限公司	运河东岸奥体公园南侧
136	保利罗兰小区	京房售证字(2011)214号	北京保利成房地产开发有限公司	沙河镇南一村居住项目用地
137	首邑溪谷嘉园	京房售证字(2011)215号	北京昊坤嘉业房地产开发有限公司	新城北区22号地-1地块
138	润枫领尚苑	京房售证字(2011)216号	北京润通鸿业房地产开发有限责任公司	台湖镇光机电一体化产业基地二期E地块居住项目
139	富力盛悦家园	京房售证字(2011)217号	北京富源盛达房地产开发有限公司	旧宫镇
140	蓝岸丽舍	京房售证字(2011)218号	北京银座合智房地产开发有限公司	南彩镇九王庄村
141	东方华庭	京房售证字(2011)219号	北京通瑞万华置业有限公司	常营乡（A-001地块）
142	香堤溪岸家园	京房售证字(2011)21号	北京龙湖庆华置业有限公司	牛栏山镇
143	京贸国际城	京房售证字(2011)220号	北京天旭运河房地产开发有限责任公司	芙蓉路西侧
144	旭辉紫庭华苑	京房售证字(2011)221号	北京旭辉兴腾置业有限公司	黄村镇新城北区10号地
145	太阳御园	京房售证字(2011)222号	北京信远筑诚房地产开发有限公司	太阳宫乡北四环东路南侧芍药居东区住宅及配套、公建项目用地2组团2#-B地块
146	首开常青藤家园	京房售证字(2011)223号	北京首开天成房地产开发有限公司	东坝乡单店住宅二期D地块
147	金科纳帕庄园	京房售证字(2011)224号	北京金科纳帕置业有限公司	常兴庄组团北部地区B地块居住项目
148	金科廊桥花园	京房售证字(2011)225号	北京金科弘居置业有限公司	南邵镇
149	融景家园	京房售证字(2011)226号	北京天石基业房地产开发有限公司	衙门口居住公建项目用地A地块(含A-1)
150	鹏创久久大厦	京房售证字(2011)227号	北京鹏创置业有限责任公司	东升乡小营住宅小区二期C23区配套
151	香堤清庭花园	京房售证字(2011)228号	北京龙湖兴顺置业有限公司	牛栏山镇下坡屯村昌金路北侧
152	鼎轩创意中心	京房售证字(2011)229号	北京鼎轩基业科技发展有限公司	中关村科技园区石景山园北II区

序号	项目名称	销售证号	开 发 商	地 址
153	学府树家园	京房售证字(2011)22号	北京华润新镇置业有限责任公司	清河镇住宅及配套H-17地块
154	燕西华府家园	京房售证字(2011)230号	北京西海龙湖置业有限公司	王佐镇(怪村村北C-1地块)
155	朱雀门家苑	京房售证字(2011)231号	北京中集宏达房地产开发有限公司	太平街8号
156	中加锦园	京房售证字(2011)232号	北京中加伟业房地产开发有限公司	果园街道西大桥路40号
157	万科蓝山苑	京房售证字(2011)233号	北京万科企业有限公司	西大望路27号住宅及代建公建项目（A地块）
158	兴业嘉园	京房售证字(2011)234号	北京新城兴业房地产开发有限公司	黄村地铁大兴线枣园路站居住（二期）项目
159	清河嘉园	京房售证字(2011)235号	北京强佑房地产开发有限公司	清河镇危改一期1#-7#
160	水色时光花园四区	京房售证字(2011)236号	北京甄氏房地产开发集团有限公司	北小营镇北小营村
161	世华泊郡家园	京房售证字(2011)237号	北京世纪鸿城置业有限公司	来广营乡清河营村住宅及配套、商业金融（4号地）
162	融科橄榄家园	京房售证字(2011)238号	北京东环望京房地产有限公司	望京新城A2区
163	润西山苑	京房售证字(2011)239号	华润置地发展（北京）有限公司	永定镇冯村（新城地区一期居住项目）
164	原叶美苑	京房售证字(2011)23号	北京城建兴华地产有限公司	北苑南区居住项目
165	翡丽华庭	京房售证字(2011)240号	北京金隅程远房地产开发有限公司	西三旗建材城东
166	远洋天著景园	京房售证字(2011)241号	北京远盛置业有限公司	亦庄新城Ⅲ-1街区F地块
167	兴宇名苑	京房售证字(2011)242号	北京龙湖兴润置业有限公司	北臧村镇生物医药基地东配套区6号及7号0505-053、0505-062号地块住宅混合公建用地项目
168	颐景花园	京房售证字(2011)243号	北京景旭房地产开发有限公司	后沙峪镇裕华路东侧
169	丽景长安家园	京房售证字(2011)244号	北京东方双龙时代置业有限公司	石龙工业区18号
170	云湾家园	京房售证字(2011)245号	北京中粮万科置业有限公司	长阳镇起步区3号地南侧
171	润西山苑	京房售证字(2011)246号	华润置地发展（北京）有限公司	永定镇冯村（新城地区一期居住项目）

序号	项目名称	销售证号	开 发 商	地 址
172	保利东郡苑	京房售证字(2011)247号	北京保利营房地产开发有限公司	东风乡高井村
173	融景家园	京房售证字(2011)248号	北京天石基业房地产开发有限公司	衙门口居住公建项目用地B地块
174	风景丽苑家园	京房售证字(2011)249号	北京新龙房地产开发有限公司	新城东区一期
175	远洋万和润园	京房售证字(2011)24号	远洋地产有限公司	北四环东路73号
176	隆华熙园	京房售证字(2011)250号	北京中加恒业房地产开发有限公司	密云镇农机路2号
177	山语园	京房售证字(2011)251号	中铁房地产集团北京丰昊置业有限公司	王佐镇西王佐村住宅项目X-6地块
178	珠光逸景家园	京房售证字(2011)252号	北京珠光御景房地产开发有限公司	长辛店新区（生活区）二期9-4
179	观澜时代花园	京房售证字(2011)253号	北京金隅嘉业房地产开发有限公司	老城东沙河西侧局部地块居住项目
180	东方华庭	京房售证字(2011)254号	北京通瑞万华置业有限公司	常营乡（A-004地块）
181	花溪茗苑	京房售证字(2011)255号	北京中铁润丰房地产开发有限公司	马坡镇（顺丰大街南侧）
182	首科大厦	京房售证字(2011)256号	北京林兴房地产开发有限公司	卢沟桥乡太平桥村太平桥京门商住区西区首科大厦A座
183	合生悦都中心	京房售证字(2011)257号	北京龙源顺景房地产开发有限公司	马驹桥镇金桥科技产业基地
184	东方玫瑰家园	京房售证字(2011)258号	北京君合百年房地产开发有限公司	梨园镇小街村（自由小镇北区1号、自由小镇南区2号）
185	天竺新新家园	京房售证字(2011)259号	北京广厦富城置业有限公司	天竺镇薛大人庄村
186	远洋东方嘉园	京房售证字(2011)25号	北京远河房地产开发有限公司	玉桥西里住宅小区（二期）
187	逸翠园	京房售证字(2011)260号	和记黄埔地产（北京朝阳）有限公司	姚家园东里4号院、5号院
188	鼎轩创意中心	京房售证字(2011)261号	北京鼎轩基业科技发展有限公司	中关村科技园区石景山园北II区
189	太阳御园	京房售证字(2011)262号	北京信远筑诚房地产开发有限公司	太阳宫乡北四环东路南侧芍药居东区住宅及配套、公建项目用地2组团2#-B地块

序号	项目名称	销售证号	开 发 商	地 址
190	世嘉光织苑	京房售证字(2011)263号	北京军建育龙房地产开发有限责任公司	雁栖镇陈各庄村西
191	君汇雅居	京房售证字(2011)264号	北京启夏房地产开发有限公司	工体北路4号住宅及配套
192	鸿坤花语家园	京房售证字(2011)265号	北京鸿坤新业房地产开发有限公司	南磨房乡平乐园小区东六区
193	创新园	京房售证字(2011)266号	北京金隅万科房地产开发有限公司	昌平科技园（振兴路北侧）居住及配套（A-2、A-3、A-4）；昌平科技园（振兴路北侧）居住及配套（A-5）
194	紫润花园	京房售证字(2011)267号	北京金力达房地产开发有限公司	奥运村乡安立路西侧居住用地
195	如缘居南里	京房售证字(2011)268号	北京五矿万科置业有限公司	西北旺镇
196	保利望京苑	京房售证字(2011)269号	北京保利营房地产开发有限公司	崔各庄乡大望京村4号地（630块）
197	保利茉莉雅苑	京房售证字(2011)26号	北京保利兴房地产开发有限公司	新城北区2号地
198	香海园	京房售证字(2011)270号	北京顺驰置地达兴房地产开发有限公司	黄村卫星城北区1号地三、四、五期及六期部分
199	兴宇名苑	京房售证字(2011)271号	北京龙湖兴润置业有限公司	北臧村镇生物医药基地东配套6号及7号0505-053、0505-062地块住宅混合公建用地项目
200	富力金禧家园	京房售证字(2011)272号	富力（北京）地产开发有限公司	新城南街
201	国仕汇小区	京房售证字(2011)273号	北京佰嘉置业有限公司	回龙观镇回龙观村
202	北街家园	京房售证字(2011)274号	北京罗顿沙河建设发展有限公司	沙河高教园区一期B1区（D-13、14地块）住宅及配套
203	仰山嘉园	京房售证字(2011)275号	北京金地融侨房地产开发有限公司	黄村镇新城北区16号地
204	海怡庄园	京房售证字(2011)276号	北京海意联房地产开发有限公司	十里堡镇双井村
205	东亚逸品阁	京房售证字(2011)277号	北京永安嘉业房地产开发有限公司	通州新城二类居住及托幼用地（配建限价商品住房）项目
206	百合湾嘉园	京房售证字(2011)278号	北京麦金利房地产开发有限公司	通胡大街70号居住、商业项目

序号	项目名称	销售证号	开 发 商	地 址
207	朗悦嘉园	京房售证字(2011)279号	北京金地惠达房地产开发有限公司	长阳镇房山线理工大学站3号地及5号地局部地块
208	未山苑	京房售证字(2011)27号	北京景旭房地产开发有限公司	卢沟桥乡六里桥村
209	鹭峰中心	京房售证字(2011)280号	北京邦达房地产开发有限公司	林河开发区双河大街18号
210	兴运嘉园	京房售证字(2011)281号	北京中北长城房地产开发有限公司	京张路口东
211	诺德中心	京房售证字(2011)282号	北京诺德置业有限公司	花乡四合庄1516-10地块
212	龙山锦园小区	京房售证字(2011)283号	北京正宏置业集团有限公司	城南街道办事处山峡村
213	融科创意中心	京房售证字(2011)284号	北京融科景元房地产开发有限公司	八角地区商业金融用地1号地、2号地、3号地
214	合生悦都中心	京房售证字(2011)285号	北京龙源顺景房地产开发有限公司	马驹桥镇金桥科技产业基地
215	合生悦都中心	京房售证字(2011)286号	北京龙源顺景房地产开发有限公司	马驹桥镇金桥科技产业基地
216	绿地财富中心	京房售证字(2011)28号	北京绿地京城置业有限公司	黄村镇19号地
217	青秀雅苑	京房售证字(2011)29号	中铁房地产集团北京丰基置业有限公司	黄土岗
218	琥珀中心	京房售证字(2011)2号	北京智地风雅房地产开发有限公司	回龙观文化居住区二期A08地块
219	金广苑	京房售证字(2011)30号	北京兴集房地产开发有限公司	工业开发区内(p)地块6号楼
220	龙庆·望都佳园	京房售证字(2011)31号	北京龙庆房地产开发有限公司	康庄镇三街村
221	香海园	京房售证字(2011)32号	北京顺驰置地达兴房地产开发有限公司	黄村卫星城北区1号地三、四、五期及六期部分
222	馨然嘉园	京房售证字(2011)33号	中铁房地产集团北京正达置业有限公司	长阳镇起步区6号地
223	馨然嘉园	京房售证字(2011)34号	中铁房地产集团北京正达置业有限公司	长阳镇起步区6号地
224	辉煌国际度假区	京房售证字(2011)35号	北京辉煌益境房地产开发有限公司	张山营镇胡家营村
225	金茂家园	京房售证字(2011)36号	中化方兴置业（北京）有限公司	广渠路15号居住及公共服务设施项目（A4-1地块）（A4-7、A4-8地块）

序号	项目名称	销售证号	开 发 商	地 址
226	半岛家园	京房售证字(2011)37号	北京中粮万科房地产开发有限公司	长阳镇(长阳镇起步区1号地)C地块
227	保利花园小区	京房售证字(2011)38号	保利(北京)房地产开发有限公司	鼓楼街道阳光街北
228	米拉家园	京房售证字(2011)39号	北京京成远东房地产开发有限公司	马驹桥亦庄新城V街区A-4-1、A-4-2、A-2用地项目
229	半岛家园	京房售证字(2011)3号	北京中粮万科房地产开发有限公司	长阳镇(长阳起步区1号地)A地块
230	百合湾嘉园	京房售证字(2011)40号	北京麦金利房地产开发有限公司	通胡大街70号居住、商业项目
231	东方玫瑰家园	京房售证字(2011)41号	北京君合百年房地产开发有限公司	梨园镇小街村(自由小镇北区1号)
232	柏阳景园(二期)	京房售证字(2011)42号	北京柏基置业有限公司	王四营乡道口村柏阳景园D区、王四营乡道口村柏阳景园I区
233	保利花园小区	京房售证字(2011)43号	保利(北京)房地产开发有限公司	鼓楼街道阳光街北侧、檀西路西侧
234	大成郡	京房售证字(2011)44号	北京金隅大成开发有限公司	青塔二期东区纤云园
235	蓝岸丽舍	京房售证字(2011)45号	北京银座合智房地产开发有限公司	南彩镇九王庄村
236	仰山嘉园	京房售证字(2011)46号	北京金地融侨房地产开发有限公司	黄村镇新城北区16号地
237	中建港湾嘉园	京房售证字(2011)47号	北京中建兴华房地产开发有限公司	黄村镇
238	远洋一方润园	京房售证字(2011)48号	北京中联置地房地产开发有限公司	管庄乡(地块2)
239	上北鑫座中心	京房售证字(2011)49号	北京龙禧云趣投资有限公司	回龙观文化居住区二期C07-1、C07-2地块
240	骏华阁	京房售证字(2011)4号	北京肆维基业房地产开发有限公司	花园北路35号
241	顶秀美泉家园	京房售证字(2011)50号	北京顶秀置业有限公司	雁栖镇范各庄村北
242	都会商业中心	京房售证字(2011)51号	北京绿地京创置业有限公司	拱辰街道广阳家园C、D区
243	理想家园	京房售证字(2011)52号	北京鸿坤伟业房地产开发有限公司	西红门镇中心规划区0801-0402-2号
244	绿岛家园36#楼	京房售证字(2011)53号	北京市西达房地产开发有限责任公司	剧场东街8号绿岛家园二期,滨河路65号

序号	项目名称	销售证号	开 发 商	地 址
245	国翼中心	京房售证字(2011)54号	北京智地顺达房地产开发有限公司	李桥镇洼子村机场东路东侧
246	世华泊郡家园	京房售证字(2011)55号	北京世纪鸿城置业有限公司	来广营乡清河营村住宅及配套、商业金融（4号地）
247	原叶美苑	京房售证字(2011)56号	北京城建兴华地产有限公司	北苑南区居住项目
248	雍景天成(南区)	京房售证字(2011)57号	北京八大处房地产开发有限公司	田村路西黄村八大处旧村改造一期工程
249	中海九浩苑	京房售证字(2011)58号	北京中海豪景房地产开发有限公司	花乡六圈（B地块）
250	中建府前家园	京房售证字(2011)59号	北京市昂力房地产开发有限公司	府前街北侧
251	中信禧园	京房售证字(2011)5号	北京中信房地产有限公司	菜市口东南角大吉片危改小区3号地（南部）
252	金泰商贸大厦	京房售证字(2011)60号	北京金泰嘉业房地产开发有限公司	大红门永外果园43号
253	龙景湾	京房售证字(2011)61号	北京龙熙顺景房地产开发有限责任公司	庞各庄镇工业区西侧京南绿色生态社区C区
254	润枫领尚苑	京房售证字(2011)62号	北京润通鸿业房地产开发有限责任公司	台湖镇光机电一体化产业基地二期E地块居住项目
255	漫香郡北、南里	京房售证字(2011)63号	北京奕环天和置业有限公司	黄村镇孙村组团A-13、14地块
256	B06号住宅楼	京房售证字(2011)64号	北京金汉房地产开发有限公司	小东庄村
257	兴业嘉园	京房售证字(2011)65号	北京新城兴业房地产开发有限公司	黄村地铁大兴线枣园路站居住（二期）项目
258	隆恩家园	京房售证字(2011)66号	北京正华永欣房地产开发有限公司	五里坨住宅项目
259	博瑞大厦	京房售证字(2011)67号	北京特尔特置业有限公司	白家庄东里元泰国际大厦
260	龙熙顺景	京房售证字(2011)68号	北京龙熙顺景房地产开发有限责任公司	庞各庄镇工业区西侧京南绿色生态社区（C区）
261	保利茉莉雅苑	京房售证字(2011)69号	北京保利兴房地产开发有限公司	新城北区2号地
262	颐泉家苑怀远居	京房售证字(2011)6号	北京兴业万发房地产开发有限公司	海淀乡青龙桥新村项目
263	旭辉紫庭华苑(旭辉御府)	京房售证字(2011)70号	北京旭辉兴腾置业有限公司	黄村镇新城北区10号地
264	乐汇家园	京房售证字(2011)71号	北京田家园新城房地产开发有限公司	窦店镇03-0013等地块

序号	项目名称	销售证号	开 发 商	地 址
265	华龙美钰嘉园	京房售证字(2011)72号	北京金源时代房地产开发有限公司	宣武区右安门内半步桥街60号(广顺苑)
266	远洋一方润园	京房售证字(2011)73号	北京中联置地房地产开发有限公司	管庄乡(地块2)
267	悦都苑	京房售证字(2011)74号	北京首创奥特莱斯房山置业有限公司	长阳镇长阳西站1、2号地
268	安宁华庭	京房售证字(2011)75号	北京上地房地产开发有限责任公司	东北旺乡安宁庄居易园住宅小区A区
269	招商上苑	京房售证字(2011)76号	招商局地产(北京)有限公司	东八里庄危改小区住宅、办公、商业及地下车库
270	远洋傲北嘉园	京房售证字(2011)77号	北京远联置地房地产开发有限公司	小汤山镇马坊村东南
271	云湾家园	京房售证字(2011)78号	北京中粮万科置业有限公司	长阳镇起步区3号地南侧
272	领秀慧谷	京房售证字(2011)79号	北京科技园建设(集团)股份有限公司	回龙观镇朱辛庄村
273	玉汤山庄园	京房售证字(2011)7号	北京天时房地产开发有限公司	小汤山镇龙脉温泉庄园D、E、F、G地块
274	中海九浩苑	京房售证字(2011)80号	北京中海豪景房地产开发有限公司	花乡六圈(B地块)(C地块)
275	倚山庭苑	京房售证字(2011)81号	北京首钢融创置地有限公司	西北旺新村东南部(Ⅱ期地块)
276	天竺新新家园	京房售证字(2011)82号	北京广厦富城置业有限公司	天竺镇薛大人庄村
277	创意大厦	京房售证字(2011)83号	北京德福祥房地产开发有限公司	凉水河环岛西南侧
278	顶秀美泉家园	京房售证字(2011)84号	北京顶秀置业有限公司	雁栖镇范各庄村北
279	徜徉嘉园	京房售证字(2011)85号	北京城建兴泰房地产开发有限公司	长阳镇(长阳起步区4号地01地块)
280	金宝鑫园	京房售证字(2011)86号	北京金宝房地产开发有限公司	马坡镇
281	香悦四季花园	京房售证字(2011)87号	北京合景房地产开发有限公司	马坡镇顺恒大街北合景地产地块2
282	亿城北旺雅苑	京房售证字(2011)88号	北京亿城房地产开发有限公司	西北旺镇中关村软件园C6、C7、C8地块
283	金域家园	京房售证字(2011)89号	北京住总万科房地产开发有限公司	回龙观1818-028地块二类居住用地
284	绿地花都苑	京房售证字(2011)8号	北京绿地京创置业有限公司	拱辰街道广阳家园C、D区

序号	项目名称	销售证号	开 发 商	地　　址
285	馨然嘉园	京房售证字(2011)90号	中铁房地产集团北京正达置业有限公司	长阳镇起步区6号地
286	星悦中心	京房售证字(2011)91号	北京邦达房地产开发有限公司	马驹桥物流基地D01地块
287	禾香雅园	京房售证字(2011)92号	北京玉亭房地产开发有限公司	长阳镇稻田村村南广阳新城居住项目
288	润景茗苑	京房售证字(2011)93号	北京春光置地房地产开发有限公司	来广营乡清河营村住宅及配套（2号地2-1地块）
289	珑原家园	京房售证字(2011)94号	招商局嘉铭（北京）房地产开发有限公司	东小口镇CY-09地块
290	牛街东片2#商业	京房售证字(2011)95号	北京房开置业股份有限公司	牛街东片危改区2号商业
291	红杉溪谷嘉园	京房售证字(2011)96号	北京智地愿景房地产开发有限公司	静水园A1区居住项目地块
292	熙景嘉园	京房售证字(2011)97号	北京首都开发股份有限公司	长阳镇房山线长阳站8号地东侧
293	青秀雅苑	京房售证字(2011)98号	中铁房地产集团北京丰基置业有限公司	黄土岗
294	中海风情苑	京房售证字(2011)99号	北京嘉益德房地产开发有限公司	小红门乡小红门居住区北区一期A地块
295	徜徉嘉园	京房售证字(2011)9号	北京城建兴泰房地产开发有限公司	长阳镇（长阳起步区4号地01地块）
296	麓景嘉园北里	京房售证字(2011)经24号	北京威凯建设发展有限责任公司	苏家坨镇中心区A2地块
297	同泽园西里	京房售证字(2011)经27号	北京海开房地产集团有限责任公司	苏家坨镇中心区C02地块
298	育龙铭居	京房售证字(2011)经3号	北京育龙房地产开发有限责任公司	雁栖镇陈各庄村西
299	首开康乃馨园	京房售证字(2011)限10号	北京首开仁信置业有限公司	康庄限价商品住房（三期）项目用地
300	雅颂居	京房售证字(2011)限11号	北京智地愿景房地产开发有限公司	静水园A1区居住项目地块
301	山水汇豪苑	京房售证字(2011)限12号	汇豪实业投资有限公司	窦店镇窦店村（聚豪苑四期）
302	双合家园	京房售证字(2011)限13号	北京建工集团有限责任公司	王四营乡（D地块）
303	珠江丽景家园	京房售证字(2011)限14号	北京中天富通房地产开发有限公司	永顺镇焦王庄村及耿庄村

序号	项目名称	销售证号	开 发 商	地　址
304	新马家园	京房售证字(2011)限15号	北京正华永兴房地产开发有限公司	马坡镇东丰乐村顺义新城10街区
305	盛嘉华苑	京房售证字(2011)限16号	北京诚通圣邦房地产开发有限公司	团河农场03地块
306	双合家园	京房售证字(2011)限17号	北京建工集团有限责任公司	王四营乡（C地块）
307	宏仁家园	京房售证字(2011)限18号	北京住总房地产开发有限责任公司	马驹桥镇中心区
308	金域家园	京房售证字(2011)限19号	北京住总万科房地产开发有限公司	回龙观1818-028地块二类居住用地
309	福美苑	京房售证字(2011)限1号	北京建工四建房地产开发有限公司	清河小营东居住项目
310	康惠园	京房售证字(2011)限20号	北京金隅嘉业房地产开发有限公司	双桥路双柳巷1号A4地块(20号楼)
311	香悦四季花园	京房售证字(2011)限21号	北京合景房地产开发有限公司	马坡镇顺恒大街北合景地产地块1
312	北郡嘉源小区	京房售证字(2011)限22号	中国水电建设集团房地产有限公司	中关村科技园区昌平园东区三期联合储备开发项目0303-32-3地块限价商品房项目
313	乐活家园(扩大)	京房售证字(2011)限23号	北京天恒乐活城置业有限公司	阎村镇南梨园村乐活家园二期
314	香悦四季花园	京房售证字(2011)限25号	北京合景房地产开发有限公司	马坡镇顺恒大街北合景地产地块1
315	嘉悦园	京房售证字(2011)限26号	北京金隅嘉业房地产开发有限公司	东坝乡单店西村南原北京光华木材厂项目
316	新里程家园	京房售证字(2011)限28号	北京京投万科房地产开发有限公司	拱辰街道水碾屯村改造一期10-03-11、10-03-15居住项目
317	滨河馨园	京房售证字(2011)限29号	北京金隅嘉业房地产开发有限公司	燕山水泥厂限价商品住房项目A1、B1地块
318	中信悦海苑	京房售证字(2011)限2号	北京中信新城房地产有限公司	亦庄住宅及商业项目（X1-1B）地块
319	华远铭悦园	京房售证字(2011)限30号	北京新通致远房地产开发有限公司	梨园镇砖厂村居住项目用地
320	双合家园	京房售证字(2011)限31号	北京建工集团有限责任公司	王四营乡（C地块）
321	东亚逸品阁	京房售证字(2011)限32号	北京永安嘉业房地产开发有限公司	通州新城二类居住及托幼用地（配建限价商品住房）项目

序号	项目名称	销售证号	开发商	地址
322	北京国惠村	京房售证字(2011)限33号	国奥投资发展有限公司	新城东区0302-122地块限价商品住房项目用地
323	西悦雅居	京房售证字(2011)限4号	北京城建兴泰房地产开发有限公司	长阳镇(长阳起步区4号地11#地块)
324	祥云东方苑	京房售证字(2011)限5号	中粮地产投资（北京）有限公司	空港工业区B区安祥大街南侧
325	青秀雅苑	京房售证字(2011)限6号	中铁房地产集团北京丰基置业有限公司	黄土岗
326	汇龙文苑	京房售证字(2011)限7号	北京牛栏山房地产开发有限责任公司	牛栏山镇半壁店住宅项目
327	盛嘉华苑	京房售证字(2011)限8号	北京诚通圣邦房地产开发有限公司	团河03地块
328	西悦欣居	京房售证字(2011)限9号	北京城建兴泰房地产开发有限公司	长阳镇（长阳起步区4号地07地块）

附表 32　2011 年指导价

第一季度：

监测区域	类型	均价（元/平方米）
CBD	高档住宅	54586
奥运场馆周边	高档住宅	48179
八达岭高速三四环沿线	普宅	36723
八达岭高速三四环沿线	高档住宅	49836
北七家镇	普宅	15706
北七家镇	高档住宅	30062
北苑	普宅	21909
北苑、玉桥、梨园	普宅	21340
莱户营、西罗园	普宅	25388
朝阳公园	普宅	36779
朝阳公园	高档住宅	58261
城南城北	普宅	12322
城南城北	高档住宅	15505
城子、大峪、龙泉地区	普宅	8416
椿树、广内	普宅	37333
大兴东部	普宅	7693
德胜门外	普宅	31830
定福庄、管庄	普宅	21711
定慧寺	普宅	34823
东八里庄、青年路	普宅	27593
东八里庄、青年路	高档住宅	39482
东坝	普宅	26339
东北二环内	高档住宅	84806
东南四至五环	高档住宅	18878
东南四至五环	普宅	24531
东小口镇	普宅	18381
东小口镇	高档住宅	35495
东直门外	普宅	38205

监测区域	类型	均价（元/平方米）
东直门外	高档住宅	51404
豆各庄、黑庄户	普宅	22878
窦店镇	普宅	8984
窦店镇	高档住宅	21076
丰台镇	普宅	26071
高丽营镇	高档住宅	24833
后沙峪镇	高档住宅	13534
怀柔镇	高档住宅	18102
黄村镇	普宅	21979
回龙观镇	普宅	22290
京石高速三四环沿线	普宅	16552
旧宫镇	普宅	14703
良乡	普宅	15147
刘家窑、大红门	普宅	25299
柳芳、左家庄	高档住宅	37864
鲁谷、八宝山、老山	普宅	26647
潞城镇	普宅	17588
潞城镇	高档住宅	25953
马家堡、西马场	普宅	16381
马驹桥镇	普宅	18749
马驹桥镇	高档住宅	21039
马坡镇	高档住宅	18925
梅市口路	普宅	18911
密云镇	普宅	8180
密云镇	高档住宅	13155
庙城、杨宋镇	普宅	10468
庙城、杨宋镇	高档住宅	15394
南彩镇	高档住宅	14510
牛栏山镇	高档住宅	13705
庞各庄镇	普宅	13864
庞各庄镇	高档住宅	26047
平谷城区	普宅	5455
苹果园、八角、金顶街	普宅	13966

监测区域	类型	均价（元/平方米）
清河	普宅	20999
仁和镇	高档住宅	28584
沙河镇	普宅	15046
胜利、光明、石园	普宅	16119
胜利、光明、石园	高档住宅	22965
十八里店	普宅	24527
双井	普宅	31256
双井	高档住宅	45360
四惠、甘露园	普宅	34078
太阳宫	高档住宅	55195
陶然亭、白纸坊	普宅	38393
天竺镇	普宅	15852
天竺镇	高档住宅	34489
王佐镇	普宅	18228
望京、酒仙桥	普宅	31064
望京、酒仙桥	高档住宅	51758
魏善镇	普宅	10558
西北旺	普宅	22155
西红门镇	普宅	20132
西三旗	普宅	24537
西三旗	高档住宅	38698
溪翁庄镇	高档住宅	13697
小汤山镇	普宅	12285
小汤山镇	高档住宅	29698
新发地	普宅	21600
新发地	高档住宅	34368
新华、中仓、永顺	普宅	20676
新华、中仓、永顺	高档住宅	29906
学院路	高档住宅	52572
延庆镇	普宅	4947
阎村镇	普宅	12618
雁栖镇	普宅	9312
羊坊店、五棵松	高档住宅	64602

监测区域	类型	均价（元/平方米）
杨镇	普宅	10964
亦庄	普宅	17721
亦庄	高档住宅	26867
永定路	高档住宅	30558
永定路	普宅	40014
永外	普宅	33338
圆明园、颐和园	普宅	22932
圆明园、颐和园	高档住宅	78147
展览路、月坛	高档住宅	50580
长阳	普宅	15427

第二季度：

监测区域	类型	均价（元/平方米）
东直门外	普宅	37920
东直门外	高档住宅	55681
东北二环内	高档住宅	86800
展览路、月坛	高档住宅	53750
德胜门外	普宅	30013
永外	普宅	39446
椿树、广内	普宅	37013
陶然亭、白纸坊	普宅	36203
奥运场馆周边	高档住宅	49479
北苑	普宅	25485
北苑	高档住宅	38043
东坝	普宅	24595
望京、酒仙桥	普宅	37799
望京、酒仙桥	高档住宅	49450
太阳宫	高档住宅	52656
柳芳、左家庄	高档住宅	37759
朝阳公园	普宅	20006
CBD	高档住宅	63535
东八里庄、青年路	普宅	40852

监测区域	类型	均价（元/平方米）
东八里庄、青年路	高档住宅	39939
四惠、甘露园	普宅	21916
双井	普宅	30119
双井	高档住宅	44715
定福庄、管庄	普宅	21219
十八里店	普宅	24549
东南四至五环	普宅	18537
东南四至五环	高档住宅	24449
豆各庄、黑庄户	普宅	20524
崔各庄、孙河	高档住宅	32791
羊坊店、五棵松	高档住宅	35189
定慧寺	普宅	34371
永定路	普宅	37715
永定路	高档住宅	23352
万柳区域	普宅	4627
学院路	高档住宅	53319
八达岭高速三四环沿线	普宅	34737
八达岭高速三四环沿线	高档住宅	52911
圆明园、颐和园	普宅	15024
圆明园、颐和园	高档住宅	81045
清河	普宅	21886
西三旗	普宅	25386
西北旺	普宅	22978
菜户营、西罗园	普宅	15432
六里桥	普宅	32259
京石高速三四环沿线	普宅	31679
丰台镇	普宅	25896
马家堡、西马场	普宅	15918
刘家窑、大红门	普宅	27050
新发地	普宅	3762
新发地	高档住宅	33106
王佐镇	普宅	18203
鲁谷、八宝山、老山	普宅	25805

监测区域	类型	均价（元/平方米）
苹果园、八角、金顶街	普宅	20975
五里坨	普宅	19020
城南城北	普宅	14819
城南城北	高档住宅	19293
北七家镇	普宅	16345
北七家镇	高档住宅	28231
小汤山镇	普宅	13261
小汤山镇	高档住宅	22524
回龙观镇	普宅	22243
东小口镇	高档住宅	35530
沙河镇	普宅	14579
黄村镇	普宅	17981
旧宫镇	普宅	11668
西红门镇	普宅	20869
庞各庄镇	普宅	13141
庞各庄镇	高档住宅	28763
采育镇	普宅	8026
魏善镇	普宅	10311
潞城镇	普宅	16252
潞城镇	高档住宅	44940
北苑、玉桥、梨园	普宅	18134
新华、中仓、永顺	普宅	18089
新华、中仓、永顺	高档住宅	30991
马驹桥镇	普宅	17177
台湖镇	普宅	17947
胜利、光明、石园	普宅	16975
天竺镇	普宅	15062
天竺镇	高档住宅	23578
后沙峪镇	普宅	2909
后沙峪镇	高档住宅	15775
马坡镇	普宅	4371
马坡镇	高档住宅	17531
仁和镇	普宅	9183

监测区域	类型	均价（元/平方米）
仁和镇	高档住宅	26826
牛栏山镇	高档住宅	14122
南彩镇	高档住宅	16616
杨镇	普宅	7800
高丽营镇	高档住宅	24701
良乡	普宅	15239
阎村镇	普宅	12215
长阳	普宅	13614
窦店镇	普宅	9981
窦店镇	高档住宅	18264
大峪、龙泉、城子	普宅	21734
平谷城区	普宅	6864
怀柔镇	普宅	14857
怀柔镇	高档住宅	18578
庙城、杨宋镇	普宅	10998
雁栖镇	普宅	11107
密云镇	普宅	5695
密云镇	高档住宅	16575
溪翁庄镇	普宅	2357
溪翁庄镇	高档住宅	16959
延庆镇	普宅	5631
亦庄	普宅	16477
亦庄	高档住宅	26806

第三季度：

监测区域	类型	元/平方米
东直门外	普宅	39713
东北二环内	高档住宅	92303
展览路、月坛	高档住宅	53593
德胜门外	普宅	32880
椿树、广内	高档住宅	33406
陶然亭、白纸坊	普宅	32385

监测区域	类型	元/平方米
CBD	高档住宅	62450
豆各庄、黑庄户	高档住宅	19808
柳芳、左家庄	高档住宅	40639
十八里店	普宅	25842
双井	普宅	46528
四惠、甘露园	普宅	21262
松榆、磨房	普宅	37355
太阳宫	高档住宅	58655
望京、酒仙桥	高档住宅	38193
奥运场馆周边	高档住宅	53259
北苑	普宅	24417
朝阳公园	高档住宅	42313
崔各庄、孙河	普宅	25043
定福庄、管庄	普宅	18814
定福庄、管庄	高档住宅	27888
东八里庄、青年路	普宅	42700
东八里庄、青年路	高档住宅	47109
东坝	普宅	23204
定慧寺	普宅	35365
学院路	普宅	38946
清河	普宅	33041
西北旺	普宅	29512
西北旺	高档住宅	39520
西三旗	普宅	25394
京石高速三四环沿线	普宅	33937
新发地	普宅	34143
丰台镇	普宅	28358
王佐镇	普宅	18307
菜户营、西罗园	高档住宅	37949
鲁谷、八宝山、老山	普宅	27433
苹果园、八角、金顶街	普宅	23402
北苑、玉桥、梨园	普宅	19597
马驹桥镇	普宅	16104

监测区域	类型	元/平方米
宋庄镇	高档住宅	36820
新华、中仓、永顺	普宅	19336
长阳	普宅	14493
窦店镇	普宅	9053
良乡	普宅	13540
阎村镇	普宅	11462
后沙峪镇	普宅	19413
马坡镇	普宅	15312
牛栏山镇	高档住宅	21779
仁和镇	高档住宅	26711
胜利、光明、石园	普宅	16290
天竺镇	普宅	13966
天竺镇	高档住宅	21570
城子、大峪、龙泉	普宅	20481
黄村镇	普宅	21611
旧宫镇	普宅	18852
庞各庄镇	普宅	14132
魏善庄镇	普宅	10185
西红门镇	普宅	20314
采育镇	普宅	10058
怀柔镇	普宅	15161
庙城、扬宋镇	高档住宅	10875
雁栖镇	普宅	11397
密云镇	普宅	8010
溪翁庄镇	高档住宅	15732
城南城北	普宅	15717
东小口镇	普宅	21105
东小口镇	高档住宅	32239
回龙观镇	普宅	21261
沙河镇	普宅	14157
小汤山镇	普宅	13915
小汤山镇	高档住宅	24572
北七家镇	普宅	15841

监测区域	类型	元/平方米
北七家镇	高档住宅	22377
平谷镇	普宅	6370
亦庄	普宅	23160

第四季度：

监测区域	类型	元/平方米
东北二环内	高档住宅	96409
展览路、月坛	高档住宅	48862
椿树、广内	普宅	31054
陶然亭、白纸坊	普宅	35188
CBD	高档住宅	63140
豆各庄、黑庄户	高档住宅	19638
柳芳、左家庄	普宅	38160
十八里店	普宅	18784
双井	普宅	48558
四惠、甘露园	普宅	20900
松榆、磨房	普宅	38678
太阳宫	高档住宅	54622
望京、酒仙桥	普宅	36364
望京、酒仙桥	高档住宅	52706
奥运场馆周边	高档住宅	48889
北苑	普宅	24461
崔各庄、孙河	普宅	26695
定福庄、管庄	普宅	18234
东八里庄、青年路	普宅	23163
东八里庄、青年路	高档住宅	48486
东坝	普宅	22906
定慧寺	普宅	31490
学院路	高档住宅	45467

监测区域	类型	元/平方米
清河	普宅	31366
西北旺	普宅	28947
西北旺	高档住宅	41473
西三旗	普宅	24464
京石高速三四环沿线	普宅	34519
新发地	普宅	33555
丰台镇	普宅	29067
王佐镇	普宅	17445
莱户营、西罗园	高档住宅	36950
鲁谷、八宝山、老山	普宅	26701
苹果园、八角、金顶街	普宅	16738
城南、城北	普宅	13384
城南、城北	高档住宅	19331
东小口镇	高档住宅	30926
回龙观镇	普宅	20067
沙河镇	普宅	16551
小汤山镇	普宅	21373
北七家镇	普宅	16289
北七家镇	高档住宅	22181
黄村镇	普宅	18024
黄村镇	高档住宅	22607
旧宫镇	高档住宅	21587
庞各庄镇	普宅	13600
魏善庄镇	普宅	10389
西红门镇	普宅	19230
采育镇	普宅	9619
北苑、玉桥、梨园	普宅	15443
马驹桥镇	普宅	17127
宋庄镇	高档住宅	20356
新华、中仓、永顺	普宅	16229
潞城镇	普宅	13448
后沙峪镇	普宅	20677
马坡镇	普宅	13878

监测区域	类型	元/平方米
胜利、光明、石园	普宅	15997
天竺镇	普宅	15615
天竺镇	高档住宅	22304
南彩镇	高档住宅	11002
长阳	普宅	14581
窦店镇	普宅	9210
良乡	普宅	15109
闫村镇	普宅	11741
平谷镇	普宅	4910
怀柔镇	普宅	15162
雁栖镇	普宅	9884
密云镇	普宅	9622
密云镇	高档住宅	14247
溪翁庄镇	高档住宅	18049
延庆镇	普宅	11286
亦庄	普宅	21779

附表 33　2011 年存量房指导价格表

单位：元/平方米

序号		2011 年第 1 季度	2011 年第 2 季度	2011 年第 3 季度	2011 年第 4 季度
1	**昌平**				
2	回龙观镇	18922	18642	18535	17544
3	东小口镇	17739	17288	16013	15316
4	温榆河周边地区	15743	16397	16081	15310
5	**朝阳**				
6	来广营、清河营	27223	27548	27718	27381
7	机场高速五环外沿线	17040	16495	17045	17372
8	北苑	23385	22659	23499	23157
9	奥运场馆周边	28689	29012	29397	28314
10	亚运村	28759	29157	28865	28337
11	望京、酒仙桥	25911	26704	25355	24993
12	太阳宫	30639	35772	34741	33191
13	柳芳、左家庄	27895	28917	33172	32400
14	CBD	30168	31389	39164	37706
15	朝阳公园	29426	30090	29194	28800
16	东八里庄、青年路	26644	27314	26540	26188
17	四惠、甘露园	25692	24781	24403	24206
18	东坝	21400	20662	19768	20003
19	定福庄、管庄	19508	19025	18573	18277
20	双桥农场	18553	17212	18243	-
21	双井	30760	32217	31381	29967
22	劲松	24570	25534	24742	23892
23	东南三至四环	22482	25321	29331	28840
24	松榆、磨房	26833	26211	24999	26482
25	东南四至五环沿线	23890	25007	25978	24853
26	豆各庄、黑庄户	20955	20175	19760	18350
27	**大兴**				
28	西红门	17602	16114	15521	15550
29	旧宫	18225	17990	16544	15891
30	大兴城区	16289	15854	15410	14587

序号		2011年第1季度	2011年第2季度	2011年第3季度	2011年第4季度
31	**东城**				
32	安定门外	32634	32600	33494	32257
33	东直门外	34207	34426	35234	33431
34	东北二环内	36929	37706	38889	37818
35	花市、前门	33460	34757	32857	31554
36	天坛、龙潭、体育馆路	28077	29200	33187	31094
37	永外	22589	24207	25663	24056
38	**丰台**				
39	方庄	27303	26097	25850	24483
40	莱户营、西罗园	24354	24690	24382	24122
41	六里桥	28964	26399	26234	26942
42	京石高速三四环沿线	24866	25026	29167	28523
43	梅市口路	25254	25599	25092	23899
44	丰台镇	23248	22654	22188	20888
45	马家堡、西马场	24569	23782	24099	22976
46	刘家窑、大红门	24042	23134	24175	23091
47	南苑	17676	20217	19360	18742
48	新发地	19583	18408	18917	18338
49	世界公园、宛平	18677	19603	18130	17784
50	**海淀**				
51	西三旗	23823	24619	22900	22756
52	清河	24630	23974	23487	22864
53	上地	24549	27815	28106	
54	马连洼	27733	29071	26362	28802
55	西北旺	26917	27550	23068	–
56	圆明园、颐和园	31144	34723	33969	–
57	杏石口路	30397	29829	31619	30857
58	学清路	28704	30445	29129	28081
59	学院路	32486	33126	32454	31329
60	万柳	35748	38016	37558	40288
61	中关村	33294	33866	35249	34880
62	北太平庄	33040	33434	34097	33503
63	紫竹院、甘家口	34234	34500	35660	36147
64	羊坊店、五棵松	34620	31224	31765	31708
65	定慧寺	31889	32146	30859	30995

序号		2011年第1季度	2011年第2季度	2011年第3季度	2011年第4季度
66	永定路	27846	26757	26804	26433
67	**开发区**				
68	亦庄	20023	20111	20095	19296
69	**门头沟**				
70	大峪、龙泉、城子	18267	18481	15698	16019
71	**石景山**				
72	鲁谷、八宝山、老山	25580	25699	25615	24305
73	苹果园、八角、金顶街	21614	22497	22110	21698
74	**顺义**				
75	胜利、光明、石园	14214	13640	13380	13055
76	后沙峪、天竺	18061	19685	20460	19144
77	马坡、牛栏山、高丽营	13072	14150	14181	13255
78	顺义东南部	12553	11846	11632	–
79	**通州**				
80	新华、中仓、永顺	14895	15082	14260	13727
81	通州北苑、玉桥、梨园	16997	15789	15383	14520
82	马驹桥、台湖	15479	14,702	13,747	–
83	宋庄、潞城	14196	14,302	11,305	–
84	**西城**				
85	新街口、什刹海	37919	41506	41501	36508
86	金融街	42615	51466	45481	45665
87	德胜门外	35441	35847	35744	34184
88	展览路、月坛	38393	37329	38111	36451
89	大栅栏、广内	33703	35853	33438	33693
90	陶然亭、白纸坊	31507	32164	29223	28908
91	广外	29060	28659	29125	28512

附表34　2011年租赁房屋指导价格表

单位：元/（平方米·月）

序号		2011年第1季度	2011年第2季度	2011年第3季度	2011年第4季度
1	**昌平**				
2	回龙观镇	31	33	36	35
3	东小口镇	33	33	35	32
4	温榆河周边地区	26	26	27	25
5	**朝阳**				
6	孙河	43	46	44	
7	来广营、清河营	41	43	43	44
8	机场高速五环外沿线	35	35	36	34
9	北苑	43	45	47	45
10	奥运场馆周边	51	52	56	55
11	亚运村	52	54	58	56
12	望京、酒仙桥	48	49	53	52
13	太阳宫	56	59	65	63
14	柳芳、左家庄	53	55	58	57
15	CBD	58	55	64	61
16	朝阳公园	53	57	61	57
17	东八里庄、青年路	46	48	49	50
18	四惠、甘露园	48	49	53	53
19	东坝	29	28	32	31
20	定福庄、管庄	31	35	36	35
21	双桥农场	27	27	26	27
22	双井	56	63	65	62
23	劲松	48	49	51	49
24	东南三至四环	44	53	50	49
25	松榆、磨房	48	51	51	51
26	东南四至五环沿线	41	39	42	40
27	豆各庄、黑庄户	32	31	31	30
28	**大兴**				
29	西红门	27	27	28	28
30	旧宫	31	32	32	30
31	大兴城区	30	29	30	29

序号		2011年第1季度	2011年第2季度	2011年第3季度	2011年第4季度
32	**东城**				
33	安定门外	57	59	64	60
34	东直门外	63	65	69	64
35	东北二环内	60	65	70	69
36	花市、前门	56	59	62	58
37	天坛、龙潭、体育馆路	49	50	55	56
38	永外	43	44	48	45
39	**丰台**				
40	方庄	46	47	49	47
41	菜户营、西罗园	43	43	45	44
42	六里桥	41	42	45	44
43	京石高速三四环沿线	38	40	41	40
44	梅市口路	36	37	40	36
45	丰台镇	37	37	39	38
46	马家堡、西马场	42	44	45	45
47	刘家窑、大红门	40	43	44	42
48	南苑	34	33	37	37
49	新发地	34	35	33	35
50	世界公园、宛平	34	36	35	35
51	**海淀**				
52	西三旗	38	39	41	41
53	清河	40	42	43	44
54	上地	48	53	52	54
55	马连洼	43	46	50	49
56	西北旺	37	36	37	39
57	圆明园、颐和园	61	66	69	65
58	杏石口路	43	48	48	47
59	学清路	51	51	57	53
60	学院路	56	57	63	60
61	万柳	58	60	65	64
62	中关村	62	63	69	66
63	北太平庄	59	61	64	62
64	紫竹院、甘家口	56	60	63	62
65	羊坊店、五棵松	50	53	56	53
66	定慧寺	50	51	55	54

序号		2011年第1季度	2011年第2季度	2011年第3季度	2011年第4季度
67	永定路	43	45	48	45
68	**开发区**				
69	亦庄	40	40	40	37
70	**门头沟**				
71	大峪、龙泉、城子	33	32	33	35
72	**石景山**				
73	鲁谷、八宝山、老山	41	42	44	42
74	苹果园、八角、金顶街	37	37	41	38
75	**顺义**				
76	胜利、光明、石园	24	23	23	23
77	后沙峪、天竺	41	33	34	30
78	**通州**				
79	新华、中仓、永顺	26	24	25	23
80	通州北苑、玉桥、梨园	27	27	28	27
81	马驹桥、台湖	24	24	29	26
82	宋庄、潞城				21
83	**西城**				
84	新街口、什刹海	61	65	70	67
85	金融街	70	70	77	74
86	德胜门外	56	58	62	61
87	展览路、月坛	60	62	67	64
88	大栅栏、广内	55	57	62	61
89	陶然亭、白纸坊	48	50	52	52
90	广外	48	49	52	51

附表35　2011年北京市房地产开发企业名录

序号	证书编号	企业名称	资质证书情况
东城区			
1	建开企［2000］011号	北京首都开发股份有限公司	一级
2	建开企［2002］312号	华纺房地产开发公司	一级
3	建开企［2009］853号	当代节能置业股份有限公司	一级
4	DC-A-0001	北京王府井置业投资有限公司	二级
5	DC-A-0023	北京东方置地投资发展有限公司	二级
6	DC-A-0054	北京京铁房地产开发公司	二级
7	DC-A-5056	中色发展投资有限公司	二级
8	DC-B-0149	北京凯恒房地产有限公司	二级
9	DC-A-7401	北京金隅股份有限公司	二级
10	DC-B-0159	凯德置地（中国）投资有限公司	二级
11	DC-A-0042	北京海晟房地产开发有限公司	三级
12	DC-A-0093	北京中色房地产开发有限公司	三级
13	DC-A-0097	北京中海油房地产开发有限责任公司	三级
14	DC-A-0033	北京东方康泰房地产开发经营有限责任公司	三级
西城区			
1	建开企［2005］483号	金融街控股股份有限公司	一级
2	建开企［2006］582号	北京西都地产发展有限公司	一级
3	建开企［2001］176号	北京城建房地产开发有限公司	一级
4	建开企［2001］165号	北京城市开发集团有限责任公司	一级
5	建开企［2001］184号	北京天恒房地产股份有限公司	一级
6	建开企［2001］178号	北京金隅大成开发有限公司	一级
7	建开企［2009］871号	京能置业股份有限公司	一级
8	建开企［2009］870号	北京市华远置业有限公司	一级
9	建开企［2010］929号	北京兆泰置地（集团）股份有限公司	一级
10	建开企［2011］1069号	中国新型房屋总公司	一级
11	建开企［2001］185号	华润置地（北京）股份有限公司	一级
12	XC-A-0203	北京明阳恒丰房地产开发有限公司	二级
13	XC-A-0220	北京佳友房地产开发公司	二级
14	XC-A-0231	北京德胜投资有限责任公司	二级
15	XC-A-0241	北京荟宏房地产开发有限责任公司	二级
16	XC-A-0259	北京市通达房地产开发建设总公司	二级
17	XC-A-0302	北京世安住房股份有限公司	二级
18	XC-A-0357	国联房地产公司	二级

序号	证书编号	企业名称	资质证书情况
19	XC-A-0371	新华房地产开发公司	二级
20	XC-A-6118	金融街（北京）置业有限公司	二级
21	XC-B-0266	北京敬远房地产开发有限公司	二级
22	XC-A-6142	北京中建恒基建设投资有限公司	二级
23	XC-A-6184	北京国际建设集团有限公司	二级
24	XC-A-6184	北京国际建设集团有限公司	二级
25	XC-A-0233	北京西环置业有限公司	三级
26	XC-A-0206	北京九合创业房地产开发有限公司	三级
27	XC-A-0210	北京市利达汇通房地产开发公司	三级
28	XC-A-0230	北京市兴地房地产经营开发公司	三级
29	XC-A-0249	中国海洋置业公司	三级
30	XC-A-0271	北京盈泰房地产开发有限公司	三级
31	XC-A-0297	北京天创世缘房地产开发有限公司	三级
32	XC-A-0304	北京安福房地产开发有限公司	三级
33	XC-A-0388	中国华联房地产开发公司	三级
34	XC-A-6115	北京天正中广置业有限公司	三级
35	XC-B-0340	北京融金房地产开发有限公司	三级
36	XC-A-6147	北京凯帝克房地产开发有限公司	三级
37	XC-A-6169	北京腾航房地产开发有限公司	三级
崇文区			
1	建开企［2010］977号	北京国瑞兴业地产有限公司	一级
2	建开企［2001］187号	北京正阳恒瑞置业公司	一级
3	建开企［2007］614号	中冶置业集团有限公司	一级
4	CW-A-0518	北京鸿运置业股份有限公司	二级
5	CW-A-0519	北京能源房地产开发有限责任公司	二级
6	CW-A-0550	北京崇文·新世界房地产发展有限公司	二级
7	CW-A-0566	北京天街置业发展有限公司	三级
8	CW-A-0527	百荣投资控股集团有限公司	三级
9	CW-A-7209	北京和达创建置业有限公司	三级
10	CW-A-0524	北京市丽水嘉园房地产开发有限公司	三级
宣武区			
1	建开企［2001］186号	北京广安置业投资公司	一级
2	建开企［2008］739号	茂华控股集团有限公司	一级
3	建开企［2001］177号	北京建工集团有限责任公司	一级
4	建开企［2001］181号	北京新中实经济发展有限责任公司	一级

序号	证书编号	企业名称	资质证书情况
5	XW-A-0409	北京永同昌房地产开发有限公司	二级
6	XW-A-0418	北京中实恒业房地产开发有限责任公司	二级
7	XW-A-0432	北京裕昌置业股份有限公司	二级
8	XW-A-0435	北京润博房地产开发有限公司	二级
9	XW-A-0450	北京裕泰达房地产开发有限公司	二级
10	XW-A-0461	北京宣兴房地产开发股份有限公司	二级
11	XW-A-0468	壹瓶房地产开发（北京）有限公司	二级
12	WX-A-5304	恒迅科创（北京）置业有限公司	二级
13	XW-A-5306	北京中信房地产有限公司	二级
14	XW-B-0484	北京鲁能陶然房地产开发有限公司	二级
15	XW-A-0413	北京世纪鸿房地产开发有限责任公司	三级
16	XW-A-0416	北京市天叶房地产开发公司	三级
17	XW-A-0438	北京科林房地产开发有限公司	三级
18	XW-A-0443	北京军华房地产开发有限公司	三级
19	XW-A-0464	北京华电房地产开发有限责任公司	三级
20	XW-A-5349	北京陶然房地产开发有限责任公司	三级
21	XW-A-0495	北京市二商集团有限责任公司	三级
22	XW-A-5305	未来建设集团有限公司	三级
23	XW-A-5315	北京恒嘉置业有限公司	三级
24	XW-A-0492	北京盛邦基业房地产开发有限公司	三级
25	XW-A-5343	北京轻工房地产开发有限公司	三级
26	XW-A-0474	北京房开置业股份有限公司	三级
27	XW-A-5343	北京轻工房地产开发有限公司	三级
朝阳区			
1	建开企［2005］515 号	北京天鸿房地产开发有限责任公司	一级
2	建开企［2009］898 号	北京富华园房地产开发有限公司	一级
3	建开企［2001］167 号	远洋地产有限公司	一级
4	建开企［2002］309 号	北京华汇房地产开发中心	一级
5	建开企［2006］537 号	华瀚投资集团有限公司	一级
6	建开企［2001］175 号	北京住总房地产开发有限责任公司	一级
7	建开企［2004］452 号	北京金隅嘉业房地产开发有限公司	一级
8	建开企［2007］675 号	北京富力城房地产开发有限公司	一级
9	建开企［2007］676 号	北京万方源房地产开发有限公司	一级
10	建开企［2009］829 号	山水文园凯亚房地产开发有限公司	一级
11	建开企［2003］381 号	北京北辰实业股份有限公司	一级

序号	证书编号	企业名称	资质证书情况
12	建开企［2007］730号	中信房地产股份有限公司	一级
13	建开企［2002］360号	亚太房地产开发集团股份有限公司	一级
14	建开企［2010］915号	北京嘉源置业投资有限公司	一级
15	建开企［2010］931号	国奥投资发展有限公司	一级
16	建开企［2010］953号	北京奥林匹克置业投资有限公司	一级
17	建开企［2010］955号	中建国际发展股份有限公司	一级
18	建开企［2011］1068号	北京嘉益德房地产开发有限公司	一级
19	CY-A-0871	北京冠城正业房地产开发有限公司	二级
20	CY-A-6099	北京润泽庄苑房地产开发有限公司	二级
21	CY-B-0863	北京合生北方房地产开发有限公司	二级
22	CY-A-0692	北京华瀛置业房地产开发有限公司	二级
23	CY-A-0703	北京电子城有限责任公司	二级
24	CY-A-0717	北京新天朝来房地产开发有限公司	二级
25	CY-B-0722	北京香江兴利房地产开发有限公司	二级
26	CY-A-0739	北京市朝阳城市建设综合开发公司	二级
27	CY-A-0795	北京世纪华侨城实业有限公司	二级
28	CY-A-0811	北京京通天泰房地产开发有限公司	二级
29	CY-B-0834	北京通盈房地产开发有限公司	二级
30	CY-A-0856	北京博成房地产有限公司	二级
31	CY-A-0875	北京商务中心区开发建设有限责任公司	二级
32	CY-A-3622	北京天运房地产综合开发经营有限责任公司	二级
33	CY-A-3635	北京冠城新泰房地产开发有限公司	二级
34	CY-A-3642	北京中联置地房地产开发有限公司	二级
35	CY-B-3648	北京世源光华房地产开发有限公司	二级
36	CY-A-3718	北京达义北方置业有限公司	二级
37	CY-B-3720	北京泛海信华置业有限公司	二级
38	CY-B-3724	北京奥中兴业房地产开发有限公司	二级
39	CY-A-3753	北京恒兴置地房地产有限公司	二级
40	CY-A-3760	北京硕和房地产开发有限公司	二级
41	CY-A-3768	北京金远房地产开发集团有限公司	二级
42	CY-A-3776	北京安联置业发展有限公司	二级
43	CY-B-3780	北京东环望京房地产有限公司	二级
44	CY-A-3796	北京新奥集团有限公司	二级
45	CY-A-5928	北京新安能置业有限公司	二级
46	CY-A-5979	北京政泉置业有限公司	二级

序号	证书编号	企业名称	资质证书情况
47	CY-A-6006	北京首城置业有限公司	二级
48	CY-A-5941	北京国际商务中心区开发建设有限公司	二级
49	CY-A-5949	北京住总集团有限责任公司	二级
50	CY-A-3782	北京世博宏业房地产开发有限公司	二级
51	CY-A-0615	北京金朝城乡建设开发股份有限公司	二级
52	CY-A-7018	北京东方信远房地产开发有限公司	二级
53	CY-A-7036	北京房地置业发展有限公司	二级
54	CY-A-0604	北京京朝房地产开发有限公司	二级
55	CY-A-7079	北京房地集团有限公司	二级
56	CY-A-0643	北京旭日房地产开发有限责任公司	三级
57	CY-A-0663	北京优孚房地产开发有限公司	三级
58	CY-A-0685	北京财富花园房地产开发有限公司	三级
59	CY-A-0716	北京柏宏房地产开发有限公司	三级
60	CY-A-0719	北京市绿化隔离地区基础设施开发建设有限公司	三级
61	CY-A-0767	北京顺长房地产开发有限公司	三级
62	CY-B-0780	北京太平洋城房地产开发有限公司	三级
63	CY-A-0783	北京市朝阳区房地产经营开发公司	三级
64	CY-A-0790	北京天翌房地产开发有限责任公司	三级
65	CY-A-0810	北京柏基置业有限公司	三级
66	CY-B-0829	北京合生绿洲房地产开发有限公司	三级
67	CY-A-0844	北京大洋房地产开发有限公司	二级
68	CY-A-0850	北京麒麟房地产开发有限责任公司	三级
69	CY-A-0857	民福置业集团有限公司	三级
70	CY-B-0862	北京合生愉景房地产开发有限公司	三级
71	CY-A-0870	北京方晟房地产开发有限责任公司	三级
72	CY-A-7020	北京鑫丰物业发展有限公司	三级
73	CY-A-0899	北京中关村电子城建设有限公司	三级
74	CY-A-3694	北京特尔特置业有限公司	三级
75	CY-A-3710	北京浙金都房地产开发有限公司	三级
76	CY-A-3800	北京世纪恒成建设开发有限公司	三级
77	CY-A-5909	北京翔鸣房地产开发有限公司	三级
78	CY-A-5924	北京东方瑞平房地产开发有限公司	三级
79	CY-A-5927	北京市朝阳万科房地产开发有限公司	三级
80	CY-A-5937	北京天伦房地产有限公司	三级
81	CY-B-5943	北京新松房地产开发有限公司	三级

序号	证书编号	企业名称	资质证书情况
82	CY-A-5945	北京高盛华房地产开发有限公司	三级
83	CY-A-6026	北京时代风尚房地产开发有限公司	三级
84	CY-A-6039	北京市双建房地产开发有限公司	三级
85	CY-B-6040	北京国隆置业有限公司	三级
86	CY-A-0854	北京兆通置地房地产股份有限公司	三级
87	CY-B-5921	北京京汇房地产开发有限公司	三级
88	CY-A-5933	北京山水居房地产开发有限公司	三级
89	CY-B-6046	北京利星房地产开发有限公司	三级
90	CY-A-6075	北京天鸿置业有限公司	三级
91	CY-A-6085	北京中关村开发建设股份有限公司	三级
92	CY-A-6093	北京建工置地有限责任公司	三级
93	CY-A-7015	富力（北京）地产开发有限公司	三级
94	CY-A-6055	北京华贸奥苑房地产开发有限公司	三级
95	CY-A-0840	北京鼎新基业房地产开发有限公司	三级
96	CY-A-7051	北京信远时代房地产开发有限公司	三级
97	CY-A-0624	北京华恩房地产开发有限公司	三级
98	CY-A-0614	北京新华联恒业房地产开发有限公司	三级
99	CY-A-0601	首创朝阳房地产发展有限公司	三级
100	CY-A-6041	北京华松房地产开发有限责任公司	三级
101	CY-A-0623	北京朝来绿色家园房地产开发有限公司	三级
海淀区			
1	建开企［2007］645号	北京宝晟住房股份有限公司	一级
2	建开企［2005］505号	北京万通地产股份有限公司	一级
3	建开企［2007］685号	北京金源鸿大房地产有限公司	一级
4	建开企［2001］180号	北京高校房地产开发总公司	一级
5	建开企［2007］648号	北京城建投资发展股份有限公司	一级
6	建开企［2002］346号	北京城建兴华地产有限公司	一级
7	建开企［2008］770号	北京科技园建设(集团)股份有限公司	一级
8	建开企［2004］457号	北京威凯建设发展有限责任公司	一级
9	建开企［2006］593号	永泰房地产（集团）有限公司	一级
10	建开企［2007］651号	中国水电建设集团房地产有限公司	一级
11	建开企［2001］283号	华通置业有限公司	一级
12	HD-A-0928	北京泰跃房地产开发有限责任公司	二级
13	HD-A-0951	北京市京门房地产开发公司	二级
14	HD-A-0980	北京德成置地房地产开发有限公司	二级

序号	证书编号	企业名称	资质证书情况
15	HD-A-0991	北京万景房地产开发有限责任公司	二级
16	HD-A-1000	北京德成兴业房地产开发有限公司	二级
17	HD-A-1001	融科智地房地产股份有限公司	二级
18	HD-A-1022	北京实创科技园开发建设股份有限公司	二级
19	HD-A-1032	北京实创房地产开发公司	二级
20	HD-A-1073	北京中关村科学城建设股份有限公司	二级
21	HD-A-3818	北方房地产开发有限责任公司	二级
22	HD-A-3825	北京中坤长业房地产开发有限公司	二级
23	HD-A-3835	北京首开立信置业股份有限公司	二级
24	HD-A-3863	北京罗兰德房地产开发有限公司	二级
25	HD-A-5436	北京三元嘉业房地产开发有限公司	二级
26	HD-A-5437	北京嘉润鸿达置业有限公司	二级
27	HD-A-5472	中国新兴置业公司	二级
28	HD-A-5488	五矿置业有限公司	二级
29	HD-A-5494	北京世博伟业房地产开发有限公司	二级
30	HD-A-6508	北京科技园置地有限公司	二级
31	HD-A-6544	北京元亨房地产开发有限公司	二级
32	HD-A-3843	北京辉煌世纪房地产开发有限公司	二级
33	HD-A-5477	北京亿城山水房地产开发有限公司	二级
34	HD-A-5445	中国电子产业开发公司	二级
35	HD-A-6562	北京中凯置业有限公司	二级
36	HD-A-5417	北京首钢融创置地有限公司	二级
37	HD-A-0992	北京海开房地产集团有限责任公司	二级
38	HD-A-0995	北京市云建房地产开发有限责任公司	二级
39	HD-A-7735	北京理想产业发展有限公司	二级
40	HD-A-0954	北京市安达房地产开发公司	三级
41	HD-A-0963	北京中雅房地产开发有限公司	三级
42	HD-A-1045	北京京师大房地产开发有限责任公司	三级
43	HD-A-1074	北京科技园置业股份有限公司	三级
44	HD-B-1093	北京鼎固房地产开发有限公司	三级
45	HD-B-1098	北京海天房地产开发有限公司	三级
46	HD-A-3830	北京象地房地产开发有限公司	三级
47	HD-A-3856	北京中冠房地产开发有限公司	三级
48	HD-A-3867	北京海湾京城房地产开发有限公司	三级
49	HD-A-5427	北京实创环保发展有限公司	三级

序号	证书编号	企业名称	资质证书情况
50	HD-A-6521	北京西山产业投资有限公司	三级
51	HD-A-0935	北京市鲁艺房地产开发有限责任公司	三级
52	HD-A-5498	中铁六局集团北京置业有限公司	三级
53	HD-A-3876	北京五棵松文化体育中心有限公司	三级
54	HD-A-6569	北京绿宸房地产开发有限公司	三级
55	HD-A-6526	北京中基宏源房地产开发有限公司	三级
56	HD-A-3854	北京中关村软件园发展有限责任公司	三级
57	HD-A-0905	北京同方房地产开发有限公司	三级
丰台区			
1	建开企［2009］895号	北京鸿基世业房地产开发有限公司	一级
2	建开企［2009］894号	保利（北京）房地产开发有限公司	一级
3	建开企［2001］190号	北京市丰台区城市建设综合开发公司	一级
4	建开企［2007］686号	北京万年花城房地产开发有限责任公司	一级
5	建开企［2008］809号	北京中筑置业有限公司	一级
6	建开企［2007］653号	北京懋源房屋开发有限公司	一级
7	建开企［2007］654号	北京金泰房地产开发有限责任公司	一级
8	建开企［2007］687号	中铁置业集团有限公司	一级
9	建开企［2010］914号	北京玺萌置业有限公司	一级
10	FT-A-1106	北京丰台科技园建设发展有限公司	二级
11	FT-A-1110	北京润通房地产开发有限责任公司	二级
12	FT-A-1117	北京市新时特房地产开发有限公司	二级
13	FT-A-1123	北京市丰台区鸿华房地产开发经营公司	二级
14	FT-A-1129	北京银地房地产开发有限责任公司	二级
15	FT-A-1130	北京市永联房地产开发有限责任公司	二级
16	FT-A-1136	北京东兴联房地产开发有限责任公司	二级
17	FT-A-1138	泛华工程有限公司	二级
18	FT-A-1147	北京市华世房地产开发有限公司	二级
19	FT-A-1180	北京龙腾房地产开发有限公司	二级
20	FT-A-4016	中铁华丰（北京）房地产开发有限公司	二级
21	FT-A-4033	北京新鸿基盛城置业集团有限公司	二级
22	FT-A-4035	泛华建设集团有限公司	二级
23	FT-A-4095	北京恒政通房地产开发管理有限责任公司	二级
24	FT-A-4096	国润建设集团有限公司	二级
25	FT-A-6206	北京首开亿信置业股份有限公司	二级
26	FT-A-6225	北京富通基业房地产有限责任公司	二级

序号	证书编号	企业名称	资质证书情况
27	FT-B-1152	北京怡海花园房地产开发有限公司	二级
28	FT-B-4010	北京中关村丰台园道丰科技商务园建设发展有限公司	二级
29	FT-A-6242	北京顺驰置地丰润房地产开发有限公司	二级
30	FT-A-4083	北京国美商都建设开发有限公司	二级
31	FT-A-1183	北京南宫恒业房地产开发有限公司	二级
32	FT-A-1131	华凯投资集团有限公司	二级
33	FT-A-1113	北京世纪景房地产开发有限公司	三级
34	FT-A-1119	北京创世愿景房地产开发有限公司	三级
35	FT-A-1122	中建一局集团房地产开发有限公司	三级
36	FT-A-1167	北京华诚达房地产开发有限公司	三级
37	FT-A-1169	北京宏基源房地产开发有限公司	三级
38	FT-A-1178	北京恒旭房地产开发有限公司	三级
39	FT-A-4023	北京匠心置业有限公司	三级
40	FT-A-4027	北京京大昆仑房地产开发有限公司	三级
41	FT-A-4063	北京寅丰房地产开发有限责任公司	三级
42	FT-A-4069	北京永翌置业有限公司	三级
43	FT-A-6243	北京金万墅房地产开发有限责任公司	三级
44	FT-A-4005	北京丰泰新房地产开发有限责任公司	三级
45	FT-A-4062	北京鹏睿房地产开发有限公司	三级
46	FT-A-4072	北京金兰甫房地产开发有限公司	三级
47	FT-A-6254	北京中建地产有限责任公司	三级
石景山区			
1	建开企［2001］191号	北京石开房地产开发有限公司	一级
2	建开企［2007］694号	北京首钢房地产开发有限公司	一级
3	建开企［2007］808号	京汉置业集团股份有限公司	一级
4	建开企［2007］729号	中铁房地产集团有限公司	一级
5	SJ-A-1202	北京实兴腾飞置业发展公司	二级
6	SJ-A-1207	北京八大处房地产开发有限公司	二级
7	SJ-A-1223	北京东和伟业房地产开发有限公司	二级
8	SJ-A-6346	北京京奥港房地产开发有限责任公司	二级
9	SJ-A-1206	北京盛世兆业房地产开发有限责任公司	三级
10	SJ-A-1217	北京物美置地房地产开发有限公司	三级
11	SJ-A-1227	中昂地产（集团）有限公司	三级
12	SJ-A-6307	北京燕金源置业有限公司	三级
13	SJ-A-6343	北方万坤置业有限公司	三级

序号	证书编号	企业名称	资质证书情况
门头沟区			
1	建开企［2003］362 号	北京国信嘉业房地产开发有限公司	一级
2	MT-A-1552	北京颐德房地产开发有限公司	二级
3	MT-A-1592	北京峻成房地产开发有限责任公司	二级
4	MT-A-1620	北京新兴建业房地产开发有限公司	二级
5	MT-A-1626	北京昊泰房地产开发有限公司	二级
6	MT-A-1551	北京雅世置业有限公司	三级
7	MT-A-1559	北京石龙经济开发区投资开发有限公司	三级
8	MT-A-1571	北京中协诚达房地产开发有限公司	三级
9	MT-A-1601	北京天平房地产开发经营有限责任公司	三级
10	MT-A-1671	北京市祺洋房地产开发有限责任公司	三级
11	MT-A-5223	华岳原林投资（北京）有限公司	三级
平谷区			
1	建开企［2003］361 号	北京嘉铭房地产开发有限责任公司	一级
2	建开企［2008］805 号	北京嘉轩房地产开发有限公司	一级
3	建开企［2008］806 号	北京金第房地产开发有限责任公司	一级
4	建开企［2008］807 号	北京天润置地房地产开发（集团）有限公司	一级
5	建开企［2005］504 号	北京城乡房屋建设开发有限责任公司	一级
6	建开企［2007］683 号	北京金都房地产实业股份有限公司	一级
7	建开企［2009］854 号	北京润丰房地产开发有限公司	一级
8	PG-A-2506	北京强佑房地产开发有限公司	二级
9	PG-A-2554	北京东方依水源房地产开发有限公司	二级
10	PG-A-2629	北京乾元房地产开发有限公司	二级
11	PG-A-2702	北京福环房地产开发有限公司	二级
12	PG-A-2728	四海捷高(北京)置业有限公司	二级
13	PG-A-3401	北京住总正华开发建设集团有限公司	二级
14	PG-A-3476	北京庄子天运房地产开发有限公司	二级
15	PG-A-3538	北京达义兴业房地产开发有限公司	二级
16	PG-A-3554	北京华油房地产开发有限公司	二级
17	PG-A-3572	北京中弘投资有限公司	二级
18	PG-A-2506	北京强佑房地产开发有限公司	二级
19	PG-A-2554	北京东方依水源房地产开发有限公司	二级
20	PG-A-2629	北京乾元房地产开发有限公司	二级
21	PG-A-2702	北京福环房地产开发有限公司	二级
22	PG-A-2510	北京融利达房地产开发有限公司	三级

序号	证书编号	企业名称	资质证书情况
23	PG-A-5191	北京倚基土地开发有限公司	三级
24	PG-A-2555	北京城建正裕达房地产开发有限公司	三级
25	PG-A-2588	北京泰格经济开发公司	三级
26	PG-A-2685	北京贝迪克集团	三级
27	PG-A-2720	北京首建建设有限责任公司	三级
28	PG-A-2753	北京林河兴业房地产开发有限公司	三级
29	PG-A-2773	北京龙洋房地产开发有限责任公司	三级
30	PG-A-5133	北京建机天润房地产开发有限公司	三级
31	PG-A-5151	北京中弘兴业房地产开发有限公司	三级
32	PG-A-2614	融合置地有限公司	三级
33	PG-A-5178	北京市东湖房地产有限公司	三级
大兴区			
1	建开企［2011］1097号	北京鸿坤伟业房地产开发有限公司	一级
2	建开企［2001］193号	北京市大兴城镇建设综合开发集团公司	一级
3	建开企［2006］589号	和泓置地集团有限公司	一级
4	建开企［2007］724号	北京春光房地产开发有限公司	一级
5	建开企［2007］660号	北京华润曙光房地产开发有限公司	一级
6	DX-A-1772	北京艺苑房地产开发有限责任公司	二级
7	DX-A-1950	北京顺驰置地达兴房地产开发有限公司	二级
8	DX-A-5815	北京金色时枫房地产开发有限公司	二级
9	DX-A-5844	北京金融街奕兴置业有限公司	二级
10	DX-A-5829	北京合润泰房地产开发有限公司	二级
11	DX-A-1751	北京兴广厦房地产开发有限责任公司	三级
12	DX-A-1752	北京京南住房开发有限责任公司	三级
13	DX-A-1761	北京兴集房地产开发有限公司	三级
14	DX-A-1767	北京儒林房地产开发有限责任公司	三级
15	DX-A-1771	北京兴创房地产开发有限公司	三级
16	DX-A-1774	北京兴红顺房地产开发有限公司	三级
17	DX-A-1777	北京美晟房地产开发有限责任公司	三级
18	DX-A-1778	北京宣颐房地产开发有限责任公司	三级
19	DX-A-1791	北京大兴华房地产集团	三级
20	DX-A-1792	北京鑫起达房地产开发有限责任公司	三级
21	DX-A-1793	北京首创风度房地产开发有限责任公司	三级
22	DX-A-1802	北京爱达星房地产开发有限公司	三级
23	DX-A-1816	北京彼德房地产开发有限公司	三级

序号	证书编号	企业名称	资质证书情况
24	DX-A-1840	北京龙熙房地产开发有限责任公司	三级
25	DX-A-1845	北京育龙房地产开发有限责任公司	三级
26	DX-A-1854	北京银信兴业房地产开发有限公司	三级
27	DX-A-1855	北京军建利司达房地产开发有限公司	三级
28	DX-A-1879	北京银海房地产开发有限公司	三级
29	DX-A-1898	北京中坤锦绣房地产开发有限公司	三级
30	DX-A-1948	北京旭东置业有限公司	三级
31	DX-A-1973	北京兴基伟业置业有限公司	三级
32	DX-A-1984	恒盛合天和信(北京)房地产开发有限公司	三级
33	DX-A-5811	北京力迅房地产开发有限公司	三级
34	DX-A-1784	北京兴涛房地产开发有限责任公司	三级
顺义区			
1	建开企[2001]194号	北京市大龙房地产开发有限公司	一级
2	建开企[2006]566号	北京建升房地产开发有限公司	一级
3	建开企[2007]629号	北京甄氏房地产开发集团有限公司	一级
4	建开企[2008]750号	北京泰福恒投资发展有限公司	一级
5	建开企[2007]725号	北京仁和日升房地产有限公司	一级
6	建开企[2006]527号	北京万科企业有限公司	一级
7	建开企[2010]979号	北京东方太阳城房地产开发有限责任公司	一级
8	建开企[2011]1030号	北京顺鑫佳宇房地产开发有限公司	一级
9	建开企[2011]1067号	北京顺义新城建设开发有限公司	一级
10	SY-A-2402	北京市天竺房地产开发公司	二级
11	SY-A-2403	北京天源房地产开发有限公司	二级
12	SY-A-2410	北京英才房地产开发有限公司	二级
13	SY-A-2424	北京宏城房地产开发有限公司	二级
14	SY-A-2466	北京宏顺兴房地产开发有限公司	二级
15	SY-A-2481	北京空港天恒房地产开发有限公司	二级
16	SY-A-2483	北京龙湖置业有限公司	二级
17	SY-A-4685	北京首都机场房地产有限公司	二级
18	SY-A-6412	北京实力房地产开发有限公司	二级
19	SY-A-6420	首都机场地产集团有限公司	二级
20	SY-A-6413	北京东方家园房地产开发有限公司	二级
21	SY-A-6445	北辰正方建设集团有限公司	二级
22	SY-A-2404	北京隆华广厦房地产开发有限公司	三级
23	SY-A-2418	北京碧水源房地产开发有限公司	三级

序号	证书编号	企业名称	资质证书情况
24	SY-A-2454	北京新城房地产开发有限公司	三级
25	SY-A-2475	北京英诚房地产开发有限公司	三级
26	SY-A-2476	北京渔阳兴顺房地产开发公司	三级
27	SY-A-2490	北京大地林肯房地产开发有限公司	三级
28	SY-A-2498	中国航空集团建设开发有限公司	三级
29	SY-A-4615	北京金房房地产开发有限公司	三级
30	SY-A-4618	北京京泰鸿地产开发有限公司	三级
31	SY-B-4619	北京丽来房地产开发有限公司	三级
32	SY-A-4620	北京天竺空港工业开发公司	三级
33	SY-A-4622	北京空港天瑞置业投资有限公司	三级
34	SY-A-7915	北京银座合智房地产开发有限公司	三级
35	SY-A-4686	北京东君房地产开发有限公司	三级
36	SY-A-6426	北京龙湖庆华置业有限公司	三级
37	SY-A-4630	华龙置业房地产开发有限公司	三级
密云县			
1	建开企［2007］727号	凤凰城房地产开发集团有限公司	一级
2	建开企［2006］587号	北京方恒置业股份有限公司	一级
3	建开企［2002］311号	北京市密云县房地产开发总公司	一级
4	MY-A-3053	北京双全房地产开发有限公司	二级
5	MY-A-3135	北京兴源房地产开发有限公司	二级
6	MY-A-4315	通用地产有限公司	二级
7	MY-A-4471	北京九洲房地产综合开发有限责任公司	二级
8	MY-A-4561	北京中恒房地产开发有限公司	二级
9	MY-A-4576	北京慧诚房地产开发有限公司	二级
10	MY-A-X0138	北京泰益德置业集团有限公司	二级
11	MY-A-3007	北京海城房地产开发集团有限公司	三级
12	MY-A-3012	北京世豪房地产开发有限责任公司	三级
13	MY-A-3079	北京鸿润房地产开发有限公司	三级
14	MY-A-3094	北京晨枫房地产开发有限公司	三级
15	MY-A-3136	北京亿城房地产开发有限公司	三级
16	MY-A-3169	北京中海宏洋地产有限公司	三级
17	MY-A-3177	北京中加伟业房地产开发有限公司	三级
18	MY-A-4355	北京顺兴广厦房地产开发有限公司	三级
19	MY-A-4366	北京飞勇恒基置业有限责任公司	三级
20	MY-A-4397	北京世博元房地产开发有限公司	三级

序号	证书编号	企业名称	资质证书情况
21	MY-A-4482	北京天泽锦程房地产开发有限公司	三级
22	MY-A-4517	北京市一正房地产开发有限公司	三级
23	MY-A-4521	北京三义房地产开发有限公司	三级
24	MY-A-6677	北京鸿坤基业房地产开发有限公司	三级
25	MY-A-4575	北京振兴华房地产开发有限公司	三级
26	MY-B-3120	北京美迪亚置业有限公司	三级
27	MY-A-3072	北京豪景苑房地产有限公司	三级
28	MY-A-3131	北京恒鑫房地产开发有限公司	三级
29	MY-A-6601	美林房地产开发集团有限公司	三级
30	MY-B-3137	北京三九建业房地产开发有限公司	三级
31	MY-A-3006	北京烨庆房地产开发有限公司	三级
房山区			
1	建开企［2010］976号	北京华风腾龙房地产开发有限公司	一级
2	建开企［2001］195号	北京昊远隆基房地产开发总公司	一级
3	建开企［2007］628号	北京集达房地产开发有限公司	一级
4	建开企［2009］828号	北京日兴房地产开发有限公司	一级
5	建开企［2010］954号	北京福洲房地产开发有限公司	一级
6	FS-A-1327	北京玺萌房地产开发有限公司	二级
7	FS-A-1327	北京玺萌房地产开发有限公司	二级
8	FS-A-1327	北京玺萌房地产开发有限公司	二级
9	FS-A-1327	北京玺萌房地产开发有限公司	二级
10	FS-A-1329	北京金恒通房地产开发有限公司	二级
11	FS-A-1363	北京森阳房地产开发有限责任公司	二级
12	FS-A-1365	北京高盛房地产开发有限公司	二级
13	FS-A-1385	北京汇金房地产开发有限公司	二级
14	FS-A-1409	北京中铁华升房地产开发有限责任公司	二级
15	FS-A-1440	北京万达广场房地产开发有限公司	二级
16	FS-A-1508	北京玉亭房地产开发有限公司	二级
17	FS-A-1533	北京瑞雪春堂房地产有限公司	二级
18	FS-A-1378	北京市泰华房地产开发集团有限公司	二级
19	FS-A-1324	北京市鸿翔房地产开发有限责任公司	三级
20	FS-A-1326	北京永兴达房地产开发有限公司	三级
21	FS-A-1328	北京靠山居房地产开发有限公司	三级
22	FS-A-1332	北京祥龙房地产开发有限公司	三级
23	FS-A-1339	北京锦秋知春房地产开发有限公司	三级

序号	证书编号	企业名称	资质证书情况
24	FS-A-1351	汇豪实业投资有限公司	三级
25	FS-A-1364	北京田家园房地产开发有限公司	三级
26	FS-A-1388	北京紫都置业发展集团有限公司	三级
27	FS-B-1406	北京荣丰房地产开发有限公司	三级
28	FS-B-1450	北京锦绣花园投资发展有限公司	三级
29	FS-A-1495	北京地杰昌盛置业投资有限公司	三级
30	FS-A-6817	中铁嘉业（北京）投资有限公司	三级
怀柔区			
1	建开企［2009］852 号	北京星泰房地产开发有限公司	一级
2	HR-A-2802	北京宏怀房地产开发有限公司	二级
3	HR-B-2966	北京万置房地产开发有限公司	二级
4	HR-B-4208	首创置业股份有限公司	二级
5	HR-A-4209	北京玉泉新城房地产开发有限公司	二级
6	HR-A-4256	北京中鑫源房地产开发集团有限公司	二级
7	HR-A-2803	北京慧友房地产开发有限责任公司	三级
8	HR-A-2804	北京大地房地产开发有限责任公司	三级
9	HR-A-2818	北京京北鑫民房地产开发有限公司	三级
10	HR-A-2850	北京山天置业有限公司	三级
11	HR-A-2876	北京银科房地产开发有限公司	三级
12	HR-A-2903	北京远坤房地产开发有限公司	三级
13	HR-A-2908	华睿房地产开发有限公司	三级
14	HR-A-2937	北京金地兴业房地产有限公司	三级
15	HR-A-2948	北京佳汇房地产开发有限公司	三级
16	HR-B-2985	北京京伯房地产开发有限公司	三级
17	HR-A-4207	北京市凯龙房地产开发有限公司	三级
18	HR-A-4231	北京阳光金都置业有限公司	三级
19	HR-A-4247	北京华安泰房地产开发有限公司	三级
20	HR-A-4274	北京国融置业有限公司	三级
21	HR-A-2822	北京晨益房地产开发有限责任公司	三级
22	HR-A-4279	北京中鸿房地产开发有限公司	三级
昌平区			
1	建开企［2010］978 号	北京罗顿沙河建设发展有限公司	一级
2	建开企［2007］615 号	北京新龙房地产开发有限公司	一级
3	建开企［2006］585 号	北京百环房地产实业有限公司	一级
4	建开企［20002］305 号	顺天通房地产开发集团有限公司	一级

序号	证书编号	企业名称	资质证书情况
5	建开企［2007］693号	北京中联亚房地产开发有限公司	一级
6	CP-A-2002	北京市昌平房地产开发总公司	二级
7	CP-A-2035	北京碧水庄园房地产开发有限公司	二级
8	CP-A-2057	北京翰宏基业房地产开发有限公司	二级
9	CP-A-2074	顺驰置地(北京)房地产开发有限公司	二级
10	CP-A-2076	北京昌信回龙园别墅有限公司	二级
11	CP-A-2107	北京新领域房地产开发有限公司	二级
12	CP-A-2132	北京铭嘉房地产开发有限公司	二级
13	CP-A-2144	北京天鸿嘉诚房地产开发有限公司	二级
14	CP-A-2149	北京时光房地产开发有限公司	二级
15	CP-A-2171	北京佰嘉置业有限公司	二级
16	CP-A-2008	北京市八仙房地产开发有限责任公司	三级
17	CP-A-2022	北京兆恒房地产开发有限公司	三级
18	CP-A-2025	北京中关村国际商城发展有限公司	三级
19	CP-A-2039	北京世涛基业房地产开发有限公司	三级
20	CP-A-2040	北京肆维基业房地产开发有限责任公司	三级
21	CP-A-2068	北京天元广建房地产开发有限公司	三级
22	CP-A-2101	北京鸿安兴业房地产开发有限公司	三级
23	CP-A-2160	北京中关村生命科学园发展有限责任公司	三级
24	CP-A-2204	北京兴昌高科技发展总公司	三级
25	CP-A-2136	龙德置地有限公司	三级
26	CP-A-2194	北京金环房地产开发有限公司	三级
27	CP-A-6719	北京未来科技城开发建设有限公司	三级
延庆县			
1	建开企［2006］588号	北京翔峰房地产开发有限公司	一级
2	YQ-A-3204	北京市广厦房地产开发公司	二级
3	YQ-A-3208	北京京西北房地产开发集团有限公司	二级
4	YQ-A-3252	北京龙庆房地产开发有限公司	二级
5	YQ-A-3296	北京光辉伟业房地产开发有限公司	二级
6	YQ-A-3222	北京光华建业房地产开发有限公司	三级
7	YQ-A-3255	北京正鹏房地产开发有限公司	三级
8	YQ-A-3285	北京正华致远房地产投资有限公司	三级
9	YQ-A-3292	北京宝业恒基投资有限公司	三级
10	YQ-A-3293	北京蓝德汇丰房地产开发有限公司	三级
11	YQ-A-5608	北京正江房地产开发有限公司	三级

序号	证书编号	企业名称	资质证书情况
通州区			
1	建开企［2011］1099号	北京珠江房地产开发有限公司	一级
2	建开企［2011］1070号	北京新华联置地有限公司	一级
3	TZ-A-2351	北京瑞景房地产开发有限公司	二级
4	TZ-A-5718	北京鹏润房地产开发有限责任公司	二级
5	TZ-A-2266	北京新华联伟业房地产有限公司	二级
6	TZ-B-2296	北京新华联房地产开发有限公司	二级
7	TZ-B-2298	北京武夷房地产开发有限公司	二级
8	TZ-B-2347	北京津华通达房地产开发有限公司	二级
9	TZ-A-2263	北京市欣达园房地产开发有限公司	二级
10	TZ-A-2350	北京顺华房地产开发有限公司	二级
11	TZ-A-2363	北京天旭运河房地产开发有限责任公司	二级
12	TZ-A-4110	北京华成通房地产有限公司	二级
13	TZ-A-6904	北京京投置地房地产有限公司	二级
14	TZ-A-4193	曼城置业（北京）有限公司	二级
15	TZ-A-5719	北京五河房地产开发有限公司	二级
16	TZ-A-5727	北京联东金桥置业有限责任公司	二级
17	TZ－A-5785	北京东亚新华投资有限公司	二级
18	TZ-A-2328	北京亚通房地产开发有限责任公司	二级
19	TZ-A-6909	北京龙湖时代置业有限公司	二级
20	TZ-A-2252	北京市民望房地产开发有限责任公司	三级
21	TZ-A-2253	北京顺开房地产开发有限公司	三级
22	TZ-A-6960	北京金时代置业有限公司	三级
23	TZ-A-2353	北京东杰房地产开发有限公司	三级
24	TZ-A-2356	昊宇房地产开发有限公司	三级
25	TZ-A-2359	北京富利华房地产开发有限公司	三级
26	TZ-A-2369	北京市京工房地产开发有限公司	三级
27	TZ-A-4170	北京君合百年房地产开发有限公司	三级
28	TZ-A-2254	北京市开原房地产开发有限责任公司	三级
29	TZ-A-2255	北京潞隆房地产开发有限责任公司	三级
30	TZ-A-2261	北京中博房地产开发有限公司	三级
31	TZ-A-2314	北京东安恒新房地产开发有限公司	三级
32	TZ-A-2334	北京市紫金恒房地产开发有限责任公司	三级
33	TZ-A-2355	北京福润达房地产开发有限公司	三级
34	TZ-A-2362	北京盛达兴业房地产开发有限公司	三级

序号	证书编号	企业名称	资质证书情况
35	TZ-B-5776	北京恒帝隆房地产开发有限公司	三级
36	TZ-A-2305	北京潞河房地产开发有限公司	三级
37	TZ-A-2325	北京北亚华欣置业有限公司	三级
38	TZ-A-2399	北京静水园房地产开发有限公司	三级
39	TZ-A-5726	北京恒盛阳光房地产开发有限公司	三级
40	TZ-B-4142	北京卓越房地产开发有限公司	三级
41	TZ-B-4200	北京泰禾房地产开发有限公司	三级
42	TZ-B-5783	北京海港房地产开发有限公司	三级
43	TZ-A-2290	北京豪光房地产开发有限公司	三级
44	TZ-A-6907	北京融科卓越房地产开发有限公司	三级
50	TZ-A-5796	北京龙湖中佰置业有限公司	三级
开发区			
1	建开企［2008］726号	北京国锐房地产开发有限公司	一级
2	建开企［2010］930号	北京经济技术投资开发总公司	一级
3	JK-A-3334	北京和裕房地产开发有限公司	二级
4	JK-A-3341	北京丰裕房地产开发有限公司	二级
5	JK-A-3319	北京经开投资开发股份有限公司	二级
6	JK-A-3302	北京朝林置业有限公司	二级
7	JK-A-3347	北京运通博远房地产开发有限公司	三级
8	JK-A-3333	北京博大坤元房地产开发有限公司	三级
9	JK-A-3343	中冀乐业（北京）房地产开发有限公司	三级
	JK-A-3345	北京禾祥置业发展有限公司	三级
	JK-A-3340	北京金地科创置业有限公司	三级

注：只节选一级二级三级房地产开发企业名录。